四川藏区史

政治卷

任新建　李明泉◎主编

任新建　何　洁◎著

四川人民出版社

图书在版编目（CIP）数据

四川藏区史．政治、经济卷 / 任新建主编．—成都：四川人民出版社，2018.12

ISBN 978－7－220－10449－7

Ⅰ.①四… Ⅱ.①任… Ⅲ.①藏族－民族地区－地方史－四川②藏族－民族地区－地方政治－史料－四川③藏族－民族地区－区域经济－经济史－四川 Ⅳ.①K297.1

中国版本图书馆 CIP 数据核字（2018）第 231938 号

SICHUAN ZANGQUSHI · ZHENGZHIJUAN

四川藏区史·政治卷

任新建　李明泉　主编

任新建　何　洁　著

责任编辑	喻　磊
装帧设计	戴雨虹
责任校对	袁晓红
责任印制	李　剑
出版发行	四川人民出版社（成都槐树街 2 号）
网　　址	http://www.scpph.com
E-mail	scrmcbs@sina.com
新浪微博	@四川人民出版社
微信公众号	四川人民出版社
发行部业务电话	（028）86259624　86259453
防盗版举报电话	（028）86259624
照　　排	四川胜翔数码印务设计有限公司
印　　刷	自贡市华华广告印务有限公司
成品尺寸	170mm×240mm
印　　张	21.5
字　　数	290 千
版　　次	2018 年 10 月第 1 版
印　　次	2018 年 10 月第 1 次印刷
书　　号	ISBN 978－7－220－10449－7
定　　价	158.00 元（全二册）

导 论

藏族是中华民族大家庭中一个历史悠久、文化灿烂的成员，主要聚居于我国西藏、四川、青海、甘肃、云南五省区。

四川藏族聚居地区（以下简称“四川藏区”）包括甘孜藏族自治州、阿坝藏族羌族自治州和木里藏族自治县等行政区域。总面积 25 万平方公里，占四川省总面积的 51.6%；总人口 190 万，其中，藏族 127 万①，约占全国藏族人口的四分之一，是仅次于西藏的第二大藏族聚居区。除藏族外，区内还有汉、羌、彝、回、纳西、蒙等 10 多个世居民族。

在漫长的历史进程中，藏族与其他兄弟民族和谐共处，唇齿相依，共同开发建设了这一地区，在维护祖国统一，巩固国家安全，发展中华文明和兴川稳藏中，做出了伟大历史贡献。

由于特殊的地缘、人文、经济等因素，四川藏区的历史发展进程既与四川省和全国藏区有着紧密的联系和基本共性，又有着明显的差异性和独特性，具有鲜明的特点，处于一个特殊的地位，起着重要的历史作用。

① 据全国第五次人口普查统计，四川共有藏族 1269120 人，其中约 8000 人居于两州一县之外。

一、四川藏区概况

（一）地理环境

四川藏区位于青藏高原东南缘、横断山脉与川西台地的接合部，处于长江、黄河源头地区，是横断山脉生物多样性最集中的地区。平均海拔3500米以上。岷江、大渡河、雅砻江、金沙江自北而南纵贯全境，支流众多，深切地表，形成一系列河谷和一片片不连贯的山原。地形地貌复杂，生态环境多样。按地形和产业，分为三大区域：

1. 高原区：在本区西北部包括石渠、色达、阿坝、若尔盖、红原等县及甘孜、炉霍、道孚、丹巴、理塘、壤塘的部分地区。平均海拔在4000米以上。年均气温多在0℃以下，无绝对无霜期，不宜农作。但水草丰茂，有大片优良之天然牧场，是全国五大牧区之一。居民以牧业为生，形成逐水草而居的生活习性。由于在流动放牧中，个体常常难于抵御野兽、强盗和自然灾害的侵袭，人们必须借助集体的力量，故部落制在此区历史上长期存在。

2. 山原区：在中部和南部地区。连绵起伏的山岭横亘其间，因雅砻江等四大水系切割而形成的山原，与河谷相间错落，地表海拔高度从2600米至3800米不等，气候较为温和，是本区青稞等粮食主产区。由于年仅一熟的收成和低下的产量不能满足人们的生活所需，因而几乎家家都牧养牛、羊等家畜，实际上多处于半农半牧的生产方式。

在德格、甘孜、炉霍、道孚、巴塘、马尔康等宽广的河谷山原地方，有肥沃的农田和较广阔的平地，山坡谷地多有大片森林，人们居处较为集中，交通相对方便，从而形成区内主要的城镇和商品集散地，一些大的寺庙也多集中于此，形成区域内的宗教和文化中心。

3. 高山峡谷区：主要在东南部，邻近四川盆地周围地区。河流深切，雪峰高耸，地表高差极大，垂直气候带明显，形成“一山有四季，十里不同天”的环境；河谷中受印度洋南来季风影响，气候温润，无霜期可达190天左右。宜于水稻、小麦、玉米等作物生长，且年可两熟，或两年三熟；但耕地面积不大。半山上多有核桃、苹果、梨、花椒等经济林木。人们主要以农业与采集为生。

高山峡谷区虽道路崎岖，但由于邻近四川盆地，与内地的交往机会较多，特别是一些地处交通要冲的地方，如泸定、康定、丹巴、九龙、汶川、松潘、理县等地，与内地的经济、政治、文化交流紧密，形成藏族与汉族及其他民族间经济互补、文化交流、血缘交融的历史发展格局。

还有一些峡谷地方，因高山急流的阻隔而长期保持封闭状态，如金沙江畔的三岩、鲜水河谷的扎巴等，至今尚有古老的氏族社会遗存。

（二）行政区划

四川藏区在行政区域上，包括甘孜藏族自治州、阿坝藏族羌族自治州和木里藏族自治县。其中，甘孜州辖1市17县（康定市与泸定、丹巴、九龙、道孚、雅江、炉霍、新龙、甘孜、德格、白玉、石渠、色达、理塘、巴塘、乡城、稻城、得荣县），州府康定；阿坝州辖1市12县（马尔康市与松潘、九寨沟、金川、小金、黑水、阿坝、若尔盖、红原、壤塘、茂县、理县和汶川县），州府马尔康。木里县隶属于凉山彝族自治州，县治在博窝。

此外，在四川省的石棉、宝兴、平武、盐源、冕宁等县尚有10多个藏族乡。

（三）建置沿革

四川藏区是我国民族地区中最早设治管理的地方之一。早在秦代，就在今阿坝州境置湔氐道，所辖范围北至松潘，西到大渡河上游。汉武帝开发西南夷，置汶山郡和甸氐道，管辖今阿坝州大部地区；置沈黎郡，辖境西达雅砻江，今甘孜州东部地方为其管属。此后，郡县历有兴废，保持羁縻。

三国时，蜀汉重置汶山郡，领绵虒、湔氐等8县；招降了甘孜地区东部旄牛夷部10万余众，重开汉代从成都至旄牛部的通道——旄牛道[①]。南北朝至隋，在阿坝州境先后设置了汶山郡、绳州、同昌郡、覃州、扶州和龙涸、通轨等县；甘孜州境的附国、东女等部落，朝贡内附，被朝廷封其首领官职。置沿边诸道总管"遥管之"[②]。

唐代，吐蕃崛起，向东扩张，四川藏区是唐蕃争战的主要战场。唐王朝在四川藏区设立了近200个羁縻州，以雅州、茂州、松州等都督府管领。并将一些不愿受吐蕃统治的部落迁移安置于靠近内地的地区，如将甘孜地区的东女和"西山八国"内迁至维州一带安置；原在四川藏区的党项羌拓跋部被内迁安置于川陕交界处，后来到宁夏银川建立了西夏王朝。

吐蕃东扩过程中，四川藏区除阿坝南部地区外，大都曾被吐蕃占领。原来居此的诸羌部，受吐蕃文化的同化，成为藏族先民的一部分。而汶川、茂县、理县等地，则一直在唐朝控制下，诸羌部落保留了固有的文化，成为我国主要的羌族聚居区。

唐末，吐蕃崩溃，四川藏区成为"各不相率"的许多部落。宋朝在阿坝地区置茂州通化郡、威州维川郡，设立了100多个羁縻州；在大渡河西岸，亦设置了一些羁縻州县，隶于黎州、雅州。通过"茶马互市"的纽带，保持着政治羁縻关系。

五代时，前蜀和后蜀，为羁縻四川藏区各部，曾招抚一些部落的首领，授以安抚使、宣抚使等职衔，这是四川藏区土司制之肇端，也是全国最早的土司制雏形。

---

① 见《三国志·蜀志·张嶷传》。
② 《隋书·附国传》："大业中来朝贡，缘西南边置诸道总管，以遥管之。"

元朝将全国藏区分为 3 个行政区，设宣慰司都元帅府管辖，四川藏区分隶于吐蕃等处宣慰司都元帅府（今阿坝州及甘孜州东部归其管辖）和吐蕃等路宣慰司都元帅府（今甘孜州中、南、北部地方归其管辖）。在四川藏区内正式建立土司制度，建立宣抚司、安抚司、招讨司。授予内附诸部酋长以世袭的宣抚使司、安抚使司、招讨使司和千百户等土职，赐给“玺书及金银符”，令其“世守其地”。自此，土司制在四川藏区延续了 600 多年。

明代于阿坝地区置于茂州、威州、松潘卫，于甘孜地区置朵甘行都司，分辖各土司及千户所。

清初在甘孜地区设置打箭炉厅及理塘、巴塘二粮台，于阿坝地区设置茂州、理番厅、松潘厅、懋功厅，管理土司和地方政务。乾隆金川之役后，又将大小金川“改土为屯”。在四川藏区形成“以流制土”“土流兼治”“土屯并行”的几种行政格局。清末，在甘孜地区“改土归流”，设道、府、州、厅、县，拟建西康省，因辛亥鼎革未果。

民国时期，于阿坝地区置松理懋茂汶屯殖督办公署，后改为四川省第十六行政督察区，辖松潘等 6 县及草地 65 部、20 个土司、11 个屯守备；甘孜地区初为川边特别行政区，辖 32 县。先后置川边镇抚使、川边镇守使、西康屯垦使及西康边防指挥部、西康政务委员会。1939 年成立西康省，省会康定，甘孜地区为西康省“康属”地区①。

中华人民共和国成立后，1950 年 11 月于甘孜地区建立全国第一个民族自治区——西康省藏族自治区（地州级），隶属于西康省。1955 年西康撤省并川后，更名为四川省甘孜藏族自治州。阿坝地区 1950 年设茂县专区；1953 年撤茂县专区，建立四川省藏族自治区；1956 年 1 月更名为阿坝藏族自治州。

---

① 民国西康省由“康属”（即原川边地区所属的县）、“雅属”（即雅安地区所属 6 县）和“宁属”（即原西昌地区所属 8 县）三部分地区组成。其中，康属原有 32 县，民国初因康藏边界纠纷，藏军占据金沙江以西地方，金沙江以西各县虽属西康省之境，但事实上在西藏地方政府管辖下。故民国西康省的“康属”地方实际仅有 18 县。

二、四川藏区的特点

（一）政治地缘极为特殊

四川藏区处于川、藏、青、甘、滇五省（区）的交界地和全国五大藏区的接合部，地跨藏区传统地理“三大区域”中的“康”与“安多”两区[①]，政治地缘极为特殊，居于“绾毂南北，沟通边腹，辐射全藏”的重要位置，是“四川屏障”、“五省枢纽”，战略地位十分重要。

四川藏区在行政上一直属于“天府之国”的内地四川，但在文化、社会和经济上又具有边疆的特征，在政治地缘上，具有“内地的边疆”“边疆的内地”的双重地位和特殊影响。

历史上四川藏区与西藏及其他藏区从无行政隶属关系[②]，但因民族地缘和宗教、文化、经济的联系，四川藏区与西藏及其他藏区又有较密切的关联[③]，并相互影响。近代以来，帝国主义和西藏分裂势力，利用这种关联关系，千方百计染指四川藏区，妄图实现“大西藏”的迷梦。故近代藏区历史上的许多重大政治事件（如“瞻对问题”“巴塘事变”“边藏纠纷”“德格争袭”“大白事件”等），大多发生于四川藏区，又与西藏紧密相关。因而自清末以来，形成了“治藏必先安康”的论断[④]。从战略上明晰了四川藏区在“全国藏区一盘棋”中的地缘政治地位，把四川藏区的安定发展，提升到治理西藏和其他藏区的先决条件和战略保障的高度。

---

① 藏族传统地理概念中，将整个藏区分为“卫藏”“安多”和“康”三大区域。甘孜州、木里县和阿坝州的西部属康区，阿坝州北部属安多地区。

② 唐代吐蕃虽占领过一部分地方，但时间不长。

③ 这种关联主要表现在宗教方面，由于藏传佛教寺院有主寺、子寺的隶属制度，凡子寺僧人受戒、进修、考取学位都必须去主寺，一些子寺住持亦须由主寺任命。四川藏区藏传佛教格鲁派、萨迦派、噶举派寺院的主寺大都在西藏，因而四川藏区与西藏在宗教关系上较密切。

④ 所说的“康”，原来主要指川边藏区，后来亦泛指四川藏区。

（二）多民族长期和谐共处

四川藏区处于“横断山民族走廊”① 的核心地带，历史上氐羌系民族南下，越濮系民族北上，藏族东来，汉族西进，大都经由此区。众多的族群在这个“走廊”地区内流动、汇聚、居留、融合、分化，使四川藏区形成族群众多、族源复杂、血缘交融的鲜明特点。区内藏族族源复杂，有木雅、嘉绒、扎巴、霍尔、纳木依、柏木依、里汝、固羌等许多支系，语言各别，民俗特殊，保留着许多特殊的古老民族传统。区内除藏族外，还有汉、羌、彝、回、纳西等10多个其他民族也世居于此，构成以藏族为主体的多民族聚居地区。各民族在分布上呈大杂居、小聚居的格局，如阿坝州南部茂、汶、理县等地是羌族聚居区和羌、藏、汉杂居地，阿坝州中西部的松潘、金川、小金等地是藏、回、汉族杂居区，甘孜州东南部的九龙、泸定是彝、藏、汉族杂居区，甘孜州西南的乡城、稻城、得荣等地则是藏、纳西、汉族杂居区。在漫长的历史发展过程中，藏族与其他民族和睦共处，相互依存，各民族都能保持自己固有生活方式与习惯，并不因民族、信仰、习俗的不同而发生排斥。

由于长期的和谐共处，四川藏区内各族间相互通婚的情况较为普遍，藏汉之间、藏彝之间、藏纳西之间，甚至藏回之间都有通婚。血缘上的交融，更进一步促进了藏族与其他兄弟民族间的亲密感情，使四川藏区的民族关系，长期保持着和睦团结的传统，堪称我国民族地区中多民族和谐共处的一个典型地区。

（三）社会形态特殊多样

四川藏区历史上长期处于部落社会。早期母系氏族部落众多，最著名者如“东女国”。唐以后，为适应部落纷争的需要，母系氏族部落大多逐渐

① 学术界又称之为“藏彝走廊”“汉藏走廊”或“藏羌彝走廊”。

转为父系氏族部落或部落联盟，但在道孚的扎巴、木里等偏僻地区仍一直保留着母系氏族社会的残余。

父系氏族部落，藏族称为“骨系”，意为一个男性祖先繁衍而成的氏族部落。其成员称为“戈巴”。在白玉县三岩等偏僻地方，长期保留着父系氏族公社的社会形态，称为“帕错”。

自元代起，四川藏区进入封建农奴制社会，土司制度的实行使氏族部落首领转化为土司、头人，他们和寺庙上层一起，成为封建领主；而百姓则大多数沦为农奴，成为领主的“科巴”“差巴”①。四川藏区的封建农奴制社会与西藏不同，不是像西藏那样实行“政教合一”统治，而是“政教联盟”统治，即土司、寺庙上层、头人三大领主相辅相成的统治形式（藏语为“三曲宗”统治）。土司作为朝廷的命官，除了受所属州县流官领导，要朝贡、纳赋、听征调外，在所管地区内俨如小国王（故藏语称土司为“甲波”，意即国王），具有当地最大行政权力；头人是为土司办事的乡村地方首领，是基层的实际掌权者；寺庙是宗教的中心和载体，寺庙上层为宗教势力代表。在全民信教的藏区，寺庙拥有广泛的群众基础和号召力。故在四川藏区一般是土司、头人尊崇宗教，扶持宗教，利用宗教为其统治服务；宗教寺庙则依靠土司、头人的扶持而发展，并运用其宗教影响，帮助土司、头人的统治。只有极个别的寺庙与土司、头人争权而发生冲突的情况。

历史上四川藏区只有木里县实行“政教合一”统治，由木里大寺的首领黄喇嘛担任土司，总揽政教大权。此外，德格土司在只有一子承袭土司职位时，也实行土司兼宗教领袖的“政教合一”统治；但有二子时，则一子为土司，另一子出家为其家庙住持。

在四川藏区东南部地区，如泸定、汶川等靠近内地的地方，则不是封建农奴制，而是封建地主经济和封建宗族制度。

---

① 另有少量的自耕农和游民。

除此而外，四川藏区的少数偏远地方，历史上还有些所谓的“野番”（即所谓的“化外之民”）部落，未纳入政府管理，亦不受宗教领袖管辖，由部落首领和耆老依部落习惯法而管理。如色达地方直到1953年前，仍不属任何行政机构管理①。

（四）地域文化独特丰富

四川藏区正处于藏、汉、羌、彝、纳西文化的交会点，农耕文化与游牧文化的交叉带，文化多姿多彩，特色十分鲜明，主要特点表现在：

一是独特异彩。四川藏区是康巴文化的中心。康巴文化是藏族三大区域文化之一，以博大、精深、绚丽多彩而闻名。康巴文化宝库德格印经院，有木刻印版30多万块，收藏内容之广、影响之大为全国藏区之最；四川藏区是著名藏族史诗《格萨尔》的重要源头，其人物原型、诞生起点、最早版本、众多遗迹都在四川藏区，格萨尔所在的“岭国”也在四川藏区，因而被称为“格萨尔故里”。格萨尔人文精神广泛深入四川藏区民间，造就了“强悍、精明、豪爽”的人文特点。

四川藏区还是享誉世界的《康定情歌》和“香格里拉”文化的故乡。《康定情歌》将汉藏文化交融一体，表现了人类最朴实的至真至爱之情，成为世界不同民族不同文化人们共鸣的心声，产生了极为广远的影响。同时，也体现了四川藏区的文化交融特色。20世纪30年代约瑟夫·洛克在四川藏区稻城一带发现人与自然和谐共生的胜景，介绍给世界，从而引起世人对香格里拉的向往追寻，四川藏区作为“香格里拉”文化的滥觞地，充满香格里拉文化的魅力。

此外，四川藏区的嘉绒文化、羌文化、高碉文化、走婚文化、锅庄文

① 虽然清代曾封其部落首领为“瓦述色达长官司”长官，但实际上一直不受其管理。1953年在政府的耐心争取下，色达才归属西康省藏族自治区管属。

化、崩科文化、弦子文化等都极为独特，具有深厚的历史积淀和内涵丰富的特点。

二是丰富多元。四川藏区族群众多，文化极为丰富多元，且因横断山地形之分割，形成许多各具地域特色的文化圈，主要有：

德格文化圈，分布于德格、白玉、石渠等地，流行康方言的标准话——德格官话，是康巴的宗教与文化中心，也是著名的南派藏医药和噶玛噶孜画派的中心。

嘉绒文化圈，分布于丹巴、金川、小金、马尔康、理县、黑水等地，流行特殊的嘉绒话，崇拜白石、崇信本教，服饰与建筑十分特殊，被称为“高碉文化之乡”。

木雅文化圈，分布于康定、道孚、九龙、雅江等部分地区。其族群为融入藏族的古代党项羌人的后裔。语言独特，风俗迥异。

扎巴文化圈，分布于道孚、雅江的鲜水河河谷地区。其居民称“扎巴”，语言十分独特，为母系氏族社会形态，实行走婚。

三岩文化圈，分布于白玉南部、巴塘北部地方，保留原始氏族公社残余。有崇巫、生殖崇拜、实行树葬等特点。

“西番”文化圈，分布于九龙和泸定、康定部分地方，有罗汝、多须、栢木依、纳木依等历史上被称为“西番”、现为藏族的族群。语言、风俗、宗教信仰等均各有差异。

瞻对文化圈，分布于新龙及理塘军坝等地，崇奉本教，保持着藏历“过十三”年节的古老传统习俗。

霍尔文化圈，分布于炉霍、道孚、甘孜三县地方，居民称“霍尔巴”，与北方游牧民族有一定历史关系，石棺葬文化极为突出。

游牧文化圈，分布于石渠、色达、阿坝、若尔盖、红原等县以及甘孜、炉霍、道孚等县的部分地区。为逐水草而居的纯牧民，崇信本教与宁玛派。操安多语。社会多为部落组织。

彝文化圈，分布于泸定、九龙、石棉等地的彝族聚居区，保持着彝文化传统“家支”制，崇信毕摩、苏尼。

羌文化圈，分布于汶川、茂县、理县等地。居民为羌族，崇信原始宗教，风俗习惯、饮食服饰、建筑艺术等保持古老羌族传统。

川藏商贸文化圈，以康定、松潘等茶马重镇为中心，外延至理塘、甘孜等汉藏贸易口岸，各族商贾与外来移民较多，文化的多元交融特性突出。

三是兼容并包。四川藏区文化极具包容性，对不同文化能够包容并纳。主要体现在：一方面藏文化与汉文化、羌文化、纳西文化、彝文化等相互容纳，并行不悖，对伊斯兰文化、基督教文化和平相处，彼此尊重；另一方面，对藏族内各支系、各教派的不同文化一体对待，不分优劣，呈现不同文化兼容共存的格局。如在不到4平方公里的康定城，就聚集了世界三大宗教和藏汉各种宗教信仰，建有包括藏传佛教各教派寺庙和观音阁、关帝庙、汉人寺、川主庙、娘娘庙、城隍庙、圣谕坛、真武宫，以及清真寺、天主堂等不同信仰的40多座宗教场所，堪称世界宗教史上奇观。

四是交融复合。四川藏区各民族在文化上兼容的同时，也不断交流互补和彼此学习，从而使这里的藏文化与汉文化、羌文化、纳西文化、彝文化等在不少方面相互交融，形成“你中有我，我中有你”的复合特色。如“噶玛噶孜”藏画，其绘画特点即充分吸取了汉画的画法和技巧；誉满藏区的“南派藏医药”中，也融入了中医的不少药物与诊治法；在建筑上，许多藏族碉房加上了汉式的“人”字型屋顶，有些地区的藏族房屋借鉴了彝族的瓦板房结构；一些土司等上层人家子弟爱学习儒家典籍，能诗会文，写得一手好毛笔字。据统计，阿坝州地区自唐代以来出过150多个举人①，足见汉文化融入藏羌人家之深。

---

① 阿坝藏族羌族自治州计划经济委员会编：《阿坝藏族羌族自治州经济社会发展四十年1950—1990》，四川民族出版社1993年版，第82页。

（五）宗教信仰复杂兼容

四川藏区虽然与西藏一样普遍崇信藏传佛教，但在三方面有着显著的差异和特点：

一是四川藏区的藏传佛教是各教派兼容并尊，不像西藏那样独尊一派[①]，就连被五世达赖定为“外道邪见”，在西藏遭到禁绝的觉囊派，在四川藏区也得到相当大的发展，拥有不少信徒[②]；在西藏式微的本教和宁玛派，在四川藏区更是十分兴盛，而且在信徒和寺庙的数量上都超过格鲁派。德格印经院本为萨迦派，但其 30 万块经版中，兼收并蓄，将藏传佛教各派的经典包罗尽揽。18 至 19 世纪，四川藏区著名的大德高僧，仲萨钦则（萨迦）、工珠云丹（噶举）等，还掀起过著名的“利美”运动，大力提倡破除教派成见，推行交互学习的“圆融”教法，在近代藏传佛教史上产生很大影响。

二是四川藏区宗教信仰种类众多，除藏传佛教外，还存在汉传佛教、道教、儒教、伊斯兰教、基督教（包括天主教与新教），还有“公嘛”“阿巴”“阿轨”“帕子”“释比”“毕摩”“苏尼”“端公”等巫师的各种民间宗教和原始信仰。藏传佛教与它们和平共存，并行不悖。

三是四川藏区人民的宗教信仰较为复杂，具有兼信并尊的特点。普遍存在既信奉藏传佛教，也笃信本教的“佛本双重信仰”现象。嘉绒藏族中流行“在家信本教，入寺信黄教”，认为“黄教教义好，本教法术高”；还有些藏族人既信仰藏传佛教、本教，也信仰基督教，或民间宗教；有些地区民间的法会上，藏传佛教的喇嘛和本波、道士、端公等同台并坐，各念各的经，各吹各的号，共同作法，群众不但不以为忤，反而认为这样才更具法力。

---

① 自元代西藏实行“政教合一”制度后，西藏相继由藏传佛教的萨迦派、噶举派和格鲁派执政，执政一派往往压制其他教派。

② 四川藏区有觉囊派寺庙 33 座。

三、四川藏区的历史地位与作用

（一）治藏之依托

四川藏区西邻西藏，东连四川盆地，北接甘青，南通滇西北，处于川、藏、青、甘、滇全国五大藏区的接合部，素有“川藏门户”“甘滇锁钥”之称，战略地位十分重要，自古即为兵家必争之地。在历代经营西藏和维护藏区安定中，处于举足轻重的地位。清代以来，把四川作为治理西藏的后方基地，诸凡驻藏官员和戍藏兵丁的调派、粮饷的供给、物资后勤的保障，俱由四川承担；有关治藏的大事亦须由四川总督、成都将军会同驻藏大臣协商办理。然而四川腹地与西藏相距遥远，交通困难，文化差异，语言扞格，必须依赖介于川藏之间的四川藏区作为支撑和前进基地，利用四川藏区的地缘、地理的优势，才能充分发挥四川的治藏基地作用，因而，自清代起，四川藏区作为中央政权“治藏之依托”的地位便已确定。到了清末，帝国主义侵入西藏后，四川藏区作为“治藏之依托”的地位更加凸显，发挥的作用更加突出，承担着“援西藏，卫四川，守康境”[①] 的重要历史功能。清末川军入藏和清代前期数次对藏用兵，均依托四川藏区，其辎重运输、行军向导、食宿供应、后勤保障都主要依靠四川藏区提供。1950 年进军西藏时，也是依托四川藏区为前进基地，四川藏区提供的万头牦牛运输和翻译、向导、物资、人力等保障，对解放西藏做出了无可替代的巨大贡献。

（二）汉藏经济交流的纽带

在中国历史上，以“茶马互市”为代表的汉藏经济交流，对于维护国家统一、巩固民族团结，起了极为重要的历史作用。四川藏区在历史上是

---

① 傅嵩炑：《西康建省记》，中华印刷公司 1932 年版，第 2—3 页。

川藏“茶马互市”的主要孔道和汉藏贸易的枢纽口岸，是把历史上的“茶马互市”发展为全面的汉藏经济交流互补贸易的源头地区。打箭炉（康定）、松潘等地自明代起就已成为“茶马互市”的重镇和主要集散地①，来自内地的商旅和来自藏区各地的藏商驮队云集于此；内地的茶、百货等物资与藏区的土特产在此相互交换。还产生了“锅庄”“歇店”等专为藏汉商贸服务的组织和著名的“邦达昌”等藏族大商家，就连朝廷赏赐达赖喇嘛的银钱也要到打箭炉折成茶叶运回西藏。此外，还有理塘、甘孜、德格、丹巴、金川、理县、马尔康、阿坝等一大批汉藏贸易的口岸和集散地，将交换的物资转输到藏区各地。四川藏区因而成为汉藏贸易的纽带，在缔造和巩固藏汉民族经济互助互补关系中发挥着重要的历史作用。

（三）沟通西藏与内地的桥梁

西藏与内地的交通早期主要经由青、甘的“唐蕃古道”。元代统一西藏后，大力开辟由内地到西藏的道路，西藏与内地的交通多改由经四川藏区的川藏道②。明代规定乌思藏（卫藏）朝贡“由四川路”后，四川藏区作为西藏入贡必经的孔道，开始成为沟通西藏与祖国内地的桥梁，在加强西藏与中央王朝的联系中起着重要作用。

清代为加强对西藏的治理，开辟了由成都至拉萨的川藏大道，作为中央政权经营西藏的命脉。四川藏区因处于南北两条川藏大道的中枢位置③，并设置有粮台、塘汛和戍军等设施④，更提升了作为西藏与内地交通的桥梁

---

① 川茶输藏分为南路与西路，南路茶由雅安、天全运至康定（打箭炉）集中交易；西路茶由邛崃、灌县（都江堰）运至松潘集中交易。然后，从康定、松潘转运分输到藏区各地。

② 元代修建西藏与内地大道，设驿站 27，其中朵甘思（今甘孜地区）有 9；八思巴由大都返回西藏，系走朵甘思路，均可证当时入藏之路已经四川藏区。

③ 清代川藏大道，自成都起，经邛崃、雅州、泸定桥至康定（打箭炉）。由打箭炉出关后，于东俄洛分为南北两路：南路是驻藏官兵来往和粮饷运输的主道，故称为“官道”。路线是经河口（雅江）、理塘、巴塘、江卡（芒康）、左贡至昌都，再经洛隆宗、拉里、工布江达至拉萨。北路主要为商旅驮队往来，故称为“商道”。路线是经道孚、炉霍、甘孜、德格，过金沙江至江达，再至昌都，然后沿洛隆宗大道或三十九族小道至拉萨。

④ 清朝在川藏道上设粮台（军粮府）5，其中 3 个在四川藏区；设塘汛 13，其中 9 个在四川藏区。

作用，成为保障大道通畅，维系川藏交往的关键。历史上每当四川藏区发生变乱，造成川藏大道梗阻，便会影响西藏稳定，危及治藏安全，这时，川藏双方都会不遗余力地维护这座“桥梁”的安全。四川藏区这一“桥梁”作用，也是“治藏必先安康”的一个重要原因。

四川藏区的历史，突出证明了藏区自古即是我国不可分割的一部分，生动体现了藏族与汉族和其他兄弟民族唇齿相依，相互交融，不可分离的密切关系，对于认识我们多民族国家的形成历史和中华民族一体多元格局，有着重要意义。

近年来，四川藏区进入一个加速发展的新阶段，对历史的研究借鉴，文化的深入认知，成为推进四川藏区发展与稳定的题中之义，愈来愈受到各方面的重视，人们对四川藏区历史文化了解的愿望更加强烈。为此，在中共四川省委宣传部的支持和四川省社会科学院的组织领导下，我们编撰了这部多卷本的《四川藏区史》。希望通过梳理四川藏区发展的历史脉络，解析四川藏区的特点，审视四川藏区的历史地位，总结四川藏区的历史经验，反映四川藏区各民族与中华民族一脉相承，相依共生、彼此交融的历史关系，加深对“治国必治边，治边先稳藏”，和“稳藏必先安康”、“安康必先通康”战略思想的认识，为藏区繁荣发展和治理稳定提供历史的借鉴。

任新建

目　录

第一章

唐代以前的四川藏区

第一节　远古社会

一、原始游群时代

从远古时代起，藏族先民就在四川藏区这块土地上劳动、繁衍、生息。考古发掘证明，至少在距今1.1万年前的旧石器时代晚期，四川藏区已有人类居住。

1983年，中科院组织的青藏高原综合科学考察队在今四川藏区甘孜州炉霍县调查时，在虾拉沱附近鲜水河左岸的亚巴和宜木两地分别发现了四枚人类牙齿化石和一批人工打制石器，以及13种哺乳动物化石。经科学观察，亚巴发现的人类牙齿，均为人类门齿，形态与现代人的门齿很相似，应属较晚的晚期智人，这是四川藏区迄今为止发现的最早的古人类化石。宜木发现的人工打制石器为1件石核和2件石片，其中石核人工加工痕迹非常明显，具有较明显的砍砸器功能。经专家科学鉴定，发现的哺乳动物化石分别是马鹿、斑鹿、麂、羚羊、绵羊、牛、野兔、鼠兔、喜马拉雅旱獭、中华鼢鼠、狼和斑鬣狗[①]。虽然人类化石与人工打制石器，是分别在不同地点发现，但两个地点均属河流阶地，且地层剖面上所反映的岩性、岩相属相同地质层位，骨化石经炭－14测定，为距今11500±200年[②]。

1985年7月，由中国西南民族学会组织的“六江流域民族综合科考队”，在甘孜州考察时，于炉霍县境内鲜水河两岸调查了色得龙、宜绒、若海、吾都、固衣、戈巴龙和热巴共七处石器采集点，采集了砍砸器、石斧、盘状器、凿形器、石锤、石矛头等石核石器和刮削器等石片石器共计32件。虽然采集的石器，均发现于地面，缺乏地层及其他遗迹比较[③]，但是这批采集石器，与先前发现的古人类牙齿和旧石器材料相印证，仍可说明在上古时代，炉霍县鲜水河流域就有古人类活动。

另据地质调察发现，自上新世以来的360万年间，鲜水河自炉霍朱倭至道孚一段（古雅砻江）水位的比降仅1∶10500，堪称横断山区最为平缓，落差最小的河流。低浅的河谷，平缓的水流，众多的河滩，极适宜鱼类、水鸟生存；两岸森林茂密，气候温和，有多种动物，还有大片平坦肥沃土地[④]。这些条件极其适合以渔猎为生的远古人类生存，也为古人从渔猎逐渐转入农耕提供了条件。

综合考古和地质科考的发现，可以证明：至少在1万多年以前旧石器时代晚期，古人便选择了鲜水河流域这块得天独厚的地方生息。这些原始人群，大多生活于河流两岸的阶地，以采集、狩猎为主要生活方式。因此，就此而言，四川藏区应是青藏高原上人类文明的一个摇篮。

---

① 宗冠福、黄学诗：《四川炉霍县虾拉沱晚更新世哺乳类化石》，载《古脊椎动物学报》1985年第4期。

② 叶茂林：《四川旧石器时代遗存浅论》，载四川大学考古专业编《四川大学考古专业创建三十五周年纪念文集》，四川大学出版社1998年版，第16页。

③ 李淼、李海鹰：《炉霍的打制石器》，载《六江流域民族综合科学考察报告二·雅砻江上游考察报告》，中国西南民族研究学会、甘孜藏族自治州人民政府1985年编印本，第103—107页。

④ 至今鲜水河在虾拉沱等一带仍流如平湖，河滩长满沙棘、俄色等野果树，泥巴沟、卡娘沟等河谷中尚有许多猴群和多种动物。

二、新石器时代的氏族社会

考古发现证明，进入新石器时代后，在四川藏区的大渡河、雅砻江中上游和岷江中上游已有较多的氏族群落活动，并与祖国中原和西北古文化发生了密切的接触与交往。

在今甘孜州雅砻江流域，早在20世纪30年代初，一个对考古颇有经验的美国牧师叶长青（James Huston Edgar）就曾在甘孜木雅地区的力曲河沿岸和鲜水河流域发现一些打制精细的石器，初步判为新石器时代人类所使用之物[①]。为证实其发现，1931年他又邀哈佛—燕京学社的人类学家包戈登博士（Gordon Bowles）一起再次在雅砻江及其支流流域的道孚、炉霍和康定的木雅等地考察、采掘，又采集到一大批用石英石精细打制的石器。其中，还有几件利用陨石磨制的石斧。此外，还发现了一些具有本地特色的陶器碎片。在这些石器中，大量的是磨制过的刮削器、箭镞等[②]。证明至少在新石器时代早期，在雅砻江流域已有较大的人类群落居住，仍以采集和狩猎为生。

此外，在大渡河上游的马尔康以及丹巴等地，也发现了哈休、中路等新石器时代的人类定居遗址。

哈休遗址地处大渡河上游脚木足河的一级支流茶堡河北岸的三级阶地之上，行政区划隶属于今阿坝藏族羌族自治州马尔康县沙尔宗乡哈休村一组。遗址东西长约380米，南北宽约260米，总面积近10万平方米。新石器时代遗存的分布面积较广，其中心部分位于遗址西北部的台地上，面积近万平方米，局部受到破坏。哈休遗址的年代上限为距今5500年左右，下

① 叶长青：《西康的石器时代遗存》，载四川省文管会铅印本《四川石器时代译文资料》，1983年。
② 葛维汉：《华西协和大学古物博物馆的石器》，载四川省文管会铅印本《四川石器时代译文资料》，1983年。

限为距今5000年以上。哈休遗址是至今大渡河上游地区发现的年代最早的史前文化遗址，也是四川地区目前发现的年代最早的新石器时代文化遗址之一。2005年，成都文物考古研究所、阿坝州文物管理所、马尔康县文化体育局三家单位联合对哈休遗址进行了试掘。出土了玉石器、陶器、骨角器、蚌器、兽骨等类遗物上千件①。遗址出土了数量众多的动物骨骼遗骸，初步分析其种类包括鹿、牛、狗、马、獐、猪、飞禽等，其中部分应为家养牲畜。遗址还出土了少量细石器与镶嵌细石叶作刃的骨梗刀。哈休遗址出土的陶器绝大部分从纹饰、陶质、陶色及其器形上均与仰韶晚期文化和马家窑类型相同或相似。

中路遗址，在大渡河上游丹巴县中路乡罕额依村。1987年，在此发现了分布范围大、埋葬方式特殊的石棺墓群。后由四川省文物考古研究所、甘孜州联合进行发掘。该遗址分为三期，第一期年代距今约5000—4500年，第二期年代距今约4500—4100年，第三期年代距今约3800—3200年，遗址时间跨度将近2000年。遗址中发现了大量的陶器、石器、骨器以及粟粒、骨灰、装饰品、灰坑，以及7处房屋建筑遗址。房屋墙体用石块砌成，内壁抹黄色黏土，展示了大渡河上游地区从新石器时代晚期居民的生活面貌②。

在阿坝州境内岷江上游和杂谷脑河沿岸也先后发现了20多处新石器时代文化遗存。这些新石器时代文化遗址，分布范围极广：北起松潘中部，南达汶川县中部，西至茂县西部、理县中部，遍及整个岷江上游。其中较为典型的有茂县波西遗址、营盘山遗址（距今5300—4600年）和沙乌遗址，汶川威州姜维城遗址，理县箭山寨遗址，汶川阿尔沟遗址。大多分布于岷江干支流河谷两岸地势较高的三级及其以上台地③，台地面积不大，且各遗

---

① 陈剑、陈学志：《大渡河上游史前文化寻踪》，《中华文化论坛》2006年第3期。
② 四川省文物考古研究所、甘孜藏族自治州文化局：《丹巴县中路乡罕额依遗址发掘简报》，载四川省文物考古研究所编《四川考古报告集》，文物出版社1998年版，第73—77页。
③ 陈剑等：《岷江上游新石器时代文化遗址调查及营盘山考古试掘综述》，《阿坝师范高等专科学校学报》2004年第4期。

址分布较稀，可以看出早期的原始氏族人口还不多，也不太集中。

姜维城遗址、营盘山遗址、箭山寨遗址都发现有一定数量的房屋居住遗迹，都是平地起建，平面呈方形或长方形，有单间也有多间，可见新石器时代早期氏族的居住地已有了一定功能分区。如营盘山遗址中，中部地带有较多的柱洞、基槽等房屋基址和窖穴类遗迹，为居住区；偏西地带有大面积的硬土活动面遗迹，地势较为平坦，硬土面下清理出人祭坑多座，是举行包括宗教祭祀在内的公共活动的广场区；广场区以北地带有多座窑址和数量丰富的灶坑遗迹，是集中烧制陶器的手工业作坊区；中部偏北地带有多处灰坑遗迹，可能为集中制作细石器的地点[①]。

营盘山、箭山寨遗址出土了同时期黄河上游地区已经比较普遍种植的粟、黍等作物颗粒，同时出土了黄河流域通常是作为收割工具的穿孔石刀和两端缺口石刀，说明当时在这一区域，是以种植粟、黍为主的较为定居的农业形态。在营盘山遗址内发现了贮藏粮食或其他物品的窖穴的圆形袋状灰坑，表明当时农产品的数量已较为丰富[②]。姜维城、营盘山等遗址还出土了为数不少的兽骨，小者如兔、大者有猪等动物，在箭山寨遗址中还发现有动物桡骨、经人工砸碎的兽骨以及鸟类动物的肢骨[③]，说明已从狩猎向畜牧业过渡。

制造方面，此时期的氏族已经具有了较高的器物制作加工技术。其中生活用具以陶器最具特色，有各种类型的陶器，包括高领罐、罐、喇叭口罐、重唇小口瓶、钵、盆、壶、缸、器耳、器、器盖、纺轮等，绝大多数是平底器。同时，还发现了为数众多的彩陶，彩陶图案有条形纹、弧形纹、网格纹、草卉纹、瓜棱纹等；器型包括瓶、罐、壶、盆等，也都是平底

---

① 陈剑、陈学志、范永刚、蔡清：《营盘山遗址——藏彝走廊史前区域文化中心》，载《阿坝师范高等专科学校学报》2005 年第 1 期。

② 陈剑、陈学志、范永刚、蔡清：《营盘山遗址——藏彝走廊史前区域文化中心》，载《阿坝师范高等专科学校学报》2005 年第 1 期。

③ 徐学书：《岷江上游新石器时代文化的初步研究》，载《考古》1995 年第 5 期。

器[①]。器形的多样，证明当时氏族的生活已经达到了一定的水平。在营盘山遗址出土的陶器中，有相当数量的酒具类器物，如制作精美的彩陶壶、彩陶瓶、杯、碗等，据此推测营盘山先民可能已掌握了酿酒技术并开始进行生产[②]。除此外，生产工具也有了分工，仍以打制和磨制石器为主，打制石器器型有斧、砍砸器、锛、石凿、切割器、网坠等。磨制石器器型主要有磨制石环、长方形穿孔石刀、斧、锛、刀、凿等。此外，还有为数不少的细石器器物以及骨器如箭镞等其他工具类型。包括箭镞、斧、锛、凿、穿孔石刀在内的武器类器具，从细石器一般作为加工剥离兽皮的功用来看，证明了其时居民的生活与畜牧和狩猎关系密切[③]。

习俗方面，姜维城、营盘山遗址都出土有为数不少且磨制非常光滑精致的陶、玉石器装饰品，包括镯、环、璜等。营盘山遗址还出土了具有朴实写实艺术风格的捏塑人面像，反映当时人们已具有了一定的审美意识和审美需求。

综上考古资料，证明在新石器时代，四川藏区的雅砻江、大渡河、岷江流域已存在着众多的原始人类群体，这些古人类已经进入了定居的氏族社会时期，过着原始的群居生活。他们已经开始制造精致的石器，建造房屋；生产活动已经从单纯的渔猎采集发展到农业和畜牧业，有了纺织物和缝制的物品，能够制造彩陶和装饰品。

三、四川藏区与中原的早期交往

据《史记·五帝本纪》记载："黄帝居轩辕之丘，而娶于西陵之女，是为嫘祖。嫘祖为黄帝正妃，生二子，其后皆有天下；其一曰玄嚣，是为青

---

① 辛中华：《岷江上游新石器时代遗存及相关问题探讨》，载《四川文物》2005 年第 1 期。
② 陈剑、陈学志、范永刚、蔡清：《营盘山遗址——藏彝走廊史前区域文化中心》，载《阿坝师范高等专科学校学报》2005 年第 1 期。
③ 孙吉、邓文：《岷江上游新石器时代的文化景观与环境动因》，载《四川文物》2006 年第 5 期。

阳。青阳降居江水；其二曰昌意，降居若水。昌意娶蜀山氏女，曰昌仆，生高阳。高阳有圣德焉。黄帝崩……其孙昌意之子高阳立，是为帝颛顼也。”①

黄帝，号有熊氏，是当时中原地区的氏族首领。黄帝族与羌族原有较深的渊源。其在中原地利的影响下，农业生产有了很大发展，相继征服了炎帝、蚩尤两大部落集团，建成强大的氏族公社。后人因其“以华山为其表”，称之为“华族”，黄帝被认为是汉族的先民。黄帝的时代在距今4600年左右②，司马迁撰《史记》时曾到过许多地方收集素材，“至长老皆各往往称黄帝、尧、舜之处，风教固殊焉，总之不离古文者近是”。于是“据古文并诸子百家论次，择其言语典雅者，故著为《五帝本纪》”③。因此，其所述之事应大体去历史真实不太远。《史记》记述黄帝“东至于海”“西至空桐”“南至于江”“百逐荤粥”，过着“迁徙往来无常处，以师兵为营卫”④的生活。

“西陵”，《大戴礼》作“西陵氏”，证明非指一人，而是一氏族部落，其地在岷江上游一带。据清代学者考证，“西陵”为“蚕陵”的误写，其地在今岷江上游茂县北部的叠溪，西汉于此地置蚕陵县。“嫘祖”，又作“累祖”“雷祖”。《通鉴外纪》称：“嫘祖教民养蚕。”可见是一女姓的氏族首领。黄帝之时，中原地区无丝。为了求得丝和养蚕抽丝之法，自然会与岷江上游的产丝部落发生交换关系。

“江水”，此指岷江中上游一段。“若水”，指雅砻江⑤。由此可知，黄帝两个儿子玄嚣、昌意分别降居于江水和若水，黄帝与岷江、雅砻江流域的

---

① 《史记》，中华书局标点本。

② 刘大白《五十世纪中国历史年表》判黄帝为公元前2698—前2599年。

③ 《史记·五帝本纪》。

④ 《史记·五帝本纪》。

⑤ 《水经》云：“水出旄牛徼外，东南至故关为若水。”《汉书·地理志》云：“鲜水出徼外，南入若水。若水亦出徼外，南至大筰入绳。”汉沈黎郡，西徼至于雅砻江，于鲜水汇入雅砻江处置关，稽核夷汉出入，废郡后，关亦废，所以称“故关”。鲜水即今鲜水河。绳水即金沙江。大筰为今盐边县，故若水无疑即雅砻江。

古老部落应有较密切的族源或亲缘关系。同时，也说明当时的江水部落及若水部落与中原地区有着较密切的联系，互相之间有着交往关系。否则，后来“生于若水之野”的颛顼不可能到中原去为帝，生于江水河谷的大禹也不可能到中原去治水，建立起夏后氏政权。

“蜀山氏”为传说中之蜀国先王，“蜀山”即岷山，其地在今茂县、汶川、都江堰一带之岷江河谷中。据古史文献记载，岷江上游岷山山区是古蜀人的发祥地，《太平寰宇记》“茂州石泉县”条也记载：“蜀山，《史记》黄帝长子昌意娶蜀山氏女，盖此山也。”

同时，由考古资料也可证明：与传说中的黄帝、颛顼时代相符的新石器时代晚期，在四川藏区包括若水、江水及其相邻地区，是确有原始氏族社会存在。这些氏族部落的人与外地有着交换关系，而且，这种交换关系达到很远的范围，中原地区自当是他们与之有交换关系的地区之一。如四川藏区营盘山、哈休、中路等遗址的年代大致与黄帝时代同，这些遗址中均发现有粟粒。而粟是北方中原一带所产的粮食，它出现在四川藏区的这些新石器时代遗址中，也说明上古时期中原与四川藏区有着密切交往和交换关系。

另外，据古史文献记载，建立起夏后氏奴隶制政权的大禹生于岷江上游古汶山郡广柔县石纽山，扬雄《蜀王本纪》记载：“禹本汶山广柔人也。生于石纽，其地名刳儿坪。”另《史记·夏本纪》记载：“大禹，姓姒，名文命，字高密。禹之父曰鲧，鲧之父曰帝颛顼，颛顼之父曰昌意，昌意之父曰黄帝。禹者，黄帝之玄孙而帝颛顼之孙也。”石纽所指，按文献为汶山郡广柔县，一说为今北川县，或谓在今汶川县境。也有学者认为，大禹治水，是从江水上源岷江开始的①。由于汶山石纽为大禹诞生之地，汶山郡羌人逐渐兴起了大禹崇拜之风，至今在岷江上游羌族地区普遍流行。

---

① 段渝著：《成都通史·古蜀时期》，四川人民出版社 2011 年版，第 312 页。

同时，四川藏区岷江上游与古蜀也关系密切。《蜀王本纪》载："蜀王之先名蚕丛。后代名曰柏灌、鱼凫。此三代各数百岁。"蚕丛氏兴起于岷江上游河谷的蚕陵一带，"居岷山石室"，在地理与习俗上与秦汉时的冉駹十分相近。因为岷江上游田畴狭小，蚕丛以后的柏灌、鱼凫，开明诸代逐渐向川西平原发展，相继形成了郫邑、新都、广都、成都等聚邑，到开明九世时终形成以成都为中心的古蜀农耕文明。而蚕丛的一支留在山谷之中，便是后之冉駹先民。

公元前四世纪，秦献公（前384—前362）即位，对陇右诸羌征伐，"兵临渭首"。河湟地区的一部分羌人部落，避秦之威，"将其种人附落而南，出赐支河西数千里，与众羌绝远，不复交通。其后子孙分别各自为种，任随所之，或为牦牛种，越嶲羌是也；或为白马种，广汉羌是也；或为参狼种，武都羌是也。"这些羌人史称为"西羌"，散居于甘南、川西北和西藏中东部等地。至秦汉时期，已分布于四川藏区各地。与当地原始居民相融合，繁衍为许多氏族部落。冉駹有"六夷七羌九氏"[1]，筰都有旄牛夷等。

第二节　秦汉时期在四川藏区设置

一、秦代在四川藏区的设置

四川藏区是中央王朝在藏族地区中设治最早的地方。秦始皇统一全国后，在少数民族地区设置县一级行政机构——"道"[2]。"道"的行政长官都是任命当地部落首领担任。由秦创立的这种"以夷治夷"的行政设置，是最早的羁縻制度。秦王朝对新开拓的少数民族地区采取的统治办法，为后

① 段渝著：《成都通史·古蜀时期》，四川人民出版社2011年版，第312页。
② 《后汉书·南蛮西南夷列传》注。

来历代在四川藏区和全国民族地区实行羁縻，开创了先例。汉代时仍沿用“道”来设置一些民族聚居的县级行政机构。汉以后虽不再用“道”来作民族聚居地方的行政机构专称，但这种“以夷治夷”的行政方式却一直沿袭下来。

周慎靓王五年（前316），秦惠文王命张仪和司马错灭蜀取巴，巴蜀并入秦版图。两年后（前314），秦置蜀郡，以张若为蜀守。秦昭王二十二年（前285），于蜀地施行郡县制，在今阿坝州境岷江上游东岸设置湔氐道[①]（治今松潘县元坝乡），隶属蜀郡，管理地方事务。湔氐道是四川藏区最早的行政设置，所辖的境域，北到松潘，南到都江堰。

除湔氐道外，秦朝还在今雅安地区设置了严道和青衣道，青衣道管辖名山、芦山、天全、宝兴及其以西地方，其所管地方，已涉及甘孜藏区的东部。

二、汉代建置

（一）西汉开拓西南夷

1. 置汶山郡、沈黎郡。

汉代初，在蜀的西南部有许多民族部落国，在今贵州境者的有夜郎、且兰；在今云南境的有滇、嶲、昆明，在今四川境的有邛都、筰都、冉駹、徙、白马、僰等，被统称为“西南夷”。其中筰都、徙、冉駹、白马被归为“西夷”，滇、夜郎等和南越被归为“南夷”。秦始皇曾派将军常頞督工修筑了从僰道（四川宜宾）至建宁（云南曲靖）的“五尺道”，以通滇、黔，绥抚南夷。但不久秦灭。至汉初，“皆弃此诸国”。只有一些蜀商与这些部落

① 湔氐道，又有学者认为在四川都江堰市、彭县（今彭州市）一带。见罗开玉：《秦汉三国湔氐道、湔县考》，载《四川师院学报》1985年第3期。

保持着民间贸易关系。

汉武帝时，国力日盛，开始重新开拓西南夷地区。因为西南地区的“邛、筰、冉駹者近蜀，道亦易通，秦时尝通为郡县，至汉兴而罢。今诚复通，为置郡县，愈于南夷。”[①] 元光五年（前130），汉武帝任司马相如为中郎将，命他招抚西南夷，“司马长卿便略定西夷，邛、筰、冉、駹、斯榆之君皆请为内臣。”[②] 这些被司马相如招抚的族群部落中，邛主要分布在今四川西昌、会理等一带地区；筰主要分布在今四川泸定、汉源至盐源等一带地区；冉、駹，主要分布在今四川茂县、汶川一带地区；白马，主要分布在今阿坝九寨、绵阳平武及甘肃武都地区一带。

元鼎六年（前111），西汉王朝对南越征伐，“诛且兰、邛君，并杀筰侯”，在汉王朝强大的兵威下“邛、筰、冉駹皆振恐，请臣置吏”，汉朝乘势在西南夷地区设置七郡，其中在四川境的有四，即：“以邛都为越嶲郡，笮都[③]为沈黎郡，冉駹[④]为汶山郡，广汉西白马为武都郡”[⑤]。

元封五年（前106）置益州（先治广汉，后迁治于成都）将巴、蜀地及新开西南夷7郡并隶于益州。在对西南夷7郡的管理中实行“县道并行”，即对行政条件较好的地方设为县，以内属管理；对行政条件较差的地方则设为道。汉武帝在西南夷实施郡县管理的同时，仍施行“以夷治夷”政策，“以其故俗治”。“虽有官吏，仍以其君长为王侯，使主其种类”，不征收赋税。

汶山郡，辖绵虒县（治地在今汶川县绵虒镇古城坪）、湔氐道（今松潘县元坝乡）、汶江县（郡治在今茂县凤仪镇）、广柔县（治地在今理县薛城

① 司马迁撰：《史记·司马相如列传》，中华书局2000年版，第2320—2321页。
② 同上。
③ 又称笮人。古羌部族，主要分布于大渡河上中游，泸定至盐源一带。笮，本义为绳桥，因其人惯用溜索渡河，而得名。实际上应属牦牛夷一类。
④ 冉駹分布在岷江上游，是冉和駹两个部落或部落联盟的合称。据《括地志》：“蜀西徼外羌。茂州、冉州，本冉駹国地也。”其“国都”一说在茂县凤仪镇，一说在叠溪。《太平寰宇记》载：“冉駹本羌国，蚕丛后裔，秦时冉駹分布于岷上，领十县。”
⑤ 《史记·西南夷列传》，中华书局2000年版，第2285页。

镇)、蚕陵县(治地在今茂县叠溪)等5县,在地域上包括了今阿坝州东南部地方。据《后汉书·南蛮西南夷列传》记载,冉駹"其山有六夷七羌九氐,各有部落。其王侯颇知文书,而法严重。贵妇人,党母族",其人"冬则避寒,入蜀为佣,夏则违暑,反其(众)[聚]邑。"[①] 可知,当时汶山郡地区不仅冉駹一部,还有一些羌氐夷的族群部落。冉駹尚处于母系部落社会,但与四川内地的交往已比较密切,不但部落首领通晓汉语文书。冉駹人还常常入蜀打工。

沈黎郡,郡治筰都[②](今泸定县沈村一带)[③]。据《茂陵书》载,沈黎郡有县21,主要的县有旄牛(今汉源县)、青衣(今芦山县)、徙(今天全县)、严道(今荥经县)等。辖境东起青衣江流域,西达雅砻江、鲜水河一带。包括了今甘孜藏区的东部和雅安市的西部地方。

2. 设置西部都尉、北部都尉。

西汉在各边郡设置属国都尉和都尉,属国是少数民族由部落组织向郡县制过渡的特殊管理形式,也是羁縻统治政策的重要内容。据《后汉书·百官志》:"唯边郡往往置都尉及属国都尉,稍有分县,置民比郡。"又曰:"属国,分郡离远县置之,如郡差小,置本郡名。"都尉掌一方兵权,属国都尉的职责为"主蛮夷降者"[④]。

汉武帝天汉四年(前94),旄牛夷叛,攻打"零关"(今宝兴县灵关一带),朝廷苦于边远难及,撤销了沈黎郡,将其辖地并入蜀郡。撤郡后,所剩仅青衣、徙、严道、旄牛四县,置蜀郡西部都尉二管辖,"一居旄牛(今汉源县境)主徼外夷;一居青衣(今芦山县),主汉人"[⑤]。旄牛县在"邛崃山表",大渡河东岸,临近旄牛夷诸部,故设县名为旄牛,撤郡后仍以蜀郡

---

① 《后汉书·南蛮西南夷列传》。

② 又称筰人。古羌部族,主要分布于大渡河上中游,泸定至盐源一带地区。筰,本义为绳桥。因其人惯用溜索渡河,而得名。实际上应属旄牛夷一类。

③ 见任乃强《华阳国志校补图注·蜀志》。

④ 范晔撰:《后汉书·百官志》,中华书局2000年版,第2472页。

⑤ 《后汉书·筰都夷传》,中华书局2000年版,第1928页。

西部都尉一人驻此，管领徼外的旄牛夷部落。

旄牛夷原作牦牛夷，又作“牦牛羌”，为西羌之一种。大约因为这些部落人们的生活与牦牛密切相关，又以牦牛为图腾，牦牛角、毛为装饰等特征。故《后汉书·西羌传》将其称之为“牦牛种”。牦牛是青藏高原特有的动物，因浑身长满御寒长毛而得名。牦牛的尾毛及项毛极长，大约在春秋战国时就已被中原统治上层用作车驾、军帐、仪仗的装饰物“旄”[①]。故被汉代人称为“旄牛”，称其部族为“旄牛夷”或“旄牛羌”。

在藏文古籍中亦把最早生活在青藏高原的藏族先民称为“六牦牛部”。公元8至9世纪写成的《敦煌古藏文历史文书》中，就有“蕃六牦牛部”的称呼出现。有的藏学家认为雅鲁藏布江流域的古牦牛部，是由四川西部的康区迁徙去的[②]，虽然这一观点目前尚缺乏足够依据，但牦牛羌人曾广泛分布于青藏高原各地，则是无疑的。

所谓“旄牛徼外”，包括原沈黎郡21县中的大渡河以西各县地方。《汉书·地理志》记旄牛县云：“鲜水出徼外，南入若水。若水亦出徼外，南至大莋入绳。”鲜水即今流经炉霍、道孚之鲜水河，南至雅江县汇入雅砻江。若水即雅砻江，南至大莋（今盐边县），汇入金沙江。金沙江即古绳水。由此可知，“旄牛徼外”西抵雅砻江、鲜水河一带，南至金沙江。其间包括大渡河中下游及安宁河流域的一些地方。

据《史记》记载，汉武帝曾派司马相如、司马迁至其地招抚。司马相如在记述其招抚成就时说：“略定西夷……除边关，关益斥，西至沫、若水，南至牂牁为徼。”[③] 由此可知，沈黎郡曾设有关徼，以稽查汉夷来往。沈黎郡既撤，因而对其原设关徼称为“故关”[④]。关徼外的原属诸部落，称为“徼外夷”。据史籍记载，当时临邛（今邛崃）一带不少蜀商“尝窃出”

---

① 用作节杖、军帐旗杆上的饰物称作“旄”，马匹及弓槊等兵器上的装饰称作“毦”。

② 黄颢译注：《贤者喜宴》（摘译）。

③ 见《史记·司马相如列传》。所谓“徼”，“即塞也。以木栅水，为蛮夷界”。

④ 《史记索隐》引张揖说。《史记》卷117，第2320—2321页。

关徼外，以蜀中土产与“徼外夷”交易，换回大量牦牛、筰马等物，“因以致富”[①]。可见虽然夷汉间有关徼之隔，但汉代四川藏区的“徼外夷”（主要是牦牛夷）与蜀郡仍然保持着比较密切的经济关系。

汉宣帝地节元年（前69），武都白马羌反，汉朝征调冉、駹诸部前往讨伐。并派使者前往汶山郡抚慰民众，当地部落首领乘机向使者骆武申诉：汶山设郡后，一年征收两次赋税，边民贫苦，难以供给，请求罢郡。使者回奏后，朝廷应允了所求。于是地节三年（前67），裁撤汶山郡，将其地并入蜀郡，设北部都尉以领[②]。同时，削减行政官员，减少了赋税，以顺民心。

东汉安帝永初元年（107），蜀郡“三襄种夷与徼外汙衍种并兵三千余人反叛，攻蚕陵城，杀长吏”。永初二年（108），青衣道“夷邑长令田，与徼外三种夷三十一万口，赍黄金、旄牛毦，举土内属”[③]。同年（108），“旄牛夷叛，攻零关，杀长吏，益州刺史张乔与西部都尉击破之。于是分置蜀郡属国都尉，领四县如太守”。并分蜀郡北部为汶山郡，所管辖有阿坝藏区的蚕陵、湔氐、广柔、绵虒、汶江等5县。与汉武帝时汶山郡的属县相同。实际上汉代设置的汶山郡这一建置，一直延续到东晋。虽然历代累有兴废，治所也不尽在同一地点，但所管辖范围，大抵相同。

永初二年（108），又以广汉北部都尉为属国都尉，辖梓潼、汁方（什邡）、涪、雒、绵竹、广汉、葭明、郪、新都、甸氐道、白水、刚氐道、阴平道等13县[④]。其中，甸氐道在今九寨沟县境内，刚氐道在今四川平武县境内。

东汉延光二年（122），“罢蜀郡属国都尉，青衣王子心慕汉制，上（表）求内附”。顺帝阳嘉二年（133），改蜀郡属国为汉嘉郡，“改曰汉嘉，

① 见《史记·西南夷列传》和《汉书·司马相如传》。
② （晋）常璩撰：《华阳国志校注修订版》，成都时代出版社2007年版，第154页。
③ 《后汉书·南蛮西南夷列传》。
④ 《汉书·地理志》。

嘉得此良臣也”。[1] 分蜀郡北部都尉复置汶山郡，领县 4。

建安十九年，刘备进入成都，自任益州牧。刘备任南阳人陈震为“蜀郡北部都尉，因易郡名，为汶山太守”[2]。汶山郡下设绵虒、汶江、湔氐、蚕陵、广柔、都安、白马、平康 8 县，治绵虒。（其中平康、白马为蜀汉新置），将岷江上游地区全置于自己统治。同时，为了加强对汶山郡的统治，在汶山郡边缘地带的“汶山、龙鹤（龙涸）、冉駹、白马、匡用五围，皆置修屯牙门”[3]，以兵守之，进一步完善了对汶山郡的统治。

蜀汉建兴九年（231），汶山羌人又叛。蜀汉政权令大将军姜维领兵平乱，姜维派部将马忠及张嶷“北讨汶山叛羌”，建筑城堡以镇守[4]。此后，大将军姜维又分别于延熙四年（241）、九年（246）两次攻打反抗的汶山羌人。后主刘禅延熙十年（247），“平康夷反”。蜀卫将姜维受命征讨，叛乱既定，始设平康县（位于今黑水县东北、松潘县以西）。

（二）对白狼、旄牛等部落的羁縻

在西部都尉所领“旄牛徼外”地区，中央政权对难以直接治理的少数民族地区，东汉王朝则致力于招抚，施行羁縻政策。羁縻政策是指封建王朝任用少数民族首领治理当地，对其领地实行松散管理，各少数民族拥有很大自主权。他们在名义上隶属中央王朝，有朝贡义务，但是一切事务均由少数民族首领自己管理，王朝不过约略管束而已。

东汉明帝永平时（58—75），益州刺史朱辅招抚了今甘孜州东南部与木里一带尚未归附的一批部落。“自汶山以西，前世所不至，正朔所未加，白狼、槃木、唐菆等百余国，户百三十余万，口六百万以上，举种奉贡，称

---

① 《水经注·青衣水》。
② 《三国志·蜀书》。
③ 《华阳国志·大同志》。
④ 今汶川县的“姜维点将台”，为当时所筑城堡遗址。

为臣仆"[1]。史载朱辅所说的招降白狼等部"口六百万"，显然有夸大。据《北史》《唐书》等载，白狼为党项羌的一部，"周灭宕昌，而党项始强"[2]。所以，在东汉时朱辅招抚的白狼部落人口绝没有600万。然而，白狼等部落当时分布于邛崃山以西的今甘孜州东南部一带，其率众来归附汉朝，则应为事实。白狼王举种奉贡，并作诗三章表示"慕义向化"，所作之诗，即历史上著名的《白狼歌》。它不仅表达了白狼羌部对汉王朝倾心归附的感情，留下一段历史佳话，而且，由于《白狼歌》是用汉文记音的，为后人研究古代党项白狼的语言文化和族群渊源留下了珍贵的资料。

有学者从《白狼歌》的记音研究，发现白狼之语音与现今普米族之玉姆土话十分接近[3]。普米，四川藏区称为"柏木依"，归之于"西番"。中华人民共和国成立后，进行民族识别时. 自称普米的西番，在云南宁蒗、兰坪、维西等地的被称为普米族，在四川盐源、木里、九龙等地的则归于藏族。但纳西族却称他们为"巴喇"（balon）或"布郎"（bulamr），其音与"白狼"非常相近。19世纪末，英人戴维斯曾对雅砻江、安宁河一带的"西番"作过较详的调查，发现其中一部自称为"楼薄"（lopa），与汉代白狼之"楼薄"部竟然同一名称[4]。可见木里、九龙、雅江、石棉、冕宁一带之"西番"与白狼的族源关系甚密，所在的地域与朱辅所招抚的白狼夷地点也大致相同。由此，也可见朱辅招抚白狼等部归附汉朝应为可信，只不过是夸大了归降人口的数字。

和帝永元十三年（101），"旄牛徼外"的白狼、楼薄等部又有17万口归属中央王朝。朝廷诏赐益州酋首金印紫绶，赐一般首领钱帛若干。

东汉王朝在四川藏区虽然新招抚了许多部落，但由于治理的失当，也引起了一些归属部落的反叛：安帝永初元年（107），朝廷强行从一些部落中征派羌人随军远征西域，引起羌族各部反抗，今阿坝地区的夷人三襄部

① 《后汉书·南蛮西南夷列传》，第1928—1929页。
② 《新唐书·党项传》，中华书局2000年版，第4718页。
③ 陈宗祥、邓文峰：《白狼歌研究》，四川人民出版社2010年版。
④ H.R.戴维斯：《云南：联结印度和扬子江的锁链》，云南教育出版社2000年版。

与徼外汙衍部联合起事，共3000多人造反，曾一度攻下蚕陵城。虽被朝廷派兵征剿平定，后亦常起事乱，叛服无常。

延光二年（122）春，大渡河外旄牛夷起兵反叛，攻下灵关道，杀长吏。益州刺史张乔与蜀郡西部都尉带兵前往镇压。平定后，将蜀郡西部都尉改置为蜀郡属国都尉，领4县，与郡同级。

第三节　两晋南北朝和隋代对四川藏区的治理

一、建置沿革

两晋南北朝时期，争战不断、兴替频仍。四川藏区先后由西晋、成汉、南齐、东晋、吐谷浑、刘宋、南梁、西魏、北周等政权统治。在四川藏区的行政设置校尉府，置校尉，统兵震慑。

在阿坝州境南部，大体上沿袭汉代以来汶山郡的建制，但所领之县则大为减少，且兴废频繁，有些郡县名存实亡，还有些治所并不在境内的“侨郡”“侨县”。

（一）实土郡县

公元三世纪至四世纪初，西晋统治蜀地，承袭汉制，置汶山郡，隶益州（成都），郡治汶山县（此汶山为绵虒县改名），郡、县治地均在今汶川县威州镇。领县8，其中7县在今阿坝州境内，分别为：广柔，县治今理县东北古城；蚕陵，县治今茂县南叠溪；平康，县治今松潘县燕云；广阳（西晋改汶江县），县治今茂县凤仪镇；新乐（原蜀汉白马县），县治今松潘雷打石；升迁，县治今黑水县芦花。今南坪境内的甸氐道被省入广武（平武），属阴平郡，隶梁州（汉中）。

西晋统治期间（265—304），川西北地区并不太平。“（晋泰始）七年

（271），汶山守兵吕臣等杀其督将以叛，族灭之……八年，汶山白马胡恣纵，掠诸种”。益州刺史皇甫晏领兵来平，众将畏汶山道险，殺晏而叛。西晋武帝太康三年（282），为加强对川西北地区的统治，“置西夷府，以平吴军司张收为校尉，持节统兵，州别立。治西夷，治蜀，各置长史，司马”①。西夷府的设置，并没有有效改变当地动荡的局面。晋元康六年（296），徼外黄石、北地、卢水胡万人征广柔、平康、广阳。广阳、平康为黄、胡所破。元康八年（298），“汶山兴乐县黄石、北地卢水胡成豚坚、安角、成明石等与广柔、平康文降、刘紫利羌有仇，遂与蜯峒羌郅逢等数千骑劫县令，求助讨紫利，太守杨邠挞杀豚坚，而降其余类，余类遂叛，杀长吏。”② 永宁元年（301），汶山羌再次反于都安之天拭山，平西将军、护西夷校尉、益州刺史罗尚遣牙门将王敦讨之，“杀数千人，大没女弱为生口。敦单马驰，为羌所杀”③。惠帝永宁元年（301）以后，通常由益州刺史兼西夷校尉。

晋永安元年（304），賨人李雄父子在蜀建立成汉政权。成汉治蜀43年间，汶山郡仍袭旧制，领汶山、都安、兴乐、平康、蚕陵、广柔6县，无所拓展。由于成汉与东晋斗争激烈，战乱频仍，政区无常。岷江上游，天灾人祸，郡县荒废。成汉末至东晋，四川人口大流动，贵州僚人入蜀，漫延达岷江上游，原住人口流亡，田地荒芜。旧有郡县多迁址设为“侨郡”“侨县”。

南齐领蜀后，曾设置甘松僚郡，治龙涸（在今松潘县境），领甘松、龙涸、蚕陵3县，郡境范围仅有叠溪、镇江、松潘一带。萧梁普通三年（522），于原汶山郡置绳州（州治在今汶川桃关。后改于今茂县凤仪），领汶山、汶川两县。至西魏，汶山郡仍治都安。岷江上游未入西魏版图。

东晋永嘉（307）以后，吐谷浑渡陇而西，拓土至升迁、平康。义熙六

① 《华阳国志》卷8《大同志》。
② 《华阳国志》卷8《大同志》。
③ 《华阳国志》卷8《大同志》。

年至十年（409—414），谯纵乱蜀后，吐谷浑进一步南扩，据有升迁、兴乐、平康，子孙沿袭。汶山郡废广阳县，侨置升迁县于宁蜀郡（今双流县境内）。汶山郡西北的黄石、三河槃于虏、卢水胡等部族均为自立状态。

东晋永和三年（347），成汉亡，蜀地归属入东晋。东晋末，安帝义熙九年（413），刘裕遣朱龄石率军入蜀，平定谯纵以后，今四川地区乃为刘裕势力所据。东晋恭帝元熙二年（420），刘裕代晋称帝，建都建康（今江苏南京），国号宋，史称刘宋，进入南北朝的南朝时期。在刘宋统治的59年（420—479）中，对今四川地区的州郡县建置和更改，颇为纷繁。汶山郡仍置，领2县，但治地迁于都安（今都江堰市）。今阿坝州地未入刘宋版图，成为荒郡荒县。

南梁据蜀，除故侨置郡县外，置汶川县（汶山县易名，治地今威州）属汶山郡。普通三年（522），梁置绳州，领2郡：北部郡，领广阳县（州郡县同治地）；汶山郡，领汶川县（郡县同治地）。版图拓至汶、茂一带。

北朝西魏统蜀5年间（553—557），分绳州汶山郡，领都安、宴官2县，治在今都江堰市境内；省汶川县入广阳，隶北部郡。续置绳州，新置甘松郡，领甘松县，属绳州。

南朝时，白水羌豪邓至势盛，据升迁、甸氐，自号邓至王。西魏初年，邓至孙舒彭遣使内附，西魏赐封其为甘松开国子，以其地置甘松县，设郡隶绳州。同时逐吐谷浑，收阴平，置宁州，后改邓州。同时，置邓宁郡，领尚安县（治在今九寨沟县黑河乡）、同昌县（治地今南坪城关）。今阿坝州境，仅汶川、茂县和松潘东南部一带地区属西魏统治。

北周初，袭西魏旧制。至周武帝时，今阿坝地区建置有了一些增加和变更：保定四年（563），以绳州改汶州，仍领北部郡（广阳县）和甘松郡（甘松县）。保定五年，改甘松郡为龙涸郡（军防龙涸防），改甘松县为嘉诚县（治地今松潘进安镇），以故地复置平康县，新置交川县（治地今松潘岷江乡），3县隶属龙涸郡。天和元年（566），北周讨蚕陵，以羌地置翼州，同置4郡4县，即翼针郡领翼针县（州、郡、县同治地，在今茂县叠溪）、清江郡领龙求县（郡县同治今茂县石大关）、左封郡领左封县、广年郡领广年县（左封、广年县境在今茂县赤不苏区，黑水县维古区，松潘县西南区及理县米亚罗区）。天和二年，遣雁门郡公讨浑胡，以覃水羌名，置覃州，领荣乡郡、通轨县；后置覃川郡，同置广平县属之。天和三年，复置汶山郡，领汶川县（治威州）、汶山县（废宴官县而置，治灌口）。原邓州、邓宁郡则一直保留。

天和六年，郡上设总管府[①]。于龙涸设扶州总管府，辖邓宁、龙涸、荣乡、覃川、翼针、清江、广年、左封、北部、汶山诸郡，境域包括今汶川、茂县、松潘、黑水、九寨沟一带地区。

（二）南朝僚郡

公元479年，齐高帝萧道成灭刘宋，建立南齐政权。南齐统蜀24年间（479—502），在灌口（今都江堰市）侨置汶山郡，领3县（均在今阿坝州外）。

对于流入四川藏区境的僚人，则于僚人聚居之地，设置僚郡，任命当地民族首领进行管理，保持他们旧有的统治方式。所置主要有：

甘松僚郡，治所大致在今松潘县境，领有蚕陵县。

沈黎僚郡，领徼外夷。治在今四川泸定、汉源之间。

二、吐谷浑对川西北地区的统治

东晋末至初唐，今阿坝州北部地区曾为吐谷浑一度统治。

吐谷浑本为鲜卑族部落，其首领吐谷浑，公元四世纪初，率部从慕容鲜卑部中分离出来，迁至今内蒙阴山（今大青山）一带，游牧了20多年后，

① 西魏、北周和隋文帝时期，常置总管府，统领诸州军事。长官称总管，代表朝廷管理地方。

又向南迁徙，进入今甘肃、四川、青海三省交壤的地区，征服了四周的羌族部落，建国于群羌之中。至其孙叶延时，始以吐谷浑为部族之名，吐蕃称吐谷浑为阿柴（A zha）。

东晋末年，吐谷浑兼并氐羌数千里，居浇河（青海省贵德县），其境“南界昴城、龙涸，自洮水西南极白兰数千里中”。[①] 昴城在今阿坝县附近，龙涸在松潘叠溪附近，白兰在青海北部。今川西高原东北部，为吐谷浑所控制地区。

北魏时吐谷浑占有金城、陇西等郡。总部在沙州，还有4座大城，分别在清水川、赤水、浇河、吐屈真川等地。今阿坝北部沦为其边地，经营渐少。南北朝以后，吐谷浑逐渐衰弱，先后向周、隋、唐称臣。唐龙朔三年（663），吐谷浑被吐蕃所灭。其在四川藏区所统治之地亦为吐蕃占据。

三、隋朝对川西高原的经营

公元589年，隋朝结束了南北朝以来的分裂局面，重新统一中国。隋代初年，将岷江上游和黑水流域所置汶、翼、扶、覃四州，合为一州，初称汶州，继以此州为“西夷交会”，改名会州，设一总管，统11县，包括24000多户。

（一）征服诸羌

隋初，即开始对阿坝州一带和甘、青两省的南部诸羌部落经营。“时诸羌犹未宾附。”隋文帝“（开皇）八年，冉駹羌作乱，攻汶山、金川二镇，沙罗率兵击破之，授邛州刺史。”[②]。开皇十四年（594），诏令会州总管（治

---

① 《元和郡县图志》卷22《山南道·利州》。
② 《隋书·沙罗传》。

今茂县）崔仲方西征诸羌。“紫祖、四邻、望方、涉题、千碉、小铁围山、白男王、弱水等部悉平”①。

在武力征服的同时，隋朝还派员对阿坝州境的诸羌部落进行招抚，《隋书·宇文弼传》载：弼“尝奉使邓至国及黑水、龙涸诸羌，前后降附三十余部”。邓至国即邓至羌，又称白水羌，与宕昌羌齐名，南北朝时活动于川西北，“其地自亭街以东，平武以西，汶岭以北，宕昌以南。”② 都城邓至城在今四川九寨沟县西。黑水、龙涸在今阿坝州黑水县和松潘县一带。

（二）附国等部与隋王朝的关系

附国是南北朝至隋唐时期在四川藏区西部的一个大的部落联盟。《隋书·附国传》：“国有二万余家，号令自王出”；“其东北连山，绵亘数千里，接于党项。往往有羌：大、小左封，昔卫，葛延，白狗，向人，望族，林台，春桑，利豆，迷桑，婢药，大硖，白兰，叱利摸徒，那鄂，当迷，渠步，桑悟，千碉，并在深山穷谷，无大君长。其风俗略同于党项，或役属吐谷浑，或附附国。”《隋书·附国传》中明确记载着附国王大业四年（608）“遣使素福等八人入朝。明年又遣其弟子宜林率嘉良夷六十人朝贡……大业中，缘西南边置诸道总管以遥领之”③。可知在在隋炀帝时，附国就归附了隋朝。隋炀帝认为其边远不便直接设治，而以沿边诸道总管“遥邻之”。

从“其东部为嘉良夷”的记载来看，附国应在康区中部的雅砻江、鲜水河一带地区，因为嘉良夷即今大小金川流域的嘉绒。由此可知，附国之境大致是：西抵金沙江岸，东至今阿坝州西部，北至青海玉树、果洛州的南部，南达木里稻城一带。其中心在今甘孜县一带。《附国传》中所记的 21

① 《隋书·崔仲方传》。
② 《元和郡县图志》卷 22《山南道·利州》。
③ 《隋书·附国传》，第 1246 页。

个部落，现今可考者有："昔卫"即"色乌绒"，在今康定西部沙德区，即明正土司故居地；"利豆"，即义敦，在今雅砻江流域理塘县境，原为义敦三坝部落；"婢药"，即白域，即今金沙江岸白玉县境；"那鄂"，即章古，在今雅砻江流域的炉霍县境；"叱利摸徒"，在今青海南部至甘孜县间，即明代白利土司顿月多吉统治之地；"迷桑"在今甘孜县一带；"桑悟"即今道孚县之"少吾"地方；"白兰"在今色达、石渠、果洛一带；大、小左封应即唐设左封县的黑水地区，在今马尔康、黑水一带。"葛延（即哥邻）、白狗"等即后来的"西山八国"。

过去史学界有人认为附国即是吐蕃[①]。然而，据《旧唐书·吐蕃传》记载，吐蕃"历周及隋，犹隔诸羌，未通于中国"[②]。故早在隋大业中就已朝贡的附国当然不是吐蕃了。另外，从上述附国 21 部的地望来看，附国及其各部亦显然是在四川藏区境内，而不是在西藏境内。

① 岑仲勉：《隋书之吐蕃——附国》，收入岑仲勉著《中外史地考证》，中华书局 1962 年版。
② 《旧唐书·吐蕃传》。

第二章

唐宋时期对四川藏区的治理

第一节　唐朝对川西高原的经营

一、唐代在川西高原的建置

唐朝建立后，在四川藏区建置州县，设置多个都督府或都护府，管领这些州县。唐太宗李世民（627—649年在位）倡言“夷狄一家”，对来附的少数民族部族，“即其部落，列置州县，其大者为都督府，以其首领为都督、刺史，皆得世袭，虽贡赋版籍，多不上户部，然声教所暨，皆边州都督、都护所领，著于令式”①。在今四川藏区，每个都督府辖有若干正州和羁縻州，在正州中，有的以内地派官为刺史，有的以当地部落首领为刺史；而羁縻州则全由部族首领担任刺史。但这些羁縻州因部落流动而时有分并，吐蕃东扩入川后，随着唐蕃双方势力消长变化，羁縻州县也兴废无常，数目与领地都变动很大。如松州都督府在唐太宗贞观二年初设时，领有25个羁縻州。到唐玄宗天宝时，所领羁縻州已有104个；茂州都督府领有的羁縻州，也由10个增至39个。

① 《新唐书·地理志七下》

至于羁縻州都督府，在四川藏区内可考者仅有大金川上游的乐容州都督府[①]，所领为党项羌部落。设立不久即被吐蕃占领而废置。

在今阿坝州境内，唐代前后，共设置了松州、茂州、翼州保宁等都督府、都护府：

松州都督府：原为邓至羌之地，西魏平邓至羌，置宁州，后改为邓州。北周武帝天和元年（566）析置扶州，置总管府。隋文帝开皇初年废总管府，以其地分属会州和邓州，继改邓州为扶州。唐高祖武德元年（618），以会州交川县、扶州嘉诚县置松州，其地在今松潘县。太宗贞观二年（629）置都督府，领25个羁縻州，因招抚的党项部落及生羌而置，所管地区为今阿坝州东部一带。唐高宗即位之后，原来的羁縻诸部，或叛或降，所建羁縻州屡有废置。高宗仪凤二年（677），加强了松州都督府地位，下辖文、扶、当、柘、静、翼6个正州和30个羁縻州。永隆元年680，吐蕃在黄河上游击败李敬玄率领的唐军，侵入剑南，攻陷茂州都督府西境要塞安戎城，“尽收诸羌之地，东境接于松、茂”。松州都督府原辖羁縻府州，除内徙者外，全部丧失。玄宗开元年间唐军反击，收复了一些失地，故到天宝十二年（753），松州都督府所领羁縻州又扩大到104个，“其二十五州有额户口，但多羁縻逃散。余七十九州皆生羌部落，或臣或否，无州县户口，但羁縻统之。”[②] 安史之乱后，唐朝衰弱，吐蕃加强对川甘地区的进攻，深入松茂地区。唐肃宗时，受吐蕃之逼，将部分党项羁縻州内迁到宁、庆、银、夏之境，“余皆没于吐蕃”。松州也被吐蕃占领。“其后，松、当、悉、静、柘、恭、保、真、霸、乾、维、翼为行州，以部落首领世为刺史、司马。”[③] 作为行州的松州，便已经不再领有羁縻州了。

茂州都督府：本为西晋汶山郡，梁武帝普通三年（522）置绳州及北部

① 《新唐书・地理志》作“乐容州”，列为党项51羁縻州之一。《寰宇记》同。《旧唐书・地理志》记为“乐客州”。

② 《旧唐书・地理志》，中华书局2000年版，第1164页。

③ 《新唐书・地理志》，中华书局2000年版，第714页。

都尉，北周武帝保定四年（56）改为汶州，隋文帝开皇五年（585）改称蜀州，开皇六年（586）又改为会州，置总管府。隋炀帝废总管府，又改称汶山郡。唐高祖武德元年（618）复置会州，武德三年（620）置总管府，武德四年（621）改称南会州总管府，武德七年（624）改置都督府。太宗贞观八年（634），改南会州为茂州，依旧置都督府，治汶山县。太宗时期，茂州都督府领10个羁縻州，其地在今岷江上游，均为诸羌州。其维、翼两羁縻州，后进为正州。羁縻州升为正州后，文武官员，大多还是从当地部落中遴选，只是不完全采用父死子继的办法，而是由朝廷任命，同时杂以汉官，以便控制。高宗永徽二年（681），特浪羌首领董悉奉求、辟惠羌首领卜檐莫，各率种落万余户内附，以其地置32个羁縻州，隶属茂州都督府。安史之乱爆发后，茂州都督府所统领的羁縻州，相继为吐蕃占领。茂州都督府所领诸州，或为正州，或为行州，基本上不再领有羁縻州。

保宁都督府：保宁都督府，即保宁都护府，原名洪州。玄宗天宝八年（749），“改洪州为保宁都护府”，其地在剑南西山索磨川，位于恭州西北三百七十里左右，即今梭磨河上游的壤口附近。直接管辖有万安、柔远、明威、平戎及保宁都护卫（故洪州城）等5所军镇（城），每城置城使、副使等汉官，以备戍守。德宗贞元九年（793），“哥邻国王董卧庭来朝，至绵州卒，赠武德州刺史，命其子利罗为保宁都督府长史，袭哥邻王”①。开元二十八年收复安戎城后更名平戎城，原属茂州都督府，后割属保宁都护府。

翼州都督府：咸亨元年（670）唐朝又在松、茂西境增设了翼州都督府，企图以此加强对西山、弱水之间众多羁縻州县的控制，所辖州县大体上包有原属松州都督府的悉、当、柘等州和弱水西山68州。但因唐军在大非川战役中惨败，吐蕃加紧了对剑南道地区的进攻，大金川流域一带的弱水西山诸羁縻州大半陷落，翼州都督府府治所在的悉州羌夷亦叛附吐蕃，

① 《册府元龟》卷965《外臣部·册封第三》。

唐朝遂于仪凤二年（677）撤销了翼州都督府。。其残存的羁縻州县，复归并入松州都督府。

在今甘孜州境，唐王朝设置有雅州都督府（治今雅安）与黎州都督府（治今汉源清溪）进行管理：

雅州都督府：唐玄宗开元三年（715）置。治严道县（今雅安县）。玄宗时期，雅州都督府领有57个羁縻州，其境在青衣江上游及其以西的大渡河一带，为“生羌、生僚”羁縻州。德宗贞元年间，吐蕃7个部落降附，仍然置羁縻州，分别安置：吐蕃国师马定德、笼官马德唐等部落在欠马州安置；逋租城笼官马东煎、嘉梁州降户首领笼官刘定等部落在夏阳路安置；嵬龙城首领砾罗莽洒等部落在和川路安置；会野首领笼官高万唐、业城首领笼官刘矣本等部落在本部安置；笼官杨矣蓬、费东君等部落在蛮宿川安置。皆属雅州都督府管辖。文宗以后，又把黎州的4个羁縻州划归雅州都督府。入宋以后，雅州仍领有羁縻州。文宗以后，又把黎州的4个羁縻州划归雅州都督府。

黎州都督府：唐玄宗开元四年（716）置。据《旧唐书·地理志》载：“黎州，统制五十四州，皆徼外生僚。无州，羁縻而已。”宪宗元和年间，黎州都督府“管羁縻州五十七，并蛮夷部落大首领主之”①。

唐朝对于羁縻州县，除了设置军镇，实行军事控制之外，也提供各种经济援助，以此笼络归附的部落。“松、茂等州诸羌首领，二十年来，利得此军财帛粮饷，以富己润屋”②。

① 《元和郡县图志》卷32《剑南道·黎州》。
② 《元和郡县图志》卷30《江南道·黔州》。

二、唐对四川藏区各部落的羁縻

（一）招抚党项和诸羌

唐朝初年，今四川藏区尚是众多羌族部落盘踞的地区。其中较大的部落主要是党项、白兰、东女以及后来形成的“西山八国”等。

同时，在这些较大的部落组织之间，还错落分布着众多分散的羌族游牧部落。如《隋书》所载，其地“往往有羌……并在深山穷谷，无大君长，其风俗同于党项。或役属吐谷浑，或附附国”[①]。《新唐书·党项传》记：“党项，汉西羌之别种……其地古析支也。东距松州，西叶护，南春桑、迷桑等羌，北吐谷浑。处山谷崎岖，大抵三千里。以姓别为部，一姓又分为小部落，大者万骑，小数千，不能相统……有细封氏、费听氏、往利氏、颇超氏、野辞氏、房当氏、米禽氏、拓跋氏，而拓跋最强。”[②]《旧唐书·党项传》记载吐蕃强盛时，羌酋长拓跋赤辞“渐为所逼，请内徙，始移其部落于庆州，置静边等州以处之”。“其故地陷于吐蕃，其处者为其役属，吐蕃谓之弭药”[③]。贞观三年（629），南会州都督郑畴招抚党项，细封部首领细封步赖率先举部降附，唐太宗给予很高规格的厚待，不但赐给玺诏，还在其入朝时予以“宴锡特异”的待遇。细封氏归唐后，唐以其地置轨州（治在松潘西境），授细封步赖为刺史。党项其余各部羡慕唐朝对细封之优待，诸姓酋长也全都内附。唐遂以其地置崌、奉、严、远4州，以各部首领为其刺史并隶于松州都督府[④]。“内附者三十四万口”[⑤]。

在党项各部纷纷内附于唐的时候，唯独党项中最强大的拓跋氏不愿投

---

① 《隋书》卷83《附国传》。
② 《北史》卷96《党项传》，第3601页。
③ 《旧唐书·党项传》。
④ 《旧唐书·党项传》。
⑤ 《唐会要·党项羌》。

唐，因其首领拓跋赤辞与吐谷浑联姻关系，要助吐谷浑与唐争战。直到后来战败，才受唐岷州都督刘师立之招而率部投唐。唐朝“以其地为懿、嵯、麟、可三十二州，以松州为都督府，擢赤辞西戎州都督，赐姓李，贡职遂不绝。于是自河首积石山而东，皆中国地。后吐蕃强盛，拓跋氏畏逼，请内徙。始诏庆州，置静边等州（在陇西地区）处之”①。唐高宗时，吐蕃进逼，唐朝又把静边州都督府及其下属的25个羁縻州迁移至庆州（今甘肃庆阳县）。安史之乱后，拓跋部又辗转被迁移至银州（今陕西米脂县）、夏州（今陕西横山县）等地，到唐末发展成为割据一方的势力，宋时在银川建立大夏国（史称“西夏”）。

白狗羌为党项羌之一种，活动于四川杂谷脑河流域一带，紧临东女国，是“西山八国”之一。武德六年（623）白狗羌与白兰羌“并遣使入贡”；武德七年（624），“以白狗等羌地置维、恭二州”②，并置金川、定廉2县③。金川在维州以西30里，后改为小左封县；定廉县在维州以西160里。太宗贞观元年（627），白狗羌为小左封生羌所逼，举族西走，维州及其所领2县俱废。贞观二年（628），小左封生羌首领董屈占等举族表请置吏，复置维州及2县。

贞观七年（633），白狗再次归附唐朝，于是另置西恭州以安置之，其地在维州西南115里，位于白狗岭西南52里。贞观八年（634）改西恭州为苄州。不过，龙朔后白狗、白兰、春桑和党项的大部分地方均没入吐蕃，“俱为吐蕃所臣”④。

（二）内迁东女国和“西山八国”

东女国是隋唐时青藏高原上一个以女性为中心的部落国，与唐朝有较密切的政治关系。

---

① 《新唐书》卷221《西域传·党项》。
② 《新唐书》卷42《志第三十二》。
③ 《资治通鉴》卷190《唐纪六》。
④ 《新唐书》卷221《西域传·党项》。

《旧唐书·东女国传》记道："东女国，西羌之别种。以西海中复有女国，故称东女焉，俗以女为王。东与茂州、党项接，东南与雅州接，界隔罗女蛮及白狼夷。其境东西九日行，南北二十日行，有大小八十余城。……户四万，胜兵万人。"

说明这个东女国，是因其西地区还有一个女国，而把它称为"东女"国，以区别于西部的女国（即苏毗）。从所记地望看，"东与茂州、党项接"，是指茂州都督府辖境的党项部落，大抵至杂谷脑河一带；"东南与雅州接，界隔罗女蛮及白狼夷"中的"罗女蛮"，即西番中的"罗汝"，地在九龙、石棉、冕宁一带。"白狼夷"，其时在九龙、雅江、巴塘、稻城一带。元代以前，由雅州至徼外地区，由于多取道大相岭经汉源、石棉、九龙而至大渡河上游西岸（今康定木雅、丹巴等地），途须经过罗汝与白狼夷之地，故称"界隔罗女蛮及白狼夷"。据"其境东西九日行，南北二十日行，有大小八十余城"的记载，东女国是一个有80多个村寨（部落）组成的部落联盟体。其境域，北达今金川、马尔康一带，南至今雅江、木里境，西至鲜水河流域。占有大渡河上游一带的广大地区。

对照东女国地理位置，可以发现其境主要在今嘉绒藏族地区[①]，即《附国传》中所说的"嘉良夷"地区。东女国的中心地区，应在大渡河上游的丹巴一带。因为丹巴不仅符合《唐书》所述的东女国都"岩险四缭，有弱水南流"的地形特点，而且是嘉绒藏族的中心，嘉绒的信仰中心墨尔多神山即在丹巴。唐代曾在其境中置过东西嘉良二羁縻州。

因东女是川西高原一大部落，早在隋朝大业时，隋蜀王杨秀镇成都时，就曾遣使招抚东女国，但遭到拒绝。至唐高祖时，吐蕃开始侵略邻部。女王汤滂氏畏吐蕃逼，"武德中始遣使贡方物。高祖厚资而遣之，还至陇右，

---

① 嘉绒，全称为"嘉莫绒（Rgya-Mo-Rong），意为"女王河谷"。藏文史籍中又写作"嘉莫察瓦绒"（Rgya-Mo-Tshaba-Rong），意为"女王的温暖河谷"，其意大体相同。在嘉绒的民间传说中，也说此地原为女王统治，后喇嘛教传入才改为男性首领。也说明嘉绒地区应在东女国境。

会突厥入寇，被掠于虏庭”。唐太宗平定突厥颉利可汗后，复遣使来朝，希望获得唐朝庇护，但当时太宗无力派兵庇之，只得送令返国，颁给玺书以为抚慰。高宗永徽七年正月，东女国王又派遣女使高霸黎[①]文并其主男三卢等朝唐。武则天垂拱五年，“东女王敛臂遣大臣汤剑左来朝，仍请官号。则天拜敛臂为左玉钤卫员外将军，仍以瑞锦制蕃服赐之”[②]。此后东女国与唐的关系便趋紧密，朝贡不断，“天授三年，其王俄衍儿来朝。万岁通天元年，又遣使来朝。开元二十九年十二月，其王赵曳夫遣子献方物。天宝元年五月，命有司宴之曲江，令宰臣以下同宴。又封曳夫为归昌王，授左金吾卫大将军。赐其子帛八十四，放还。后复以男子为王。”[③]

“西山八国”是指隋唐时期在川西北的哥邻、白狗、逋租、南水、弱水、悉董、清远、咄霸等 8 个部落，大小不一，境邻近东女国，原本投唐，置羁縻州，“旧皆分隶边郡，祖父例授将军、中郎、果毅等官。自中原多故，皆为吐蕃所役属。其部落大者不过二、三千户，各置县令十数人理之。土有丝絮，岁输于吐蕃”[④]。

唐德宗贞元时，韦皋治蜀，军威甚振，屡破吐蕃。不愿再受吐蕃役属的东女国王汤立悉与八国首领相盟，同降于唐。贞元九年（793），东女国王“汤立悉，与哥邻国王董卧庭、白狗国王罗陁忽、逋租国王第邓吉知，南水国王侄薛尚悉曩，弱水国王董辟和，悉董国王汤悉赞，清远国王苏唐磨，咄霸国王董藐蓬，各率其种落，诣剑南西川内附”[⑤]。“相率献款，并赍天宝中国家所赐封诰共三十九通以进。节度使韦皋，处其众于维、霸、保等州，给以种粮、耕牛，咸乐生业”[⑥]。

归附后“立悉等数王自来朝，召见于麟德殿。授立悉银青光禄大夫，

---

① “高霸黎”为东女国官职，即大相。
② 《唐会要》卷 99《女国》及《旧唐书》卷 197《东女国传》。
③ 《唐会要》卷 99《女国》及《旧唐书》卷 197《东女国传》。
④ 《唐会要》卷 99《女国》。
⑤ 《旧唐书》卷 197《东女国传》。
⑥ 《唐会要》卷 99《女国》。

归化州刺史。邓吉知试大府少卿，兼丹州长史。薛尚悉曩试少府监，兼霸州长史。董卧庭行至绵州卒，赠德州刺史，命其子利罗为保宁都督府长史，袭哥邻国王。立悉妹乞悉漫，颇有才智，从其兄来朝，封义和郡夫人。其大首领董卧卿等，皆授以官。俄又授女国王兄汤厥银青光禄大夫，试太府卿；清远王弟苏历颠银青光禄大夫，试卫尉卿；南水国王薛莫庭及汤悉赞，董藐蓬，女国唱后汤佛庭、美玉钵、南郎唐，并授银青光禄大夫，试太仆卿。其年，西山松州等生羌二万余户，相率内附。其黏信部落主董梦葱，龙诺部落主董辟忽，皆授试卫尉卿。立悉等并赴明年元会讫，赐以金帛，各遣还。……其部落至今犹代袭刺史等官。然亦潜通吐蕃，故谓之‘两面羌’”[①]。

由于贞元间招抚东女国与“西山八国”之功，唐皇“诏加韦皋统押近界诸蛮及西山八国使”之衔[②]。

第二节 唐朝与吐蕃对川西高原的争夺

一、吐蕃东扩与唐蕃战事

在初唐时，吐蕃正处于上升发展时期，吐蕃依靠强大的军事力量开疆拓土，兼并了青藏高原上各部落，进而东扩至唐朝的境域。当时吐蕃铁骑东进主要是从青、甘一路，作为四川的屏障的川西北高原是吐蕃入蜀的重要阻碍，故今阿坝州一带成为其首先要夺取之地。而松潘扼岷江之首，“为全蜀屏障，川西锁钥”。占据松潘，不仅可控制黄胜关内外各羌夷部落，还可通过“西山道”[③]，南下进取川蜀中心成都，北上进取陇南陕西。故松潘

① 《唐会要》卷99。
② 《资治通鉴》卷234“德宗贞元十年正月”条。
③ 唐代从松潘至都江堰之路称为“西山道”。

一带既是吐蕃攻取重点也是唐朝防守重点。自贞观十二年（638）至开成三年（838），唐蕃在今四川藏区的主要争战地点，集中于松州、安戎城、维州等地。此外，因大渡河天险的阻碍，吐蕃向川西南的进攻，主要是联合南诏进取巂州（今凉山州西昌市）。巂州一带，也是唐蕃反复争夺的战场。

唐太宗贞观八年（634），吐蕃赞普松赞干布遣使入朝，唐蕃正式开始交往。唐贞观十年（636），吐蕃首领松赞干布得知吐谷浑以及突厥皆娶唐公主，亦派使者前往长安求婚，但被太宗拒绝。贞观十二年（638）松赞干布因以求婚被拒为由，出兵东侵，击败吐谷浑，又攻破党项、白兰，率兵20万围松州，声言此行是为求娶公主故。松州都督韩威出战，反为吐蕃所败，于是边人大扰，“皆叛以应贼”①。

面对吐蕃的武力要挟，唐太宗决定示以兵威。唐贞观十三年（639），太宗以吏部尚书侯君集为当弥道行军大总管，右领军将军执失思力为白兰道行军总管，左武卫将军牛进达为阔水道行军总管，右领军将军刘兰②为洮河道行军总管，各督步骑5万以击吐蕃③。阔水道行军总管牛进达攻吐蕃军于松州城下，“前后斩首千余级”，“弄赞④大惧，引兵而退，遣使谢罪，因复请婚，上许之”⑤。贞观十五年（641），太宗以宗室女文成公主，嫁吐蕃赞普，派江夏王李道宗送往。松赞干布亲迎于河源，又为公主筑一城（即布达拉宫）⑥。随着文成公主进藏，唐蕃政治经济文化交往开始发展。

649年，松赞干布病故，其孙芒松芒赞继位，噶尔·东赞域松（禄东赞）父子相继执掌国政，穷兵黩武，不断以武力向外扩张。在征服吐谷浑之后，由青海方向南下，深入四川藏区腹地，相继征服雪山党项、白兰、白狗、春桑等部。为了扼制吐蕃，唐朝将属于陇右道的松州都督府划归剑

---

① 《新唐书》卷216《吐蕃上》。
② 一说是左领军将军。
③ 《册府元龟》卷985《外臣部·征讨四》。
④ 松赞干布在《唐书》中作“弃松弄赞”。系藏语译音之别。
⑤ 《旧唐书·吐蕃传上》。
⑥ 文成公主入藏系取道青海，经过四川藏区西北部的石渠、邓柯入藏。并非经康定塔公入藏。

南道，以便与茂州都督府形成掎角之势，抵御吐蕃东侵。667 年，吐蕃攻占松、茂 2 州都督府所领的 12 个生羌羁縻州。676 年，吐蕃攻占芳州，又破叠州密恭、丹岭 2 县。677 年，吐蕃攻占扶州临河镇，擒守将杜孝升，松州震动，当、悉等州诸羌尽降吐蕃。

为阻止吐蕃沿今黑水河谷南下，仪凤二年（677）益州长史李孝逸在今理县薛城镇筑安戎县，扼守蓬婆岭路。680 年，吐蕃以“生羌”为向导，攻占安戎城，增兵据守。698 年，吐蕃噶尔家族获罪，墀都松赞普执掌政事，但东侵仍继续。701 年，墀都松亲率大军进攻松州和洮州。702 年，墀都松率万余人进攻悉州。茂州都督陈大慈“与贼四战，皆破之，斩首千余级”①，稳定了西山战局。703 年，吐蕃征服邛域嶲州②境内的“西蛮诸部”。

唐玄宗即位之后，加强了剑南道的军事力量，置剑南节度使以统边军，逐渐由单纯防御转为主动进攻，玄宗开元四年（716），吐蕃围攻松州，为松州都督孙仁献击退。开元二十六年（738），剑南节度使王昱率兵攻安戎城，为吐蕃前来救援的精锐部队所击败，致使唐军所据的左右两城陷落，数万兵士及军粮资仗全部丧失。次年，唐王朝任命章仇兼琼为益州司马、防御副使、剑南节度使，积极谋划攻取安戎城之策。开元二十八年（740）春，章仇兼琼密与安戎城中吐蕃翟都局及维州别驾董承晏等通谋，派监察御史许远率兵镇守，里应外合，攻占安戎城。其年十月，吐蕃反攻不成而退。唐改安戎城为平戎城。安戎城的收复，使得唐军控制了西通大金川上游的蓬婆岭路和滴博岭路。玄宗天宝六年（747），剑南节度使郭虚己以鲜于仲通为行军司马，攻取位于大金川上游的“西山八国”。天宝八年（749），鲜于仲通又“射讨吐蕃摩弥城，拔之。改洪州为保宁都护府，堑弱水为蕃汉之界，收户数十万，辟地千余里”③。天宝十四年（755），吐蕃集

---

① 《册府元龟》卷 358《将帅部·立功十一》。
② 嶲州，今四川西昌；西山指茂汶一带。
③ 《全唐文》卷 344 颜真卿《鲜于公神道碑》。

中故洪、腊城、里囊邛三节度兵马8万余人，分为六道，向剑南西山地区大举进攻，结果为唐军击败，“生擒吐蕃哥末国王渠时、兵马副使翟步离，并士众等二千余人。斩获故节度副使且禄翁、都知使乞吕徐男律熙等，械牛马羊等二十余万”①。同年十二月，唐朝爆发安史之乱。

安史之乱爆发后，唐朝的边军相继内调平乱，致使边防空虚。剑南道在安史之乱爆发后，还多次发生军队的反叛，进一步削弱了边备。在这种情况下，吐蕃与南诏联兵，对剑南诸州发动大规模入侵。唐朝为确保成都的安全，几乎集中了剑南三川的全部人力、物力，在嶲州和西山两个战场上，与吐蕃展开了长达半个世纪的争夺战。

756年，吐蕃赞普墀松德赞致书南诏王阁罗凤，要他配合吐蕃，进攻嶲州，于是阁罗凤遣大将洪光秉、杜罗盛、段附克等人，统细子藩，与吐蕃宰相倚祥叶乐、节度尚检赞联兵，进攻越嶲。阁罗凤则亲帅大子藩，围攻会同。757年，嶲州全境，完全陷落。唐朝势力，退缩到大渡河一带的黎州。

在攻占嶲州之后，吐蕃又集中力量向剑南西山地区发起进攻。761年，吐蕃大将尚东赞攻取松州和桑噶两地。762年，吐蕃又占据合水城（其地在今阿坝茂县沙坝附近，为黑水与岷江的汇合处）。广德元年（763），吐蕃陷松、维、保3州及云山新筑2城，西川节度使高适不能救，于是剑南西山诸州陷于吐蕃。为阻止吐蕃继续深入，唐军在西山地区频频发起反击。广德二年（764），剑南节度使严武破吐蕃7万余众，攻拔当狗、盐川2城。广德三年（765），严武又出兵收复西山拓、静诸州。大历二年（767），崔宁任西川节度使，次年出兵破吐蕃万余众，于西山置乾州。大历五年（770）五月，“徙置当、悉、拓、静、恭五州于山陵要害之地，以备吐蕃”②。大历十年至十二年（776—777），崔宁连破吐蕃于西山。大历十四年（779）吐蕃

① 《全唐文》卷377杨谭《兵部奏剑南节度破西山贼露布》。
② 《旧唐书·吐蕃下》。

率南诏众 20 万分三路进攻西山，一路入扶、文 2 州，掠方维、白坝，企图攻占利州，阻止唐军由关中方向增援；一路由西山趋茂州，逾汶川，兵锋直指成都；一路由嶲州侵黎、雅 2 州，叩邛崃关，由南向北，夹击唐军。唐代宗令东川兵自江油趋白坝，与山南兵会合，阻止吐蕃进攻利州。同时发禁军 4000，由李晟率领，入蜀救援。曲环破吐蕃西山一路，范阳兵追及七盘，又破之，遂克维、茂 2 州。李晟率禁兵攻破南诏入侵黎、雅一路，逾漏天，拔飞越、廓清、肃宁 3 城，追至大渡河外，斩首千余级。吐蕃、南诏军队，因饥寒陨于崖谷而死者八九万人。然而唐军的这次胜利，并未从根本上扭转剑南战局，吐蕃仍占据着剑南西山和嶲州。建中四年（783），唐与吐蕃在清水会盟，规定沿岷江、大渡河划界，以东属于唐朝，以西属于吐蕃。

德宗贞元元年（785），韦皋出任剑南西川节度使。他首先争取到嶲州境内的东蛮，然后利用吐蕃与南诏的矛盾，瓦解其联盟，使南诏转而与唐朝结盟，共同对付吐蕃。由于南诏归附唐朝，战争的进程，向着不利于吐蕃的方向发展。随后，韦皋又移师北上，与吐蕃争夺西山地区。

唐德宗贞元四年（788），吐蕃发兵 10 万入侵西川。由于失去南诏的援助，不到 3 年，吐蕃尽失嶲州之地。贞元八年九月，韦皋进攻吐蕃维州，生擒大将论赞热，献于京师。十一月，山南西道节度使严砺配合韦皋作战，向今白龙江上游发起攻击，破吐蕃于芳州及黑水堡，焚其积聚。793 年，唐德宗下令筑盐州城。为防止吐蕃掩袭，命韦皋出兵，深入吐蕃，以分其力。于是韦皋在西山地区发起攻击，破吐蕃峨和城、通鹤军。吐蕃南道元帅论莽热率众来援，又被韦皋击破，杀伤数千人，焚定廉故城，平栅堡 50 余所。797 年，吐蕃为了截断南诏与剑南西川的联系，再次向嶲州台登城发起进攻。799 年，吐蕃又发兵 5 万，分击南诏及嶲州，但无功而还。

贞元十七年（801），吐蕃入侵灵、朔。唐德宗令韦皋深入吐蕃境内，以缓解北边之患。韦皋分兵九路，大举进攻。其中维、保 2 州兵马使仇冕、保霸 2 州刺史董振等率兵 2000 进逼吐蕃维州城。九路军自八月出军齐，至十月，累计破吐蕃16万众，拔其7城、军镇5，受降3000户，生擒6000余人，斩首1万余级，进围维州。吐蕃赞普遣论莽热以内大相兼东境五道节度兵马、群牧大使，率众10万，来解维州之围。“蜀师万人据险设伏待之，先出千人挑战。论莽热见我师之少，悉众追之，发伏掩击，鼓噪雷骇，蕃兵自溃，生擒论莽热。虏众十万，歼夷者半。”① 韦皋的这次大规模进攻，是一次战略转折。自此以后，吐蕃在今四川西部地区转入全面防御，除了偶然侵扰之外，再也没有发动大规模进攻，唐军也基本采取守势，双方的武装冲突，逐渐平息。

大和五年（831），吐蕃维州副使悉怛谋投降于唐，率其所辖之部奔成都，西川节度使李德裕受其降，并命维州刺史卢藏佺率兵占领维州并上奏朝廷。宰相牛僧孺素因与李德裕有仇怨，遂阻扰其事，唐文宗听信牛僧孺之言，下诏不许接纳维州降将，李德裕被迫将维州重新让与吐蕃占领。

会昌二年（842），吐蕃王朝末代赞普达磨（又称“郎达玛”）遇刺身亡，王朝内部发生分裂，吐蕃大将落门川讨击使论恐热以讨贼为名，发动叛乱。大中三年（849），唐宣宗下诏：“山南、剑南边境有没蕃州县，亦令量力收复。”② 当年十月，西川收复维州。从此，西川的西境长期维持在西山一带，吐蕃在今川西高原东部的统治完全瓦解。松州以西，主要为孙波残部所据。松州以东的文、扶2州，为吐谷浑部落所控制；孙波与吐谷浑之间，则有羊同诸部。白水江以北地区，为温末活动的地区。

二、吐蕃对川西高原的统治

吐蕃控制了大渡河以南诸族和西山诸羌后，随即派军队占领其地，设置州县、任命官吏直接进行统治。

---

① 《旧唐书》卷140《韦皋传》。
② 《资治通鉴》卷248“宣宗大中三年”条。

（一）设置州县、任命官吏

吐蕃在今四川藏区所设节度使，可考的有：故洪、腊城、里囊邛三节度使；《旧唐书·东女国》记载东女等西山八国“自中原多故，皆为吐蕃所役属”。“吐蕃各置县令十数人理之”。

（二）征发徭役，征收赋税

吐蕃统治川西高原诸部后，对于当地部族进行各种剥削及奴役，如征发徭役、征收赋税。徭役有劳役和兵役两种。劳役，《西藏王统记》载，松赞干布建魇胜十二殿，“于康建牛原灯殿，以木雅人为工头”。木雅，为今康定县折西地区。兵役则更为残酷，川西高原被征服的各部族多被吐蕃编为军队的前锋，成为吐蕃与唐对抗的重要军事力量。《唐会要》卷98载：“显庆中，白兰为吐蕃所并，收其兵以为前锋。”① 《新唐书·党项传》也说：“龙朔后，白兰、舂桑及白狗羌为吐蕃所臣，籍其兵为前驱。”《旧唐书·党项传》亦记：“其（党项）故地陷于吐蕃，其处者为其役属。”

除徭役外，吐蕃还对统治地征收赋税。税种繁多，缴纳之税物有粮食、金、马、猪、羊和丝絮等地方特产。《旧唐书·东女国传》记东女等“西山八国”：“其部落，大者不过三二千户，各置县令十数人理之。土有丝絮，岁输于吐蕃。”据《敦煌古藏文历史文书》记载：今甘孜州的“邓玛”（原邓柯县）和“道孚马驹堡”（今道孚县）是吐蕃对康区各部落集中摊征税赋的主要地点。在这里举行过向康区部落征收赋税的“大料集”和议盟派征税贡②。

① 《唐会要·白狗羌》卷98。
② 见王尧陈践译《敦煌古藏文历史文书·编年史》。

（三）以“会盟”方式控制各部落

四川藏区地形复杂，居处，氐族部落众多，且互不相率，分散难治。吐蕃占领这里后，采取利用神权和武力相结合的策略，以每年召集各部落与吐蕃会盟方式，让占领区各部落首领同吐蕃派出的长官，杀牲盟誓，表明对吐蕃赞普的忠心不贰。宣誓“有负此盟，使身体屠裂，同于此牲。”[①]从而使各部落心怀畏惧，不敢背叛。

三、吐蕃瓦解后的四川藏区

（一）“温末”奴隶起义

西藏吐蕃王朝统治时期，吐蕃及四川藏区先后进入奴隶社会。奴隶主贵族为了抢夺奴隶来源，掠取财富，经常向吐谷浑、党项、白兰、白狗等部落国家以及河西、陇右、西川等汉族地区进行掠夺。吐蕃王朝把掠夺来的奴隶，大量赐给贵族们役使，从事“田牧种作”的生产劳动。由于奴隶主的残酷压榨和掠夺战争的骚扰，因而首先揭竿而起的是吐蕃军队中服役的奴隶和平民，汉史称为“温末”。

在吐蕃王朝的西北部，在河陇地区屯垦的原吐蕃随军奴隶，利用吐蕃奴隶主统治的分崩离析，首先爆发了“温末”奴隶起义。起义的奴隶群众“共相啸合数千人，以‘温末’自号”[②]。温末亦名浑末，即吐蕃奴部。论恐热作乱时，温末失去统率，遂相纠合为部落，成为河湟地区一股强大势力。大中十一年（857），温末在河（今甘肃临夏）、渭（今甘肃凉平）2州发动起义，很快就发展到1万余帐，摧毁吐蕃贵族之统治，势力遍及甘（张掖）、

---

① 《旧唐书·吐番传》。
② 《新唐书·吐蕃下》，中华书局2000年版，第4748页。

肃（酒泉）、瓜（安西）、沙（敦煌）、河、渭、岷（岷县）、廓（青海化隆）、叠（青海迭部）、岩（青海岩昌）等州。唐咸通三年（862），“温末”派使者向唐献贡，与唐建立关系。一部分“温末”人投降唐朝，据载剑南西川节度使高骈为抵御南诏入侵，引“温末”南下，“缮甲训兵，蛮夷震动”[①]，温末逐步向四川西北部发展，势力一度达到大渡河流域。

（二）邦金洛起义

当论恐热的反叛失败后，更大规模的平民起义，由东向西，席卷吐蕃本土。

公元869—877年，吐蕃东部多康地区爆发了奴隶和平民的起义。这次起义“初发难于康，侵而及于全藏，喻如一鸟飞腾，百鸟为从，四方骚然，天下大乱”[②]，震撼了整个吐蕃王朝。

起义首领名叫韦·阔协列登，是一名手工匠人，咸通十年（869），他在康地（今甘孜、昌都一带）领导和发动的起义，得到各地平民百姓的拥护，沿途各地参加起义军行列者不计其数，队伍迅速壮大，他们利用贵族集团间的纷争，直捣吐蕃统治的腹心拉萨，把贵族官僚打得四处逃亡。

在“温末”、邦金洛起义的影响下，在吐蕃本部和占领区的其他地方也纷纷爆发了奴隶、平民起义：在吐蕃中部的伍如地区，韦·罗波罗琼乘机发动平民起义；“约如”[③]地方平民因不堪忍受开山修渠的劳役，也揭竿而起，提出“砍断山头，不如砍断人头”的口号。在奴隶平民大起义的风暴中，延续了200年的吐蕃王朝终于彻底崩溃了。

吐蕃崩溃后，原来被吐蕃占领的四川藏区地方，重新回到部落分立的

---

① 《新唐书·南诏传》卷265。
② 刘立千译：《续藏史鉴》，华西边疆研究所出版，第1页。
③ “如”藏语意，翼，是吐蕃时的一种军镇建置，共有四如，伍如、约如为其中两如，其地域是以拉萨为中心的大体上包括前藏（“卫”）之地区。

状况。原被吐蕃役属的各个部落，各不相率，互争雄长，部落间常有恃强凌弱，引起纠纷战乱的情况，人民渴望安定。在著名的藏族史诗《格萨尔王传》中，就生动地描绘了这一部落纷争时代的社会状态和人们的期望。

第三节 宋代的四川藏区

一、宋朝对四川藏区的治理

宋朝沿袭唐制，继续在四川藏区设置羁縻州以笼络之。宋王朝对近边的一些部落首领招抚，设置羁縻州县，任命他们为州县的长官。但因五代纷争，宋代积弱，这些羁縻州，大都建制不全，兴废无定，变更无常。

（一）设立羁縻州

宋初，限于军力，宋太祖玉斧划界，弃大渡河以西之地不管。后来，由于推行“茶马互市”政策，通过经济纽带的联系，与朵甘地区（今甘孜州）仍然保持着政治羁縻关系，时有甘孜地区部落头领入贡。宋朝对入贡者仍“赐以冠带，其首领悉授官以遣之”，于是在甘孜地区东部仍设置起一批羁縻州，据《宋史·地理志》载，宋之黎州领羁縻州 54，雅州领羁縻州 44，其范围大体上与唐所置相同，不过管理极其松散。其中雅州芦山郡领 5 县和 44 个羁縻州；黎州汉源郡领 1 个县和 54 个羁縻州。除此，雅州尚辖有碉门、黎、雅、长河西、鱼通、宁远 6 军民安抚司。

在地方建置方面，宋改隋的州、县两级制为路、州、县三级制，并于路以下，建置府、州、军、监。真宗咸平四年（1001），划分今四川地区为益州路、梓州路、利州路、夔州路，总称为四川路，今阿坝州境除吐蕃辖地外均属益州路管辖。嘉祐四年（1059），改益州路为成都府路，今阿坝州境岷江上游今汶川、茂县、理县等部分地区，随之所隶。具体建置如下：

茂州通化郡，神宗熙宁九年（1076），以汶川县置威戎军使，领汶山1县，羁縻州10，即珰州、直州、时州、涂州、达州、飞州、乾州、可州、向州、居州。

威州维川郡，后改名威州，领保宁（州郡治）、薛城2县，通化1军和2个羁縻州。

此外，在今平武、北川一带的藏羌地区置石泉军，领3县。

唐代管辖之松州区域，宋初，因势力不及而未有建置。宋神宗熙宁十年（1077），纳入化外州。宋徽宗崇宁三年（1104），吐蕃首领潘罗支归附宋廷，置上潘州（今若尔盖求吉乡）、中潘州（今松潘县漳金乡）、下潘州（今平武县班班簇地区）3州。

（二）宋朝对威、茂诸州的经营

在四川藏区所设羁縻州，仍以当地部落首领加以封职。如保、霸2州首领董氏在宋时即得到朝廷的封赐。太宗太平兴国六年（981）六月，保州刺史董奇死，任命其子董绍重继任为刺史。并给食邑300户，并授予检校司空、权知保州军等官职，“散官、勋、封如故”[①]。宋仁宗嘉祐（1056—1063）及神宗熙宁（1068—1077）年间，保州首领董仲元及霸州首领董永锡皆向朝廷请官。《宋史·蛮夷列传》载：“威州保、坝蛮者，唐保、坝二州也，天宝中所置，后陷没，酋董氏世有其地，与威州相错，因羁縻焉。保州有董仲元、坝州有董永锡者，嘉祐及熙宁中皆尝请命于朝。”宋徽宗政和三年（1113），知成都庞恭孙建言开拓边地，设置官吏，于是，以董舜咨所居保州地为祺州，董彦博霸州地为亨州，授舜咨刺史，彦博团练使。同时，“诏成都给居第田十二顷。二州经费每年用钱一万二千一百缗，米

① 《宋会要辑稿·蕃夷道释》，第295页。

麦一万四千七百石，绢两千八百五十四，紬布、绫绵、茶、盐、银等不预焉”①。

对于羁縻各州有功的首领，朝廷也予以优厚的奖赏。熙宁九年（1076），因能有效抵御蕃部作乱，董元仲、董孝忠两人都得到了每年增俸三十千之赏②。政和三年（1113），知保州董舜咨情愿将保州所管一州同二十六大首领所管辖的土地献纳入官。徽宗诏令，“董舜咨特与正任成州团练使，赐公服、靴笏、二十两金涂银腰带，所赐衣带等依庞恭孙交割给赐，其董舜咨候受告讫，令赴阙朝见”③。

另外，对于威州、茂州也给予减免赋税的扶持政策。元丰二年（1079），诏“威、茂、黎三州罢行义仓法”，被批准。

为了加强对威州、茂州部落的治理，北宋中期以后还在威州和茂州羌族地区进行开拓。在茂州地，筑茂州城，建威戎军和寿宁军。政和五年（1115），直州郅永寿、汤延俊、董承有率其所属部落内附，于是在永寿处置寿宁军，延俊、承有处置延宁军。寿宁军距茂州仅五里，又非扼控之所，故于八年（1118）废为寨，宣和三年（1121）又废寨为堡。延宁军也在宣和三年废为寨，隶茂州。次年，寿宁堡、延宁寨俱废。

在威州地，变羁縻州为正州，建立通化军。通化军，始建于神宗熙宁间。徽宗政和三年（1113）重筑军城。宣和三年（1121）省军使，隶威州，与通化县同治。所置羁縻州，有保州（治所今理县上孟乡）、霸州（治地今理县甘堡乡）。

另外，与此同时还设置砦堡和驻守义军土兵，设军郡主、军主、副军主、指挥使、副兵马使等职，分管砦兵。砦兵薪俸参照禁兵。如有镇羌砦、延宁砦、寿宁砦、嘉会砦等，均隶属于路，以此加强对茂州、威州的军事

---

① 《宋史》卷496《蛮夷四》。
② 《续资治通鉴长编》卷279，“熙宁九年十一月癸酉”条，第6824页。
③ 《宋会要辑稿·蕃夷道释》，第330页。

控制。南宋乾道七年（1171），在威州、茂州各设土丁200名，以维持治安。土丁多以汉民充任。

二、“茶马互市”制度的建立

9世纪吐蕃王朝崩溃后，四川藏区与中原的交往一直存续。五代时兴起“茶马互市”，使晚唐开始的“缣马互市”为主的汉藏贸易有了大的发展。仅前蜀王建在汶、黎、维、茂州所市之马，就有1.2万匹之多①。到了宋代，更将这种互市制度化、扩大化，从而使政治、经济、文化的交流伴随“茶马互市”而加强。

北宋立国之后，因缺乏战马，宋太宗于太平兴国六年（981）“诏岁于边郡市马，偿以善价”②。又因财政困难，推行“以茶博马”之法。自此以后，“茶马互市”就成为宋朝的一项定制，作为缔结内地与藏区间经济互补关系的长期政策。为了保障这一政策的施行，宋朝制定了一整套“茶马互市”的制度。宋代的“茶马互市”，规定专以四川雅州、名山之茶作为易马之茶。宋代“以茶易马”所易之马分为战马和羁縻马两类。前者为军事需要之马；后者则为羁縻少数民族之需而用，即通过这种茶马交换贸易的纽带，加强民族地区与中央王朝的关系。据统计，宋代四川产茶3000万斤，其中一半运往藏区③。因为初时市易的目的主要是为换取青、甘藏区的战马，所以宋代“以茶易马”的主要市场设立在甘、陕一带的熙（甘肃临洮）、河（甘肃临夏）、秦（甘肃天水）、庆（甘肃庆阳）、府（陕西府谷）等地。同时，四川盆周地区也多少数民族，尤其是临近康巴藏区，因为羁縻的需要，除将所产茶的大半调往西北地区易马外，在四川境内也设置了

① 《资治通鉴》卷264“天复三年癸亥”条。
② 《宋会要辑稿·兵》22之1。
③ 贾大泉、陈一石：《四川茶叶史》，巴蜀书社1989年版，第91页。

几个“茶马互市”的市场，“益（成都）、黎（汉源）、戎（宜宾）、茂（茂县）、雅（雅安）、夔州（奉节）、永康军（都江堰），皆置务，遣官以主之，岁得五千余匹。”① 但所易的马主要是“羁縻马”。在四川地区设置的买马场，因购买马匹数量的多寡变动而废置不常，只有黎、雅州和南平军（九寨沟）为针对藏区的常设买马场。其中，雅州是宋王朝购买四川藏区马匹的主要地方，见于记载的有雅州灵关镇买马场②和雅州碉门寨买马场③。用茶、布帛和银等交换购买马匹，以此羁縻四川藏区的诸部落。此外，位于雅州以南的黎州，亦为交换来自四川藏区马匹的主要口岸；位于岷江上游及其毗邻地区的茂州、威州、文州、龙州买马场④，也是以购买今四川藏区的马匹为主。南宋以后，四川的黎、雅、碉门（天全）、灵关（宝兴）等，在“茶马互市”中的地位逐步提升，开始成为重要口岸。

随着茶马贸易的加强，道路交通系统亦随之有了较大的拓展。这一时期的茶马大道主要为“青藏道”，即通常所说的“唐蕃古道”。唐蕃古道在前期主要是一条政治交往之路，后期则成为汉藏贸易进行“茶马互市”的主要通道。这条道路东起关中地区，经过青海，从四川西北角的邓玛（原邓柯县），过金沙江，经昌都地区、那曲地区至拉萨（逻些）。这一时期虽在四川的黎（汉源）、雅（雅安）亦设立“茶马互市”口岸，专门供应康区茶叶，但由于当时所易之马主要产自青海一带，故大量的川茶是从川西的邛崃、名山、雅安和乐山等地经成都、灌县（都江堰）、松州（松潘），过甘南，输入青海东南部，经青藏道分运至西藏、青海各地。

① 《续资治通鉴长编》卷43“真宗咸平元年春正月戊辰”条。
② 《宋史》卷198《兵志》。
③ 《宋史》卷184《食货志》。
④ 《续资治通鉴长编》卷259“神宗熙宁八年春月乙巳”条。

第三章

元明时期的四川藏区治理

第一节　元朝对四川藏区的统治

元代统一中国后，“世祖以其地广而险远，民犷而好斗，思有以因其俗而柔其人，乃郡县土番（吐蕃）之地，设官分职，而领之于帝师”①，将全国藏区分为3个行政区，分设3个宣慰司都元帅府管理，下设众多的土司，分管各个地方和部落，四川藏区土司制由此而始。同时，元朝在中央设立统管藏区事务的机构——宣政院，任命藏僧八思巴为帝师，掌宣政院事。

一、蒙古南征大理与四川藏区的归附

（一）忽必烈南征途经四川藏区

13世纪初，在成吉思汗的率领下蒙古崛起，开始征服周边地区。成吉思汗的孙子蒙哥汗继位后，开始南下征伐南宋，由于南宋的长江防线严密，蒙哥汗制定了先征服西南诸番，进攻大理，然后包抄四川、攻取江淮，南北夹攻南宋的大包围、大迂回战略。

① 《元史·释老》，中华书局2000年版，第3116页。

早在南宋端平二年（1235），因宋军在四川防守牢固，驻守凉州的蒙古军在王子阔端的统率下，即攻入甘南，控制了文州（今甘肃文县）、阶州（今甘肃武都）等地，采取“斡腹入寇”的战略，试图从四川周边的民族地区绕道入蜀。南宋嘉熙二年（1238），阔端命宗王穆直率军出阴平道，经石泉、威州、茂州一路入蜀[①]。穆直沿途征服各番族，招降了今阿坝州境的“土蕃酋长勘陀孟迦等十族，皆赐以银符”[②]。

同年，进入川西的蒙古军直抵“硐门、黎、雅、木波国界”，将势力扩张至四川甘孜藏区边缘。但南宋淳祐八年（1248），蒙古军在岩州（今四川省泸定县岚安镇）马鞍山遭到南宋的强力阻击，未能深入藏区。

南宋淳祐十二年（1252），蒙哥汗令他的弟弟忽必烈率领10万大军南征大理。1253年夏末，忽必烈在临洮（今甘肃的岷县）集结军队，然后开始向南进军。9月，大军抵达“忒剌”（今甘肃迭部县与四川若尔盖县接壤之达拉沟或松潘境）[③]，分为三路，穿越今四川藏区的雪山草地，南下进攻大理。

其西路军在大将兀良哈台的率领下，“出晏当路”[④]，经阿坝草原，进入今甘孜州北部，沿色达、甘孜、新龙、理塘、得荣一线南下，一路征服四川藏区部分部落；中路军在忽必烈的亲自率领下，穿过阿坝地区，沿大渡河南下，经满陀城，过黎州，经行山谷两千里，渡金沙江；东路军则越岷山南下，出雅州，在雅州渡大渡河，沿今凉山州的越西、会理南下渡金沙江。当年年底，三路大军合力，消灭了大理。

忽必烈在南征大理的过程中，为了减少行军阻碍和得到沿途人民供应，于途中招降了不少当地部落首领，授予官职封号，赐给“玺书、金银符”。

---

① 郝经：《陵川集》卷32《东师议》，（台北）影印文渊阁四库全书1986年版。
② 宋濂：《元史》卷121《按竺迩传》，中华书局2000年版，第2064页。
③ 陈世松：《忽必烈征滇过蜀路线考辨》，《四川历史研究文集》，四川社科院出版社1987年版，第99页。
④ 晏当路，即“吐蕃道”。

如当时驻于康定色巫绒的明正土司之先祖，即于其时投诚，被封为长河西土司，统治木雅地区。其他的鱼通、碉门、黎、雅等土司也于此时投蒙古，获封土司。大抵因为此时元朝尚未建立，行军之中封授甚简，忽必烈即位之初就先予补办封授手续的缘故，在元朝土司中，四川藏区这些土司是最早设置的，吐蕃等处宣慰司都元帅府也是最早设置的[①]。

（二）元朝对四川藏区各部落的招抚

四川是南宋抗元的最后一块阵地，在南宋王朝灭亡后仍抗拒元兵 40 年。故忽必烈南征大理成功后，紧接着便拓展对四川盆地周边少数民族地区的招抚，以巩固蒙古朝廷在西南的阵地，形成对四川宋军的孤立包围。元朝统治者针对四川藏区，进行了以下工作：

一是，扩大对川西北高原和大渡河沿岸藏羌部落的招抚范围，并派军驻守，以巩固蒙古在这些地方的统治地位。

在川西地区，中统元年（1260），元世祖忽必烈遣梁载立招降黎、雅、碉门、岩州等地，得“番汉二万余户，由是壤地益大，大渡河东六番[②]之地，悉为元有”[③]。次年（1261）六月，忽必烈又授管领崇庆、黎、雅、威、茂、邛、灌七处军民大小太尉虎符[④]，命当地军政机构对沿边所在少数民族进行招抚。至元二年（1265），雅州碉门安抚使高保先后四次请求恢复故地，请求恢复碉门故城，“便于守佃”[⑤]。四川行枢密院，遣人于碉门、岩州西南沿边，告谕官吏军民，招抚周边的民众，对凡有愿来归者，皆“方便接纳，用意存恤”[⑥]。

---

① 韩儒林：《元朝史》，人民出版社 1986 年版。

② 六番，包括岩州、察道、冷碛、沈村、黎州等六地，除黎州外，其他均在甘孜州泸定、康定境内。

③ 《纽璘传》，见柯绍忞著《新元史》卷 164，开明书店出版社 1935 年版。

④ 《元史》卷 4《世祖本纪》。

⑤ （明）宋濂等撰、阎崇东校点：《元史》（上），岳麓书社 1998 年版，第 806 页。

⑥ （明）宋濂等撰、阎崇东校点：《元史》（上），岳麓书社 1998 年版，第 806 页。

第二年开始在碉门设军镇戍，至元十一年（1274），长河西千户必刺冲集众为乱，元廷调兵平定。至元十六年六月（1279），又“诏发新附军五百人，蒙古军四百人戍碉门、鱼通、黎雅”①，进一步加强了大渡河沿岸的控制。至元十七年五月（1280），继续“敕东西两川发蒙古汉军戍鱼通”②。至元二十年（1283），割成都路黎、雅2州“属吐蕃招讨司”③。

在川西北阿坝岷江地区，至元四年（1267）五月，威州山后吐蕃弄麻等十一族内附④。又令已降西番人、大番官旁木及阿里吉，招降西番大和尚解设、三卜鲁大蒙、答谷族思蓬怯、将同族速恭麻、拘宰族鲜酌等共十一族。至元七年（1270）五月，威州汝风川番族8000户内附，其首领来朝，授宣命，赐金符⑤。

二是，借助宗教势力扩大招抚范围，对信仰藏传佛教的四川藏区进行有效招抚。如公元1259年，八思巴（藏传佛教萨迦派第五世法王）受元世祖忽必烈召，由西藏萨迦返回京城时，途经德格，受到德格家族第二十九代索郎仁青的朝拜和热情款待。八思巴请索郎仁青担任其掌管膳食的堪布“色班”，一同赴京城恭贺元朝皇帝忽必烈登基。在北京，八思巴被尊为“帝师”，索郎仁青也被册封为“多麦东本”，颁赐了印信和虎头三宝。八思巴称索郎仁青具有“四德”（具有为“法、财、欲、果”圆满的四个条件）和“十格”（指善土、善石、善水、善木、善草各占二善的品德），索郎仁青即以“德格”作为自己家族的族名。

三是，实行“以夷治夷”的土司制，吸引藏区各部归附。对于诸部落首领，凡“内附”者，皆授以世袭官职，并颁给“玺书及金银符”，令世领其地⑥。这些官职有宣慰使司（从二品）、招讨使司（正三品）、安抚使司

① 《元史》卷10《世祖本纪》。
② 《元史》卷11《世祖本纪》。
③ 《元史》卷60《地理志》。
④ 《元史》卷7《世祖本纪》。
⑤ 《元史》卷7《世祖本纪》。
⑥ 《元史》卷3《世祖本纪》。

（正三品）、宣抚使司（正三品）及万户、千户等，虽然品级与职务不同[1]，但因为都是由本地民族部落首领担任，故通称为“土司”。元朝在任用土司上，采取“僧俗并用，军民通摄”政策[2]，对于归附的地方首领无论僧俗统统任用，赋予其管理当地行政和军务之权。元代创设的这种行政制度，史称为“土司制”。土司制度是汉唐羁縻制度的一大发展。由于藏族地区地域辽阔，人口居处分散，交通不便，语言相异，文化不同，在“夷夏有别”，民族隔阂很深的封建时代，历来中央王朝对此地区难以直接管理，只能通过招抚笼络当地部落首领，来达到羁縻目的。但羁縻只能达到拉拢关系的效果，不能起到管理的作用。故汉唐的羁縻州县兴废无定，叛服无常，难以有效管理。土司制则是由朝廷直接册封的土司，代表朝廷来管理地方，这些土司本就是当地首领，能有效管控当地，可避免民族文化的扞格，为朝廷“守土安民”。同时，对于土司有一整套管理的办法，如其官有爵禄、有品级，恭顺有功者褒赏晋升，忤逆者要受贬罚或挞伐；土司造册于兵部，要听从征调派遣，要定期朝贡向皇帝表示忠心；土司承袭要赴京办理，颁给印信等。比起汉唐的羁縻州、县制来，土司制更适应封建社会的社会结构和民族关系，有利于跨越民族隔阂，实现国家对藏族地方进行有效统治，保障大一统的政治格局。因而自元开创土司制度以来，明清相沿袭，在四川藏区一直延续了600多年。

二、元朝对四川藏区的施政

（一）设官分职，建立土官（土司）制度

元朝设置了“吐蕃等处宣慰使司都元帅府”、“吐蕃等路宣慰使司都元帅府”及“乌思藏纳里速古鲁孙等三路宣慰使司都元帅府”3个略次于省级

① 明清时的宣慰使司为三品，宣抚使司为四品，安抚使司及招讨使司均为五品，长官司为六品。
② 《元史·释老志》。

的地方行政机构，管理全部藏族地区。四川藏区分属于吐蕃等处宣慰使司都元帅府和吐蕃等路宣慰使司都元帅府管辖。

元制“宣慰司，掌军民之务，分道以总郡县，行省有政令则布于下，郡县有请则达于省，有边陲军旅之事，则兼都元帅府，其次则止为元帅府；其在远服，又有招讨、安抚、宣抚等使，品秩员数，各有差等。”“宣慰使司都元帅府，秩从二品，使三员，同知二员，副使二员。”[①] 吐蕃等处宣慰使司都元帅府及吐蕃等路宣慰使司都元帅府所设的宣慰使分别为五员和四员，皆超过定制。

元朝在藏区官员的任用上，实行“帅臣以下，亦必僧俗并用，而军民通摄”[②] 之制。诸部落首领，凡“内附”者，授以世袭官职并“玺书及金银符”[③]。并陆续设置一些机构，任命了一些官员来管理当地民族事务。初时因有一些官员，“皆他郡人，不知蛮夷事宜”，乃以当地民族地方首领为宣抚使司[④]。从而使四川藏区在吐蕃等处宣慰使司都元帅府及吐蕃等路宣慰使司都元帅府的管辖下，直接由朝廷授封的土司或土官进行管理，土司制因而逐渐成型[⑤]。

1. 吐蕃等处宣慰使司都元帅府

吐蕃等处宣慰使司都元帅府，治所在河州（甘肃临夏），因所管为“多麦”[⑥]（mdosmad 又译作朵思麻、脱思麻）地区，故又称为“朵思麻宣慰司”“脱思麻宣慰司”。《元史》中有时简称其为“吐蕃宣慰司”。辖松、茂、雅、黎诸州及碉门、鱼通、黎、雅、长河西、宁远等六安抚司。据韩儒林先生考证，此宣慰司设置最早，约在至元二、三年时（1265—1266）[⑦]，共设有

① 《元史·百官志七》。
② 《元史·释老志》。
③ 《元史》卷 3《世祖本纪》。
④ 《元史》卷 23《武宗本纪》。
⑤ 因元代的土官实际上也流变为世袭，与土司区别不大。故一般通称为土司制。
⑥ “多麦”，藏语本义为“安多下部”。元代的多麦地区，实际包括“安多”地区的全部。
⑦ 韩儒林：《元朝史》。

宣慰使五员。其属主要有“脱思麻路军民万户府”“西夏中兴河州等处军民总管府”“洮州元帅府”“十八族元帅府”“礼店文州蒙古汉军西番军民元帅府”“吐蕃等处招讨使司”“松潘宕叠茂州等处军民安抚使司”“积石州元帅府”“常阳帖城阿不笼等处万户府”“贵德州”“文扶州西路南路底牙等处万户府”，以及“河州路”等。管辖的境地为青海东南部、甘肃南部及四川的西北部。其西界为北至河曲的贵德、共和一带，南至多柯河、大金川东岸。据《元史·百官志》载，其所属在四川藏区境内的管理机构主要有：

（1）碉门鱼通黎雅长河西宁远等处军民安抚司

元初忽必烈南征大理之时，沿途招降各土头，封以官职，授以玺书、金银符。至元四年（1267），“鱼通岩州等处达鲁花赤李福招谕西春诸族酋长以其民人附，以阿奴版的哥等喝吾等处总管”[①]，鱼通、长河西、宁远等部俱于此时归降受职，而河东岸的碉门黎雅地区土头亦在高保四率领下投诚，是为设治之始。为了争取宋军，元军对高保四尤为嘉赏，授以宣抚司，治碉门。至元十三年（1276），“以吐蕃哈荅（今道孚县八美镇）城为宁远府”[②]，以示郡县其地。成宗大德二年（1298），并碉门安抚司，及鱼通、长河西、宁远土司和黎、雅二州为“碉门鱼通黎雅长河西宁远军民安抚司”。额设达鲁花赤一员，安抚使一员，同知、副使各一[③]。泰定二年（1325），命乞剌失思八班藏卜兼管长河西等地带兵达鲁花赤，进一步加强了长河西的地位。后从碉门鱼通黎雅长河西宁远军民安抚司中，析出碉门安抚司（天全）和黎、雅二州。所剩鱼通、宁远、长河西三宣抚司。

六番招讨使司，置达鲁花赤一员，招讨使一员，经历一员，知事一员。治所在今天全县始阳，辖有雅州严道县和名山县。

（2）天全招讨使司，置达鲁花赤一员，招讨二员，经历、知事各一员。

---

① 《元史》卷3《世祖本纪》。
② 《元史·地理志》。
③ 《元史》卷6《成宗本纪》

治所在天全县境，下辖鱼通路万户府、碉门鱼通等处管军守镇万户府、长河西管军万户府（治所在今泸定咱里）。

（3）松潘宕叠威茂等处军民安抚司，在今阿坝藏族羌族自治州境。辖威、茂二州，威州保宁县（今阿坝理县东北薛城），茂州汶山县（今茂县凤仪镇）、汶川县（今阿坝汶川县威州镇）亦皆归其管辖。原治松潘（今松潘县进安镇）。至元二十年（1283）改为宣抚司，迁治于汶川县。秩正三品，以八儿的斤为宣抚司达鲁花赤，蔡懋昭为副使。后还治松潘，隶属于吐蕃等处宣慰司都元帅府，领汶山县、汶川县。威州隶属于成都路，领通化县、保宁县、松州，元复置。其下有：静州茶上必里溪安乡等26族军民千户所（治在今茂县凤仪镇静州村），陇木头都留等12族军民千户所。

金川地区亦隶属于吐蕃等处宣慰司都元帅府，后隶陕西行中书省。

2. 吐蕃等路宣慰使司都元帅府

因其辖境主要是朵甘思[①]地区，亦简称为朵甘思宣慰司。额设宣慰使四员、同知二员、副使一员及其他佐吏数员辖朵甘思及黎、雅两州地。元“宪宗戊午岁，攻破雅州，石泉守将赵顺以城降”[②]，黎州亦相继来降，但四川大部仍为宋守。故黎、雅2州先由河州的吐蕃等处招讨司领管。嗣后，因天全、六番等邻部俱划归吐蕃等路宣慰司都元帅府故，2州亦归属于此。都元帅府治史籍不载，但根据《明实录》洪武六年（1373）十月己卯条：“锁南兀即尔仕元为司徒，镇守朵思麻、朵甘思两界，及归本朝，授朵甘卫指挥佥事”的记载，可知，元之吐蕃等路宣慰司都元帅府治所，似应在朵甘思之边境，距脱思麻[③]宣慰司界不远处，参以明之“朵甘卫行都指挥使司”，

① “朵甘思”即藏语“多康”（Mdo Khams）之蒙语音译。明代依照藏语发音译作“朵康（多康）”。元代的朵甘地域，大体上即藏族传统地理概念“卫藏”“安多”“康”三大区域中的“康区”。

② 《元史·地理志》。

③ 脱思麻，又作“朵思麻”，“脱”，藏语安多之略称，“思麻”藏语意为下部或东部。

可知其治所在金沙江上游的邓柯[①]地方，因邓柯之林葱土司家有明宣德五年（1430）之诰敕。其文云：

“皇帝敕谕朵甘卫行都指挥使司星吉儿监藏：昔朕太宗文皇帝临御之日，尔父撒力加监藏，敬顺天道，输诚来归，朝廷设立衙门，授以官职，亦既有年。朕统天位，悉遵皇祖成宪。今尔父年老，转令尔替职为朵甘卫行都指挥使司指挥使，管束军民，安定边陲，尔宜益顺天心，永坚臣节，俾子子孙孙世居本土，打围放牧，咸膺福泽，同享太平。故谕。”

据《明实录》载，永乐四年（1406）三月“遣使命灵藏着思巴儿监藏为灵藏灌顶国师。授札思木头目撒力加监藏为朵甘卫行都司都指挥使，切禄奔、薛儿加俱为都指挥同知。各赐诰命、袭衣、锦绮”。[②]“灵藏”即“林葱”的异写，意为“林地、林氏族”。林葱土司故治在邓柯（今德格县的俄兹），地当青、康、藏交界区，历来是藏族地区的要冲。吐蕃时期，常在此地与多康各部落集会议盟。唐文成公主进藏，也在邓柯境内曾停留过一段时间[③]。据传八思巴返藏时即经由此。足见邓柯处于康、青、藏古代交通枢纽位置。同时，这里也是藏传佛教“后弘期”的重要发祥地，是宁玛、止贡噶举、噶玛噶举等多个教派的滥觞地，明代五大教王之一的赞善王产生于此地，朵甘都司也设在此。而明袭元制，“僧俗并用”，封思巴儿监藏为灌顶国师，后又升为赞善王；封其家族的首领撒力加监藏，为行都指挥使司指挥使。明踵元置，据此，可知此即元代朵甘思宣慰司所在地。

《元史·百官志三》载吐蕃等路宣慰使司都元帅府所领之地方机构共17个。“除碉门、鱼通、黎、雅、长河西、宁远等处宣抚司等外”，“其余朵甘思、乌思藏、积石州之类尚多。载籍疏略，莫能详录也”[④]。不过，明承元

---

① 邓柯在藏文古籍中称为“邓玛”或“邓”，清末、民国和中华人民共和国成立后曾设县。1987年撤县，其地分别并入德格、石渠两县。

② 《明实录·太宗实录》卷52。

③ 《西藏王统记》十三章云：“汉妃公主与吐蕃使臣一行至‘邓玛’崖前，在石岩上刻七肘高之弥勒佛像一尊、普贤行愿品经文两部，在此等候了一个月。”

④ 《元史·地理志》。

制，对照《明史》，可知其大略。主要设置如下：

（1）朵甘思田地里管军民都元帅府　设都元帅一员，秩从二品。治所大抵在理塘一带。主要负责康区南部，今川滇藏相邻区一带的管理。下辖有李唐州、剌马儿刚等处招讨使司、亦思马儿甘万户府、奔不田地里招讨使司、奔不儿亦思刚百姓等。

李唐州　治所在今理塘县，此地是康区南路的交通枢纽，历为重镇。明代在此置有札兀思东思麻千户所等[①]。

剌马儿刚等处招讨使司　设达鲁花赤一员，招讨使一员。剌马儿刚应即 Smar-khams 之异译。明代译为“磨儿勘”，设一万户于此。其地即今西藏芒康县。“多康六岗”之玛康岗，亦指这一区域。衔加“等处”，应指以芒康为中心的附近一带地区。

奔不田地里招讨使司　设招讨使一员。考巴塘县南有奔白拉山。地当仁波河汇入金沙江处。“奔白”即“奔不”。其地扼金沙江口，形势险要，又处康、滇、藏交通要冲，故此招讨司设此，辖控康南巴塘、得荣等一带地区。

亦思马儿甘万户府　设达鲁花赤一员。《明实录》载，洪武七年以故元土司地设万户府四，其中有“别思麻”万户一名。考“别思麻”即清代史籍中之“别思满”，其地在今四川阿坝州小金县境，与丹巴、宝兴二地相近。明代宝兴之木坪土司强大，别思满常受其侵逼，势力日微，清代沦为一小土司。“亦思马儿甘”之对音即“别思满”。故此“亦思马儿甘万户府”即明代“别思麻万户”之前身。

奔不儿亦思刚百姓　设达鲁花赤二员。秩为从三品或正三品。“百姓”为元时术语，用于民政机构。“奔不儿亦思刚”与“多康六岗”之“勃波岗”（Spo-Hbor-Sgan）对音，当即指此。其辖境为以白玉县河坡为中心、

① 贺觉非：《理化县志稿》，西康省政府，1945 年。

金沙江与雅砻江之靠南的一片地区。治所应在白玉县治。著名之噶拖寺即在此。

（2）朵甘思哈荅李唐鱼通等处钱粮总管府　此为掌管朵甘思地区钱粮之机构。设达鲁花赤一员、总管、副总管各一。哈荅即噶达，清代名泰宁，中华人民共和国成立后改乾宁，现已撤县，其地划入道孚县，今为道孚县八美区。其地当康东、康南、康北三道之冲要，素为军事重地。雍正元年，年羹尧为防青海和硕特部窜扰康藏，曾于此筑噶达城，派兵戍守。清雍正六年（1728），西藏不靖，迁七世达赖格桑嘉措于此，敕建惠远寺以居，驻泰宁协守卫。李唐，即理塘，历为康南重镇，明代在此有“札兀思东思麻千户所”等设治[①]。鱼通，即大金川下游，大渡河西岸鱼通河流域一带地区，原包括折多山以东今康定县炉城区、鱼通区、金汤区、孔玉区等地，分为上下鱼通二部。现只以姑咱周围一区称为鱼通。明代打箭炉（今康定县炉城区）新兴为市镇，清初又于打箭炉设关，监督互市。雍正七年移雅州同知于此，设打箭炉厅，打箭炉成为康东政治、经济中心。于是原属于鱼通之打箭炉之名称日益彰显。其原为鱼通的一部，不为人所知，反而把鱼通当成打箭炉之一部分了。明初长河西土司理问高惟善曾奉明太祖之命招降大渡河一带土头，洪武二十一年（1388）高自鱼通等处还，上疏云：“鱼通、九枝疆土及岩州、杂道二长官司，东邻碉门、黎、雅，西接长河西。原自唐时吐蕃强盛，宁远、安靖、岩州等汉民往往为彼驱入九枝、鱼通防守汉边。元初，设二万户府，仍于盘陀、仁阳立寨栅，边民戍守。”[②]岩州，今泸定县之岚安区，明代曾设岩州卫于此，因其为碉门（今天全县西五里）与“西番”茶马互市的通道口。向西则至大渡河边之烹坝渡口，向东则通碉门，向北可接董卜韩胡宣慰司（宝兴）。杂道，即察道（岔道），

① 贺觉非：《理化县志稿》，西康省政府，1945年。
② 《明实录·太祖实录》卷188。

在今泸定县北部大渡河东岸。安靖，即岔道南之嘉庆，原名嘉庆河坝。宁远，即清冷边土司地方，在今泸定县冷碛。盘陀，即飞越岭下之三交城。元名满陀城。仁阳在其东南。由此可知元代在大渡河的东西两岸鱼通及岩州等地，曾设过两个万户府。《元史·百官志》载，天全招讨司属有鱼通路万户府及碉门鱼通等处管军守镇万户府，可知大渡河西岸鱼通地区为鱼通路万户府管领。大渡河东岸之岩州、安靖、杂道、宁远一带为碉门鱼通等处管军守镇万户府所管领，其治所可能在岩州。另有长河西管军万户府亦属天全招讨使司，其治所在大渡河西岸之咱里。

由上述可知，元代所设的朵甘思哈荅李唐鱼通等处钱粮总管府，是一管理康南、康北、康东各地钱粮的机构。其治所当在噶达这样的地位适中、交通方便之处。

碉门鱼通黎雅长河西宁远等处军民宣抚使司[①]　据《元史·地理志》“碉门鱼通黎雅长河西宁远等处军民宣抚司”条注曰：“至元二年，授雅州碉门安抚使高保四虎符。”《元史·成宗本纪》大德二年春正月“并土蕃、碉门安抚司、运司，改为碉门鱼通黎雅长河西宁远宣抚司”。可知，此司设置时间在大德二年（1298），系并雅州碉门安抚司及鱼通、长河西、宁远、黎州等土司而设。额设达鲁花赤一员，安抚使一员，同知、副使各一。元初宋军坚守四川，元军久攻不下，只能“斡腹入寇”，先取四川周围各部，迂回包抄川中宋军。故沿边地方俱先于盆地内各地投元，其设治也较早。1253年忽必烈率军进攻大理“师次忒剌（甘肃迭部县达拉沟），分三道以进……帝由中道……至满陀城……过大渡河，又经行山谷二千余里至金沙江”[②]。考其路线，即为经阿坝草原，循大渡河西岸南下，从黎州渡河，沿古清溪道而至金沙江。忽必烈沿途招降各土头，封以官职，授以玺书、金银符。鱼

① 《元史·百官志》作“安抚使司”，今据《元史》本纪及《地理志》作“宣抚司”。
② 《元史·世祖本纪》。

通、长河西、宁远等部俱于此时归降受职，而河东岸的碉门黎雅地区土头亦在高保四率领下投诚。为了争取宋军，元军对高保四尤为嘉赏，授以宣抚使，治碉门。

（3）六番招讨使司　设达鲁花赤一员、招讨使一员。“雅州严道县，名山县隶之。”[①] 严道县即今雅安县地，其时为州治所在。所谓的“六番”，原为今天全县一带的六个部落（天全改流后，名为村）[②]。顾炎武《天下郡国利病书》说：“天全六番招讨司辖部落凡六：曰马村、苏村、金村、杨村、丽东村、西碉村。或谓六番之名始此。”

明代开碉门—岩州—烹坝（长河西岸）的茶马贸易道，碉门地位变得十分重要，故设天全州，裁六番招讨使司，而合于天全招讨司，改名天全六番招讨使司。此时木坪、长河西等俱升为宣慰使司，地位在天全六番招讨司以上，而鱼通土司亦隶明正土司（长河西土司）。天全六番招讨司只能管辖大渡河东岸的察道、岩州、安靖等小土司地方了。此时的“六番”不过是借用元代之名，而实际含义已不同。

（4）长河西里管军招讨使司设招讨使二员。治所及辖境未载。考，应即元初“碉门鱼通黎雅长河西宁远军民安抚司”中的长河西安抚司。元初建制不定，将这几个土司合而统理于碉门。后来将碉门析出，分设天全及六番招讨司，黎、雅也分设为二州。这样长河西、鱼通、宁远也就各自分设。故《明史》中说长河西鱼通宁远原为三个土司，到洪武三十年，才合三土司为一，称长河西鱼通宁远宣慰使司。

另外，《明实录·太祖实录》载，洪武十五年（1382）七月“故元四川分省右丞剌瓦蒙遣理问高惟善等，自西番打箭炉长河西来朝”，洪武十六年遂“置长河西等处军民安抚司，以故元右丞剌瓦蒙为安抚使”。元制，分省

① 《元史·百官志三》。
② 杨振业《灵和杂记》：“近代蜀志乃云六番即六村。”

右丞为正二品之大员，长河西土司本无资格获得，只因元朝后期“各处总兵官以便宜行事者，承制拟具姓名以军功奏闻，则宣命敕牒随所索而给之，无有考核其实者。于是名爵日滥、纪纲日紊”①，才使长河西土官有了分省右丞之虚衔。不过，也说明元代的长河西土官的职衔较附近土司高。查《元史》所载“长河西”诸土司中，唯此招讨司职衔最高，故其应即原长河西安抚司。也即是后来明清时的明正土司之前身。

（5）朵甘思招讨使司　设招讨使一员，其治所应在今甘孜县一带。因明代此地有著名的白利土司，势力甚为强大。“明因元制”，则甘孜县境一带元代应有一较高职衔的土司设置，故此朵甘思招讨使应即明代白利土司之前身。

除上述各职官外，《元史·百官志》“吐蕃等路宣慰使司都元帅府”条下尚列有“荅剌荅脱脱禾孙一员”，“哈里脱脱禾孙一员”，“朵甘思瓮吉剌灭吉思千户一员”。《元史》本纪中有“参卜郎千户”等设治的记载。然多不详，且有缺漏。其地多难以指实。

（二）推行帝师制度，扶持萨迦派

元代时，萨迦派首领八思巴得到元朝皇帝忽必烈的宠信，被封为帝师，兼摄宣政院事，成为整个藏区的主管。萨迦派乘势在四川藏区兴起。元王朝设宣政院，统管全国佛教寺院及其征服的少数民族地区，对藏族的上层喇嘛和地方首领均授以封号，并准其世袭官职。

德格家族第二十八代族长师从萨班·贡噶坚赞，二十九代族长索郎仁青亦为萨迦派名僧，被八思巴任命为膳食堪布，在八思巴的支持下，索郎仁青于1260年左右在今白玉县萨玛村创建萨玛寺，是今甘孜州境内的第一座萨迦派寺庙。索郎仁青也被元朝封为“多麦东本”（多麦千户），史称其为“萨玛王朝”。1265年，八思巴从北京返回萨迦，途经康区时，开辟萨迦

---

① 《元史·百官志三》。

道场，先后在道孚弥勒寺、康定塔公寺安置由内地铸造的佛像。1285 年，扎布巴在康定沙德六巴地区建立噶玛噶举派寺庙贡噶寺。八思巴到甘孜后，在打金滩立寺塑“定坤保”佛像，即是今甘孜县“汉人寺”的前身。

1290 年，西藏发生止贡噶举（它是元朝封的卫藏十三万户之一）与萨迦派争权的战争，在元朝的支持下，萨迦派打败止贡噶举派，强迫止贡噶举派僧人改宗萨迦派。四川藏区的部分止贡噶举派寺庙也被改为萨迦派寺院。萨迦派乘势勒令康藏一些止贡噶举派寺庙改宗萨迦，如八邦寺的前身“雄秋伦巴林”，本为止贡噶举派寺，便于此时被勒令改为萨迦派寺庙。另外还有仲萨寺、龚垭寺、白垭寺、俄支寺、柯洛寺等止贡噶举派寺庙，被改为萨迦派寺庙。

（三）设立站赤制度，加强藏区与中央之联系

元朝为了保持中央与地方之间的政治、军事、经济与交通的联系，通达边情，布宣号令，建立了规模庞大的站赤制度，形成了以元大都为中心的向四周扩散的稠密的交通网络。站赤，驿传之驿站。站赤制度，其制始于元太宗窝阔台时期，有着系统而严密的规定。包括有驿站的管理条例、驿官职责、驿站设备、站户的赋税征收制度等，在各驿站设有驿令和提领导驿官。

至元九年（1272），元朝始于“吐蕃西川界立宁河驿”[①]，并“自汉藏交界地起，至萨迦以下，建大驿站二十七个。对此逐一分之则是：多麦人所管为七个驿站，多堆地区为九个驿站，卫藏地区是十一个驿站”，“西藏建立驿站，最先始自甘、青地区，即上述之多麦、多堆一带”。[②] 在河陇，有朵思麻路各站。在康藏间，有朵甘思、乌思藏二路各站。另外，云南诸路

① 《元史》卷 7《世祖本纪》。
② 《汉藏文书》上册。

行省所辖站赤 78 个，在四川藏区有西番站、大渡河站。

站赤制度的设立，建立起了连接元朝政府与地方，包括西藏、四川藏区等区域的交通网络，对维持统治产生了积极的作用。站赤制度的建立有助于元朝对四川藏区的管理。站赤制度还有助于政府对地方的赈济。如贞元二年七月辛未，“以钞十一万八千锭给西番诸驿”①。延祐元年四月甲申，“诏西番诸驿贫乏，给钞万锭”②。

第二节　明朝对四川藏区的统治

一、明代初年的四川藏区

洪武二年（1369），朱元璋派遣陕西行省员外郎许允德遍赴藏区诏谕，联系当地的藏族首领，令各族首领至京授职。洪武四年（1371），明军进入川北的龙州（今平武城），元代宣慰司同知薛文胜率众归附，并积极帮助明军平定该地区并官复原职。洪武六年（1373），天全六番招讨副使高英遣子敬严率众进京朝贡，朱元璋赐以文绮龙衣，任命高英为天全六番招讨使，秩正五品；杨藏卜为招讨副使，秩从五品。同年，朝廷召穆坪归顺土司苍旺业卜到京，朱元璋亲自向他颁布敕印，任命董卜韩胡为宣慰司宣慰使。

洪武七年（1375）许允德再次出使朵甘思、乌思藏。洪武十年（1377），四川威茂等处土酋董贴里叛，劫杀人民。明政府命御史大夫丁玉为平羌将军，率军讨伐，开始对四川藏区用兵。

威州千户所和茂州卫的设立，打开了松州的门户。洪武十二年（1379）

---

① 《元史》卷 18《世祖本纪》。
② 《元史》卷 25《世祖本纪》。

正月，丁玉率军平定松州，奏请设立军卫。明太祖朱元璋从其请，并敕谕丁玉："松潘僻在万山，接西戎之境，朕岂欲穷兵远讨，但羌戎屡寇边，征之不获已也。今捷至，知松州已克，徐将资粮于容州，进取潘州。若尽三州之地，则叠州不须穷兵，自当来服。须择士勇者守纳都、叠溪路，其释道无阻遏者，不可守也。来降诸戎长，必遣入朝，朕亲抚谕之。"① 遂并潘州于松州，置松州卫指挥使司。丁玉派宁州卫高显负责筑城事宜，历时5年筑成6200多米长的城墙，雄踞川西北高原。

随着松州卫的设立和军事威慑，明政府同时展开了对松潘周边各部族的招抚，取得显著成效。洪武十四年（1341），置松潘等处安抚司，以龙州知州薛文胜为安抚使，秩从五品。继而又招抚了阿昔洞等十三族，设十三族长官司，秩正七品。以傅益雷南等各族首领为副长官②。洪武二十年，改松州卫为松潘等处军民指挥使司，改松潘安抚司为龙州。

二、明代治理四川藏区的行政和军事策略

明朝基本延续了元朝治理藏区体系，实行僧俗并用的土司制度，参照以元代3个宣慰使司都元帅府分领藏区的军事政治建制，建立军卫制度，设立卫所，管领藏区土司。明代时期仍主要采取"怀柔"手段治藏，一方面继续对元代所封土司和宗教首领全部承继，重加封赏，鼓励入贡，使其归顺明朝；一方面新增封许多土司和宗教领袖，用多封众建方法，使其互相牵制，争来归附。同时以控制茶马互市，限制边茶入藏，从经济上予以挟制，使其不敢生二心。

① 《明史·四川土司传》。
② 《明太祖实录》卷125。

（一）建立军卫制度——守控藏区

军卫又称卫所，包括在五军都督府下的卫、军民指挥使司、守御千户所、军民千户所等。隶属于地方最高军事管理机构——都指挥使司、行都指挥使司，简称都司、行都司。都司又隶属于中央五军都督府。在明代，四川藏区的卫所，不仅有军事职能，在多数地区还兼具行政职能①。在四川藏区，明朝政府分设了朵甘卫行都指挥使司和松潘等处军民指挥使司等卫所进行管理。

1. 朵甘卫行都指挥使司。系沿袭元朵甘思宣慰司之设置而设，只不过按明代的军卫制而换了名称。仍是用当地最有势力的部落首领担任其职，并世袭。其治所在甘孜州原邓柯县（今分属德格、石渠两县）的林葱土司故地（林葱，又写作林仓、灵藏、岭仓等，意为林地方、林家族）。《明实录》记载，明太祖洪武六年（1373）十月，置朵甘卫。以锁南兀即尔为朵甘卫指挥佥事。锁南兀即尔是朵甘地区北部（今四川甘孜州德格石渠至青海玉树一带）一大部落首领。元朝封为司徒，“镇守朵思麻、朵甘思两界”。② 洪武七年（1375）升朵甘卫为朵甘行都指挥使司。十二月，炽盛佛宝国师喃加巴藏卜及朵甘卫行都指挥同知锁南兀即尔等遣使来朝，奏举藏区首领赏竺监藏等五十六人，请求朝廷委任官职，诏“以赏竺监藏等七人为朵甘卫行都指挥司同知”。升锁南兀即尔为都指挥使。永乐四年（1406）三月，“授札思木头目撒力加监藏，为朵甘卫行都司都指挥使，切禄奔、薛儿加俱为都指挥同知。各赐诰命、袭衣、锦绮。”③ 宣德时，撒力加监藏死，其子星吉儿监藏袭职为朵甘卫行都司都指挥使。成化十八年（1482），朵甘卫行都指挥使南噶监藏死，其子公葛坚粲巴藏卜袭职。

---

① 《明史》卷90。
② 《明实录·太祖实录》卷125。
③ 《明实录·太宗实录》卷52。

朵甘卫行都指挥使司的管辖范围大致与元代的朵甘思宣慰司所辖同，即包括今四川省甘孜藏族自治州，以及西藏昌都地区东部、青海玉树州东南部和云南迪庆州一带地方，但将打箭炉鱼通一带划入。下辖1卫，2法王封地，3宣慰使司，5招讨司，4万户府，16千户所。

1卫，即朵甘卫，为军卫。2法王，即明代所封五大教王中之赞善王和护教王。赞善王为“灵藏僧”，是林葱家族中出的宗教首领；护教王为“馆觉僧”，是昌都地区贡觉县的宗教首领。从护教王的封地，可知朵甘卫行都指挥使司的管辖地，包括今西藏昌都地区东部。

据《明实录》记载，明廷曾令朵甘都司与护教王、赞善王、必力工瓦灌顶国师、川卜千户所和必里、朵甘、陇答之卫，以及川藏部一起复置驿站，以通卫藏[①]。

2. 威州卫。洪武十年（1377），明朝命丁玉为“平羌将军”，率兵征威州，次年设茂州卫、松州卫、潘州卫（后并松州卫、潘州卫为松潘卫），威州千户所、叠溪千户所等卫所进行管理。洪武十年十二月“平羌将军御史大夫丁玉兵至威州，土酋董贴里率众来降，诏置威州千户所守之”[②]。洪武十二年九月“置四川威州卫指挥使司”，改守御千户所为卫。所、卫隶四川都司。宣德十年以后威州治，即今四川汶川县政府所在地威州镇。

3. 茂州卫。《明史》记载，“茂州地方数千里，自唐武德改郡为州，领羁縻州九，前后皆蛮族，向无城郭。宋熙宁中，范百常知茂州，民请筑城，而蛮人来争。百常与之拒，且战且筑，城乃得立。自宋迄元，皆为羌人所据，不置州县者几二百年。洪武十一年平蜀，置叠溪右千户所，隶茂州卫。而置威茂道，开府茂州，分游击以驻叠溪，规防始立。然东路生羌、白草最强，又与松潘黄毛鞑相通，出没为寇，相沿不绝云。其通西域要路，为

① 《明实录·太宗实录》卷52。
② 《太祖实录》卷116。

桃坪，即古桃关也，有绳桥渡江，守桃坪者，为陇木司。”茂州卫隶四川都司，治即今四川茂县。

4. 松潘卫（松潘等处军民指挥使司）。洪武十年十一月，四川威茂土酋董贴里叛。洪武十二年，命平羌将军御史大夫丁玉定松潘，敕之曰：“松潘僻在万山，接西戎之境，朕岂欲穷兵远讨，但羌戎屡寇边，征之不获已也。今捷至，知松州已克，徐将资粮于容州，进取潘州。若尽三州之地，则叠州不须穷兵，自当来服。须择士勇者守纳都、叠溪路，其释道无阻遏者，不可守也。来降诸戎长，必遣入朝，朕亲抚谕之。”[①] 采取以“抚谕为主，佐以军威”的策略。遂并潘州于松州，置松州卫指挥使司。

洪武六年（1374）一月，置四川龙州，以土官薛文胜为知州。洪武十四年（1381）设置松潘等处安抚司，任命龙州知州薛文胜为安抚使，并领十三族长官。洪武二十二年（1389）改置龙州军民千户所。松潘卫初设时领千户所一，后增至三，宣德四年增至四千户所。因松潘地区“番蛮叛服无常”，明王朝一方面在松潘设置镇守官，另一方面将四川总兵官也派驻于松潘进行震慑，总兵官陈怀、方政、蒋贵、李安等先后都驻镇其地。从天顺时期开始，明朝又直接设松潘副总兵与总兵官。总兵之下设置左右参将。左参将主要管理松潘东路即松潘到龙州之间的道路，驻小河千户所。右参将主要是负责松潘南路即松潘通往茂州的道路，驻茂州。参将下面有游击将军，一是驻叠溪负责巡视威茂，另一个是驻龙州巡视松龙，两者终年彼此互巡[②]。

5. 岩州卫。岩州，今甘孜泸定县之岚安区。《太祖实录》载洪武二十一年（1388）正月礼部主事高惟善上言，“岩州、宁远等处乃古之州治，苟拨兵戍守，就筑城堡，开垦山田……碉门至岩州道路宜令缮修开拓以便往

---

① 《明史·四川土司传》。
② 陈晨：《明代松潘卫研究》，青海师范大学硕士学位论文，第11页。

来人马，仍量地里远近均立邮传，与黎雅烽火相应，庶可以防遏乱略，边境无虞……”① 因岩州为碉门（今天全县西五里）与“西番”茶马互市的通道口，于岩州置卫，保护市易。

6. 叠溪守御千户所。洪武十一年平定西羌置，隶茂州卫。洪武二十五年（1392）改叠溪守军民千户所，隶四川都指挥使司。治所在今四川茂县较场乡西南叠溪海子。

7. 龙州军民千户所。治在今四川平武县，隶四川都司。洪武二十二年九月，改四川龙州为军民千户所。

另外，在雅州所属地区，设雅州千户所、碉门百户②。

（二）完善土司制度——“多封众建”

明代在承袭元代的土司的基础上，进一步推行土司制度，在四川藏区增封了许多部落头人为上司来管理地方。明朝为什么要沿袭元朝在藏区设置土司呢?《明史·土司传》说得很清楚：因为，这些地方部落首领“大姓相受，世积威约”，明王朝在不能以力征服，实现直接统治的条件下，只得沿用元代办法，设立土司，用“假我爵禄，宠之名号，乃易为统摄，故奔走唯命”的方法，实现对藏区的统治。

不过，明朝也深知土司制的弊病：土司制虽维系了中央政权对民族地区的统治，但由于土司“世官其土，世有其民”，在其领地内享有相对大的自治权力，俨然一小“国王”（藏语称土司为“甲波”，意即“国王”），有的容易形成势力过大，不易管束，甚至“悖逆作乱”的情况。

因此，在沿袭元代土司制的基础上，明朝采用了“多封众建”的办法，增封了一批土司，“欲分其势而杀其力，使不为边患。”③ “多封众建”既可

① 《太祖实录》卷188。
② 《明史·四川土司传》卷311。
③ 《明史·四川土司传》。

防止有的土司势力过大，又可形成土司间互相牵制的格局。有明一代依靠“多封众建”“贡市羁縻”和“尊崇宗教”“以茶制番”四大政策的相互配合，使“诸蕃恋贡市之利，且欲保其世官，不敢为变。迨（明）成祖，益封法王及大国师、西天佛子等，稗传化导，以共尊中国。以故西陲晏然”[①]。明在四川藏区设置主要的有：

1. 朵甘宣慰使司，即元代所设朵甘思田地里管军民都元帅府。

洪武七年（1375）置。其治地在今四川甘孜州的甘孜、炉霍一带。据《明实录》记载，明太祖朱元璋应炽盛佛宝国师喃加巴藏卜及朵甘行都指挥同知锁南兀即尔的奏举，任命“星吉监藏等十一人为朵甘宣慰司使”。洪武十八年（1385）正月，明廷定其官员品秩为正三品。

朵甘宣慰使司下辖招讨司、万户府、千户所等二十七职，它们是：

招讨司六：朵甘思，朵甘笼荅（木里县之隆达）、朵甘丹（“丹”，丹巴之简称，今丹巴县）、朵甘仓溏（今白玉县昌台区）、磨儿勘（今芒康县境）、朵甘川。

万户府四：沙儿可（今甘孜县杂柯牧区）、乃竹（金沙江西今江达县境，即清代纳夺土司）、罗思端（即老思岗，今康定县瓦斯沟）、刊思麻（别思满之误写，在今小金）。

千户所十七：朵甘思、剌宗（今巴塘县南的拉宗）、孛里加（今甘孜县白利）、长河西（此指康定县咱里）、朵甘思多八参孙等处（甘孜县拖坝区）、加巴（在今道孚县境）、兆日（在今新龙县境）、纳竹（即纳夺）、伦荅（即隆达）、沙里可哈思的（不详）、孛里加思东（今甘孜县境，即白利土司所属甲思孔）、果由（不详，疑为固依）、参卜郎（今新龙县南部）、曰剌错牙（即清代之喇滚土司地）、曰泄里坝（不详）、阔侧鲁孙（不详）、撒

① 《明史·四川土司传》。

里土儿干（咱里、烹坝）。改元代所设朵甘捕盗司为巡检司[①]。

2. 董卜韩胡宣慰使司。明初其地首领阿旺苍卜率董卜韩胡归诚，乃合诸部为一司，称“穆坪董卜韩胡宣慰司”。永乐十三年（1415），设董卜韩胡宣慰使司，命头目喃葛为宣慰使，给银印、赐官带、袭衣，辖地东临杂谷安抚司，北接麻儿匝安抚司，西连朵甘思招讨司，南通天全六番招讨司以及长河西、鱼通、宁远宣慰司，有明一代，是实力较强的土司。其治所在今四川宝兴（近世之穆坪土司辖地）一带，包括今大小金川之一部。

3. 长河西鱼通宁远宣慰使司。明洪武十六年（1383），打箭炉长河西土官剌瓦蒙遣使来贡，命置长河西军民安抚司，以剌瓦蒙为安抚使。明洪武三十年（1397），合长河西、鱼通、宁远三土为一司，以剌瓦蒙为宣慰使，治地在今康定。故原长河西土司，清代简称为明正土司。

在今阿坝地区，明朝除承认元朝所封的土司，颁给印信号纸外，还另外册封了一批新的土司。其中有：

长官司，秩正七品。隶于松潘卫的有：占藏先结簇长官司、蜡匝簇长官司、白马路簇长官司、山洞簇长官司、阿昔洞簇长官司（今若尔盖县北河西乡）、北定簇长官司（今松潘县北定关）、麦匝簇长官司、牟力结簇长官司（今松潘县牟尼）、班班簇长官司（今平武县境）、祈命簇长官司（今松潘县水晶乡）、勒都簇长官司、包藏先结簇长官司、阿用簇长官司（今松潘大寨乡）、潘干寨长官司、别思寨长官思、叠溪长官司、郁郎长官司。还有阿昔洞等十三族长官司，包括勒都族、阿昔洞族、北定族、牟力结族、蜡匝族、祈命族、山洞族、麦匝族、者多族、占藏先结族、包藏先结族、班班族、白马路族，以土首傅益雷南等为各族副长官[②]。

---

① 《明实录·太祖实录》。

② 《明太祖实录》卷125。

隶于茂州卫的有：静州长官司（治所今茂县东），洪武七年（1374）置。陇木头长官司（治所今茂县光明乡），洪武四年（1371）颁以印信，七年（1374）置。岳希蓬长官司（治所今茂县西南），洪武初颁给印信，七年置；熹宗天启年间（1623—1627），加授宣慰司。

此外，还有汶川长官司（治所今汶川县绵虒），洪武七年（1374）置；寒水关巡检司（治所今汶川县寒水驿）等。

安抚司，秩从五品。有松潘等处安抚司（以龙州知州薛文胜为安抚使）、八郎安抚司、麻儿匝安抚司（今马尔康镇）、阿角寨安抚司、芒儿者安抚司（今松潘毛儿盖）、思琼日安抚司（今平武县北）、杂谷安抚司（今理县杂谷脑镇）、瓦寺安抚司（治所今汶川涂禹山）等。

（三）优封厚赏招徕——加强朝贡

明王朝规定藏族地区僧俗上层首领要定期、定员、定道、定制进京朝贡。通过朝贡，一方面可以使这些地方的土司和宗教首领向中央王朝输诚、纳款、献忠心，表明和加强隶属关系；一方面中央王朝可以通过朝贡之机，向藏族地方首领加以封爵和赏赐，以表示怀柔。给予的赏赐，本着“宁厚勿薄”，“务令远人得沾实惠”，往往超过所贡物之值多倍。贡使“所进皆不过舍利、佛像、氆氇、茜草等物、中小羸弱之马”，但是得到的“赏赐甚厚”①。如“灵藏一族，年例进贡止该一百五十余名，给赏食茶之数计有二万四千余斤”②。这种“崇封厚赏”的优待政策，对于藏区地方首领来说无疑具有很大的吸引力。除此之外，朝廷还责命沿途地方官员对朝贡队伍提供食宿方便，保障安全。并准许朝贡者在沿途开展一些贸易。特别是准许他们在内地顺便买些茶。这对于受到严格限制边茶供应的藏区各地朝贡者

① 《明神宗实录》卷81。
② 《历代茶马奏议》卷2。

来说，不啻是大开一条财路。

由于朝贡不仅能得到中央政府对其统治权力的肯定和拔升，而且能得到十分丰富的赏赐和厚利，故明代藏区各部来京朝贡者特别多，朝贡的次数特别勤。《明史》记载说：自藏区至京朝贡的队伍“络绎于途”，连绵不绝，有时朝贡者多达千人之众。到后来朝廷应付朝贡者的花销太大，以致皇帝不得不下诏限制朝贡的次数与朝贡队伍的人数和路线。

成化六年（1470），工部奏称：“四夷朝贡人数日增，岁造衣币，赏赉不敷。”明宪宗只得下诏规定：“乌思藏赞善、阐教、阐化、辅教四王三年一贡。每王遣使百人，多不过百五十人，由四川路入。国师以下不许贡；其长河西、董卜韩胡二处，一年一贡，或二年一贡，遣人不许过百；松、茂州地方住坐番僧，每年亦许三五十人来贡。其附近乌思藏地方，入贡年例如乌思藏，亦不许（过）五六十人。乞行四川镇守等官，俱要委官审辨有印信文字者，方许放入。仍乞降敕各番王，谕以番僧入贡定数，至期各王将番僧姓名及所贡方物各具印信番文，以凭验入。”①

有明一代，四川的长河西鱼通宁远宣慰使司朝贡一直持续不断。如永乐十三年（1415），长河西鱼通宁远宣慰使遣使入朝，贡马及方物，并请求朝廷开茶禁，开茶马市易，明廷同意在边地开放茶马贸易，准边民自由往来。二十一年（1423）七月，其宣慰使喃哩等 24 人来朝贡马，沟通与明朝中央政府的政治、经济往来。成化四年（1468），明廷虽重申诸番三年一贡之令，但长河西、鱼通、宁远宣慰司仍然是一岁一贡。弘治年间，长河西鱼通宁远宣慰使司亦多次派人赴京入贡，如弘治元年（1488）派属下征基等寨都纲头目札巴言千、八年（1495）十二月其土观卜巴以袭职遣使谢恩、十七年（1504）十一月遣僧人喇嘛吒藏等，他们进京贡方物，均受到朝廷依例赏赐。

---

① 《明宪宗实录》卷 78。

明廷对藏族地区各部朝贡的路线有明确的规定：乌思藏、长河西（康区）和松潘边外各部由四川路至京；藏北地区的青海、甘肃的藏族各部落由洮州路至京。

同时，对不遵守朝贡的土司也予以取消朝贡资格的处罚。如万历三十七年（1609）四月，因“番人混冒，方物滥恶，所奉敕书洗补可疑，而通使岁诱为奸”，明廷于是“尽革乌思藏大乘、大宝、长河西、护教、董卜等八番”的入贡资格，而只许阐教、辅教二王入贡，致使“各藏主皆以不得贡为辱，呶呶苦辨”[①]。

（四）尊崇宗教上层——因俗以治

除了控制土司外，明王朝还招揽、尊崇、扶持有影响力的宗教首领，给予崇封厚赏，使其“倾心归附朝廷”，并利用他们在本民族中的影响力达到控制一方的目的。在几乎全民信教的四川藏区，宗教上层人物的感召力和影响力非同小可，控制宗教上层人物就等于团结了众多僧俗群众，安抚了宗教上层人物就等于稳定了广大民众。如松潘阿昔洞人曾言：“我西番大小二姓为恶，杀之不惧，攘之不惧，国师喇嘛在中劝化，则革心信服，从善演教。”[②] 故明朝中央不仅在西藏、青海等藏区，而且在四川藏区也同样对各教派实行“多封众建，尚用僧徒”的政策，维持藏区的社会局面，并推尊僧人，使其“率修善道，阴助王化”。明朝改变了独尊萨迦派的做法，分封了一些别的宗教领袖。“都纲”系明代对西番地区僧人的一种封号，次于“禅师”。

明王朝对有“导化”之功的僧人，均加封号，并予升级。永乐四年，四川甘孜邓柯的僧人著思巴儿监藏遣使入贡，命为灌顶国师。第二年封为

---

① 《明神宗实录》卷457。
② 《明宪宗实录》卷35。

赞善王，国师如故，赐金印、诰命。永乐初，金川寺僧哈衣麻衣因功，赐号金川演化禅师，授银印，传徒世袭，命管寨十五。宣德六年（1432），于松潘复立番僧二人为国师，曰商巴、曰绰领；二人为禅师，曰黎巴、曰完卜。商巴事道，黎巴事佛，皆受银印，令抚谕之[①]。另外，还分封了董卜韩胡道士锁南领贞为都纪、剌麻著八让卜为安抚使等，使政治与宗教相互牵制、相互渗透，乃至统一。为了管理好僧人，明太祖朱元璋实施高度的中央集权政策，建立一套严密而纲目齐备的僧官网络，明确厘定各级僧官的品阶俸禄，将僧官完全划入政府官员的体系之中。

（五）利用经济控制——“以茶治番”

由于藏区高寒、干燥，人们又以牛肉、羊肉、糌粑为食，必须借助茶来满足生理需求与调节心理的平衡，故茶对于藏区的人来说是粮食、医药，也是精神享受。藏谚曰“宁可一日无食，不可一日无茶”，即说明茶对藏区的极端重要性。但藏区不产茶，所需全部由川、陕等省供应。历代中央王朝均十分重视茶在安定藏区、促进国家统一中的作用，并制定了关于藏区用茶的生产、销售、贩运、税收、价格、质量、监察的一系列法规和制度。唐宋时依靠“茶马互市”，形成了内地对藏区的经济牵引和互补经济格局。元朝于至元十四年（1277），“置榷场于碉门、黎州，与吐蕃贸易”[②]。明代将原来纯属经济互补的“茶马互市”提升到政治层面，作为治理藏区的一种政治手段。

首先，明代主要通过控制藏茶销售，实现藏区对中央政权的依附。明代起制定了一整套针对藏区用茶的法规制度。一方面，为了控制茶马交易，明廷禁贩私茶，禁止汉商入藏地收购马匹，也禁止藏商入内地收购茶叶，

① 正德《四川志·西番风俗》。
② 《元史》卷9《世祖本纪》。

对私茶出境与关隘失察，都处罚极重。规定“凡犯私茶者与私盐同罪，私茶出境与关隘不议者立论死”[①]。洪武二十七年（1394），为了禁止私茶贸易，明太祖制定严厉的措施，“禁民间用番香番货……敢有私下诸番互市者，必置之重法。凡番香番货，皆不许贩鬻，其见有者，限以三月销尽”[②]。另一方面，严格规定了藏茶的生产基地、贸易口岸、销售数量和价格，对违者处以极刑。另外，还在藏区实行差马制度，以马为赋，以换取所需茶叶，如《太祖实录》记载：“（帝）敕论松州卫指挥佥事耿忠曰：‘西番之民归附已久，而未尝责其贡赋，闻其地多马，宜计其地之多寡以出赋，如三千户，则三户共出马一匹；四千户，则四户共出马一匹，定为出赋，庶使其知尊君亲上，奉朝廷之礼也。’”[③] 为了保证输入马匹的数量与质量，明朝制定金牌签发制度，在金牌上书“皇帝圣旨”“合当差发”“不信者斩”，持金牌纳马，验收马匹，给予茶叶。同时，为了控制藏地，在茶叶供应数量上也有严格规定，使藏区既有茶的供应保证又始终感到缺茶的压力，不能不“倾心内附”。

为了确保茶马贸易的顺利进行，达到以茶治番的目的，在临近青海、甘肃和川西地区设置茶马司，办理茶马互市的事务。在四川藏区因“以其地皆肉食，倚中国茶为命”，因而“设茶课司于天全六番，令以市马，而入贡者又优以茶布。诸番恋贡市之利，且欲保世官，不敢为变”[④]。另外，明廷并在茶马贸易频繁的藏族地区建立卫所，设置土官，把藏区僧俗民众纳入中央王朝统治之下，形成直接的隶属关系。

其次，在严格控制边茶贸易，规定互市口岸，限制输入藏区茶叶数量的同时，却对来京朝贡的藏区人士开放绿灯，允许他们私下在内地非口岸地方购茶，从而使许多藏区人以朝贡为名大批进入内地购茶，贩回藏去谋

---

① 《明史》卷80。
② 《明太祖实录》卷231。
③ 《太祖实录》卷151。
④ 《明太祖实录》卷72。

利。如嘉靖年间，“到京并留边番僧每人许自买食茶一百斤”[①]，但是实际购买的数量远远高于规定的数目。如景泰四年（1453），“四川董卜韩胡宣慰司番僧、国师、禅师、喇嘛进贡毕日，许带食茶回还。因此货买私茶至万数千斤其（及）铜、锡、瓷、铁等器用”[②]。正德十三年（1518），四川天全六番招讨使高继恩派遣贡使和乌思藏贡使共“得赐番茶六万斤”，同时在返程途中“挟带私茶至六倍所赐，而贿带商茶尤利。故各夷每起车辆箱箧，少者数百，多者千余，妄称礼部准买食茶……出境每次数十万斤”[③]。据《明史》记载：自藏区至京朝贡的队伍连绵不绝“络绎于途”，有时一批多达七八百人。宣德、正统年间京师城内藏区来的僧俗首领爆满，以致皇帝不得不下命遣散。有的直接奏称“今来进贡，专讨食茶”[④]；返回时总是“茶驮成群，络绎于道”[⑤]。这种利用经济利益驱动其向心力的策略，使得未费一兵一卒即保持了藏区的基本稳定。

（六）开辟整修通道——加强交流

明代对藏区的管理重在羁縻，因而加强与藏区的政治经济交流沟通是保障其治理政策成败的一大关键。故自明太祖起就十分重视整修展拓历代通往四川藏区的道路，并努力开辟新的通道。

为了保障茶道与贡道的畅通，洪武三十一年（1398），明太祖采纳高惟善的建议，开辟了从天全两河口的通大渡河岸的道路，下诏开辟由碉门（今天全），经柘木场到岩州（今泸定县岚安）、察道（泸定县境）至大渡河西岸烹坝、鱼通、长河西（康定）的道路，并于岩州设卫，保护其道畅通。于碉门设市，使大渡河西的朵甘地区各部来市易和朝贡便利了许多。成化

① 《明会典》卷37。
② 《明代宗实录》卷230。
③ 《历代茶马奏议》卷2。
④ 《西番馆译语·来文》。
⑤ 贾大泉、陈一石：《四川茶叶史》，巴蜀书社1989年版，第161页。

三年（1467），明朝下令“诸自乌思藏来贡者，皆从四川入，不得径赴洮、岷”[①]。这样，卫藏地区之购茶与朝贡者就必须依靠康区作为桥梁，方能与内地交往。明初开通了直达大渡河的西岸的这条新川藏道，便成为西藏和康区与四川内地的一条重要通道。促进了朵甘地区与四川内地的交往，也成为后来清代川藏大道的一段基础。

从灌口（今都江堰市）至松潘的道路，是四川盆地与岷江上游藏羌地区重要的交通路线。早在先秦时期，兴起于岷江上游的蜀人，就是沿这条道路迁徙至成都平原。唐代，这条道路不仅是唐蕃在岷江上游地区用兵的要道，也是岷江上游各部族与蜀互市的主要路线。宋代在这条道路上的永康军、茂州、威州先后设立买马场，成为岷江上游地区最重要的茶马贸易之路，但南宋后道路逐渐不通畅，明代，这条道路被称为“南路”[②]，又称松茂驿道。由于松潘“控制群番，为全蜀屏障”[③]，为确保对松潘的控制，明朝多次对这条道路进行修整。明太祖洪武十一年（1378），四川都司遣人整治从灌县经桃关前往威、茂的道路。洪武二十四年（1391），景川侯曹震又派茂州卫指挥同知余胜组织修治松茂驿道，“作驿舍邮亭，架桥立栈，自茂州，一道至松潘，一道至茂州以赴保宁……至是运道既通，松潘遂为重镇”[④]。明代在这条驿道上设置的驿站，可考的有十多处[⑤]。虽然明朝将这条道路设为驿路，然而多次被当地部族所阻断。早在明太祖洪武十一年（1378），四川都司遣人整治从灌县到威、茂的道路时，汶川土酋孟道贵就扼守陶关，阻止修路[⑥]。宣宗宣德二年（1427），松潘千户钱宏引诱蛮族入寇，“断威州索桥，烧毁铺楼”[⑦]，驿路中断。直到宣德十年（1435）才重新

① 《明史》卷330《西番诸卫传》。
② 《明武宗实录》卷52“正德四年七月庚申”条。
③ 《明世宗实录》卷9“正德十六年十二月壬辰”条。
④ 《明史》卷132《曹震传》。
⑤ 蓝勇：《四川古代交通路线史》，西南师范大学出版社1989年版，第231页。
⑥ 《明史》卷311《四川土司》。
⑦ 《明宣宗实录》卷29“宣德二年七月己酉”条。

修复“松潘东、南二路关城木栅”[1]。英宗天顺五年（1461），“蛮截我粮道，入龙安、石泉等处。成化十三年，势益猖獗。复勅抚臣张瓒调汉土官兵五万，由东、南二路分进，剿灭白羊岭、鹅饮溪等二十一寨”[2]，随即修通南路，“自叠溪抵茂州，道路、桥栈被贼毁坏者，悉缮修。拓展茂州城池，保卫居民，以免后患。增筑各处城堡，以屯戍兵”[3]。道上设置的驿站，可考的有，永康驿、太平驿、寒水驿、安远驿、护林驿、长宁驿、来源驿、镇坪驿、归化驿、古松驿等[4]。然而到孝宗弘治年间，当地部族又起而反抗，“跳梁如故，南路梗阻”[5]。因此在明代，由灌县通往松潘的道路时通时阻，并不通畅。

明代由雅州通往康区和西藏的“南路茶”道有了很大发展，为了保障茶马互市与朝贡的畅通，明初开通了直达大渡河西岸的川藏道。洪武三十一年（1398），明太祖下诏开辟由碉门（天全）经岚州（泸定岚安）、察道（泸境）至大渡河西岸鱼通、长河西（康定）之道路。并于碉门设市与康区各部市易。从四川路入京朝贡后，卫藏地区之购茶与朝贡者就必须依靠康区作为桥梁，方能与内地交往，川藏道由此成为入藏正驿，兼贡道、官道为一体。

三、明代四川藏区的重大战事及处理

在明朝276年统治时间里，四川藏区并非一直盛世，土司之间或因为承袭土职或疆界纠纷，时常出现械斗、仇杀事件，同时也“其间叛服不常，诛赏互见”[6]。但是总体而言，各土司之间的斗争并不多见，其规模也不是

---

① 《明宣宗实录》卷10“宣德十年十月乙巳”条。
② 《蜀中广记》卷31《边防记》。
③ 《明宪宗实录》卷179“成化十四年六月丙申”条。
④ 蓝勇：《四川古代交通路线史》，西南师范大学出版社1989年版，第231页。
⑤ 《蜀中广记》卷31《边防记》。
⑥ 《明史·土司列传序》。

很大，更没有对明朝中央构成威胁。明朝政府通常采取恩威兼施的方针，政治招抚、向化为主；对于军事重地、重要关隘，则派兵驻守，辅以军事威慑。

（一）松潘战事及松潘卫的加强

松潘地处川西北高原，岷江源头，是川西北牧区与农区的交界处和成都溯岷江通往甘青地区的交通要冲，战略地位十分重要，故有“定天下者，必先定四川，治四川者必定松潘”[①] 之说。秦汉时已在此置郡县，唐以来一直是川西北的军事、经济重镇和汉藏羌回民族文化交汇之区。

明王朝在四川松潘地区设松潘卫，但松潘境内羌人、藏民与明王朝的纷争战乱以及部落间纠纷引起的军事斗争始终没有止息。有明一代，据初步统计大小战事多达 30 多次。较大的有：

洪武二十一年（1388），“朵贡生番则路、南向等引草地生番千余人寇潘州阿昔洞长官司，杀伤人口”[②]，指挥周助率兵同松潘卫军进讨，击退“草地生番”。

明宣德二年（1427），因明廷发松潘卫官军征交趾（今越南东北部），官军中不少人惧怕不愿前往，松潘千户钱宏曾谎报藏民劫掠，因而酿成了松潘地区藏族、羌族的大规模暴动。一部分军官与千户钱弘商量对策，决定谎报阿用等寨（今黑水麦扎）藏人叛乱，请求派兵镇压。钱弘与其部下尚清，率兵围攻周边阿用、麦扎等寨，逼取牛马，抄掠财物。藏人首领容儿结联合大、小黑水各部落，夺回牛马财物，向松潘卫进军，黑水、松潘等地藏人纷纷响应，围攻松潘卫军队达 5 万之众，相继烧毁了松潘卫上下四关及附近屯堡，然后又挥师南下，相继围攻叠溪、茂州、威州等卫、所。

① 民国《松潘县志·叙》，载《中国地方志集成·四川府县志辑》第 66 册，巴蜀书社 1992 年版。
② 《明史·四川土司传》。

五月，青川千户赵文书，奉朝廷命，攻打阿用。徐南卫指挥吴玉也奉命前往征讨。钱宏等几次进攻失败后，四川都司又调附近官军、土军2万人，成都护卫及贵州都司官军各2000人，陕西都司临巩卫官军各5000人，攻打松潘藏人。这次抗暴斗争，大小数十余战，屡败官军。宣德三年（1428），明廷被迫斩钱宏于松潘，同时对义军剿抚并用，迫使义军接受招安，始告平息。

宣德四年（1429）乃命“增置松潘卫前千户所，调利州卫前所官军实之。茂州卫前、后二千户所，调成都中卫左所、宁川卫后所官军实之。设小河千户所，调成都前卫后所官军实之。设溪子、叶棠、松州、三路口四站，拨军二百人及马给递”①。同时，又设镇守总兵官，总兵之下为左右将军，左参将主松潘东路（松潘至茂州），驻茂州。总兵居中指挥。参将下有游击将军，一驻叠溪巡视威茂，一驻龙州巡视松龙，年终则彼此巡视。

为了加强对松潘卫的管理，弘治元年（1488）兵部奏：“四川松潘番夷杂处，窃掠不常，旧有专设巡抚官，近年革去，止令腹里都御史兼之。今地方多灾，恐生他变，请增置巡抚一人，专理军务，抚治地方。”② 是年以都察院左副都御史童轩提督松潘等处军务兼理巡抚，“督领本处官军，修理城池，整饬兵备，操练军马，抚治番夷。副总兵、参将等官俱听节制。”③同时，宣德以后，四川都司、布政司、按察司监理松潘军务、兵粮储运及巡察边务，进一步加强了对松潘卫的控制。

（二）董卜韩胡、杂谷土司之争

“穆坪董卜韩胡宣慰司”，元代属六番招讨司所辖地。洪武六年（1373）酋长阿旺苍卜至京受赐敕印，封以董韩胡宣慰使职。明代此土司势大，雄霸一方，乃合诸部为一司，称“穆坪董卜韩胡宣慰司”，穆坪董卜韩胡宣慰

① 《宣德实录》卷50。
② 《孝宗实录》卷19。
③ 《弘治实录》卷20。

司东临杂谷安抚司，北接麻儿匝安抚司，西连朵甘思招讨司（今甘孜州甘孜县一带），南通天全六番招讨司及长河西鱼通宁远宣慰司，是元明时期四川西北部最大的土司，势力范围达到今雅安地区北部、阿坝州西北部和绵阳地区西南部，所属部落众多。极盛时其辖地包括小金的别思满和康定的鱼通地区。永乐十三年（1415），又设董卜韩胡道纪司，命本土道士锁南领贞为都纪。

明永乐五年（1408），明王朝鉴于保县（今理县一带）僻处极边，特设杂谷安抚司，以之抚辑旧维州诸处蛮夷。随着董卜韩胡土司势彰，向北侵入岷江上游地区，引发董卜韩胡与杂谷二土司之争。董卜韩胡、杂谷二土司之争主要发生于明代正统（1436—1450）、景泰（1450—1457）年间，董卜韩胡宣慰使克罗俄监粲在位时期。

按照明代的规定，包括董卜韩胡在内的西南三十六番“或三年，或五年一朝贡，其道皆由雅州入”。正统七年（1442）始，克罗俄监粲又多次向明朝提出开通经威州、保县的入贡通道，将矛头指向位于东部偏北的威州、保县之间的杂谷安抚司。因“董卜欺杂谷妻寡子弱，瞰我军远征麓川，假进贡之名，欲别开道路，意在吞灭杂谷，构陷唐泰。所请不可许”，只是命进秩镇国将军、都指挥同知，掌宣慰司事，给之诰命。代宗景泰元年（1450），“董卜侵杂谷及达思蛮长官司地，掠其人畜，守臣不能制”①。

面对董卜韩胡的扩张，明朝一方面是以招抚为主，通过敕令克罗俄监粲让其归还侵占的别思寨安抚土地，景泰三年（1452），敕谕董克罗俄监粲：“尔能敬顺天道，尊事朝廷，遣人远来朝贡，具见忠诚。今特升尔为都指挥使，仍掌董卜韩胡宣慰使司事，以示嘉赏。尔宜益励臣节，保守境土，仍将向者所抢杂谷并达思蛮地方人民退还，各人令其照旧管束，庶几释憾

① 《明史·列传第二百十九·西域三》。

取和，永息争竞之风，共享太平之福”[①]。

另一方面则是加强对董卜韩胡的军事震慑，尽量避免对其用兵。景泰三年（1452），又因“董卜韩胡土官克罗俄监粲招集西番阴怀异图，故严为之备也”，调四川官军1000人往松潘协助守备。又因为“董卜韩胡久蓄异志，而灌县实当其冲，宜筑城置守，以防未然”[②]，在景泰六年闰六月己酉又设立四川灌县守御千户所，加以震慑和防卫。天顺三年（1460）又因“其路通董卜韩胡，宜设堡，以备番人窃出也”[③]，设立四川太平堡。

成化六年（1471）克罗俄坚粲死后，他的儿子日墨札思巴旺丹巴藏卜请嗣父职，命为都指挥同知，掌宣慰司事。董卜韩胡、杂谷土司之争才告一段落。

（三）雍忠罗洛思进剿汶川

明英宗正统六年（1441），岷江沿岸常发生部落间的武装械斗，王朝派兵镇压不力，官兵伤亡惨重，州县戒严，情况万分紧张，明廷采用“以夷治夷”的政策，命令西藏琼部的思本·桑郎纳思霸统兵前往征剿。桑郎已年迈多病，奏请以其弟雍忠罗洛思带兵征伐。雍忠罗洛思受朝廷命，统领大小头目率兵将动乱平息下来。为此，皇帝嘉赏，敕令其驻守该地。

雍忠罗洛思一行自此驻于今汶川县境涂禹山一带，朝廷授给宣慰使司银印一方，敕书诰命各一，准其世袭，是为瓦寺第一代土司。四川官府划给屯垦驻牧之山林，又将涂禹山下耕地划给耕种。并规定若耕牧不足，可将年纳汶川县的条银降低，以保障其生活之必需。

① 《明代宗实录》卷213“景泰三年二月丁亥”条。
② 《英宗实录》卷255，收入李国祥、杨昶主编《明实录类纂·四川史料卷》，武汉出版社1993年版，第59页。
③ 《英宗实录》卷310，收入《明实录类纂·四川史料卷》，第1280页。

四、明末丽江木氏土司在康南的统治

万历五年（1577），云南丽江纳西族木氏土司，在统治云南迪庆藏区后，随即向甘孜地区扩张，以武力逐渐控制了整个康南，将丽江一带的纳西族迁徙到康南巴塘、乡城、得荣、稻城南部气候温暖的河谷地区，建立村寨，成为纳西族聚居点，是为甘孜州纳西族之渊源。明末清初，蒙古和硕特部固始汗率军南征，摧毁了木氏土司在康南近一个世纪的统治。一部分纳西族返回云南，一部分留在康南。

木氏土司在扩张过程中，每夺取一地，便“屠其民而徙摩些戍焉”[①]，施行移民政策。通过移民建立纳西人定居点，以控制当地的军事、经济、交通要地。这些纳西移民平时为农，战时为兵，聚居在定居点内。在定居点中，木氏土司派驻亲信担任“木瓜”一职（藏语称之为“绛本”），建立官寨，管理当地。木瓜既管理纳西移民，又要镇抚当地藏族百姓，还要负责征收赋税，集各种权力于一身。

同时，木氏土司还利用归附的藏族头人进行统治。木氏土司任命归附头人担任小头目，称“白色”，通过白色来管理藏族百姓。在木氏土司统治期间，川滇边藏区各地都有白色，在今巴塘的白松，可考的白色就有 3 名。木氏土司采取这两种方式和手段，再辅之以兼容并包基础上的尊崇噶玛噶举派的宗教措施，使其在藏区的统治得以巩固，长期维持其称雄于川滇边藏区的政治格局。

① 余庆远：《维西见闻录》。

五、明末蒙古诸部与四川藏区的关系

元朝覆亡后，蒙古分裂为东西两部，东蒙古称鞑靼，西蒙古称瓦剌。为了寻找立足之地，蒙古诸部一方面积极寻求明朝政府的保护和承认，一方面以武力抢掠周边地区，务求获得立足之地。明正德年间，蒙古族中的一部分迁入青海，开始不断骚扰周边地区。明正德九年（1514），东蒙古亦卜剌、阿尔秃斯部自洮、岷入松潘，久屯松潘城外大肆扰掠，然后出松潘、茂州境，直走乌思藏。明万历三年（1575），住牧青海的河套蒙古首领宾兔南下食松潘关外诸藏族部落，役属作儿革（若尔盖）、班佐、包座等。

明末，驻于青海的蒙古和硕特部的首领固始汗，乘明王朝疲于应付全国农民起义和辽东外患之机，先后率军攻占了康区与西藏，将青康藏三区置于其统治之下。

和硕特部是卫拉特蒙古①四部之一。崇祯十二年（1639），固始汗以护卫黄教之名，率军自青海南下进入康区，打败康区势力最大的白利土司顿悦多吉②，占据今甘孜、炉霍、道孚等地，释放被白利土司监禁的格鲁和萨迦、宁玛等教派的僧人，收揽人心。然后，固始汗以甘孜为据点，逐渐将势力向康区的其他地方扩展。在据有德格、石渠、甘孜、邓柯、白玉、新龙等康北各地后，固始汗又挥军南下，驱逐丽江木氏土司在康南的势力，统治了康南；同时，东进占据木雅地区，侵入明正土司控制的茶马互市重镇打箭炉（康定）。固始汗占领康区后，分派营官带兵镇守康区各个要地，监督土司，征收赋税。川边藏区（今四川甘孜州和木里县），自此由蒙古和硕特控制，长达半个多世纪。在占据康区后，固始汗又进军西藏，打败藏

① 卫拉特蒙古，明代称“瓦剌”“西蒙古”，共有“厄鲁特”，准噶尔、土尔扈特、和硕特四大部。元亡后西迁，游牧于新疆漠北一带，15世纪曾建西蒙古帝国。和硕特明代原游牧在天山南北，明末其首领固始汗率部南下，战胜青海的林丹汗，占据青海。

② 白利土司顿悦多吉支持本教，压制黄教。固始汗支持黄教，故以卫护黄教之名讨伐白利土司。

巴汗，扶持达赖为西藏的宗教首领，将西藏置于和硕特统治之下。于是固始汗成为康青藏三区的实际统治者，他“以卫藏为达赖、班禅香火地，以长子驻拉萨，其余诸子驻牧青海，征康区赋税以养青海部众”。

固始汗在康区扶持黄教格鲁派，奉达赖为西藏的宗教首领，五世达赖派弟子昂翁彭错来康传教，首先在德格土司境内建立了第一座黄教寺庙——更沙寺，进而在甘孜、炉霍、道孚等原白利土司崇本之地一连建立了十三座规模宏大的格鲁派寺院，这便是著名的“霍尔十三寺”。以十三大寺和理塘寺为基础，格鲁派凭借固始汗和清王朝“尊黄教”政策的大力扶持，在康区的影响逐渐扩大开来。固始汗将被本教摧残的寺庙的土地和农奴，一部分赐给格鲁派寺庙，称之为“拉德”；一部分赐给支持和拥护格鲁派的土司、头人，称之为“本德”；一部分直接作为留驻于甘孜藏区蒙古贵族的领地，称之为“差德”或“雄德”。

第四章

清代的四川藏区治理

第一节　清初对四川藏区的治理

一、清初驱逐蒙古和硕特部势力

（一）西炉之役

所谓西炉，指打箭炉及其附近地区。

由于清初将主要兵力用于应付川滇残明武装和吴三桂叛变，清廷无力顾及今四川甘孜地区。遂以大渡河为界，于化林坪设协，驻兵防守。对于大渡河西岸已向清朝投效的明正土司等土司，仍不便管属。听任和硕特部统治其地。打箭炉营官昌侧集烈为固始汗“义子”，本驻木雅之白教大寺饶蒂寺（今康定营官寨）。因见打箭炉茶马贸易日盛，贪商税之利而进驻打箭炉，于跑马山建拉姆则寺坐镇，干涉明正土司之事务。由于明正土司早在顺治时就已向清朝投诚，被纳入四川省的“内土司”，且打箭炉又系川茶输藏重镇，因而营官侵入打箭炉，争夺明正土司对打箭炉市易管理之权，引起了清廷重视。

康熙三十五年（1696），清廷派兵部郎中金图与四川巡抚于养志，会同和硕特所派官，查勘川藏地界，将折多山以东的打箭炉（今四川康定县）

划归四川属。但和硕特之营官仍盘踞不走，并由青海增派兵来此驻守。清廷为了避免事端，只是严命其将兵撤出打箭炉，但仍听任其管辖康区。

康熙三十九年（1700），打箭炉营官昌侧集烈与明正土司（即长河西鱼通宁远宣慰司）争权，将明正土司杀死，霸占土司官寨，进而侵占大渡河东乌泥等地，并进一步侵占烹坝、察道，进窥天全。

清朝此时全国已大部平定，正着意经营西藏。康熙皇帝接川陕总督席尔达奏后，立即诏令四川巡抚贝和诺、提督唐希顺率大军平定西炉之乱，并派理藩院侍郎满丕统领其事。唐希顺调集官兵及天全、河东诸土司兵万余人，亲自前往化林营指挥。先命化林营参将李麟率兵渡河占据咱威、奎武、咱里、烹坝各重要据点，固守要口，然后分兵三路进攻打箭炉。一路由游击张自成，自紫牛攻哪吒顶；一路由参将马尔植，自烹坝攻大冈；一路由唐希顺亲自率领游击沙虎、魏国珍等自咱威攻磨西面。昌侧集烈派手下率兵4000人守大冈、哪吒顶，亲率5000人在磨西，据守磨冈岭。

唐希顺命李麟率领部队沿大渡河而下，出其不意地绕攻磨冈岭后，连战五日，攻克磨西面，自雅加埂入打箭炉；张自成率军攻下哪吒顶来会。两路战斗顺利，唯有大冈一路受挫。唐希顺命天全土司杨自唐和泸定守备王允吉为前锋，领兵绕出敌后，出其不意地一举攻下大冈。清军会师打箭炉，斩昌侧集烈，抚定关外土司50余员，是为“西炉之役”①。

清军平定西炉后，以故土司蛇蜡喳吧之妻工喀袭明正土司一职。打箭炉地区经过此役，“仅存女子，丁壮殆尽。”② 清廷将口外新附土司五十余部“以明正土司领之”。西炉之役后，又顺势招降瞻对、喇滚、巴底、单东、革什扎、绰斯甲、咱里、沙甲、恶洛等地土司，把和硕特部势力逐至雅砻江以西。次年，又派理藩部员外郎一人于打箭炉设立茶关，监督互市，于

① 魏源：《圣武记·国朝接抚西藏记》。
② 《清实录·圣祖实录》卷210。

瞻对、喇滚、木雅等处设安抚司五员、安抚使二员、土百户四十五员，统隶于打箭炉之明正土司，并将雅砻江以东地区划属四川。

（二）岳钟琪收抚康南

康熙五十五年（1716），准噶尔部袭入西藏，杀和硕特部首领固始汗之孙拉藏汗，并窥伺青康藏区。五十八年（1719），清朝遂派兵自西宁、打箭炉、云南三路进入西藏。其中，从打箭炉进攻的部队由大将军允禵属将征西将军噶尔弼统领，永宁协副将岳钟琪为先锋，率云南、四川满汉官兵由打箭炉从康南入藏。

康南地区自元代以来一直由当地土司统治，明末青海蒙古和硕特部据康区，派第巴驻里塘、巴塘征收赋税，进行管理。吴三桂叛乱时，扎什巴图鲁亲王趁清军征滇无暇顾及之际，占领里塘和巴塘。后来，因畏惧清朝政府清查，遂"布施与达赖喇嘛"，达赖喇嘛曾一度派人在此征收"鞍租"。

康熙五十七年（1718年）正月，为了探明道路，"预贮仓库钱粮"，为大军进藏做好准备，由正白旗护军统领温普率领500名荆州满洲兵从打箭炉先期入藏，"沿途招谕里塘，绥定人心"。但是，由于温普对其属下的将官管控不力，经常发生"强取柴草，搜夺财物"① 等激化矛盾的事情，因此不但没有"绥定人心"，反而激起了巴塘、里塘一带民众的强烈不满，人心起伏，暗潮涌动。

康南事态的变化，引起四川总督年羹尧的高度重视，康熙五十八年（1719年）二月，年羹尧经与都统法喇商议，一边派干员前往里塘处理此事，一边奏明朝廷请求康熙皇帝调换温普。康熙皇帝将温普调回京城，另派征西将军、镶红旗护军统领噶尔弼赴川，与年羹尧一同办理军务。为了

① 《二七三八四川总督年羹尧奏参护军统领温普不能约束满兵事折康熙五十八年二月初六日》，中国第一历史档案馆编《康熙朝汉文硃批奏折汇编》第八册（康熙五十六年十一月至康熙六十一年十二月止），档案出版社。

尽快安抚人心，朝廷一面派员外郎巴特麻等到巴塘、里塘“宣布圣主威德”，一面派前锋参领伍林帕率打箭炉满洲兵 100 名，化林协副将赵弘基率领绿旗马兵 100 名和鸟枪兵 300 名一同移驻里塘。同时，还传谕住在塔尔寺的六世达赖之父转谕里塘营官、喇嘛及居民人等晓以大义。但是，里塘堪布达哇拉木济木巴与第巴色布腾阿住等人还是暗自串通，阴谋生变。

为了尽快稳定康南巴塘、里塘局势，康熙五十八年（1719 年）五月，镶白旗蒙古都统法喇一面知会西宁、云南领兵大臣，一面派永宁协副将岳钟琪率领 1000 名绿旗提标兵及 500 名化林、永宁兵，会同成都协领所率 500 名满洲兵渡雅砻江先期兵进巴塘，而自己亲领 500 满洲兵随后进驻打箭炉。

岳钟琪一到里塘营官坝，即与侍卫那沁统领的驻军会合，岳钟琪派人请达哇拉木渣木巴、色布腾阿住等头人前来面谈，要他们差遣各自所署番兵随军进藏。但几次派去的人都吃了闭门羹，岳钟琪设计将达哇拉木渣木巴、色布腾阿住等人斩首。随后派人用藏文书写安民告示四处张贴，并宣布“革去堪布喇嘛”，重新商议选定。就这样，“里塘头人、百姓咸凛军威，各举素相悦服者议立堪布”。经大家推选，头人江摆成了新的堪布喇嘛，另外又选了两名第巴协助管理，后来朝廷授予江摆宣抚使一职。在新堪布的带领下，“开造本营大小堡寨十五处，头人三十名，百姓五千三百二十户，大小喇嘛寺院四十五座，喇嘛三千二百七十余众倾心投诚，输纳贡赋，承应差使”①。附近的瓦述、崇喜等五处酋长也各呈户口纷纷来归，里塘就此平定。清政府任命里塘僧俗营官为宣抚使、僧营官为副宣抚使，颁给印信，照流官例不世袭，输诚纳贡，供给徭役。

随后，法喇令岳钟琪率 1000 绿旗兵与他分道进取巴塘。当岳钟琪领兵行至巴塘所属的立登三木巴地方时，先期差往巴塘招抚的人已带领巴塘头

---

① 陈登龙：《（嘉庆）里塘志略》，中央民族学院图书馆，1978 年。

人喀木布的使者一同前来迎接，表示情愿归顺。岳钟琪令使者回去转告喀木布，令其“开明户口数目，俟大兵一至巴塘即来亲递”①。兵不血刃，巴塘向风归附。

雍正初，在平息青海罗卜藏丹津叛乱中，提督周瑛在平定果洛等地的骚乱后，南下邓柯、德格，取道甘孜、炉霍、道孚等地，乘机将甘孜地区北部各土司招降。至此，和硕特部势力全部被驱逐出康。但清朝对地区辽阔的康区，尚感难以全面管理。

（三）川藏划界

雍正二年五月（1724年7月），川陕总督年羹尧奏请皇帝，提出查勘川滇界址，划清范围，将巴塘等地置为内地，册封土司管理，行使治权；设立安西镇，派兵驻防，加强力量；册封土司土目；限制达赖喇嘛对途经打箭炉出关商贩征收“鞍子钱”等的相关建议，得到朝廷赞同。

雍正三年（1725）十一月，川陕总督岳钟琪又奏请朝廷，在年羹尧要求的基础上，提出“将距打箭炉甚远，难以遥制”的昌都、洛隆宗、桑昂曲宗等地赏给达赖喇嘛管理，将中甸、德钦等地划归云南管辖，将巴塘、里塘等仍归四川辖属的建议②。提出将中甸、里塘、巴塘、德格、瓦舒霍尔（今四川甘孜、炉霍、道孚境）等新抚地方划归四川，设土司治之；将洛隆宗、左贡、桑阿曲宗（今西藏察隅）等距藏较近之地“赏给达赖喇嘛管理”③。

雍正四年（1726），清朝命川、滇、藏官员勘定三省地界，于巴塘西之宁静山竖界碑，但此仅为康南部之界，康区北部之界则未明确划分，大体上形成以金沙江作为川藏界线（也有的川属土司其领地在江以西），将昌都

① 西藏民族学院历史系编：《清实录·藏族历史资料汇编（一）》，西藏民族学院历史系，1981年，第70页。
② 《清实录·世宗实录》卷38“十一月乙未”条。
③ 《清实录·世宗实录》卷38。

地区划为达赖管理，金沙江以东划归四川管辖。迄至清末，整个康区被分成“官为土司而自治者十之五，畀于呼图克图者（昌都、乍丫、类伍齐）十之一，流为野番（指既未受清政府，也未受西藏地方政府管束者，如三岩等地）者十之三，赏给西藏者（洛隆宗、左贡等）十之一”①。

（四）打箭炉厅设置

雍正五年（1727），西藏统治阶级内部争权夺势，崇信红教的阿尔布巴、隆布鼐、扎尔鼐三噶伦联合起来，杀崇奉黄教、仇视红教的首席噶伦康济鼐，造成内乱。雍正六年（1728），清政府从四川、青海、云南调兵入藏平叛，其中从打箭炉入藏的清军达 4000 余人。为了保障军需供应，雍正七年（1729），清政府移雅安府同知分驻明正长河西鱼通宁远宣慰使驻地，置打箭炉厅，管理口内沈边、冷边、明正司，口外旧附新抚各土司地方。翌年，改化林协为营，在打箭炉设阜和营、河口（今雅江）设德靖营、道坞（今道孚）设安宁营，4 个营均设都司，同时置泰宁协。另外，在川藏交通线设立塘汛，分驻绿营兵，由都司、千总或把总管理。

二、重大事件的处置与治理格局的形成

土司作为朝廷命官，受到严格的规章、制度管束，不仅要为朝廷“守土安民”，还要随时听从征调，缴纳税贡。但土司羁縻毕竟不如国家对藏区直接的管理。土司“世守其土，世袭其职”，往往使其“坐大”，“不听约束”，土司间的兼并争斗连绵不断也严重地影响了清王朝对当地统治的稳固。雍正四年，云南巡抚鄂尔泰上疏，列举土司制之弊，请改土归流。清世宗采纳其议，命鄂尔泰兼云、贵、广西三省总督，大张旗鼓地进行改土

① 傅嵩炑：《西康建省记》。

归流。自雍正四年至九年，云、贵、湖广、广西和四川的土司大部被改流，反抗者但遭严厉镇压。

但是在四川藏区，由于多数土司从和硕特统治下投顺清政府，为安抚各部，没有予以改流，采取保留土司，多封众建以分其势的方针。清廷认为："其势既分，心即离异。日后纵欲鸱张，其中必互相掣肘，或畏惧相诫"[①]，有利于"分而治之"，因而只是设置流官于土司和"政教合一"之区，以"督率""管束"当地僧俗首领。清雍正七年设打箭炉厅，移雅州府同知驻此。清政府开始在四川藏区以流官辖土司，实行"以流治土"，不过流官所实际管理的也仅有部分地区，多数地方仍以土司为当地行政长官。同时，在川藏大道上设粮台，利用驻台流官兼管当地土司，使当地土司的动态随时得以掌握，势力受到一定制约。

乾隆元年（1736），清王朝平定四川大、小金川土司叛乱后，设置美诺厅（后改懋功厅）、阿尔古厅，隶属四川省，在大小金川地区"改土设屯"。故到清代后期，四川藏区的行政体系形成"以流制土""以土治土""土流兼治""土屯并行"等几种类型。

（一）雍正初杂谷诸土司地界争端

清初，嘉绒地区各土司争战不休，其中以杂谷、大金川土司之争最为激烈。杂谷土司的地盘在今四川阿坝州理县、马尔康一带，因为其处于川西嘉绒藏区与内地的咽喉要道，地理位置十分重要，是清初嘉绒各部中势力最大的土司。

早在明永乐五年（1407），杂谷首领阿漂除因抵御羌族有功，被明朝授予安抚司土同知，并世代承袭。清顺治十四年（1657），杂谷土官桑吉朋和沃日土官巴必太带领1000余人围攻瓦寺土司官寨。由于攻寨不成，即闯入

① 《雍正朱批谕旨》卷2。

内地抢掠汶川百姓。清廷派兵征讨，生擒杂谷头目阿朋及其家丁 13 人，桑吉朋和巴必太也受伤逃回。桑吉朋以所抢内地百姓赎回阿朋。阿朋返回后，见桑吉朋侵占了自己的家产，与之产生矛盾。康熙元年（1662），阿朋聚众驱逐土官桑吉朋，在别思满地方另立其侄。康熙二年（1663），清军讨平阿朋。康熙十九年（1680），桑吉朋归顺朝廷。清廷授其原职。桑吉朋的次子良尔吉承袭安抚司职。良尔吉承袭杂谷土司位后，四处扩张领地，还抢占了卓克基、党坝土司的部分土地和百姓。到乾隆四年（1739）时，杂谷属下的百姓约 10 余万人，成为嘉绒各土司中土地最广、人口最多、势力最强的土司。良尔吉还通过和亲与邻近的小金川、沃日、绰斯甲三土司结好，以巩固自己在嘉绒地区的统治。

而清廷针对势力日强的杂谷土司，采取了“留金川以树杂谷之敌，抚杂谷以固金川”[①] 的平衡策略，使其相互牵制。嘉绒各弱小土司纷纷归附于杂谷土司和大金川两大土司之下。大金川联络小金川、绰斯甲、巴底三土司形成一派，而梭磨、卓克基、党坝、沃日、革什扎、木坪等土司则与杂谷结好，形成另一派。雍正三年（1725），因为川陕巡抚年羹尧将金川土司的美同等寨强行断给沃日土司，致使杂谷、大小金川、沃日等土司之间仇杀多年。后经川陕总督岳钟琪重新勘察划界，使杂谷、大小金川、沃日等土司心悦诚服。

（二）三齐地区“脱土归州”

清雍正十三年至乾隆九年（1735—1744），三齐地区（今茂县曲谷乡和三龙乡）一带 36 寨的羌民，因不满瓦寺土司的勒索压榨，群起反抗，并派出代表到成都等处控告，坚持斗争达 9 年之久。清王朝为了削弱土司实力与缓和群众斗争，取消瓦寺土司对三齐地区的统治，使之直接归于茂州地方

① 中国第一历史档案馆藏：《朱批奏折（民族类）》第 900 号。

政府的管理之下。

清初，三齐36寨因每岁下坝佣工，路经长宁土司地界，常遭土司苏文耀挟杀。三齐羌民不服，遂愿断归瓦寺土司桑朗温恺。康熙五十八年（1719）九月，经川陕总督年羹尧，四川布政使孔毓均调处，将三齐36寨划归瓦寺土司管辖，并立石龙坪，以杜绝土司间争夺。

乾隆元年（1736）八月十六日，瓦寺土司桑郎容忠率兵300余人，串通寨后杂谷连界土兵，两路攻杀至龙坪，放火烧毁民房，羌民八九百人由茂州经成都逃往绵州、罗江等地佣工觅食，流离失所。十月初，三齐羌民昔的机、汪太、哭木之、勿之芍等呈控瓦寺土司桑郎容忠。乾隆四年（1739）九月二十四日，十八世瓦寺土司桑郎容忠因忿恨三齐头人汪太，擅发土兵300余人，欲渡河攻击该寨，经清政府派员前往制止，土司容忠撤兵归寨，并具保不再滋事。容忠土司在位期间，待羌民如奴隶，经常听信手下土目谗言，杀伤三齐羌民，以致官民间相互讦讼，势同水火。

乾隆六年（1741）四月，土司容忠遣头人前往三齐催粮，再次挑起事端，羌民聚众2000余人前往省城控告土司罪行，纷纷要求脱土归州。

乾隆七年（1742）十月，前任川陕总督尹继善等奏请，但清廷以“改隶归流，恐滋事效尤”为由驳回，仅令新任总督马尔泰“熟加筹酌，妥善料理”。乾隆九年（1744）正月二十九日，三齐头人余保泰等又赴巡抚纪山衙门控告桑郎容忠克扣皇赏，私开硫厂，奸淫妇女，暗造军器等罪行，再次要求归隶茂州管辖。五月五日，太子太保、川陕总督侍卫内大臣奏请朝廷，建议“民心既不乐从，自可归州管辖”[①]。

乾隆十年（1745）三月，川陕总督庆复奏“三齐归茂州管辖，每年纳粮充赋”。议政大臣复议从之。至此，三齐人民摆脱土司统治，归隶茂州。

---

① 四川省阿坝藏族羌族自治州茂汶羌族自治县地方志编纂委员会编：《茂汶羌族自治县志》，四川辞书出版社1997年版，第34—35页。

乾隆十一年（1746）四月，经户部等复议，准川陕总督庆复等制定的《川省三齐三十六寨番民归隶茂州管辖，筹酌管束事宜》，在三齐立碑定界；选设正副头人各一管理政务、户口造册送州稽查，头人功过立簿查核，年底赏罚；番民每岁纳麦粮60石，就近交威茂协营；饬地方官令头人按户分段开垦土地；在三齐传集羌民宣讲圣谕，翻译讲解大清律例；晓谕化导番民子弟读书，送州义学肄业；新附羌民违法，暂照夷例归结，10年后照内地法律办理。

三齐归隶茂州后，藏族羌族人民为摆脱土司压迫所引起的脱土归州事件不断发生，道光六年（1826），大姓、小姓、大黑水、小黑水、松坪5地土百户要求将所管58寨土地拨划茂州管辖，编入汉甲。

（三）平定两金川之乱

1. 大小金川之役

第一次金川之役，史称“戊辰之役”。乾隆十一年（1746），清大金川安抚使莎罗奔夺小金川土司印信，占其地。

乾隆十二年（1747），又侵革什扎（今丹巴县属）、明正（今康定市属）、党坝（今马尔康市属）、鄂克什（今小金县属）等土司属地。小金川土司泽旺逃亡成都，列罪状告莎罗奔。

十二年（1747），四川巡抚纪山派遣泰宁协副将张兴出兵弹压，令副将何启贤带兵在杂谷脑等处驻防，形成对大金川南北夹击之势。川陕总督庆复奏请“以番攻番”之策，令小金川、革什扎、巴旺、杂谷、梭磨等土司进攻大金川或扰其后路。

大金川地势险峻，战碉坚固，莎罗奔凭险扼守，清军进剿受挫。朝廷震动，调云贵总督张广泗出任川陕总督，统兵3万，进剿大金川。张广泗分兵西、南两路，西路之兵又分四路，南路之兵又分三路。各路军事顺利，攻克碉卡数百处，大金川土兵伤亡惨重。八月，清军进抵大金川土司官寨勒乌围（今金川县勒乌乡）和噶拉依（今金川县安宁乡）。莎罗奔请求投降，被清军拒绝。清军攻剿愈烈，土司的两处官寨均在大金川东岸，前临激流河川，背倚陡峻山崖，碉寨石卡坚固，易守难攻，莎罗奔土司率土兵拼死抵抗。清军屡次进攻受阻。张广泗奏请清廷增兵，分兵十二路对莎罗奔进行围剿，仍未得寸进。

乾隆十三年（1748），清廷派大学士纳钦前往督师，起用已赋闲之岳钟琪，授以提督衔，随赴征剿大金川。岳钟琪于四月赴党坝统兵，纳钦等于六月抵达小金川进驻美诺官寨。纳钦锐意进取，限3日攻克噶拉依。清军奋力攻击，战事失利，总兵任举、参将贾国良阵亡，将士损伤惨重。纳钦又刚愎自用，与张广泗不和，清军士气低落，战事失利。张广泗任用土舍良尔吉为向导。良尔吉系小金川土司泽旺之弟，与泽旺之妻、大金川土司之女阿扣私通，暗将军情密告莎罗奔[①]，致令清军连连失利，半年多时间仍无进展，军心涣散。张广泗被纳钦以“老师縻饷，贻误军机”所弹劾，被逮至京师治罪。乾隆愤斩张广泗，亦赐死纳钦于军旅。

乾隆遂又任命大学士傅恒赴金川军营经略，傅恒斩良尔吉和阿扣，以断内应。又增调邻省精兵35000人，改变纳钦、张广泗“以碉逼碉”战术，采用“碉勿攻，绕出其后，旁探其道，裹粮直入”，“舍碉而直捣中坚”的战术，与岳钟琪兵分两路进剿，连续获胜。岳钟琪率兵直攻金川之勒乌围。莎罗奔昔年曾随岳钟琪征西藏有功，是岳奏请朝廷授给其土司职的，莎罗奔深知岳韬略过人，处事公正，故闻知岳钟琪兵至，立即派人到岳钟琪军营议降。傅恒令岳钟琪率轻骑13人前往莎罗奔营寨招降。乾隆十四年（1749）正月初四，莎罗奔随岳钟琪赴清军大营投降。傅恒赦其罪，仍给莎罗奔土司职。二月初六，傅恒班师回京。至此，第一次金川之役战事平息。

---

① 据《金川妖姬传》记载，阿扣美艳动人，纳钦与张广泗均受其诱惑，致相争不和。阿扣从二人处得知军情部署，告诉良尔吉，并通知莎罗奔，故清军累败。张广泗押京处斩时，诉纳钦宠阿扣，失密致败等，故纳钦亦被乾隆赐死。

此役清廷75000余人，耗费银两2000余万两。

第一次金川之役平息后，大金川与小金川及相邻土司之间仍时有纠纷发生。乾隆二十三年（1758），大金川土司莎罗奔病故，其侄郎卡袭土职。郎卡与毗邻的绰斯甲、革什扎、巴旺、小金川、党坝五大土司常发生边界纠纷，引起五土司联合沃日、松冈、梭磨、卓克基四土司共同反对大金川的战乱，乾隆皇帝起初不愿再循第一次金川之役的旧路出兵讨伐，而采用“以番攻番”之策，企图利用金川土司与其他土司的矛盾，以压制其凶焰。晓谕四川总督开泰，暗中支持各小土司联合抗击，瓜分大金川。乾隆二十八年（1763），九土司会攻金川获胜，郎卡失败后，转而向朝廷表示恭顺，并求朝廷调解其与各土司之纠纷。三十一年（1776），四川总督阿尔泰主抚，令大金川退还毗邻侵地后，仍保留其安抚司之职，并准与绰斯甲、小金川联姻。谁知大小金川、绰斯甲联姻后，势力愈强，加之九土司联盟瓦解，各小土司更加畏惧。乾隆三十五年（1770）四月，郎卡病故，索诺木承袭父职。乾隆三十六年（1771），大金川土司索诺木与革什扎各头人合谋杀革什扎土司色楞敦多布。同时，小金川土司泽旺之子僧格桑又借口攻掠沃日土司地盘，并且和大金川索诺木联合一起进攻革什扎、明正等土司。大小金川土司重又气焰嚣张。三十六年七月，阿尔泰等紧急奏报：“小金川土舍围攻沃克什，请临以兵威，以挫其气。”乾隆皇帝见“以番攻番”之策失效，于是饬谕阿尔泰：“小金川，怙恶不悛，非复可以理喻……当统兵直捣其巢穴，或计以诱敌，或竟以力取，将僧格桑擒解省城候旨，另择驯谨奉法之人，立为土司，安抚其地，方为妥协。”令阿尔泰、提督董天弼出兵征剿小金川。

乾隆三十六年（1771）八月初七，清军从汶川卧龙三圣沟进军小金川，第二次金川之役开始，也称“辛卯之役”。

因阿尔泰反对进剿，行动迟缓，被罢职赐死。提督董天弼和继任川督德福亦相继被撤职。乾隆任命大学士温福为定边右将军、尚书桂林为四川总督，率师进剿小金川：温福由汶川出为西路，桂林由打箭炉出为南路，夹攻小金川。以金川多碉，温福铸造重四千斤、三千斤至一千斤的火炮，另配有靖远炮、劈山炮等随攻。僧格桑见大兵压境，向索诺木求援，许诺割地酬谢，索诺木暗中派兵相助。

乾隆三十七年（1772）五月，桂林副将薛琮率军攻墨龙沟，被土司兵截断后路。薛琮求援于桂林，桂林却按兵不动，致薛琮全军覆没，仅200余兵丁泅水生还。乾隆将桂林罢职，另派阿桂代其职。阿桂督军进展顺利，连续攻克资里、僧格宗等地。十二月初五，阿桂督师攻克小金川土司美诺官寨。僧格桑已先期将妻妾遣送大金川，自赴其父泽旺所居底木达（今小金县抚边乡）官寨。泽旺闭门相拒，僧格桑逃奔大金川依索诺木。清军攻克底木达，俘杀泽旺。小金川全境被清军攻克。乾隆帝大喜，授温福定西将军，阿桂、丰升额为副将军，令各统一路官兵继续进攻大金川。索诺木增筑营垒，严密设防，全力抗守。

温福“为人刚愎，不广咨方略”，又沿用张广泗“以碉逼碉”战术，筑碉卡以千计，分散防守。乾隆三十八年（1773）六月，温福驻军大金川与小金川相邻之木果木（今卡撒乡境）。索诺木联合小金川头人七图噶拉尔思甲布等数千人，乘夜袭击木果木大营。清军不备，人马顿时陷于混乱，温福中枪而死。提督马全等文武官员88人阵亡，兵士陷没3000余人，损失大量军需物资，小金川得而复失。

木果木溃败后，清军士气大挫，西路官兵经过三四个月的休整，乾隆再调京中健锐、火器二营及各省绿营兵11000名，加上原有的绿营兵和四川屯土练兵共计74900余名，以阿桂为定边将军、色布腾巴尔珠尔为参赞大臣，分三路进攻大金川，索诺木请降，乾隆不允。乾隆四十年七月，索诺木鸩杀僧格桑，献尸请降，仍不准。八月，清军攻破大金川勒乌围官寨。次年正月，复攻破索诺木最后据守的堡寨噶尔崖。乾隆四十一年（1776），大金川土司索诺木率众出寨，奉印信请降，第二次金川之役结束。乾隆在京举行了盛大的受俘仪式，将索诺木等叛首以磔刑处死。枭僧格桑首示众，以彰朝廷威严。

2. 清廷对川西藏区治理的加强

清乾隆年间平定大小金川叛乱后，清廷在大小金川地区采取了一系列改土归流措施，加强了对四川西藏区的治理。

一是为了更好地统控川西藏区，清廷在成都设立将军衙门，将成都副都统级八旗驻防提升为将军级驻防。乾隆四十年（1775），在大小金川战争进入决战阶段的关键时期，清廷即有了在打箭炉设将军，率兵驻守的想法。八月，乾隆帝谕军机大臣等，认为打箭炉“控制诸番，远抚西藏，实为扼要之地，并须添设将军镇守，声势方为尊重”[①]。乾隆四十一年（1776）二月，战争刚结束，乾隆帝谕令“于大功告成后，特设成都将军一员，驻扎雅州，统兵镇守，节制绿营。并于两金川之地，安设营汛，移驻提镇，以资控驭”[②]。后来又考虑到成都离川西藏区较远，调度不变，于是“成都副都统自应仍留驻扎省城，所有额兵二千名酌量一半在成都，同副都统驻守，止须移一千名随将军在雅州镇守”[③]，规定将军、副都统分帅成都 2000 名八旗兵，分驻雅州、成都。对成都将军的权力，乾隆皇帝又规定：“令成都将军兼辖文武，除内地州县营汛不涉番情者，将军无庸干与外，其管理番地之文武各员并听将军统辖。凡番地大小事务，俱一禀将军，一禀总督，酌商妥办。所有该处文武各员升迁调补及应参、应讯并大计举劾各事宜，皆以将军为政，会同总督题参，庶属员有所顾忌，不敢妄行，而番地机宜，亦归画一。”[④] 给成都将军赋予了统治地方的行政权力。成都将军“总理驻防旗民事务，兼辖松（茂）建（昌）文武之控制土司者”[⑤]。同时，规定

① 《清高宗实录》卷 989“乾隆四十年八月癸卯”条。
② 《平定两金川方略》卷 133“乾隆四十一年二月辛丑”条。
③ 《清高宗实录》卷 1002“乾隆四十一年二月丙午”条。
④ 《清高宗实录》卷 1004“乾隆四十一年三月辛巳”条。
⑤ （嘉庆本）《四川通志》卷 99《职官表》。

“四川川东、松茂道、布政司、按察司、建昌道、永宁道遵将文职，松茂、建昌二道及松茂道所属之理番厅、松潘厅、茂州、汶川县、保县，建昌道所属之打（箭）炉厅、天全州，并新疆各屯员，均归将军统辖，所有应行会办事件”①，有关川边藏区文武官员的升迁调补、刑名盗案等军政要务，均由成都将军会同四川总督共同处理②。

二是平定两金川后，乾隆帝在大、小金川实行了一系列改土归流政策。清政府在两金川地区添设两厅七粮务，设镇安屯，使两金川地区的局势很快稳定下来。乾隆四十一年（1776），于大金川设阿尔古厅，小金川设美诺厅。乾隆四十三年（1778），将勒乌围厅改为阿尔古厅。乾隆四十四年（1779）裁阿尔古并入美诺，更名懋功屯务厅，辖懋功屯（今小金县）、抚边屯（今小金县属）、章谷屯（今丹巴县属）、绥靖屯（今金川县属）、崇化屯（今金川县属）和鄂克什安抚司（今小金县属）、绰斯甲布宣抚司（今壤塘等县属）。清政府还在大、小金川地区设置章谷、底木达、大板昭、勒乌围、美诺、噶拉依、马尔邦等七个粮务，分驻经营，支放官兵粮饷。

同时，在大、小金川建立屯官制度。规定大、小金川的屯官为世袭额设，委任归顺的藏族头人担任。土屯的最高统治者为土守备，总揽全屯的一切大权。在土屯制的基础上，清政府还在大、小金川地区实行“军屯”或称“兵屯”和“番屯”。清政府在大、小金川的河西、河东、底木达、八角碉、僧格宗、汉牛等地，设置了六个番屯。同时，招募内地百姓，设立“民屯”。在两金川地区实行屯垦的授田原则。

---

① 中国科学院民族研究所四川少数民族社会历史调查组编：《金川案》（利），中国科学院民族研究所四川少数民族社会历史调查组，1963年；《上谕授明亮为成都将军管辖番地文武夷情并司道议详将军所管各条》，第130页。

② 有关成都将军的研究，详见彭陟焱：《成都将军的设置及其在治理川西藏区中的作用》，《西藏研究》2010年第2期。

（四）杂谷事件与“改土设屯”

清顺治年间，杂谷头目阿朋因财产原因，与土官桑吉朋发生纠纷，阿朋伙同他人驱逐桑吉朋，另立其侄。为此，清廷出面干预，讨平阿朋，于康熙十九年（1680）仍以原土官职授之。以后，桑吉朋次子良尔吉承袭安抚司职，其余二子，一为卓克基土舍，一被授郭罗克长官司。良尔吉继土司职后，野心也随之膨胀，他四处扩张领地，首先夺取了杂谷东边的九子、龙窝、孟董等羌族村寨，然后又兼并了西边的来苏沟、八角碉等寨。紧接着他与妻子合谋毒害了与自己有亲属关系的卓克基至松冈领地的土舍司格立弟兄二人，抢占了其土地、百姓。党坝土舍因惧其淫威，也被迫率众归附。到乾隆四年（1739），杂谷土司的领地绵延1000多里，所属百姓约10余万人，迅速成为嘉绒各部势力最大、人口最多、辖地最广的土司。为了强化其部落势力，他还通过和亲的方式与邻近的小金川、沃日、绰斯甲等地土司结为姻亲关系，许多弱小的土司只好俯首听命，杂谷土司为霸一方。

乾隆十二年（1747），第一次金川之役爆发，杂谷土司苍旺随军出征金川，两年后战争结束，苍旺“以从征金川功加宣慰司”[①]。由于强敌金川土司被朝廷镇压，又因功高由安抚司晋升为宣慰司，又进一步助长了苍旺的嚣张气焰，史载他曾三易其妻，不仅与绰斯甲、瓦寺土司结冤，还与梭磨、卓克基构衅，抢夺两土司所辖部落。杂谷土司强烈向外拓张，并与各土司间的紧张关系，激起了四川总督策楞的警觉和担忧。在与岳钟琪商议后，决定“奏便宜行事”，于乾隆十七年（1752）八月二十八日出师，一路势如破竹，于九月二十日“直捣松冈巢穴，擒苍旺，斩之”[②]。

乾隆十七年（1752），清政府废杂谷宣慰司，改置杂谷厅。乾隆二十五

---

① （清）吴羹梅修、周祚峄纂：（同治）《直隶理番厅志·边防·土制》，同治七年刻本。
② （清）吴羹梅修、周祚峄纂：（同治）《直隶理番厅志·边防·武功》，同治七年刻本。

年（1760），升直隶厅，嘉庆八年（1803）改为理番直隶厅。领梭磨、卓克基、松冈、党坝四土司，杂谷脑、甘堡寨、上孟董、下孟董、九子寨五土屯。各土屯，仿效清朝绿营兵制度，每屯各设土守备、土千总、土把总、土外委等土弁进行治理，择本地人和汉族官员充任。各寨还设有寨首、乡约、甲长。寨首，负责催纳粮赋，遣派差事；乡约专管教化百姓，调处诉讼；甲长负责稽查奸匪。寨首、乡约、甲长，都要听从抚夷掌堡管理。此后金川之乱以及“庚申之乱”平定后，清廷都仿照杂谷改屯模式，在各嘉绒土司领地内大规模地推行，开川西藏区改土归流之先河。杂谷“改土设屯”后，弁练平时集训，战时随八旗兵从征各处；土守备能约束部民，安定边土；番民可“承垦地亩，按地纳粮”，增加政府税收。

三、清代对四川藏区道路的开拓

交通问题一直是影响藏区治理的最大关键，也是制约藏区发展的最大瓶颈。由于藏区复杂的地形地质、恶劣的气候环境、居处的分散，交通建设极为艰难。历代虽努力开辟道路，力求通达，但限于科技、资金、人才等原因，无论是藏区与内地交通的道路，还是藏区内的道路都甚为缺乏，除了因汉藏贸易和区内各部落间交换形成的以民间自发为主开辟的一些道路外，历代由政府投资开辟的道路并不多，大多为军事需要所开。阿坝地区因开发较早，一直设置有郡县，且不但与四川腹地间交通较便利，而且与河陇、中原地区关系较密切，尤其是松潘“控制群番，为全蜀屏障”[①]，又是川茶输往甘青藏的重镇和主要集散地，故松、茂等地与外交通的道路开辟较早，在清代以前是四川藏区与外地交通最便利的地区，通外道路相对较多，对路的维修也比较多。

① 《明世宗实录》卷9“正德十六年十二月壬辰”条。

清代加强对西藏的统治，设立驻藏大臣，派驻戍军后，四川成为治藏的基地，为了治藏的需要，倾力开辟了由成都至拉萨的南北两条川藏大道，沿途设立粮台、塘汛、驿站，驻军，从而使甘孜地区与四川内地和西藏之间有了大道相通。为西藏官兵进出、粮饷供运、驿报传送和茶马互市的商旅及交换商品往来提供保障，川藏大道因而成为治藏的“命脉”，甘孜藏区成为西藏与内地联系的桥梁、纽带。

（一）四川藏区传统的交通路线

在四川盆地西部边缘，巍峨的龙门山由广元一带逶迤南下，经青川、平武、北川、绵竹、都江堰，直抵天全县。龙门山以西，有岷山与夹金山；龙门山以南，则有大相岭。这些山脉成为四川盆地与四川藏区之间的交通障碍，但是发源于岷山北侧的白水江，由西向东而流，在经过甘肃文县境内时，汇入发源于西倾山东侧的白龙江，然后穿过龙门山北端，形成一条通道；发源于岷山南麓的岷江，在都江堰市附近切穿龙门山中段，形成一条交通走廊；发源于夹金山南麓的青衣江则穿过龙门山南段，形成三条交通孔道；发源于大相岭飞越山的流沙河，则形成一条翻越大相岭的道路。这几条主要沿江而行的通道，就是四川藏区与四川盆地之间的主要交通路线。

1. 广元西经文县至松潘的道路。这条道路分为两段。其中由今广元市昭化沿白龙江及其支流白水江西行，到达甘肃省文县的道路，因文县古为阴平，故称阴平道；又因这条道路要沿着白水江河谷而行，因此这条道路也被称为白水道。另一段是由阴平道上的文县，沿白水江西行，经九寨沟县，折而南行，越过白水江与岷江的分水岭，沿岷江河谷南下至松潘。

位于阴平道上的白龙江，古称羌水，唐代又称白江[①]。阴平道，在东汉至三国时期，是重要的军事通道。唐代成为四川盆地北部通往吐蕃的重要交通路线，宋代则成为一条茶马贸易之路。明清时期，这条古道仍然是四川与甘肃之间的一条商旅大道。

由阴平道西至松潘的道路，直到唐代才见诸记载，其具体路线是：由利州益昌县（治今广元市昭化）沿羌水西北而行，经景谷（治今广元市境）、白坝（治今青川县境），到达方维（在今甘肃省文县境）。由此沿白水河谷西行，经文州曲水县（治今甘肃文县）进入今四川藏区，经帖夷县至扶州同昌县（治今九寨沟县）。由此西南而行，直达松州（治今松潘县）。在唐代，这条道路是唐朝与吐蕃之间的一条重要通道，曾多次成为用兵之路。唐代宗大历十四年（778），吐蕃与南诏联兵入侵剑南三川，其中一路就是沿着这条道路，进攻利州益昌县。唐德宗贞元九年（793），山南西道节度使严砺则沿这条道路，由东向西，击吐蕃“于芳州及黑水堡，焚其积聚”。宋代曾在文州设立买马场，于是这条道路就成为一条茶马贸易之路。在清代，这条道路仍然是一条交通要道，沿途设有铺塘。民国时期，由松潘到南坪，出甘肃之路亦由此。

2. 都江堰市至松潘的道路。这条道路是四川盆地与岷江上游地区重要的交通路线。早在先秦时期，兴起于岷江上游的蜀人，就是沿这条道路迁徙至成都平原。秦代在这条道路上设有湔氐道，汉代设有汶山郡，并多次对这条道路进行修治[②]。蜀汉后主延熙十年（247），卫将军姜维也曾沿这条道路征讨汶山平康夷[③]。入唐以后，这条道路被称为西山道，具体路线是：由成都西北而行，经繁县、彭州九陇县、导江县至灌口（今都江堰市）。由此循岷江上游河谷而行，经白沙守捉、七盘城，过桃关、汶川县、汶山县

① 《太平寰宇记》卷155引《贞元十道图》说：“成、叠、宕、武四州，并置在白江之侧。白江即古羌之水，其江南流至利州益昌县，（与）嘉陵江合。”
② 《汉隶字源》卷1、《蜀中广记》卷6《名胜记·灌县》、光绪增修《灌县志》卷2《舆地·金石》。
③ 《华阳国志》卷7《刘后主志》。

（今茂县）、翼州翼水县（治今茂县境）、卫山县、峨和县（治今松潘县境）、松州交川县（治今松潘县境），到达松州治所嘉诚县，即今松潘县城。在唐代，这条道路不仅是唐朝和吐蕃在岷江上游地区的用兵要道，也是岷江上游各部族前往彭州进行互市的主要路线。

入宋以后，在导江县灌口镇设立永康军，并在这条道路的永康军、茂州、威州先后设立买马场，由此使得这条道路成为岷江上游地区最重要的茶马贸易之路，其中永康军又是最主要的茶马贸易地点，“蕃部岁至永康官场鬻马”①，以至形成“诸蕃尽食永康之茶”② 的局面。南宋王朝出于安全方面的考虑，加强对这条道路的防范，使得这条道路逐渐变得不通畅，因此元世祖至元三十一年（1294），“诏开吐蕃道”③。这里重开的吐蕃道，就是唐代的西山道。

入明以后，自灌县经威、茂、叠溪，直达松州的道路被称为南路，由于松潘“控制群番，为全蜀屏障”④，明朝多次对这条道路进行修整。洪武十一年（1378），四川都司遣人整治从灌县经桃关前往威、茂的道路。洪武二十四年（1391），景川侯曹震又派茂州卫指挥同知余胜组织修治松茂驿道，“作驿舍邮亭，架桥立栈，自茂州，一道至松潘，一道至茂州以赴保宁……至是运道既通，松潘遂为重镇”⑤。明代在这条驿道上设置的驿站，可考的有10处：永康驿、太平驿、寒水驿、安远驿、护林驿、长宁驿、来源驿、镇坪驿、归化驿、古松驿⑥。虽然明朝将这条道路设为驿路，然而“松潘至茂州三百里，山嘴险恶，一蛮掷石，百人不能过也。且其路随河曲折，蛮下山抢掠为易”⑦，因此这条道路多次被当地部族所阻断。早在明太

① 《宋史》卷315《韩仁传》。
② 《宋代蜀文辑存》卷61阎苍舒《论宜茶以市疏》。
③ 《元史》卷131《速哥传》。
④ 《明世宗实录》卷9“正德十六年十二月壬辰”条。
⑤ 《明史》卷132《曹震传》。
⑥ 蓝勇：《四川古代交通路线史》，西南师范大学出版社1989年版，第231页。
⑦ 《明武宗实录》卷13“正德元年五月辛卯”条。

祖洪武十一年（1378），四川都司遣人整治从灌县到威、茂的道路时，汶川土酋孟道贵就扼守桃关，阻止修路[①]。宣宗宣德二年（1427），松潘千户钱宏引诱蛮族入寇，“断威州索桥，烧毁铺楼”[②]，驿路中断。直到宣德十年（1435）才重新修复“松潘东、南二路关城木栅”[③]。英宗天顺五年（1461），“蛮截我粮道，入龙安、石泉等处。成化十三年，势益猖獗。复勅抚臣张瓒调汉土官兵五万，由东、南二路分进，剿灭白羊岭、鹅饮溪等二十一寨”[④]，随即修通南路，“自叠溪抵茂州，道路、桥栈被贼毁坏者，悉缮修。拓展茂州城池，保卫居民，以免后患。增筑各处城堡，以屯戍兵”[⑤]。然而到孝宗弘治年间，当地部族又起而反抗，“跳梁如故，南路梗阻”[⑥]。因此在明代，由灌县通往松潘的道路时通时阻，并不通畅。

3. 汶川西通大渡河流域的道路。这条道路早在蜀汉时期已有。据《隋会州通道记》载：“自蜀相姜维尝行于此，尔来三百余年，更不修理。山则松草荒芜，江则沿沤出岸，猿怯高拔，鸟嗟地险，公私往来，并由山上，人疲马乏，筋力顿失。”隋文帝开皇九年（589），会州刺史姜须达“悯人生之荼苦，报委寄之天恩，差发丁夫，遂治旧道，开山栈木，不易其功”[⑦]。经过这次修治，沿杂谷脑河西行的道路，就成为岷江上游与大渡河上游地区的主要交通路线。

入唐以后，这条道路被称为滴博岭路，其具体走向是：由茂州汶川县循今杂谷脑河西行，经通化县，维州薛城县、小封县，至滴博岭，由此分为两路。一路西南而行，经灵关至雅州；一路继续沿今杂谷脑河而行，经风流镇至保州，再西北而行，进入索磨川，即今大渡河东源的梭磨河流域。

---

① 《明史》卷311《四川土司》。
② 《明宣宗实录》卷29“宣德二年七月己酉”条。
③ 《明宣宗实录》卷10“宣德十年十月乙巳”条。
④ 《蜀中广记》卷31《边防记》。
⑤ 《明宪宗实录》卷179“成化十四年六月丙申”条。
⑥ 《蜀中广记》卷31《边防记》。
⑦ 岑仲勉：《理番县新发现隋会州通道记跋》，载《中央研究院历史语言研究所集刊》12本1—2册，1945年。

沿索磨川西南而行，入于“西山八国”之地。唐玄宗天宝元年（742），“吐蕃白狗国及索磨等州笼官三百余人”① 就是沿着这条道路前往奉州（治今理县沙坝）。德宗贞元九年（793），“西山八国”“各率其种落诣剑南西川内附”②，也是沿着这条路线内迁到今杂谷脑河一带，所以当时的剑南西川节度使韦皋把他们安置在“维、霸、保等州，给以种粮耕牛，咸乐生业”③。

溯索磨川河谷北行，经恭州，“北至吐蕃白山镇七十五里，又北至故洪州三百七十里”④。玄宗天宝六年（747），剑南行军司马鲜于仲通就是沿着这条路线，略定三河，“收其八国，长驱至故洪州”⑤。天宝八年（749），鲜于仲通担任剑南节度使，又“改洪州为保宁都护府，堑弱水为蕃汉之界，收户数十万，辟地千余里”⑥。弱水即今大渡河上游的大金川上游。保宁都护府在今红原县的壤口一带，其西北 80 里为羁縻娥州，唐太宗“贞观五年，处降羌置”⑦，其地在今红原县的龙日坝一带⑧。由羁縻娥州分为两道：东北而行，可到松潘；西北而行，经雪山党项之地，进入今青海地区。玄宗天宝六年（747），鲜于仲通在略定“西山八国”后，就是沿着这条路线长驱北上，“与哥舒翰陇右官军相遇于横岭，鸣鼓而还”⑨。德宗贞元十七年（801），剑南西川节度使韦皋派兵进攻维州，吐蕃论莽热“率杂虏十万而来解维州之围”⑩，则是由今青海地区沿这条路线南下，进入今杂谷脑河地区。中华人民共和国成立后修筑的成阿公路，其中汶川至阿坝段，基本上就是在这条路线的基础上修建而成。

4. 茂县东通绵阳的道路。这条道路就是唐穆宗时剑南东川节度使王涯

① 《册府元龟》卷 170《帝王部·来远》。
② 《旧唐书》卷 197《东女国传》。
③ 《旧唐书》卷 197《东女国传》。
④ 《太平寰宇记》卷 80《剑南西道·恭州》。
⑤ 《全唐文》卷 343 颜真卿《中散大夫京兆尹汉阳郡太守赠太子少保鲜于公神道碑》。
⑥ 《全唐文》卷 343 颜真卿《中散大夫京兆尹汉阳郡太守赠太子少保鲜于公神道碑》。
⑦ 《旧唐书》卷 41《地理志》。
⑧ 《四川通史》卷 3《两晋南北朝隋唐》，四川人民出版社 2010 年，第 139 页。
⑨ 《全唐文》卷 343 颜真卿《中散大夫京兆尹汉阳郡太守赠太子少保鲜于公神道碑》。
⑩ 《旧唐书》卷 140《韦皋传》。

所说的“从绵州威蕃栅入蕃界，径抵栖鸡城”[1] 之路。在唐代，其具体走向是：由茂州汶山县沿石密水（今名土门河）东行，经威蕃栅至石泉县（治今北川县境）。折而南行，越过松岭关，东南行 170 里[2]至绵州龙安县（治今安县境），又东行 90 里[3]至绵州巴西县（治今绵阳）。唐人称其为“松岭关路”，全长 370 里[4]。入宋以后，“石泉县至茂州，中间经静州等族，本非大路，近年官员赴茂州，多由此路行，故渐通商旅往来”[5]。宋人称为陇东道。据《宋史》卷 476《宦者》记载：“自石州至茂州，谓之陇东路，土田肥美，西羌据有之。（王）中正不能讨。乃因吐蕃之寇，言其路经静州等族，榛僻不通，迩年商旅往来，故外蕃因以乘间。（石泉）县至绵与茂，道里均而龙安有都巡检，缓急可倚仗，请割石泉隶绵，而窒其故道。”在明代，这条曾经被封闭的古道被称为茂州小东路，虽可通行，但道路艰险。武宗正德年间，“小东路一带，偏桥陡峻，人马时坠而没焉。宜凿其未通山嘴，如彧（前副总兵姚彧）法削其坡辟路，令广立桥”[6]。清仁宗嘉庆二十四年（1819），茂州吏刘辅又率人整治胡子岭通安绵的小径，由此使得这条道路的通行条件得到明显改善，“商贾皆出于其途矣”[7]。

5. 松潘东至平武的道路。这条道路始见于唐人的记载。唐穆宗时，剑南东川节度使王涯曾上疏说：“臣当道出军，径入贼腹有两路：一路从龙州清川镇入蕃界，径抵故松州城，是吐蕃旧置节度之所；一路从绵州威蕃栅入蕃界，径抵栖鸡城，皆吐蕃险要之地[8]”。其中从龙州清川镇到松州的道路，就是由今青川西行至平武，然后溯涪江到达松潘。据《太平寰宇记》卷 84 记载，龙州“西至松州三百三十里”。唐代龙州的治所江油县，治今平

① 《旧唐书》卷 169《王涯传》。
② 《舆地纪胜》卷 153《成都府路·石泉军》。
③ 《太平寰宇记》卷 83《剑南东道·绵州》。
④ 《元和郡县图志》卷 32《剑南道·茂州》。
⑤ 《续资治通鉴长编》卷 278“熙宁九年庚寅”条。
⑥ 《明武宗实录》卷 13“正德元年五月辛卯”条。
⑦ 道光《茂县志》卷 1《舆地志》。
⑧ 《旧唐书》卷 169《王涯传》。

武县南坝；松州的治所在今松潘。宋代曾在龙州设置买马场，从而使龙州至松州的道路成为一条茶马贸易之路。入明以后，这条由平武沿涪江而行，进抵松潘的道路，被称为是松潘的东路。据《明武宗实录》卷52记载，四川守臣曾奏称："四蜀之西，松潘独当一边，且与吐蕃接境，甚为蜀患。松州南下叠溪、威、茂，为南路。东出江油，为东路。"其中松潘到江油的东路，具体走向是：由松潘东北而行，经望山关、上泥巴至水草坝（今松潘县大寨），向东翻越雪栏山，"俗呼为宝顶山"[①]，经雪栏关进入涪江河谷。沿江而行，经风洞关、松林堡、红崖关、伏羌堡至三舍堡（今松潘县黄龙），又经镇远堡、小关子堡、松丫堡、三路堡至施家堡（今松潘县双河），又经四望堡至小河千户所（今松潘县小河），继续沿涪江河谷而行，经水车坝、牌坊坝、峰崖堡、厂河坝、杨柳坝、叶棠（塘）、马营（元）、水进（晶）、铣龙堡至龙安府平武县，即古江油之地。在明代，由松潘南下叠溪、威、茂的南路，常因"番人据险，南路不通"[②]；而由松潘东至平武的东路，因"道路颇宽，番寨稍远，间有出没，我军犹可为备"[③]，因而成为四川盆地北部通往岷江上游地区的重要交通路线。《蜀中广记》卷33《边防记·龙安府》就说："江油地虽腹里，然实粮运之咽喉矣。"由于这条道路直接关系到岷江上游地区的安危，因而明王朝曾对这条道路多次进行整治。明太祖洪武十一年（1378），在东路驿道上修阁道25处[④]。明宣宗宣德十年（1435），修复松潘东、南两路关城木栅，"其龙州宣抚司城木栅，令本司原操土民修理"[⑤]。明英宗正统年间，根据松潘兵备右佥都御史寇深的建议，修葺东路，"敕四川有司委官督夫积木修桥，凿石广路，务在坚致平坦为长久计"[⑥]。明武宗正德年间，"松潘新开一路至水草坪，与旧路接"。同时，

① 《蜀中广记》卷31《边防记》。
② 《明孝宗实录》卷122"弘治十年二月戊戌"条。
③ 《明武宗实录》卷52"正德四年七月庚申"条。
④ 《明史》卷311《四川土司》。
⑤ 《明宣宗实录》卷10"宣德十年十月乙巳"条。
⑥ 《明英宗实录》卷149"正统十二年正月戊寅"条。

又根据巡抚四川右副都御史刘洪的奏议，整修松潘至江油的东路，其“可开通偏桥，如七里阁、黑漩窝、泥儿湾等处甚危，然有可改移河之彼岸者，有可用石叠为堤者”①。入清以后，随着松潘南下叠溪、威、茂道路的畅通，由平武至松潘的道路不再如明代重要，但仍然是一条大道，沿途置有铺塘。

6. 雅安西通大渡河流域的交通路线。今雅安西通大渡河流域的道路，直到隋代，尚未开通。隋炀帝大业五年（609），附国“遣其弟子宜林率嘉良夷六十人朝贡。欲献良马，以路险不通，请开山道以修职贡。炀帝以劳人不许”②。附国在今青海、西藏、四川三省之间，嘉良夷为其东部，位于今丹巴县境内。由此可知，直到隋炀帝大业五年（609），今丹巴地区通往内地的道路并不畅通。然而在唐高祖武德元年（618），以嘉良夷之地置嘉良县，属雅州。③ 既然以嘉良夷之地设立雅州管辖的县，则此时的嘉良夷应当有路通往雅州。据此，由今大渡河的丹巴一带通往雅安的道路，大约是在隋唐之际开通的。唐人将这条路称为夏阳路。其路线是：由雅州严道县（治今雅安）循青衣江西行，在飞仙关附近折向北行，经卢山县（治今芦山县）到达县西北60里的卢山，其地“有山硖，口开三丈，长二百步，俗呼为卢关。关外即生僚也”④。卢关亦称灵关，唐朝在此设有灵关镇⑤。出灵关镇之后，溯浮图水（今名宝兴河）北行，至今宝兴县，由此分为两路：一路循今宝兴河西源的西河而行，翻过夹金山，经过今汗牛，进入丹巴县境，沿途经过论川、让川、远南、卑卢、夔龙、耀川、金川、东嘉良、西嘉良等羁縻州⑥。夏阳路在到达今丹巴县境内的东、西嘉梁州，即原嘉良夷之地以后，由东嘉良州东行，可前往“西山八国”的逋租；由西嘉良州西南而行，则达于吐蕃的偏松城。唐德宗贞元十七年（801），剑南西川节度使韦

① 《明武宗实录》卷13“正德元年五月辛卯”条。
② 《隋书》卷83《附国传》。
③ 《旧唐书》卷41《地理志》。
④ 《旧唐书》卷41《地理志》。
⑤ 《元和郡县图志》卷77《剑南道·雅州》。
⑥ 《太平寰宇记》卷77《剑南西道·雅州》。

皋分兵十路进攻吐蕃，其中雅州经略使路惟明就是走这条路线，“自灵关、夏阳攻逋租、偏松城”[①]。由雅州出灵关入吐蕃的另一条道路是循今宝兴河东源的东河谷道北行，越过夹金山，进入小金县的沃日河流域，即“西山八国”的逋租之地。由逋租北行，经过保州以东80里的野城[②]，又东行至滴博岭一带的风流镇，进入今杂谷脑河流域，由此北通保州，东北至维州。据《太平寰宇记》卷77《剑南西道·雅州》记载：“灵关路在（卢山）县界，去蕃界八日程，从界去吐蕃野城三日程。其险也，以绳为桥，其外不知里数。”然而，从雅州“西北至吐蕃野城县界五百七十六里”[③]，野城又在保州以东80里，以此推算，由雅州经灵关，过野城，至保州，全程约660里。唐德宗贞元九年（793），剑南西川节度使韦皋“命大将董勔、张芬分出西山、灵关，破峨和、通鹤、定廉城，逾滴博岭，遂围维州”[④]。其中出灵关一路的用兵路线，就是沿着夏阳路进入今杂谷脑河流域，破通鹤军、定廉城，逾滴博岭，进围维州。其中吐蕃的通鹤军位于唐朝设置的维州小封县，定廉城即唐朝的保州治所。入宋以后，夏阳路被称为灵关路，是一条重要的茶马贸易之路，宋朝在灵关镇设有买马场[⑤]。明英宗正统年间，因灵关毗邻董卜韩胡番界，因而改称临关，“关内村堡司之居民；关外崖梯木栈，即董卜韩胡出关之路。韩胡与沃日接，沃日与大小金川接，金川与杂谷接，与西泸木雅接”[⑥]。董卜韩胡即穆坪董卜韩胡宣慰使司，治所在今宝兴县；沃日即沃日土司，在今阿坝州小金县境内；大、小金川在今金川和小金县；杂谷即杂谷安抚司，治今理县杂谷脑；西泸木雅在今康定、泸定、道孚之间。由此可以看出，董卜韩胡有路通往大小金川和杂谷脑河流域。其中通往杂谷脑河流域的道路，还是董卜韩胡前往内地的重要通道，因此

① 《新唐书》卷158《韦皋传》。
② 《太平寰宇记》卷80《剑南西道·保州》。
③ 《太平寰宇记》卷77《剑南西道·雅州》。
④ 《新唐书》卷158《韦皋传》。
⑤ 《宋史》卷198《兵志》。
⑥ 《古今图书集成》卷646《方舆汇编·职方典》。

在明英宗正统七年（1442），“董卜韩胡遣剌麻端竹监粲等朝贡，奏以后进贡或令从威州古敦地方，或令从杂谷瓦普东来”①。景泰二年（1451），“四川董卜韩胡宣慰司掌司事都指挥同知克罗俄监粲，欲于铜门山直抵保县、威州境通道入贡，镇守左副都御史寇深不从”②。

7. 汉源西至大渡河的道路。这条道路是由汉源县的九襄镇溯流沙河西北而行，经富庄、宜东、三交，翻过飞越岭，经化林坪进入大渡河流域。唐代宗大历十四年（779），吐蕃入寇剑南，李晟率军救援，“拔飞越、廓清、肃宁三城，绝大渡河，获首虏千余级”③，就是走的这条路。唐德宗贞元十七年（801），剑南西川节度使韦皋出兵进攻吐蕃，其中“黎州经略使王有道率三部落郝金信等二千过大渡河，深入吐蕃界”④，也是走的这条路。在宋代，这条路是四川茶马贸易的大道。明代仍然如此，“初制，长河西等蕃商以马入雅州易茶，由四川岩州卫入黎州始达”⑤。

8. 四川藏区通往西藏的南路。在吐蕃统治今四川藏区期间，有一条连接理囊邛节度、铁桥节度与吐蕃本土的道路。理囊邛节度管辖的理即理塘（Li Thong），在今理塘地区；囊即囊贡（Nyang Bgo），在理塘以东的雅砻江（Nyang Chu）流域；邛是指邛域（Jang Yul），其地在理塘和囊贡以南。理囊邛节度的中心，可能就是《敦煌本吐蕃历史文书·编年史》数次提到的 Rte'u Mkuar，即今道孚。理囊邛节度西南为铁桥节度，其中心在今云南省丽江的塔城，有铁桥架于金沙江上。这条道路大体上是由 Rte'u Mkuar（今道孚）沿 Nyang Chu（今名雅砻江）南下，由河口（今雅江县）西行至理塘，再南行至塔城的铁桥东城，由此经铁桥过金沙江，南经剑川城（今云南剑川）至南诏都城阳苴咩城（今云南大理），北经聿赍城（今云南德

① 《明英宗实录》卷 94“正统七年八月乙未”条。
② 《明代宗实录》卷 210 附 28“景泰二年十一月丁巳”条。
③ 《旧唐书》卷 133《李晟传》。
④ 《旧唐书》卷 195 下《吐蕃传下》。
⑤ 《明史》卷 81《食货志》。

钦）入于吐蕃。然而自唐德宗贞元十年（794）南诏断铁桥之后，由铁桥东城过铁桥，再经聿赍城入于今西藏的道路便为之中断。此后才形成经过今道孚，雅江、理塘，在巴塘渡过金沙江进入西藏的道路。在明代，则形成由打箭炉经雅江、理塘，在巴塘渡过金沙江的道路。

另外，还有四川藏区与甘肃、青海的传统交通路线，由松潘北通甘肃、西通青海的道路。

（二）清代对四川藏区道路的开拓[①]

1. 川甘西道

入清以后，松潘道被称为西道或西路，是岷江上游地区最重要的交通要道，也是西路边茶主要的运输路线，沿途设有驿站和铺塘。然而据清人记载，这条道路仍然险峻难行，“蜀西道极艰险，自灌历汶、茂至松，凡六百余里，其间穷崖陡绝，怪石嶙峋，以致行人多所损失，仕宦商旅视为畏途”。同治年间，崇庆州的道人李本善集资整治这条道路，“兼以躬作，审曲面势，于途之横阻者，通之；悬绝者，补之。务使归于坦荡。红崖等处，则傍岩架木，缒险凿幽，所费尤钜”[②]。经过这次整治，其通行状况得到一定程度的改善。

在清代，松潘还有一条路是在库库赛与西宁进藏的道路汇合，其路程是由松潘出黄胜关，60 里至两河口，在此与松潘经包座前往洮州的道路分路，“八十里至出皂，七十里至甲望麻望（即甲凹），五十里至杀鹿堂（即撒路），六十里至八吗，六十里至江地克里麻（即勒凹），八十里至龙溪头”[③]。由龙溪头经插汉拜胜分路，“向正南至途神兔过黄河”，七十里至吾浪莽，“八十里至宗卡尔，七十里至插汉托灰，七十里至杀那吾旧，六十里

① 本节内容主要取自李敬洵《四川藏区史·经济卷》原稿。
② 民国《松潘县志》卷 6《文苑·李道人修路碑》。
③ （嘉庆本）《四川通志》卷 196《西域》。

至七气哈赖，七十里（过大雪山）至安定达坝，七十里至途龙兔老，五十里至塔奔托洛海，六十里至丹仲营，六十里至下牒伦顿，八十里至中牒伦顿，八十里（过大雪山）至上牒伦顿，七十里至吾浪牒伦，二百四十里（自吾浪牒伦分作四站，每站六十里）至古尔分索罗木（合西宁进藏之大路）。自黄胜关至合西宁进藏之库库赛，计二十四站，共计程一千五百九十里”[①]。库库赛应当就是《西宁府新志》卷21《武备志》记载的西宁至藏路程中的柯柯赛渡口，“自此赴藏有三路，惟柯柯赛有渡河皮船。上为七叉河，再上为摆图，水不发时，驼马可涉。然官兵入藏，皆由柯柯赛”。其地在今青海省称多县境内。

据清人记载，松潘不仅有路与西宁和西藏之间的交通要道相汇合，而且还有道路分别通往西宁、青海湖地区。其中通往西宁的道路是由松潘经“两河口四百九十里（分作八站）至独磊虫库，六十里至物藏，四十里至琐胡卢（分路），七十里（过黄河）至插溪拜胜（当为插汉拜胜），六十里至布勒哈数，六十里至厦纳图，六十里至巴溪海流图，四十里至安这谷图，六十里至吾浪，六十里至纳木汉，七十里至巴纳布哈，八十里过山至莽鼐，七十里（过山）至郎岸（以上俱有水草，无柴），八十里至归德，六十里（过黄河）至郭密，八十里（过大山）至康城沟，五十里进闇门至申，六十里至西宁府城。自两河口至西宁，计二十五站，共程一千五百五十里”[②]。在明代，占据今青海地区的蒙古诸部，或由青海“南掠松潘”，或胁迫番人，“使通道松潘，以迎活佛”[③]，基本上都是走的这条路。周开庆在《四川经济志》中记载的松潘经包座“西北行可通青海西宁”的道路，也是指这条路线。

由松潘通往青海湖地区的道路，是由松潘经“两河口八百四十里（分

---

① 《西藏志·站程》，见《西藏研究》编辑部：《西藏志、卫藏通志》，西藏人民出版社1982年版。
② 《西藏志·站程》，见《西藏研究》编辑部：《西藏志、卫藏通志》，西藏人民出版社1982年版。
③ 《西宁府新志》卷20《武备志·青海》。

作十四站）至巴汉海流图，六十里至吾浪勒革，七十里至巴汉土尔根，六十里至依克生尔根界，六十里至依克生尔根，七十里至插汉诺木汉，六十里（过黄河）至插汉托洛海，一百三十里至青海。自两河口至青海托二十二站，共程一千三百五十里”①。

2. 川藏大道

在清代，由雅州经荥经翻过飞越岭进入大渡河的道路是边茶行销的大路，称为南路。所销之茶称为南路边茶。清初，这条道路在进入大渡河流域后，沿河东岸北上，经察道（今名岔道）、亢州（今名昂州），渡大渡河，沿瓦斯沟至打箭炉。康熙四十年（1701），平定西炉，“四川巡抚能泰奏言：‘铲河三渡口，高岩夹峙，一水中流，雷犇矢激，不可施舟楫。行人援索悬渡，险莫甚焉。兹偕提督岳昇龙相度形势，距化林营八十余里，山址坦平，地名安乐，拟即其处，仿铁索桥规制，建桥以便行旅。”康熙“嘉其意，诏从所请。于是鸠工构造”。铁索桥建成之后，“凡命使之往来，邮传之络绎，军民商贾之车徒负载，咸得安驱疾驰”②，从而成为沟通大渡河两岸的主要通道。其后，又凿冷竹关峡壁为路③。由此使得翻过飞越岭进入大渡河谷地的道路，不再是沿河的东岸至亢州渡河，而是在泸定铁索桥渡河，沿大渡河西岸，经咱里、烹坝、冷竹关，再沿瓦斯沟到打箭炉。

在甘孜藏区，清代入藏大道为川藏道，分为两路：由打箭炉经巴塘进入西藏的驿路，通常称为四川藏区进藏的“南路”。南路为成都至康定，经河口（雅江）、里塘、巴塘、江卡（芒康）、乍丫（察雅）至察木多（昌都），再经恩达、洛隆宗、硕般多、边坝、拉里（嘉黎）、工布江达至拉萨。沿途设有康定、里塘、巴塘、察木多、拉里、拉萨几个粮台（又称军粮府）和若干塘汛、台站，设兵驻守，备有驿马。凡驻藏官吏和驻防军丁均经此

① 《西藏志・站程》，见《西藏研究》编辑部：《西藏志・卫藏通志》，西藏人民出版社1982年版。
② 康熙《御制泸定桥碑》。
③ 见任乃强：《川康交通考・康熙以来之川康大道》，载《新亚细亚》1932年3卷第4期，又载《任乃强藏学文集》（下册），中国藏学出版社2009年版。

道来往，有关粮秣饷械亦由此道运输。故此道又称为“川藏官道”。入清以后，这条道路成为四川藏区与西藏之间的官道。当时，进出西藏，“皆由四川、青海二路，而青海路亦出河源之西，未入藏前，先经蒙古草地千五百里，又不如打箭炉，内皆腹地，外环土司，故驻藏大臣往返皆以四川为正驿，而互市与贡道亦皆在打箭炉云”①。

北路自康定经道孚、炉霍、甘孜、德格、江达至察木多。然后或经类伍齐（类乌齐）、三十九族（丁青、巴青一带）至拉里，经工布江达至拉萨。或由察木多经洛隆宗、拉里等至拉萨。此路无台站，仅于要隘设汛兵驻守，但沿途多草地，宜于驮队行走，故只有茶商驮队走这条路，因而又名为“川藏商道”。由于这两条大道是川藏间的纽带，更是清廷治理西藏的生命线，故处于这两条大道中心的康区便成为清朝治藏之“依托”，控驭藏地之“锁钥”。康区的任何动荡，都危及川藏道的畅通，影响到西藏和其他藏区的安定。

另外，清代还开辟了由汶川桃关至金川的大道，据清人王昶《蜀徼纪闻》记载，该条路线是由灌县（今都江堰）经映秀湾、兴文坪至桃关，“旧有索桥，过桥西即草坡路”，至草坡瓦寺土司行署。再沿草坡河的上游之龙潭沟，翻天舍山，经格节萨、跟达桥至烧汤，又经二道桥、卧龙关、岩洞、头道桥、山神沟、龙岩、向阳坪、大石包，翻越斑斓山，经松林口至日隆。由日隆经木耳占、达维、日耳，抵沃日。据任乃强先生说：“此道开辟，始于明清之交，而成于金川之役。金川之役，前后数十年，转饷运输，皆以此为正路。乱定之后，建设懋、抚、绥、崇、章谷五屯，设官置戍，招垦开市。官商军民之往来，货品粮食之出入，又皆取道于此。故其兴盛一时，曾不让于相岭大道。至今沿途民房商店，尚属密接，负贩往来亦多。”②

① 《西藏图考》卷2。
② 任乃强：《川康交通考·巴郎山大道（俗称西路）》，载《新亚细亚》1932年第3卷第4期，第137页。

清仁宗嘉庆二十四年（1819），茂州吏刘辅又率人整治茂县东通绵阳的道路，整修胡子岭通安绵的小径，由此使得这条道路的通行条件得到明显改善，“商贾皆出于其途矣”①。

第二节　清代四川藏区的设治

一、清代四川藏区的设置

清代地方行政区划实行省、府（直隶州、直隶厅）、县（散州、散厅）三级制，并沿袭明制，每省仍分设若干道。四川藏区的行政建制，甘孜、阿坝两区不完全同。

（一）甘孜地区

甘孜藏区，清代一般称为“川边”或“川边地区”。清初在川西地区设雅州直隶州，统辖川边众土司。雅州隶成都府管辖。雍正七年（1729）置打箭炉厅，分雅州同知驻炉。雍正十一年（1733）置打箭炉直隶厅，属雅州府。清末赵尔丰“改土归流”时，拟设三道：康安分巡兼兵备道、边北兵备道、炉安盐茶道；三府：康定、巴安、登科；二州：白玉、德化；三厅：理化、三坝、安良；四县：河口、稻成、定乡、石渠；六委员：泸定桥、章谷、甘孜、瞻对、道坞、得荣；县佐一：贡嘎岭县丞（隶稻成县）；因鼎革而未及全置。管领有土司120余员。

打箭炉厅，五代孟蜀时置长河西、鱼通、宁远安抚司，明永乐初合为长河西鱼通宁远宣慰司，隶雅州。康熙初归附，三十九年（1700）因西番侵扰，派兵讨平之，其地设驿丞一员领兵戍守。雍正七年（1729）“裁四川

① （道光本）《茂县志》卷1《舆地志》。

打箭炉驿及驿丞，其驿务就近归并雅州府同知”，属雅州府。同时移雅州府同知驻此，管理口内沈边、冷边、明正司，口外旧附新抚各土司地方。雅州同知的设置标志着中原流官之制进入该地。雅州同知主要负责管理藏、汉人民的贸易和关内外土司的朝贡事宜，建制上为“以流治土”。但事实上该地“土民之事仍由土司管理”，因而形成打箭炉厅、长河西鱼通宁远宣慰使司流官、土司并治之局。雍正十一年（1733）十月正式置打箭炉厅，厅治打箭炉（今康定县）。

（二）阿坝地区

清初，政区建置仍袭明制，为四川等处承宣布政使司辖。顺治十四年（1657），增设总督，康熙七年（1668），改设川湖总督，康熙十九年，又改为川陕甘总督。康熙四十年前后，清军深入西部高原；雍正时，西部高原积极推行“改土归流”政策。

茂州，顺治初属成都府，雍正五年（1727），升为直隶州，隶松茂道。嘉庆六年（1801），划保县入杂谷厅。茂州幅员辽阔，“东西距一百八十里，南北距二百三十里，东至石泉县一百里，西至岳希土司番界八十里，南至汶川县界七十里，北至松潘县界一百六十里，东南至绵竹县界二百六十里。又东南至安县界二百十里，西南至理番界九十里，东北至静州土司番界三十里。又东北至陇木土司番界一百里，西北至长宁土司番界九十里。又西北至棱磨土司番界二百里”①。大致茂州东与龙安府属石泉县（今北川羌族自治县），绵州属安县、绵竹县（今绵竹市）相邻；东南至州属汶川县与成都府属什邡县（今什邡市）、彭县（今彭州市）、灌县（今都江堰市）、崇庆州（今崇州市）接壤；南与邛州属大邑县，天全州属芦山县临界；西临懋

① （清）杨迦怿等修，刘辅廷纂：《道光茂州志》卷1《舆地志第一》，《中国地方志集成·四川府县志辑》，第66册，巴蜀书社1992年版，第325页。

功厅与理番厅；北面与松潘厅相邻。

松潘厅，清初仍为松潘卫，属龙安府；雍正九年（1731 年）裁卫，改松潘厅辖今若尔盖、九寨沟、红原、阿坝大部分地区，隶属成绵龙茂道（厅治今松潘县进安镇）。

理番厅，清初仍为杂谷安抚司，乾隆十七年（1752）改杂谷厅，驻理番同知，乾隆二十五年升直隶厅，嘉庆八年（1803）改为理番直隶厅。

懋功厅，顺治七年（1650）小金川“内附”，康熙六年（1667）大金川“内附”，雍正元年（1723）授安抚司；乾隆四十一年（1776）于大金川地置阿尔古直隶厅，小金川地置美诺直隶厅；四十四年省阿尔古厅入美诺厅；乾隆四十八年改为懋功屯务厅，理土屯事务。

二、清代四川藏区的土司制度

（一）清代四川藏区的土司

清代在四川藏区继续推行土司制度，并对各地方势力着意招抚。顺治五年（1648），清廷决定招抚各土司。顺治九年（1652），大渡河流域土司率先归诚。由于整个甘孜地区仍然在和硕特固始汗统治之下，清廷力量尚未达到，因此没有急于对归诚的土司给以另封。直到康熙五年（1666），明正宣慰司归诚，清廷才颁给“四川长河西鱼通宁远军民宣慰使司印”。到清嘉庆时止，清廷在今甘孜州境内共授大小土司 122 员，授大小土职共 127 员，升宣慰司 4 员，宣抚司 3 员，副宣抚司 2 员，额外副宣抚司 2 员，安抚司 13 员，副安抚司 1 员，长官司 15 员，土千总 1 员，土千户 5 员，土百户 80 员。另在明正土司属内，领有土千户 2 员，管辖丹巴、九龙的一些土百户。

1．宣慰司

清代四川藏区所属土司中，宣慰司有：穆坪董卜韩胡宣慰司（简称木坪土司）、长河西鱼通宁远宣慰司（简称明正土司）、瓦寺宣慰司、梭磨宣慰司、巴底宣慰司、巴旺宣慰司、德尔格忒宣慰司（简称德格土司）。其中梭磨、巴底、巴旺、德格四土司均系雍正三年以后才陆续由长官司、安抚司等升为宣慰司。

穆坪董卜韩胡宣慰使司（清代乾隆以后，文书中称“木坪宣慰司”），驻地在今宝兴县。其辖境北至小金县的别思满，西至康定之鱼通。曾因姻亲关系在较长时间内兼任明正土司。

长河西鱼通宁远宣慰司，俗称明正土司，是甘孜州内四大土司之一。驻今康定县城，辖康定、九龙两县及道孚、丹巴、雅江、泸定四县部分地区。

巴底宣慰司，又名布拉克底宣慰司，驻牧丹巴巴底，乾隆三十八年（1773）改授宣慰司职。

巴旺宣慰司，乾隆三十九年（1774）授封宣慰司职，驻牧丹巴巴旺。

德格宣慰司，全名“德尔格忒宣慰司”，是甘孜州内四大土司之一。雍正七年（1729）授职宣抚司，驻牧今德格县城。雍正十一年（1733）改授宣慰司。

梭磨宣慰司，雍正元年（1723），从征廓尔喀有功，颁给副长官司印信号纸。乾隆十五年（1750）授安抚司，乾隆三十六年（1771）升宣慰司，驻牧今马尔康县梭磨乡，辖今红原、阿坝、黑水、马尔康以及青海省果洛州部分地区。

杂谷宣慰司，乾隆十四年（1749）授宣慰司。驻牧今理县杂谷脑镇。

瓦寺宣慰司，顺治九年（1652）归诚，仍授安抚司职。顺治十五年（1658），瓦寺土司十五世曲翊伸在清兵伐蜀的成都战役中，率部归附授封，得耿达、卧龙、三江之地，设草坡、耿达、卧龙、三江四山总管。雍正十二年（1734）升宣慰司。治地今汶川县绵虒乡。

2. 宣抚司

理塘宣抚司，雍正七年（1729）授封，是甘孜州内四大土司之一，驻牧今理塘县城，管理理塘、乡城、稻城三县及雅江、新龙部分地区。

巴塘宣抚司，是甘孜州内四大土司之一，雍正七年（1729）清廷授职，有正副二职。驻牧今巴塘县城，管辖巴塘、得荣两县和理塘、芒康部分地区。

绰斯甲布宣抚司，康熙四十一年（1702）授安抚司职，乾隆四十一年（1776）升授宣抚司，驻牧今金川县，辖今壤塘县部分地区。

3．安抚司

霍尔孔萨安抚司，雍正六年（1728）归诚授职，驻牧今甘孜县城。辖今甘孜县城南、色西底、呷拉、阿则、南多和道孚县的孔色等乡。

霍尔麻书安抚司，雍正六年（1728）归诚授职。驻牧今甘孜县城，辖今甘孜县城南、绒岔、拖坝、斯俄、庭卡、下雄、茶扎及道孚县的麻孜等乡。

霍尔朱倭（竹窝）安抚司，雍正六年（1728）归诚授职，驻牧今炉霍朱倭乡。辖今炉霍县朱倭、充古、卡娘更知及甘孜县贡隆、来马等乡。

霍尔章谷安抚司，雍正六年（1728）归诚授职，驻牧今炉霍县城，辖今炉霍老街、泥巴、雅德、仁达、斯木、宜木等乡以及洛秋乡和甘孜卡攻乡一部分。

革什扎安抚司，康熙二十九年（1700）归诚，次年授职，驻牧今丹巴县东乡，辖今丹巴县边耳、丹东、革什扎乡以及道孚县格西、沙冲等乡部分地区。

霍尔咱安抚司，雍正六年（1728）授职，辖今甘孜县札科一带。

林葱安抚司，雍正六年（1728）授职，驻牧今德格县俄兹。辖今德格县温拖、年古、浪多、阿须、打滚、亚丁、所巴、俄兹，石渠县麻呷、真达、正科、洛须、奔达以及西藏江达县郎吉等乡。

下瞻对安抚司，雍正六年（1728）授职，驻牧今新龙下瞻对。

喇滚安抚司，康熙三十九年（1700）归诚，次年授职。

瓦述余科安抚司，雍正六年（1728）归诚授职，驻牧今道孚玉科，辖今道孚县玉科乡一带。

鱼通安抚司，康熙三十九年（1700）归诚，次年授职，治地今康定鱼通麦崩乡，辖今康定鱼通区及金汤区地区。

沃日安抚司，顺治十五年（1658）授沃日贯顶净慈妙智国师，乾隆二十年（1755）改授安抚司，驻牧今小金县沃日乡。

4. 长官司

沈边长官司、冷边长官司、纳林冲长官司、瓦述色他长官司、瓦述更平长官司、霍尔白利长官司、霍尔东科长官司、蒙噶结长官司、上瞻对茹长官司、中瞻对菇色长官司、瓦述毛丫长官司、瓦述曲登长官司、瓦述崇喜长官司、瓦述国陇长官司。

除这些长官司外，还在今阿坝地区设有：

卓克基长官司，乾隆十五年（1750）授职，驻牧今马尔康县卓克基乡。

松岗长官司，康熙二十三年（1684）授职，驻牧今马尔康县松岗乡。

党坝长官司，乾隆十三年（1748）授职，驻牧今马尔康县党坝乡。

同时，在牧区还设立了一批土千户、土百户。康熙四十二年（1703），松潘的热务、牟尼、峨弥、七布、下坭巴、祈命、大姓、羊岗、商巴、寒盼、上包座、下包座等部落头人纷纷向清投诚，分别被授为土千户、土百户、土目。康熙六十年（1721），授上、中、下三阿树土百户职，授中阿树土千户职。清廷拓地至阿坝草原。雍正元年（1723），授班佑，上中下三阿坝为土千户；巴西、阿西、上下卓尔革、阿革、物藏、热当、磨下、甲洼、郎隋、铁布（七部落）等为土百户。雍正二年（1724），委南坪地区隆康、黑角浪两部落头人为寨首。松潘黄胜关外草地五十二部落头人，亦先后归诚授职。雍正四年（1726），授毛革（毛儿盖）、麦匝为土千户。

（二）木里

另外，清朝时期，在今木里藏族自治县境，置有木里安抚司，受宁远府的盐源县及建昌镇的会盐营管辖。

三、清代四川藏区的土司政治

四川藏区的土司作为朝廷命官，除听命于朝廷，为朝廷“守土安民”，还要受地方主管流官的管理约束，有“听征调”之责，常须率本部土兵参加政府的军事行动。故清代的土司承袭隶兵部，直接受当地绿营驻防营汛的统辖和州县官员的管理。如木坪土司既隶于天全州，又属于黎雅营。明正土司既属于阜和协，又受打箭炉厅同知的管理。

但土司在很大程度上享有在自己领地内的行政权力，俨然是一个小地方的“国王”。在土司的统治下，以政教联盟、政教合一等多种形式，对辖区内人民进行管理。

宗教虽然有巨大的影响力，但在政务上却很少有直接管理的权力。土司一般依靠宗教首领的支持而安抚民心，宗教则依靠土司的扶持而发展兴盛，二者以一种政教联盟的形式而达到相辅相成。只有个别的土司是身兼政教二权（如木里土司和德格土司在仅一子承袭的时候），相反倒有众多的寺庙成为附属于土司的“家庙”。

牧区土司统治机构建立在原部落组织基础上，较为简单，多由所辖地区的部落大头人，轮流值班管理日常事务。重大问题则须召集各部落全体头人或全体牧民大会解决。官帐内也有一二名管家，经理财务、司书、侍卫等。土司属下各部落由大小头人分级管理。

（一）“最大的内土司”木坪宣慰司（穆坪董卜韩胡宣慰使司）

驻穆坪（今宝兴县）。明初酋长苍旺业卜率董卜韩胡四姓归诚，授宣慰使司，故名穆坪董卜韩胡宣慰使司。明代时势力最盛，浸及今绵阳地区，为川西盆周地方最大的“内土司”。清顺治十八年（1661），穆坪土司坚参喃哈向率清军入川的平西王吴三桂投诚，呈缴前明所颁印。顺治十九年

(1662)，清廷颁给穆坪宣慰司印。坚参喃哈传子乌儿结。乌儿结为其弟坚恭朗结所弑，董卜六姓头人起兵诛朗结，拥立乌儿结长子，但其子不久又死。遂召回在藏为僧的庶子雍中七力承袭。

康熙三十九年（1700），“西炉之役”中，穆坪等土司随军效力。雍中七力“率土兵一千，自裹食粮，从大冈一路进攻。首入西炉，又招抚口外喇滚、咱哩等五十余土部归诚，以功加署都督佥事。仍官宣慰使司”。[①] 当时，清廷以故明正土司之妇工喀承袭明正土司。工喀以寡妇孤女当政，势力单薄，欲结外援，遂以女桑结嫁雍中七力，与穆坪联姻。

康熙五十年（1711），雍中七力随征宁番卫三渡水（今冕宁县境）阵亡。其子坚参达结尚幼，按土司承袭例，“子孙幼者，或其族，或其母能抚孤治事，由督抚委任，至其子及十五岁时，再令承袭”[②]。桑结因而被任命代理穆坪土司。康熙五十六年工喀死，无子承袭，清政府又命桑结“署木坪土司，兼管明正事务”[③]，自此穆坪与明正二土司由一人兼任。

雍正三年（1725），打箭炉地震，桑结被压死，清廷命其子“坚参达结承袭母职为木坪土司，兼管明正印务”[④]，仍兼两土司。坚参达结娶小金川土司汤鹏之女喇章为妻，又娶木坪大头人目目之女王氏幺幺为妾。喇章无子。王幺幺生有二子，长子坚参囊康，次子坚参德昌。雍正十一年（1733），坚参达结病死，“二子幼，不能承袭，乃以喇章权明正印，王幺幺权木坪印。俟长子囊康立，袭木坪；次子德昌立，袭明正。”[⑤] 到了乾隆十年（1745），坚参囊康承袭了穆坪土司，坚参德昌承袭了明正土司之职。其时喇章已死。坚参德昌因年幼，袭职后难以驭众，王幺幺以母子关系来回于康定、宝兴之间，协助二子管理事务，实际上身兼两土司职务。直到乾

---

① 《雅州府志·木坪土司》。
② 《大清会典》。
③ 《雅州府志·木坪土司》。
④ 《雅州府志·木坪土司》。
⑤ 《雅州府志·木坪土司》。

隆三十八年（1773）王氏死后，明正、穆坪两土司才真正各自分立。

雍正七年（1729），天全六番土司被改流，置天全州。穆坪土司虽隶属于天全州，但因兼明正土司之故，而未被改流，仍然保持土司制。乾隆金川之役时，穆坪为进军的五大干道之一，军务倥偬，为简化军书之文，将“穆坪”改作“木坪”。金川之役随军商贾云集，木坪日渐繁盛，开始建立街市。其后，汉族人移居者渐多，当地土著逐渐汉化。至民国时，全境只尧碛乡仍为藏族聚居地，保持藏俗。

清代乾隆金川之役后，随着汉族移民的增多，四川藏区受汉文化影响，不少藏族土司在自己藏名之外多取有汉名。木坪土司和明正土司都取有汉姓名字，木坪土司以“坚”为姓，明正土司以“甲”为姓，如木坪土司坚参囊康，汉名坚永宁；明正土司甲木参琼珀，汉名甲宜斋等。其实他们都是取其藏名“甲木参”（汉文又译为“坚参”、“坚赞”）[1] 译音的第一个字为姓。“甲”和“坚”实际上是同一译音的别写（如坚参囊康，清代官方文书中又写作甲勒参纳木喀[2]）。只不过明正与木坪二土司为了区别，选择了不同译音的甲和坚二字为姓。

关于木坪、明正之姓氏，清末、民国时期，还盛行一个传说，说是：雍正时，果亲王奉旨到泰宁送七世达赖返藏，到康定后，悦王幺幺美与其相爱，生下二子，于是拆“果”字为甲、木二字，作为两兄弟之姓。后来两兄弟分别承袭明正、木坪，即以甲、木为姓。其实，果亲王来康是在雍正十二年，那时王幺幺早已育有二子。而且木坪那时叫穆坪，可见“拆果为甲木二姓”之说纯为附会。

① “甲木参”是藏语“佛法胜利之经幢”的意思。
② 见任乃强《天芦宝札记》所载乾隆四十七年“王幺幺贞节牌坊文”。

（二）“康区土司之领袖”——明正土司

1. 清代明正土司

明正土司是清代康区四大土司之一①，其地位之高，历史之长，领地之广，都为康区众土司之冠，被称为“土司之领袖”②。明正土司的全称是“四川长河西鱼通宁远宣慰使司”，极盛时，明正土司曾管领口外土司、土千百户 120 员及炉城锅庄头人 13 家，其领地包括今甘孜州康定县，以及泸定县北部、丹巴县南部、雅江县和道孚县东部一带地方，一度远及阿坝州的金川、小金、壤塘及凉山州木里境内的部分地区③。

明正土司驻于打箭炉（今康定），故又称为“打箭炉土司”。因打箭炉为川藏门户、茶马互市重镇，有清一代，明正土司一直为清廷所倚重。康熙三十九年（1700），和硕特蒙古驻打箭炉营官与明正土司争权，杀死明正土司蛇蜡喳吧。清廷借以进兵打箭炉，诛营官昌侧集烈，并乘胜招抚口外瞻对等 50 余部，12000 余户，把和硕特势力驱逐到雅砻江以西。清军平定西炉后，以故土司之妻工喀袭明正土司之职。

乾隆四十八年（1783）明正土司坚参德昌因随征金川功，被授予“佳穆伯屯巴”勇号，二品顶戴花翎。其子甲木参诺尔布因随征廓尔喀有功，被赏顶戴花翎，并绘像紫光阁。嘉庆十四年（1809），明正土司甲木参沙加“领班进京恭祝万寿，赏戴花翎”，清廷并追赠其父及祖父、曾祖父三代为“武显将军”④。沙加传子甲木参龄锡，同治三年（1864）川藏会攻瞻对工布郎吉时，曾率军随征。甲木参龄锡传甲木参琼望，琼望病故后，乏嗣，光绪二十八年（1902），清廷令其胞弟甲木参琼珀（甲宜斋）承袭。光绪三十

---

① 指明正、理塘、巴塘和德格四家土司。
② 鹿传霖《筹瞻疏》。
③ 邓廷良：《明正土司考察记》，载李绍明、童恩正主编：《六江流域民族综合科学考察报告之二：雅砻江上游考察报告》，中国西南民族研究学会，1985 年 7 月，第 29 页。
④ 《四川通志·选举荫封》。

一年，泰宁发生喇嘛反抗开办金矿之乱，四川提督马维骐率兵剿办。明正土司“派队前驱，深资得力，且情殷报效，糗粮固皆自备，事竣亦未请领赏需”①。川督锡良奏请赏给甲木参琼珀以总兵衔。

宣统三年（1911）夏，赵尔丰自巴塘赴川督任，过康定时，会同代理边务大臣傅嵩炑“令甲木参琼珀缴印，改土归流”②。赵赴成都后，明正土司听信喇嘛曲批打卦所言，与通事（翻译）札绍先勾结，窜至道孚，唆使鱼科土司叛乱，抗拒改流。傅嵩炑派兵攻克鱼科，将曲批、札绍先正法。按律明正土司应问重罪。赵尔丰以该土司以前“尚堪恭顺”，今“被诱入歧途，其情尚有可原，免去一死”③，谕令缴印，遵从改流。明正土司自此废除。

改流后，土司虽废，威势尚残存。民国初，曾令甲宜斋做过一年理塘县知事④。民国六年（1917）藏军东侵，川边镇守使陈遐龄与藏方议和，因明正土司在藏中颇有影响，陈派明正土司甲宜斋与韩光钧为代表与藏方谈判。此后不久，陈遐龄疑甲宜斋有叛意，将其捕入狱，土司家人图谋助其越狱，不料在跳墙时手枪走火，甲宜斋在惊悸之下服毒身亡。

2. 明正土司政治制度

明正土司统治康东地区时，官僚机构十分庞大齐备，设有衙门、家庙（金刚寺）、牢房等。还有四大家臣，以及管马的阿宗、带兵的巴本等文臣武将。明正土司下设两套管理系统对当地进行管理。

第一套管理系统是由属下的土司、千户、百户、俄巴（头人）、寨首组成。明正土司下属基层由土百户、千户驻牧的“本卡”构成。“西炉之役”后，清廷将口外新附土司 50 余部划归明正土司管领，所领有咱哩土千户，

---

① 《锡良遗稿·奏稿》卷 5，第 490 页。
② 傅嵩炑：《西康建省记·明正改流记》。
③ 刘赞廷《西康建省纪要》卷 8：“赵尔丰奏请将明正土司全境收回设治折”。据贺觉非《理塘县志》。
④ 贺觉非：《理塘县志》。

及沙卡、本噶、瓦七、恶落、白桑、恶热、上八义、下八义、少惧石、作苏策、拉哩土等49个土百户。有的百户之下有大头人、头人、寨首等三级，有的百户之下则仅有相当于寨首的“局卡”，每一局卡辖10户[①]。各千百户的土地人口不等，归隶于明正土司后，名义上土地与部民都属明正土司管辖。除要承担朝廷规定贡赋外，还要为明正土司当差服役。

明正土司的另一套管理系统是“阿家克巴”，即直属的锅庄头人系统，也是土司的直隶经济机构。明正土司原驻在木雅色巫绒（今康定县沙德区六巴乡）。明末，打箭炉作为川边茶马互市重镇的地位崛起，明正土司为就近管理和参与商贸事务，将衙门由木雅移到炉城。派其心腹管家、家臣，建立专门的房舍，除负责监管所属部民的茶马贸易外，还直接参与经营活动，为土司聚敛财富。因他们是土司家的人，是代表土司经商的，故人们称其为“古曹”（藏语意为“贵族”“代表”）。又因外来商旅常住宿或寄货于此，讹“古曹”为“锅庄”，以表示此处是可供食宿的庄房。其后，随着汉藏互补贸易日益兴盛和土司衰落，“锅庄”也约定俗成地成为汉藏通行的一个专用名词，专指那些集旅舍、货栈和交易中介功能为一体的商贸组织场所。

此外，明正土司迁驻打箭炉后，其所辖的关外48家土百户及头人，都各在打箭炉土司衙门附近建立庄房（办事处），便于听差侍供。这些各地头人派来侍奉差役的，藏语也称为“古曹”。后来，随着茶马互市的发展和“改土归流”，这些“办事处”也逐渐转变成关外各部与汉商交易的所在，也称为“锅庄”。所谓的“打箭炉48锅庄”，即由此而来。

最初，打箭炉地方，明正土司直辖有13家锅庄。诸锅庄中，以明正土司的五大亲信为最大，锅庄主即土司最亲信的家臣。如康定最大的瓦斯碉锅庄，其锅庄主包氏，是土司的相臣，可代行土司职权。

---

① 《明正土司考察记》，第40页。

清末“改土归流”后，明正土司被废，锅庄与土司之间的政治、经济关系逐渐消失，原来的锅庄改变了性质，成为民营纯商业组织，有的功能变成为单一的旅店。故民国时期康定的锅庄，最多时有70多家。常有兴废。至解放前夕仍有40余家。

（三）雄霸康北的德格土司

1.“天德格、地德格”

德格土司是四川藏区历史最为悠久的土司之一，全称“德尔格忒宣慰使司”，藏族称之为“德格甲波”，意即“德格王”。德格土司极盛时，统治辖区包括今四川省甘孜州德格、白玉、邓柯、石渠，西藏昌都地区江达5县，以及西藏昌都地区的贡觉，青海玉树的称多、达日、玛多等县部分地区，号称“天德格、地德格”，意为德格土司之大如同天地，以形容其统治区域的广阔。

据《德格世德颂》记载，该家族之祖为松赞干布的大相噶尔东赞。1259年，八思巴受元世祖忽必烈之邀前往京城时，途经德格，受到德格家族第二十九代索郎仁青的朝拜和热情款待。八思巴请索郎仁青担任其掌管膳食的堪布色班，一同赴京城朝觐忽必烈。在北京，八思巴被尊为“帝师”，索郎仁青也被册封为“多麦东本”，颁赐了印信和虎头三宝。八思巴称索郎仁青具有“四德”（具有为“法、财、欲、果”圆满的四个条件）和“十格”（指善土、善石、善水、善木、善草各占二善的品德），索郎仁青即以“德格”作为自己家族的族名。

德格家族在元代时，势力还不大，只被元朝册封为“奔不儿亦思刚百户”。明末，青海和硕特蒙古部落首领固始汗率兵入康，攻打甘孜北部地区的白利土司顿悦多吉，因为其崇信本教，迫害藏传佛教格鲁派，其时，德格土司拉青·向巴彭措，主动派人与固始汗取得联系，表示愿意与固始汗结为联盟，攻打邻近的白利土司。因借助固始汗外力，德格土司在攻打白利土司的过程中，势力大增，康区中部的部族，也纷纷来附德格土司，德格土司将疆域扩展到白玉、石渠和今西藏江达等地，成为康北最大、势力最强的土司。

2. 德格土司的政治制度

德格土司实行家族式政教合一制度，从土司向巴彭措开始，土司如有两个儿子，其中一人必定在家继任土司的职位，而另一子则出家为僧，担任其家庙更庆寺的寺主，称“法王”；若只有一个儿子，则由他一人担任土司和“法王”。从第一世法王向巴彭措起，至法王泽旺邓登（第二十二代土司）止，德格法王世系共传14世，其中大多数为土司兼法王。在宗教教派关系上，德格土司奉行“兼容并蓄”的态度，采取扶持竹庆、噶拖、白玉、八邦、丁青寺（本教）等其他教派寺院的方式，抗衡西藏黄教势力对德格的压力。

为了有效地管理辖区内群众，德格土司还设立了定期召开的、由区域内主要头人和寺庙主要活佛参与的贵族会议——“登郭会议”，商讨辖区内的重大问题和解决办法。另外，还设置了完备的“湟空”机构，下设分掌军、政、财、刑的四大“湟巴”（“佐相”），对辖区进行管理。另外，还设有各种杂职官职，管理具体的粮草、骡马、征税、草山、牲畜等职。土司以下，则有大小头人进行管理。

德格土司没有固定的军队，需要战斗的时候，通常是需要调集辖区内的民众投入战斗，军官则由头人担任。为了增强其调兵遣将能力，德格土司还设计了特殊的调兵方法，他会根据军情的紧急程度，在发出的调兵公文上贴上不同东西，以此来调集民众。如事情紧急，则在文书上粘上羽毛，如非常紧急，则在羽毛上涂上木炭，而辖区内的群众会根据军情的紧急程度，兼程前往听候调遣。因此，德格土司可以迅速调集辖区内的兵马投入战斗。

（四）“恪恭尽职”的瓦寺土司

汶川县瓦寺土司，始封于明英宗正统时，兴盛于清代，民国时衰落，中华人民共和国成立后彻底废除，前后延续500余年。瓦寺土司在历史上很著名，从明代至清代，瓦寺土司一直被朝廷视为最“恪恭尽职”的土司，守土卫国累受褒奖，被中央王朝封为阿坝地区地位最高的土司。

瓦寺土司清代的全称是“加渴瓦寺宣慰使司”。瓦寺土司在汶川最初所领之地仅绵虒涂禹山一带6寨，到万历年间（1573—1620）朝廷将草坡11寨划给其管辖，使瓦寺土司的势力达岷江西岸汶川的大片地方。明末清初清军与残明武装和张献忠余部在四川腹地进行了10多年的战争。偏处川西北的瓦寺土司，是最早向清朝表示归顺的土司，当时的第十五世瓦寺土司曲翊伸，以敏锐的政治嗅觉，于顺治十一年（1654）向清军投诚，为清军防守灌口（都江堰），并积极协助清军进取成都，因而深受清廷赏识。顺治十五年（1658）被封为“加渴瓦寺安抚使司”，将卧龙、三江、耿达等地划给管理。康熙十一年（1672）吴三桂叛清，进兵攻取成都，瓦寺土司曲翊伸与其他土司一起奉调赴成都防堵吴军。各土司武装见吴军势大，纷纷叛投吴三桂，而瓦寺土司却率孤军突围，退保茶关，严守隘口。乱定后，曲翊伸因“忠不从逆，守卫有方”被四川当局嘉奖，并奏请朝廷“敕下翰林院采入忠臣簿，以昭臣节，而励忠贞”①。康熙三十九年（1700），驻打箭炉的和硕特蒙古营官昌侧集烈杀明正土司，进犯大渡河东。清廷令四川提督调瓦寺等土兵协同官兵进剿，在这次历史上著名的“西炉之役”中，瓦寺土司出兵最多，建功颇大。康熙皇帝嘉奖道：“瓦寺土司此次征炉，奉派得人，屡奏奇功，朕心欣慰。”② 康熙五十八年（1719），清廷以皇十四子允禵

---

① 《明正土司考察记》，第34—37页。
② 《锡良遗稿·奏稿》第1册《汇保攻克巴塘泰凝出力员弁折》。

为抚远大将军，率大军分从川、青、滇三路进藏，驱逐盘踞西藏4年的准噶尔部。四川一路以噶尔弼为帅，松潘镇岳钟琪为前锋进剿，瓦寺土司桑郎温凯奉令率本部土兵随岳同征，沿途“招抚番众，甚为得力”。次年清廷以随征西藏有功，加封瓦寺土司为宣慰使司。雍正二年（1724），青海和硕特蒙古的罗布藏丹津叛乱，影响到青海、甘肃等藏区，年羹尧督军平叛，瓦寺土司派土舍阿宝等率土兵为前锋，转战卓子山、棋子山，因功被赐予“恪勤尽职”匾。乾隆时期，在两次金川战役及杂谷土司苍旺叛乱事件中，瓦寺土司又成为清政府十分倚重的一支力量，在这场旷日持久的战役中贡献突出，深受朝廷嘉许。乾隆四十五年瓦寺土司桑郎荣宗赴京朝贡时，乾隆破格赏给二品顶戴，并赐姓索诺木。

乾隆五十六年（1791）廓尔喀（今尼泊尔）侵略西藏，占据后藏聂拉木、定日、济咙等地。乾隆命福康安、超勇侯海兰察和四川总督鄂辉统军入藏反击侵略者。经激战，大败廓军，清军乘胜前进直逼其都城廷布，廓尔喀惧而请降。福康安受降后，勒石纪功。在这次被乾隆列入“十大武力”的保卫祖国战斗中，瓦寺土司亦被征调派兵参战①，瓦寺土舍都司王保率汶川三江乡土兵数百人自始至终参加了这一战役。这次恶战，有不少瓦寺土兵英勇牺牲。今三江乡有“毛辫坟”，即是土兵牺牲后，将辫子割回安葬之坟。据说王保因功被朝廷赏给三品顶戴，拟任命为松潘镇参将。王不愿离乡，固辞，仍回瓦寺任土都司。清代四川藏区的军事行动几乎无一不有瓦寺土司参加。瓦寺土兵因久经战阵，尤善登山越城，战斗力甚强，被人称为“瓦寺蜈蚣军”。

瓦寺土司因功累次被朝廷奖赏，辖境不断扩大。到清代中期极盛时，已奄有今汶川县大部地区和茂县、理县、都江堰的一部分地区，成为阿坝州境最大的土司。清代后期，调整土司领地，瓦寺土司领地只岷江西岸的

---

① 傅嵩炑：《西康建省记》，民国元年成都公记印刷公司印本。

28寨，约占汶川县三分之二地面。民国时期，随着四川省在阿坝地区的行政管理能力加强，土司权力被大为削弱，所原领28寨地方，被分别设置绵虒、三江、卧龙、耿达、草坡5乡，行政隶于汶川县政府。土司仅存名义而已。虽无权力，但在民众中仍颇有威信。

（五）政教合一的木里土司

“政教合一”是木里土司封建统治的基本特点，木里政教合一统治制度的正式形成，是从第二世活佛兼第一代大喇嘛降央绒布开始的。清康熙五年（1666），降央绒布自当上活佛兼大喇嘛之后，采取软硬兼施的手段，不但收复了木天王占据的地方，而且还扩大了不少地盘，比如他派兵协助后所土司，平息了境内的骚乱，杀死了企图抢占后所土司地盘并夺取土司职位的仇敌朗基塔。为了感谢大喇嘛降央绒布，后所土司就把博科、西秋、列瓦、博凹一带的地盘，连同居住在这些地方的百姓一起送给降央绒布。后来降央绒布又先后占据了麦地龙、博窝、卡拉一带地盘。木里历代大喇嘛，就是采取对内加强统治，对外逐步扩张的办法，逐渐形成了后来木里土司的统治范围①。

在木里，由八尔家贵族世袭土司职位，在土司衙门的大小官员中，只有把总、师爷二职不是僧人，其余全是由喇嘛担任。土司必须由大喇嘛担任，是衙门的最高行政长官，总揽一切军政大权。由于木里土司必须出家，故当代老百姓通常称木里土司为“大僧人”，由于土司不能娶妻，所以土司的传承采取兄弟、叔侄或舅甥传承的方式。

土司衙门无固定所在地，而是在木里的木里寺、康坞寺、瓦尔寨寺三个大寺中分设三个衙门，土司衙门的主要官员，每年轮住这三大衙门，行使其统治权。在土司管理下，自上而下设置各级大小官员，使其层层控制，

---

① 《木里藏族自治县概况》编写组：《木里藏族自治县概况》，民族出版社2009年版，第86页。

相互制约，以利于加强对区域的统治。土司下有门公，是衙门中仅次于土司的第二号人物，掌握军政实权，承土司之命办理一切内外事务。另设大苏班掌管土司衙门财务收支，有权调遣大仲译以下官员，同时兼管大喇嘛的私人财产。还有土司衙门的藏文秘书大仲译，同时兼管寺庙的宗教事务。木里土司下还有专门的汉文秘书，由土司聘请外地汉族（包括藏族以外的其他民族）汉文化知识水平较高的人员担任。另外还有小苏班、小仲译、参谋、连朗天巴、抢哉、久拐、连巴等官职。

除衙门中的官员外，土司为了加强与封建王朝和国民党政府之间，以及邻近土司的联系，还在边界地区设立“把总”一职，负责对外有关事宜，有时充当翻译。按照土司旨意，搜集境内外情报随时向土司报告。把总平时住于家中，衙门有事时派专人传呼①。

土司下还有专门的土司武装，据《木里政教史》载：藏历第十二饶迥之火鸡年（清康熙五十六年，1717），木里第五代大喇嘛洛桑宁扎执政时期，已有兵丁6000。

第三节　清末对川边藏区的经营

一、瞻对问题及收瞻改流

（一）乾隆征剿瞻对

瞻对本名“呷绒”，早在元代就设立了土司。据藏文史籍记载，元初有呷绒僧人喜饶降泽朝拜元世祖忽必烈，因表演了将一根铁矛挽成一个铁疙瘩的功夫而受到忽必烈的赏识，被封为呷绒地方的管理者，是为第一代瞻

① 沙正华、段世治主编，中国人民解放军四川省凉山军分区军事志编纂委员会编纂：《凉山彝族自治州军事志》，四川人民出版社2003年版，第85页。

对土司。“瞻对”，藏语意为“铁疙瘩”[①]。因该土司家族系靠挽铁疙瘩而得官的，故人称其家族为“瞻对家”，其领地呷绒也就被称为“瞻对”。

明代，瞻对土司家族分为二支，分据瞻对上下部。康熙四十一年（1702）下瞻对土司策冷滚布与喇滚土千户沙克嘉布木，“带领所属人口投诚，缴明代印信”。清廷授予他们“五品安抚使之职，换给印信，仍令管理瞻对、喇滚之地”[②]。雍正六年（1728）上瞻对土司索诺木诺布尔向清军投诚，被授予长官司之职。乾隆十年（1745），清军大举进剿叛乱之上瞻对土司班滚时，中瞻对茹色土头和上瞻对撒墩土头向清军投诚效力，被分别授予长官司和土千户之职[③]。这样，瞻对便成为五土司分治之地。在五土司之下分封了一些土百户。清政府之所以如此“众建多封”，是为了分削土司的势力，以免尾大不掉。认为“其势既分，心即离异。日后纵欲鸱张，其中必互相掣肘，或畏惧相诫”[④]。

但是，清朝对瞻对土司的羁縻并未收到所期效果。瞻对土司“恃其险阻，屡为夹坝，扰害地方，并抢劫驻防台站撤回兵丁行李、银两等物”[⑤]，致使川藏大道常受到严重威胁。在此情况下，清廷不得不借助武力威慑的手段。

雍正六年（1728），瞻对夹坝（藏语意为“劫匪”）“啸聚抗官”，雍正八年（1730）又在大道“纠党抢掠”。四川总督黄廷桂“调遣官兵，次第调抚”[⑥]。此一役共“派汉、土兵一万二千人，支给米面、军需等项为数浩繁”[⑦]，但“办理未妥，草率完结”，不久“又故智复萌，劫掠无忌”[⑧]。

---

① 据谢国安先生考证。
② 见《清实录·圣祖实录》卷208。按《四川通志》《雅州府志》等均记为“雍正六年投诚授职”，实误。
③ （嘉庆本）《四川通志·土司》。
④ 《雍正硃批谕旨》卷2。
⑤ 《清实录·高宗实录》卷229。
⑥ 《清实录·世宗实录》卷108。
⑦ 《清实录·高宗实录》卷229。
⑧ 《清实录·高宗实录》卷240。

乾隆九年（1744），西藏江卡汛撤防官兵36人，在把总张凤带领下返川，行至理塘海子塘附近，被瞻对夹坝“抢去驼马、军器、行李、银粮等物”。清廷震怒，命四川巡抚纪山“示之以威而革其心，首犯务获，以警刁顽”[①]。然而，瞻对土司班滚拒“不将首犯擒献、赃物全交”[②]，并又纵放夹坝，抢去额哇奔松塘的文书和理塘渣吗隆一带牧民之帐房、牛羊等。在此情况下，清廷“不得不示以兵威”：“以建昌镇总兵为总统，于川省提标各营及杂谷、瓦寺土司内共派出汉、土官兵一万二千名，遴选干练之员带领进剿。并拨附近瞻对之西宁镇汉、土官兵一千，西藏郡王颇罗鼐所属江卡番兵，德尔格忒土兵各一千，联络声援，巡逻侦探”[③]。以四川巡抚纪山负责大军之军需供应，赶碾雅州各县军米，运至打箭炉供给前方，“令干练道员驻炉总理，并酌设正协粮务分办”；另于理塘、巴塘、章谷、甘孜、德格等处设立粮务官，沿途安设军台，负责输挽转递[④]。一时喧喧嚷嚷，大有“扫穴犁庭”之势。谁知三路大军甫入瞻对境即遇到“山高雪深”“碉坚寨固”“粮运不济”的困难。统兵大员畏难不前，捏饰战报。乾隆怒惩了统兵官员后，又命川陕总督庆复亲往前线督师，增调兵力，务求“歼灭根诛，为一劳永逸之计”[⑤]。

乾隆征瞻对之役，是在四川境内仅次于金川之役的一次重大军事行动。战事自乾隆十年六月始，至十一年六月止，“调兵二万四千，糜饷几至百万”[⑥]“碾运各属仓谷七万台石”[⑦]，雅、炉等处储谷几乎用尽。但除了招降了一批土头，将班滚的土寨焚毁外，别无所获。率兵进剿的川陕总督庆复、四川提督李质粹、总兵宋宗璋等大员，都因“纵失渠魁”“师劳无功”，被

---

① 《清实录·高宗实录》卷227。
② 《清实录·高宗实录》卷223。
③ 《清实录·高宗实录》卷240。
④ 《清实录·高宗实录》卷229。
⑤ 《清实录·高宗实录》卷254。
⑥ 《清实录·高宗实录》卷293。
⑦ 《清实录·高宗实录》卷267。

论罪处死。被乾隆指名“务必擒献”的叛首班滚，不仅未被“烧毙”，而且继续在当地拥有势力，清廷将他的领地割分给各土头，却无人敢去领受，致使以“十大武功”自诩的乾隆，也不禁哀叹道：“瞻对之役……以为必当为一劳永逸之图。今永逸尚未可必，而一劳已太劳矣！”[①]

（二）工布郎吉之乱与瞻对赏藏

嘉庆十九年（1814），中瞻对土司洛布七力“与霍尔章谷土司挟仇争抢，误将外委邓起龙劫伤。复至章谷地方抢劫滋事”。川督常明派员前往查办，洛布七力“并不认罪，且敢遍处设卡，施放枪炮，显有抗拒情形”[②]。常明骑虎难下，不得不调兵剿办。此役常明调汉、土官兵近万人，历时半年，次第攻克各寨，火焚洛布七力官寨，以“焚毙贼酋”告捷收兵。清廷命“以中瞻对地方分为四段，分赏上下瞻对土司及其出力有功之头人”[③]。其实洛布七力并未被焚毙[④]。几年后，其子工布郎吉崛起，更兼并上下瞻各土司，雄踞瞻对，公然梗阻大道，反抗清朝统治。

道光二十七年（1847），驻藏大臣琦善调任四川总督，行经理塘，工布郎吉“怂土人不与支差，羁留旬日方放行”[⑤]。琦善羞愤难当，到川后即以工布郎吉“出巢滋事，侵占理塘”为由，奏请发兵征剿。清廷认为工布郎吉“恃其凶顽，并欲侵占理塘，为梗塞大道之计，自应及早扑灭，毋令养痈贻患”[⑥]，令琦善亲往督剿。琦善原欲“扬威于塞外”，殊知“耗饷十一万余两”[⑦]，历时四月，仅求得工布郎吉罢兵休战，连瞻对之境都未曾看到。琦善为掩饰失败，奏请赏给工布郎吉以六品长官司虚衔。但工布郎吉却拒

① 《清实录·高宗实录》卷 2。
② 《常朗奏疏》。
③ 《常朗奏疏》。
④ 据藏文史料《瞻对工布郎吉传》记载，洛布七力于寨焚前已逃逸。
⑤ 《清实录·高宗实录》卷 223。
⑥ 《清实录·高宗实录》卷 464。
⑦ 张集馨：《道咸宦海录》。

不接受，将顶戴衣帽全抛入河中①。

很明显，这样供需浩繁、耗费巨大而又收效甚微的征剿，即使在清朝前期强盛之时，虽有能力进行，但已“惜其所得不偿所失”②。迨到乾隆以后，“财政支绌，军备废弛”③，这种征剿愈成为清政府沉重的负担。虽然为维护川藏大道的安全和清政府的声威，有时不得不勉力而为，但这种征剿亦是规模愈来愈小，时间更难持久。所谓的“兵威”，也只能是每况愈下，难以“震慑番众”了。

此外，对于瞻对这样边远之地，即使武力征剿取得胜利，“办理善后，亦属不易”。④因为交通不便，供应困难，不可能驻兵戍守；事平之后，除首恶治罪外，对“其余番众固无尽行歼灭，即其地方亦无设立郡县之理，只可仿照苗疆之例，选择头目管束，以番治番而已”⑤。故每次征剿之后，“仍以属之土目。纵令震慑余威，目前俯首恭顺，而蓄养气势，……迨至兵力稍足，又复环视而起”⑥。因此“屡剿屡叛，旋灭旋起”，略难安定。瞻对卒成为清王朝“三千里地方，一百余年边患”⑦。

同治元年（1862），瞻对土头工布郎吉“纠合德格土司，扰及霍尔章谷等土司地方”，并“围困理塘、明正土司官寨，大路桥梁俱被拆毁，拆阅文报，捆绑通事”，致使“驿路梗塞，川藏商贾不通”⑧。新任驻藏大臣景纹和赴藏查办大臣福济被阻，不能进藏。其时四川正忙于堵剿石达开所率太平军，和对付蓝大顺起义，无力顾及瞻对。故川督骆秉章仅奏请“派员开导，使之敛兵归巢”⑨。但西藏因“蜀藏茶道梗阻”，“需茶孔急”以及工布郎吉

① 玉勒楚臣：《瞻对工布郎吉传》。
② 《清实录·高宗实录》卷267。
③ 翦伯赞：《中国史纲要》第4册。
④ 《清实录·高宗实录》卷263。
⑤ 《清实录·高宗实录》老257。
⑥ 《清实录·高宗实录》卷293。
⑦ 《清实录·穆宗实录》卷163。
⑧ 《清实录·穆宗实录》卷53。
⑨ 《清实录·穆宗实录》卷66。

扬言要进攻西藏故，“屡乞藏使奏请发兵征瞻”①。清廷尚犹豫间，西藏已调兵 13000 人，分由巴塘、德格两路攻瞻。这时，清廷方命四川派员率兵会剿；并节制藏兵。川督命道员史致康率少数兵丁前往，史至打箭炉后即“逡巡不前”，西藏“驰兵先至，攻克瞻巢，据有其地”②。工布郎吉被烧死，其亲属或被杀，或被俘至西藏。事平，清廷应骆秉章之请，将“瞻对上中下三处地方，即着赏给达赖喇嘛，派堪布管理，建庙焚修”③。从此，瞻对便成为西藏地方政府在四川境内管有的一块“飞地”。

关于瞻对赏藏的原因，历来论者皆袭鹿传霖之说，即“西藏藉词乞赏（兵费）十六万金，始允归地内属。维时蜀正匪扰饷匮，遂仓卒徇史某请，奏以瞻地赏藏”④。此说仅强调“蜀中支绌”，无力赔偿藏中兵费这一经济原因，而忽视了清廷将瞻对赏藏的政治原因。其实，瞻对赏藏的真正原因乃是清政府另一种“理藩”手段——宗教羁縻的运用。其目的是企图以达赖喇嘛之宗教影响来“化导”这一屡剿未弭的“边患”。

藏族地区普遍信仰喇嘛教，作为喇嘛教领袖之一的达赖喇嘛，在藏族地区有很大的作用，清廷利用达赖的影响已经对蒙藏地区有着很大的影响力，因而希望它在瞻对地方发挥效用。关于这种“宗教化导”的妙用，魏源曾做过精辟的阐释：“盖边方好杀，而佛戒杀；且神异能降服其心。此非尧舜周公之教所能驯也。”⑤

（三）鹿传霖收瞻

瞻对归藏后，藏官征收全瞻赋税交达赖。这些赋税在彭饶巴统治时即已初定，当时税额“尚属公允。后来者不肖，日甚一日，横征暴敛”，“加

① 鹿传霖：《筹瞻疏》。
② 鹿传霖：《筹瞻疏》。
③ 《清实录·穆宗实录》卷 163。
④ 鹿传霖：《筹瞻疏》。
⑤ 魏源：《圣武记》。

至数倍"[①]。驻瞻藏官因要贿赂上司，故"敲骨吸髓，尚嫌不足"，于是，"发之不足，苛取于民。又不足，则不顾法纪，出巢而侵扰及各土司"[②]。早在彭饶巴时，就勒派曲登土司"每年纳丁银五千两"[③]。

光绪年间，驻瞻藏官索康色更强迫"西北两路之孔撒、朱窝、鱼科、德格及理塘之阿坝三村，（巴塘之）竹巴笼五村……纳赋当差"[④]。"朱窝每月为瞻对守碉，纳卢比九十元；麻书、孔撒、白利每月各为瞻对守碉，各纳卢比七、八十元不等；东谷每年为瞻对守碉，纳纹银六秤"[⑤]。除此之外，驻瞻藏官还对各土司地方"估支乌拉，磕索茶豆"，"纵放夹坝，肆行抢劫，又袒庇为之护符"[⑥]。面对驻瞻藏官的所作所为，"台员、土司等虑开边衅，不敢过问。即或禀报，咨藏行查，不但累月经年，毫无端绪，并敢抗词推诿，奸狡不承。"[⑦] 因此，瞻官愈加"跋扈强横"，成为川边藏区之霸。"川边土司弱者，慑其威而甘于输纳。强者，怙其势而恣为奸横，几若只知有藏，而不知有川。"[⑧] 这种情况在十三世达赖亲政后更为突出。

瞻对作为插入川边的一个"桥头堡"，深受十三世达赖的重视。驻瞻对藏官的活动也由经济掠夺进而转向扩大西藏势力这一政治目的。他们干涉土司事务，兼并弱小土司，强占地方，压各土司向其臣服，从而引起川边地区更加动荡不安。瞻对复成为川边"肇乱之源"，"土司构衅之由"[⑨]。

在"英俄交窥藏地"，"达赖妄自尊大，一切专政"，驻藏大臣"受其挟制"，"威令不行"[⑩] 的情况下，清政府认为达赖"已不可恃"，必须预为准备，巩固川边，以支援清朝在西藏的统治。于是，清政府有"将瞻对收归

---

① 张继：《定瞻厅志略》。
② 张继：《定瞻厅志略》。
③ 张其勤：《清代藏事辑要·续编》。
④ 张其勤：《清代藏事辑要·续编》。
⑤ 李之珂：《炉霍屯志略》。
⑥ 李之珂：《炉霍屯志略》。
⑦ 张其勤：《清代藏事辑要·续编》。
⑧ 《锡良遗稿·奏稿》一册。
⑨ 鹿传霖：《筹瞻疏》。
⑩ 吴丰培辑：《联豫奏稿》。

川属，改土归流”之议。最先提出这一主张者是四川总督鹿传霖。

鹿传霖是晚清一个较有见识的官员，在抵抗帝国主义的侵略上是比较坚定的、爱国的。光绪二十二年（1896），鹿在派兵查办瞻对藏官干涉朱窝土司争袭一案时，深感瞻对问题的严重性，遂向清廷提出“将瞻对收回内属”，“设流官妥筹善后”，“以防边患而固藩篱”[①] 的主张。清廷先是批准了他的计划，但待鹿派兵攻占瞻对，逐走藏官之后，清廷却又虑“倘达赖因此觖望，诸事掣肘，将来印藏勘界一事，更难着手”[②] 而犹豫起来。后达赖不服，派员进京“恳求赏还瞻对地方”。加之驻藏大臣文海、成都将军恭寿与鹿政见不合，也乘机参劾。清廷以“保川固要，保藏尤要”[③]，将鹿罢职，再次将瞻对赏给西藏管理。显然，此时的瞻对问题已不再是局部边患的问题了，而已成为清政府与达赖关系中极为敏感的重要一环，居于举足轻重的地位。

二、泰宁与巴塘事件

清代末叶，“英俄交相窥藏，藏事岌岌可危”。光绪二十九年（1903），“有人奏：‘川藏危急，请简员督办川边，因垦设屯，因商开矿。’”清廷令四川总督锡良“查看情形，妥筹具奏”[④]。锡良认为“川藏急务非屯垦商矿所能解其危迫”。“惟巴塘土性沃衍，宜于种植。拟在该处先兴垦务，需以时日，或期底绩。至因垦为屯之议，未敢先事铺张。商、矿两端，目下更难大举”[⑤]。清廷同意了锡良所奏。于是，锡良命巴塘粮员吴锡珍、都司吴以忠，以“奉旨开办，毋稍观望”，责成巴塘正土司罗进宝、副土司郭宗札

---

① 鹿传霖：《筹瞻疏》。
② 《清实录·德宗实录》卷396。
③ 《清实录·德宗实录》卷396。
④ 《清实录·德宗实录》卷519。
⑤ 《锡良遗稿·奏稿》第1册。

保和丁林寺堪布傲拉扎巴，将拟交开垦之土地划出“指实”，并勘定界址，供垦务专用。正副土司均遵命具结。而丁林寺则以“所管土地除牧场外，并无可垦之荒山荒地”，予以抵拒。吴锡珍等认为巴塘“三曲宗”已有其二赞成，“不患无其一，尽可次第办理。”① 便开始招募垦夫在巴塘试办垦务。

光绪三十年六月二十二日（1904 年 8 月 3 日），英国远征军在荣赫鹏率领下，侵入拉萨。达赖逃到库伦（乌兰巴托），被清廷革去名号。荣赫鹏胁迫西藏地方政府订立《拉萨条约》。清廷以条约损伤主权太甚，拒不承认，派外务部侍郎唐绍仪赴印谈判。面对英帝国主义加紧在西藏进行的侵略活动，清廷为“固川保藏”，采取了几项重大举措：

一是，免去因病滞留成都的桂霖驻藏帮办大臣职务，任命四川候补道凤全为驻藏帮办大臣。在光绪三十年八月颁布了一条重要的上谕：

“西藏为我朝二百余年藩属，该处地大物博，久为外人垂涎。近日英兵入藏，迫胁番众立约，情形叵测，亟应思患预防救补，筹维端在开垦实边，练兵讲武，期挽利权而资抵御，方足以自固藩篱。前有旨命凤全移驻察木多。西宁办事大臣昨已简放延祉。所有西藏各边，东南至四川、云南界一带，着凤全认真经理；北至青海一带，着延祉认真经理。各将所属蒙番设法安抚，并将有利可兴之地，切实查勘，举办屯垦畜牧，寓兵于农，勤加训练；酌量招工开矿，以裕饷源。目前所需经费，着会商崧蕃、锡良妥筹具奏。该大臣等均经朝廷特简，才足有为，务即尽心筹画，不避艰难，竭力经营，慎重边围，用裨大局，庶付委任。功多厚赏，其共勉之。”②

按照这一谕旨，清政府拟将驻藏帮办大臣移驻察木多（昌都），将川边、滇边一带地方也交给驻藏帮办大臣就近经理。也就是说，凤全这个驻藏帮办大臣的职责范围，不仅限于西藏地区，还包括了原由四川和云南省

---

① 光绪二十九年十月吴锡珍、吴以忠：《巴塘土司会禀投具垦务切结》，转引自梅心如《西康》。正中书局，1934 年。

② 《清实录·德宗实录》卷 534，第 11 页。

管辖的川滇边土司地区，几乎和后来川滇边务大臣的管地范围一样。这是清政府拟将康区统一管理的一个重大部署。这一架构，实际上也是后来设置川滇边务大臣和西康建省的前奏。

凤全字弗堂，满洲镶黄旗人。以举人出身，同治十二年捐官入四川。先后署理过开县、成都、绵竹、蒲江等县和崇庆州、邛州、资州、泸州及嘉定府、成都府。光绪二十二年，川督鹿传霖疏奏："凤全性情劲直，办事勤能，治盗安民，立志向上。"光绪二十九年（1903），川督岑春煊以"明决廉能，胸有经纬"，奏请以道员留川补用，权成绵龙茂道，不久即被任命驻藏帮办大臣。在川既久，凤全对西藏危急情况早有风闻，尤其对鹿传霖收瞻问题更深有感慨。一旦被任驻藏要员，亟思有所建树，加之清廷对驻藏帮办大臣权限的提升，更使凤全感到朝廷对自己的倚重，故"自蒙简擢，感怀时局，激发忠诚，即有奋不顾身之慨。所有边外屯矿练兵事宜，无不殚心规画"[①]。然而，凤全虽然干练，勇于任事，但他为官的经历都在四川内地，对川边藏区了解甚少，却又急于求成，下车伊始即要对其改革，卒致引发巴塘事变。

二是，将章谷改土为屯。光绪三十年（1904）八月，根据锡良奏请，清政府仿照懋功五屯成案，废除章谷土司，设立炉霍屯，以州县官充任屯务委员，兼管朱窝、麻书、孔萨、白利及东谷等土司，隶于打箭炉厅。"将土司原领铜印、号纸并即同缴销"。此举不仅实现了光绪二十二年（1896），鹿传霖拟将章谷改土为屯的设想，而且将甘孜、炉霍、道孚等康北地区霍尔五土司全都纳于屯员的直接管辖下，形成"以流制土"的管理体制。此举虽由锡良奏准，但实系出自凤全之意。凤全认为"筹办川藏事宜，屯练实为急务，而炉霍适当川藏之冲。欲保前藏来路，当自经营达木、三十九

① 《锡良遗稿·奏稿·查明驻藏帮办大臣凤全死事情形折》。

族始；欲保川疆后路，当自经营新设炉霍屯始”①。他还准备将炉霍作为“屯练”的主要基地。并“将德尔格特（即德格）留土职，设汉官，并令沿途土司均受约束，联为一气”。这些举措，也使当时包括巴塘土司在内的川边各土司心怀不安。

三是，再次筹划将瞻对收归四川管理。光绪三十年九月，清廷认为达赖已革，收瞻当不致掣肘，命锡良与有泰、凤全会商收瞻归川问题。有泰因惧引起藏中动荡，坚决反对收瞻。凤全为经营川边计，则力主及时收回瞻对②。川督锡良“心无主宰，托诸空言”③。清廷决定由凤全于赴藏途中“就近办理收瞻之事”。

四是，按照清廷“招工开矿，以裕饷源”之谕，凤全和锡良责成打箭炉厅招商开办泰宁金矿。

泰宁又作泰凝，在今四川道孚县八美区协德乡。雍正六年，因西藏不靖，清廷将七世达赖喇嘛移驻于此，建惠远寺供其驻锡。划附近 71 户人民归寺属，用以供养该寺。雍正十二年，七世达赖返回拉萨。但此寺住持仍照例由拉萨三大寺委派。属民也逐渐发展到近百户。河垭在雅砻江一支流岸，分为上、中、下三河垭，为泰宁寺属之地。沿河多有金砂。清代以来，多有金夫买通喇嘛私往淘采。凡淘得者，须向寺庙缴纳税金，光绪年间，金苗甚旺，寺庙的此项收入颇为丰厚。光绪三十年十月，有商人向川省矿务局申请在河垭开金厂。凤全和锡良想增加边地税收，便督促打箭炉厅同知刘廷恕准令商人开办，并派官弁前往弹压。由于金厂的开办直接伤害了寺庙、喇嘛的利益，故刚一开办，便遭到泰宁寺喇嘛率当地人民阻拒。双方发生冲突，金厂被毁，金夫数人被杀。刘廷恕派都司卢鸣扬率绿营兵一哨前往震慑，遭到当地人的偷袭，全部被杀。“瞻对藏官亦暗助泰凝寺为

① 《清实录·德宗实录》卷 537，第 13 页。
② 刘廷恕：《不平鸣》。
③ 刘廷恕：《不平鸣》。

乱”，派出马队至道孚界上示威。

川督锡良闻讯后，于光绪三十一年二月廿一日，奏派四川提督马维骐率兵五营进驻打箭炉，“相度事机，再行进发”。马养尊处优已惯，勉强受命，二月廿九日，才率军自成都起程。三月中旬抵达打箭炉后，即逗留不前。三月十七日，锡良得知巴塘事变后，责命马迅速进军解决泰宁问题，以便回军征剿巴塘。四月十三日，马分军三路进攻泰宁。而此前泰宁寺僧已通过明正土司求降，约定大军到后即降，以供马提督和明正土司邀功。十七日前军抵过后，喇嘛即弃寺而逃。但三路大军入寺后，官兵争功抢掠，“互相搜刮财物”，“开寺内仓储争取稞麦，互不相下。”[①] 明正土司以掠夺、失信、违约控告至马提督行辕。马命炉关盘查，搜得掠寺之贵重物品13驮之多。清廷将纵兵掠寺的带兵官穆秉文革职谴戍新疆，招泰宁寺僧仍回寺照旧，方才平息了这一风波。

泰宁事件虽与巴塘事变无直接联系，但由于打箭炉厅的驻军均集中于应付泰宁之乱，以致巴塘发生变乱后，凤全被困，待援久不至。

巴塘是康区南部重镇，地处四川西部川、滇、藏三省区交界地，为川藏大道咽喉。元以来为土司统治地方。明代一度为丽江木土府所辖。明末青海蒙古和硕特部固始汗入据康区，派第巴（又称营官）驻巴、里塘，征收赋税。康熙五十八年（1719），清廷派三路大军入藏，驱逐祸乱西藏之准噶尔部，四川永宁协副将岳钟琪率兵2000为先行，擒斩里塘第巴达哇兰占巴等，巴塘第巴喀木布投降，和硕特蒙古势力退出康区。清政府在巴塘设立粮台（又称军粮府），以县级官员充粮务委员（简称粮员或粮务），负责输藏的粮饷转运，兼理地方土司、政务。又设驻防都司、专汛千总各一员，专司台站文报。外委一员，负责稽查金沙江渡口。以流官例，任命当地土头为宣抚使司一员，副宣抚使司一员（即所谓“巴塘正副土司”）管理地

---

① 查骞：《边藏风土记》（手抄本）卷1。

方，其下辖六品土百户 7 员①。

雍正四年（1726），勘定川、滇、藏边界，巴塘正式归属四川省。至改流前，巴塘地方包括现今巴塘县全境和西藏芒康县的盐井地区以及今得荣县北部、白玉县南部的部分地区。

巴塘地处金沙江河谷，海拔较低，气候温和，土地肥沃，是康区主要产粮区，素有“高原江南”之称。因此，清政府在川边兴办垦务时，首先选中巴塘作为试办垦务之地。

凤全被任命为驻藏帮办大臣后，清政府令将打箭炉阜和协的续备新军右营归其统帅，作为行辕本标之兵，并批准他另募土勇 1000 名，训练后带领入察木多驻防。当时，右营管带（营长）张鸿声率部驻防清溪（今汉源县）②。凤全入康时，该营因接防部队迟迟未到，而未能随行。凤全只带着经过警察学堂培训的 100 名警察兵，于光绪三十年八月由成都起程。抵打箭炉后，停留约一个多月，一面与刘廷恕策划收瞻之事；一面招募土勇进行训练，准备带入西藏。但到打箭炉后，只募到土勇 200 名，且素质很低，短期难胜军事。十一月初，在清廷的催促下，凤全只好令随行之警察兵 50 名留下做教练，自带 50 名为护卫经雅江、里塘、巴塘一路向察木多赴任。命张鸿声率两哨随后赶来里塘驻防，保障川藏大道安全。

凤全行至里塘后，又在当地招募土勇 50 名。十一月十八日凤全抵巴塘，见巴塘气候良好，土地广沃，且为川边垦务首创之地。粮员吴锡珍等试办垦务已一年，进展较顺利，已初见成效。因而不再前行，在巴塘住了下来，经营“勘办屯垦”、“练兵”和“饬收三瞻内属”等事，并向清廷提出“勘办巴塘屯垦，远驻察台，恐难兼顾，变通留驻巴塘半年，炉厅半年，以期

---

① 雍正七年（1729），川陕总督岳钟琪奏“巴塘、里塘正副土官原无世代头目承袭，照流官例，开缺题补”。

② 清末改绿营为续备军，阜和协为续备右军，共五营，分统陈均山率前营驻打箭炉，张鸿声右营驻清溪（汉源县）。其余三营驻雅、邛、眉州。

办事应手”的申请[①]。虽然清廷不准所请，命他仍驻察木多，但他却一直在巴塘住了三个多月。驻藏的钦差却滞留在巴塘久久不走，难免引起当地人的猜疑，而凤全在巴塘期间所推行的新政，更影响到寺庙、土司及驻瞻藏官的利益。

凤之新政，其一是扩大巴塘垦务的面积，招工开垦。凤全到巴后见巴塘土地膏腴，即欲广开垦地。看中巴楚河谷七村沟茨梨陇一带地方广阔，于是招汉人开垦。丁林寺感到利益被侵，指其地为“神山不可动”，煽惑七村沟民众请求凤全停止开垦。但凤全不听，强行将该处划作垦场。

其二是在当地招募兵勇，实施训练，作长久驻扎的打算。凤全到巴塘后，又招募了100名兵勇[②]，命所带警察兵带领训练，并准备半年后与打箭炉所练新兵合练。巴塘土司头人和寺庙上层，对这么多兵丁驻扎在此，不能不心存疑虑，担心威胁到自己对地方统治能力。

其三是限制喇嘛寺的僧人数目，令丁林寺将超编喇嘛清理出寺。光绪三十一年正月，凤全以关外寺庙喇嘛太多，寺庙阴庇“夹坝”，肇乱地方，排斥洋教为由，奏请“申明旧制：凡土司地方，大寺喇嘛不得逾三百名；以二十年为期，暂停剃度。嗣后限以披单定额，不准私度一僧。其年在十三岁以内喇嘛，饬家属领回还俗”。在清廷尚在“妥议”之时，他便迫不及待地“严饬土司、堪布，将大寺喇嘛令其各归部落，另建小寺散住梵修”。声言要限定巴塘丁林寺喇嘛人数[③]，直接打压宗教势力。从而激起寺庙喇嘛的强烈反对。

其实凤全要求的清廷申明的“旧制”，是指雍正二年（1724）川陕总督抚远大将军年羹尧条奏青海善后事宜十条中提出的“请嗣后定例，寺庙之房不得过二百间，喇嘛多者二百人，少者十数人，仍每年稽察二次，令首

① 《清实录·德宗实录》卷537“凤全奏请拟经营炉霍屯事”，第13页。
② 刘廷恕：《不平鸣》之“辩诬说”。
③ 《东华续录》卷191光绪三十一年正月乙未“凤全奏请限制喇嘛寺僧数”。

领喇嘛出具甘结存档”等措施。该措施是因为雍正元年（1723）青海蒙古罗布藏丹津叛乱时，青海、甘南等地喇嘛多有参与叛乱，“西宁各庙喇嘛多者二、三千，少者五、六百，遂成藏垢纳污之地”，年羹尧为稳固平叛成果，防止寺庙势力发展，因而提出限制寺庙喇嘛人数之议。清廷当时虽曾批准此事，但实际上藏区各寺庙并未严格执行。不久，年羹尧被处死，此事更成流案。其实藏区黄教大寺实际人数多在千人以上，大大超过此规定。凤全昧于边情翻出这一并未兑现的“旧制”来做依据，希望按照“如此办法，二十年后，喇嘛日少，百姓日增，何至比户流离，缁徒坐食，有土有人之效，可立睹也”①。虽然用心良苦，谋划长远，但却不切合当时川边藏区实际。孟浪行动，难免酿成祸端。

丁林寺坐落于巴塘城中，是著名黄教大寺，在宗教上为拉萨三大寺的“子寺”，时有喇嘛 1500 余人，辖有四乡小寺 16 座，在巴塘拥有很大影响力。早在凤全到巴之前，该寺就因反对开办垦务与巴塘官员冲突。凤全到巴后，发现丁林寺气焰嚣张，当地政令常因该寺阻挠而难行。因而想采取压抑其寺气焰，削弱其寺势力的办法，来巩固政府的权威，为推行垦务等新政扫清障碍。恰好当时正发生了一起巴塘法国传教士蒲德元被劫案。虽然劫案发生在里塘地界，但凤全风闻劫匪与丁林寺有关，遂责令巴塘文武悬赏协拿“期于获盗，究出（丁林）喇嘛寺勾通情罪，一并重惩”②。此事虽未究出结果，但却引起丁林寺对凤全的怨愤。此时，凤全又提出限制该寺喇嘛人数的主张，使丁林寺对凤全更加仇恨，而凤全由于不了解民众的宗教感情和当地信仰习惯，在清政府尚未批准其限制寺庙人数奏议，也没有充分地实施准备的情况下，却“时常当堂对众言道，每寺只许住喇嘛三百名，余则一千二百余名即行还俗，如不遵允，定行诛戮”③，这就更加激

① 《东华续录》卷 191 光绪三十一年正月乙未“凤全奏请限制喇嘛寺僧数”。
② 同上。
③ 刘廷恕《不平鸣》载《巴塘番夷公禀》。

化了矛盾。丁林寺喇嘛便利用凤全的卫兵均着新式陆军短装，戴大盖帽，佩带洋枪，与以往清军着装迥异的情况，造谣说凤全“非大皇帝所派钦差，是洋人所派，将收我土地畜牧财产，傀送洋人。于是夷众大哗，群情鼎沸”①。

其实早在二月中旬，已发生巴塘民众袭击垦场的情况，但凤全并未引起警惕，不耐心做说服工作，反而一味弹压。二月二十日，凤全给锡良发电称，“巴塘番匪出而掳掠，并声称阻止练兵、开垦等事，扰及近台。凤全派勇追拿，道经喇嘛寺，讵敢施放枪炮，击伤勇丁；始知番匪滋事，均由喇嘛主使。速调在炉营哨前往巴、里”②。二十一、二十二日，七村沟民众在丁林寺喇嘛煽动下，焚烧茨梨陇垦场，驱杀汉族垦夫。二十八日，一些人冲入法天主教堂，赶杀教民，焚烧教堂。法司铎牧守仁与助手逃至副土司官寨避难。骚乱民众聚集城内达三四千人，并断驻军水源、柴薪。二十八日傍晚，吴锡珍赴行辕禀告“情形吃紧，早为筹备”。凤全才命“都司吴以忠，带领新练土兵80名，驻扎辕外巡防，以助卫队所不逮。正土司罗进宝、副土司郭宗札保各带土兵数十名，均扎辕内保卫。吴锡珍带领汉民，巡警街道，兼探消息”③。都司吴以忠带弁兵数人在行辕弹压时，被众人指为勾结洋人的汉奸，当场打死。凤全这时才感到惊恐失措。凤全的钦差行辕原来设在巴塘粮台衙门，其地名喇嘛城④。凤全感到其地不安全，于二十九日凌晨将钦差行辕转移到正土司罗进宝的官寨中。此时凤全所募土勇大都逃散，只有警察兵保卫。不过，土司官寨墙高壁厚，又有卫兵持新式快枪把守，正副土司也同住寨中。外面的喇嘛、民众虽然围住，放枪示威，并未进攻。从凤全当天发给刘廷恕的求援函来看，他只是要求“即刻选派

① 据查骞《边藏风土记》《凤都统全被戕始末》等书载，凤全所带警察兵按新编陆军操典，训练在巴、里二塘新募土勇。每日在屋顶吹洋号、击洋鼓，鸣放所带新式快枪，以显示兵威。

② 《锡良遗稿·奏稿》第1册《奏报泰凝巴里番夷滋事片》。

③ 刘廷恕：《不平鸣·巴塘粮员吴锡珍：巴变经过禀》。

④ 又称皇华城，原为清初进兵西藏时所筑驻兵及屯粮之所，地广数百丈，四周筑高土墙如城。后来售给喇嘛寺作僧房，故称喇嘛城。巴塘粮务衙门在其中。

熟练夷务能事哨弁，将全留炉卫队勇丁50人率领，驰赴巴塘，以壮声威而资镇慑”①。说明凤全当时对事态的严重性并没有足够认识，只准备调50名卫队来“威慑”。

但“巴塘宣抚司罗进宝与副土司郭宗札保预谋乱，久欲逐凤全。遂力劝凤全亟返炉关，兴兵重来剿逆定乱。又恐吓凤：‘不亟出巴塘，番众喇嘛必至扼险守隘，焚烧汉民，延及土寨，我辈受殃，大臣愈危矣！’”② 凤全惊惧之中，无奈只得听从两土司意见，决定三月一日动身返回打箭炉。粮员吴锡珍此时住在头人阿登之家，闻讯急忙赶来劝阻，请求凤全留下来坚守，以待援兵。但凤不听，执意要走。当凤全一行50余人行至离巴塘2里的鹦哥嘴红亭子时，被早已埋伏在此的喇嘛和民众冲出袭击，凤全及其随行人员全部被杀。此前，匿于副土司官寨的法司铎牧守仁等二人，见土司不可信，乘夜翻墙逃走，途中被杀。

吴锡珍因临行时被马踢伤，没有随凤全回炉，由于其在巴多年，与当地上层关系较好，故留在城中，并未受到伤害。三月初二，吴闻知凤全被杀消息后，“赶紧请房主业巴阿登转请正副土司传集头人，设法遣散群众，将凤全尸骸运回城内，赶做棺木装殓，暂停昭忠祠内；都司吴以忠、委员秦宗藩等尸身，抬至城隍庙内，招雇木工陆续做棺装殓；其卫队戈什哈五十余人，分埋数处”。当日午后，巴塘各乡村众代表等向吴锡珍递交了4份“公禀”，请他转禀打箭炉厅刘大人和大皇帝。“公禀”上盖了正副土司印信及各乡村头人图章。“公禀”除控诉凤全“一切为洋人，全不顾百姓”外，竟然宣称：

“此番原为国除害，实出无奈，求乞恩宥善办，无生兵衅。如再有差派官兵勇丁进来，则众百姓发咒立盟，定将东至里塘，西至南墩十余站差事撤站，公文折报一切阻挡。甘愿先将地方人民尽行诛灭，鸡犬寸草不留，

---

① 刘廷恕《不平鸣·凤都统光绪三十一年二月十九来函》。
② 查骞：《边藏风土记》（手抄本）卷1《凤都统全被戕始末》。

誓愿尽除根株，亦无所憾也。”[①]

在递交公禀的同时，土司与丁林寺堪布等已联络一气，派人将“各处险要隘口及山径小路均扼塞不通”，从而使打箭炉厅在事件发生后近半个月才知晓。

巴塘事件发生后，川藏震动，清政府立即令提督马维骐率提标兵5营进剿，又命建昌道赵尔丰为善后督办率两营续进。同时命驻藏大臣有泰“审度事机，妥为安抚”，“晓谕藏番毋听谣煽”。马维骐于四月平定泰宁后，当即率部向巴塘进发。抵巴境后，侦知“前数日有巴塘派来喇嘛头人于此调聚百姓，垒卡防守，暨见大兵前来，皆不愿应战，于前夜自行解散”[②]，并未像所具“公禀”那样“甘愿先将地方人民尽行诛灭，鸡犬寸草不留”。马军沿途只遭遇几次轻微抵抗。光绪三十一年六月二十六，马军顺利地进入巴塘城，“擒两土司而诛之”。以八阁堪布为首的倡乱喇嘛据守丁林寺，马军攻不进，以炮轰击，大殿中弹起火，全寺焚毁。八阁喇嘛等被擒，余众逃往七村沟。马派军“分剿七村，斩馘亦不少”。赵尔丰于八月初到达巴塘时，马维骐“已火焚丁林，马踏七村”[③]。赵驻巴后，“麻多哇等七村以愚悍听番僧驱使”[④]，继续顽抗。赵派兵三路进剿，血洗七村沟。巴塘事件始平。之后，赵开始清户口，查地亩，规定粮税，废除土司，委吴锡珍代理地方一切事宜；委候补知县王会同为盐井委员，前往招安兼征盐税。

三、赵尔丰经营川边

巴塘事件的发生，使清廷深切地感到加大经营川边藏区力度的必要性。光绪三十二年（1907）七月，清廷正式设立川滇边务大臣一职，任命赵尔

① 刘廷恕《不平鸣》载《巴塘粮员吴锡珍向炉厅禀巴变经过》。
② 刘赞廷：《赵尔丰奏议公牍》卷1。
③ 同上。
④ 《锡良遗稿·奏稿》第1册《汇保攻克巴塘泰凝出力员弁折》。

丰为“督办川滇边务大臣”，“择驻适中之巴塘”统一筹办经边之事[①]。赵尔丰从改土归流，巩固清政府对川边的统治入手，实施“固川保藏”战略。由此一场大规模的空前的改土归流运动在川边藏区展开了。

（一）赵尔丰改土归流经过

赵尔丰，字季和，祖籍山东蓬莱，汉军正蓝旗人。兄弟四人，其兄尔震、尔巽，弟尔萃皆成进士，唯有尔丰屡试不举，以纳捐出身，任山西知县。赵为人“性刚正廉明，能耐劳苦，晓畅戎机，尤擅文艺”[②]。当时山西巡抚为锡良，极为赏识赵尔丰之才干，倚为幕友，屡次保荐提升，由知县、知州，升任河道总管。治河疏浚，颇有政绩。锡良任四川总督，赵随入川，被委任为永宁道[③]。当时叙永厅为汉苗民族杂居之地，“会匪（指哥老会）盛行”，光绪二十九年，该厅所属苗溪发生攻寨杀官之乱，赵奉旨“剿匪”，实施“严行诛捕”政策，杀人甚多，被当地人称为“赵屠户”。光绪三十年赵尔丰调任建昌道。刚到任即发生巴塘事变，川督锡良奏派赵为巴塘军务善后督办，命其在平定巴塘后，留巴处置一切，随后又保荐他为边务大臣，主持川边改土归流、筹建行省。

巴塘事变发生后，赵尔丰督运粮草途经里塘时，里塘正土司四郎占兑因与巴塘土司罗进宝有亲，暗令头人等不支乌拉，致使军粮转运困难。赵尔丰怒杀头人二，拘囚四郎占兑。待到赵到巴塘后，四郎占兑闻知清军杀了巴塘正副土司和丁林寺堪布，火焚寺庙、血洗七村，即越狱逃往稻城贡嘎岭地方，联络桑披寺纠众叛乱。

里塘，藏语意为“铜镜一样的坝子”，西接巴塘，东临河口（雅江），

---

① 傅嵩炑：《西康建省记》，民国元年成都公记印刷公司印本。
② 陈渠珍：《艽野尘梦》附《赵尔丰传》。
③ 四川原分川东、川西、川南、川北四道，清代中叶后，又分川南为上下两道。上川南道叫建昌道，辖嘉定（今乐山）、宁远（今西昌）、雅州（今雅安）三府，邛（邛崃）、眉（眉山）二州及打箭炉厅，道尹驻雅州；下川南道叫永宁道，辖泸州、叙州二府，资、简二州及雷波、马边、叙永三厅，道尹驻叙州。

是清代川藏大道上一处重镇。雍正七年（1729）置正、副宣抚司各一员，又设粮务一员，管理转运军粮，钤束土司。清代里塘土司所辖地方包括乡城、稻坝（贡嘎岭）之地，它们是里塘粮赋主要供应之区。乡城之桑披寺为康南黄教大寺，其堪布普中扎娃素以强悍闻名，曾赴西藏求法，颇得达赖赏识，返乡城后夺得桑披寺住持之位，即横行各地，强迫其他教派小寺改宗归属桑披寺。光绪二十三年，拥众抢劫里塘台站，里塘土守备李朝富父子前往查办，被其杀害。游击施文明率兵前去征讨，亦中伏被杀。普中扎娃并将李、施之尸剥皮实草，用以作“送鬼”之物。当时四川内地不靖，无力派大兵征伐，提督韩国秀到里塘后以兵少粮缺畏难不进，即谎报桑披寺已受抚而收兵[①]。因而更使普中扎娃轻视官兵。此次得知官兵在巴火焚丁林寺后，更增仇视，故敢于聚集丁林寺逃亡喇嘛和云南追捕的竹林寺逃僧等2000余人，公开叛乱。

早在赵尔丰被任为巴塘善后督办之初，已开始“规求全局，远虑将来。以为七村之逋诛未除，则巴塘有肘腋之忧；桑披岭寺之强梁如故，则关外有腹心之患。先其近者自当搜剿七村”[②]。当光绪三十一年九月，赵尔丰派出三路大军围剿七村沟时，已接到里塘土司四郎占兑越狱，勾结乡城桑披寺堪布普中扎娃聚众叛乱，阻断粮道的消息，但仍集中力量剿平七村沟。对于乡城方面只是派员前往招抚。而普中扎娃拒绝赵派来晓谕的官员入境，并于沿途设卡，情势十分猖狂。

巴塘平定后，赵尔丰认为里塘为康南交通枢纽，欲固巴塘必须先固里塘，而欲固里塘必先平定乡城。于是于光绪三十一年（1905）十月，派兵进军乡城。普中扎娃依仗人多势众，沿途守碉设伏，抗击清军。同时四郎占兑在稻城贡嘎岭头人支持下也从侧翼袭击赵军。战争颇不顺利。次年正

---

① 《锡良遗稿·奏稿》第1册《具陈剿办乡城桑披岭寺逆夷缘由片》。
② 《锡良遗稿·奏稿》第1册《汇保攻克巴塘泰凝出力员弁折》。桑披岭寺即桑披寺。“岭”为藏语“洲”之意，即对佛寺的敬称。

月，赵尔丰亲赴前线督师猛攻，并请来川督调炮队增援，经“激战数十次”，大军终于攻抵桑披寺。但桑披寺地势险峻，墙高硐坚，普中扎娃率千人据守，清军累攻不下。双方坚持达四月之久。这时四郎占兑又乘虚袭击赵之后路，断赵粮道，抢去米粮二百余驮，致使赵全军断粮，以牛皮和草根树皮为食。正在几乎无法支持时，赵军侦知寺中水源的暗道，于是以兵阻断寺中水道，寺僧无奈，只得突围而出，赵军以炮轰击，寺僧死伤极巨，普中扎娃自缢死。四郎占兑逃入西藏。乡城、稻坝之乱遂平。

赵尔丰平定乡、稻之后，整个康南地区除得荣县境外，已基本上被其控制。光绪三十二年六月，赵报请“设流官管理分治。以巴塘、盐井、三坝、理化（里塘）、定乡（乡城）、稻城、贡嘎岭、河口隶属于川。如川边将来建省，以为改流之基。”① 川督锡良认为川边地方广阔，距省遥远，不能遥制，奏请“照青海、宁夏之例，设置川滇边务大臣，驻扎巴塘，练兵屯垦以为西藏声援，整理地方以为后盾。使川、滇、边、藏声气相通，联为一致，一劳永逸”②。清廷考虑后认为“事属可行”。并以赵尔丰“平定巴塘、乡城，改土归流，设官分治各端，甚合机宜”，于光绪三十二年（1906）七月，任命赵尔丰为“督办川滇边务大臣”（简称“川滇边务大臣”。后因赵实际未能管辖滇境，故更简称为“边务大臣”）。

赵尔丰受任为川滇边务大臣后，于同年十月回到成都，与川、滇两总督筹商有关边务大臣所管地域的界线，以及所需的经费问题。同时与川督锡良会同奏陈屯垦、练兵、设官、兴学、通商、开矿等“经边六事”，请拨款兴办。清廷批准了这一方案，拨银100万两，作为边务开办经费。常年经费由川省粮油税中拨给。赵以改流设官为首务，先于光绪三十二年十月，奏请将巴塘改为巴安府，里塘改为理化州，乡城改为定乡县，稻坝改为稻

---

① 刘赞廷《赵尔丰奏议公牍》“锡良奏请设置川滇边务大臣电”。
② 同上。

城县，贡嘎岭设县丞，同时将打箭炉改为康定府，中渡改为河口县；设盐茶道一员于打箭炉，统辖各府州县。川边地区的改土归流于是初具规模。

光绪三十三年（1907）正月，清廷命赵尔丰护理四川总督，仍兼办边务。赵于是乘管理全川之机，利用四川丰富的人力、物力资源，支持其经边之业。在川征调得力官员，招募学者、技师、工匠、垦夫等，派遣关外作为兴办屯垦、办学、开矿、邮电等各项的骨干。将打箭炉至河口的电线延修至巴塘，关外沿途旅店等亦着手举办。一时川边人才济济，百业始创。此时发生了盐井腊翁寺之乱。

盐井，藏名“察瓦龙”，原为巴塘土司所属，素产藏盐（红白粒盐），卖往滇西北及左贡、波密等地。巴塘正土司派“协敖”一员驻宗崖，每年中以半年时间驻盐井，管理地方并征收盐税。盐井有喇嘛寺 4 座，以黄教的腊翁寺为最大。另有天主教堂 1 座。巴塘事变时，盐井教堂也遭到民众的火焚。但腊翁寺等因距巴太远，没有直接卷入丁林寺的倡乱活动中。巴塘事件平定后，废宗崖协敖，置盐井委员，招抚民众并设局征收盐税。之前，腊翁寺利用其宗教势力一直独占该地贩盐之利①，如今官府禁贩私盐，直接损害了腊翁寺的收益。故腊翁寺对赵所派官吏采取不合作态度，双方时有摩擦。赵尔丰因乡城前线吃紧，只得令王会同暂为忍让。

光绪三十二年（1906）十一月，盐井官兵因扣押私盐，与腊翁寺发生冲突。该寺喇嘛纠集千余人乘夜袭击守卡驻军。当时驻军仅新军后营一哨，不支退守。赵闻讯后，急调兵两营增援，很轻易地攻克腊翁寺。后营管带程凤翔恼恨腊翁寺平时骄横，攻占寺后，任士兵捣毁经堂，用经布裹足，并放火烧寺。腊翁寺堪布德林逃亡左贡冷诸寺，程派兵追捕至左贡，又火焚冷诸。西藏以程越界犯境，调兵欲合击程军，赵闻知怕引起边藏冲突，急令程撤回盐井。这便是西藏后来累次控诉的腊翁寺事件。其实，与丁林、

① 康藏喇嘛寺，多有经商的习惯。一些较大的寺院还设有专门经商的机构和商队。

桑披事况相比，腊翁寺事件显然是一次很小的军事冲突，且双方伤亡不大。但对赵尔丰经边来说，这一事件却产生了极大的负面影响，成为赵尔丰“仇视（藏传）佛教”的最主要证据，为后来西藏拒阻赵尔丰进藏提供了借口。

光绪三十四年（1908）正月，清廷任命赵尔丰为驻藏大臣兼边务大臣。同时调其兄、湖广总督赵尔巽为四川总督，以便川藏协调配合，用四川的人力、财力、物力支援边、藏。度支部并于每年由四川应解洋款内截留 50 万两拨解西藏，作为在藏举办各项事业之用。

清廷任赵为驻藏大臣兼边务大臣，本因赵经营川边甚见成效，欲以川边为后盾，经营西藏，使边藏联络一气，通盘筹划，避免因边、藏界务不清可能引起的矛盾，为在西藏推行“新政”，筹建行省创造条件①。但赵尔丰在川边推行改土归流和武力镇压丁林、桑披、腊翁等寺的行动，使西藏地方当局对清廷任命赵尔丰为驻藏大臣深为疑虑，怕赵氏入藏后如法炮制，将西藏改流。因而强烈反对清廷的这一任命，西藏三大寺和噶厦政府出具“阖藏僧俗公禀”借口腊翁寺事件，指控赵尔丰“毁寺掠财，枉杀多命”，请求严惩，并调兵于江卡（芒康）拦阻赵尔丰入藏。清廷对西藏地方当局胆敢公然“抗拒朝命”的行为，自然不能迁就。下旨：“番官悖谬，图拒朝使，赵尔丰进藏，必须严密筹备，……节节布置，步步稳进。巴、里塘一带，并着赵尔巽遣驻重兵以壮声威”②。为防备瞻对藏兵进扰，川督赵尔巽更派统领张继良率兵两营出关驻扎甘孜、德格一带，作为声援。清廷又准赵尔丰在原有边军 5 营的基础上，在川募兵 3 营，随带入藏。

由于西藏地方当局一再要求撤销赵尔丰驻藏大臣职务，反对赵尔丰入藏，英国公使朱尔典亦向清政府施压，清廷只好命成都将军马亮调查腊翁

---

① 光绪三十三年四月岑春暄上《统筹西北全局书》建议于边疆地区改设行省，以杜绝外人觊觎。清廷命川边、西藏亦筹商建省之事。同时，张荫棠查办藏事后，提出了在西藏推行兴学、练兵、铸币等新政的举措。

② 《川边历史资料》第 1 辑《谕川督赵尔巽等：赵尔丰进藏必须严密筹备》。

寺事件。后来，虽然马亮写了个敷衍塞责的报告，清廷也未再追究，但因此也使清廷开始担心“赵尔丰与藏众仇隙甚深，将来入藏任事，能否相安”的问题[①]。赵尔丰也考虑强行入藏，必会导致军事冲突，必须筹足兵力，方能前进，故迟迟未能出发。直到光绪三十四年八月，才在清廷严旨催促下从成都动身入藏。但行至打箭炉，即收到清廷要他“择地暂驻，以待后命”的命令[②]。恰好此时德格发生土司兄弟争袭案。于是，赵奏请前往德格办理此案，以便在川边北路进行改流。清廷批准赵尔丰的请求命其“暂缓入藏，留边办理改流事务”。

清廷之所以突然改变态度，要赵尔丰暂缓入藏，主要是因为此时正是十三世达赖进京朝觐之时，为了避免因赵尔丰入藏事发生边藏冲突，缓和清政府与达赖的矛盾，给朝觐营造一个良好的氛围的缘故[③]。

十二月，赵率兵抵德格，攻昂翁降白仁青于增科，昂翁逃往杂渠卡。次年四月，赵督师攻杂渠卡，六月，追至川青交界的卡热地方，昂翁降白仁青兵败逃往西藏。德格土司多吉生格请求改流。赵尔丰奏请清廷允准，迁多吉生格居巴塘，年给养赡银 3000 两。宣统二年（1910）三月，赵尔丰会同川督赵尔巽奏请将德格、春科、高日三土司改流，设置登科府，德化、白玉二州和石渠、同普二县，设边北道统辖新设府、州、县。

这时赵尔丰入藏被阻已快一年，而原驻藏大臣联豫并未免职，一直在藏主事。赵尔丰与其兄尔巽商量卸去驻藏大臣，专办边务。清廷考虑西藏地方政府既与赵尔丰不睦，赵即使入藏办理诸事，难免掣肘，反而影响达赖与清廷的关系。于是，下旨解除赵尔丰的驻藏大臣职务，“作为边务大臣，遥为藏中声援。藏事仍由联豫负责，将察木多、乍丫拨归边务大臣管辖”。并决定派四川新练陆军 2000 人入藏，以加强驻藏大臣的地位。

---

① 《清实录·德宗实录》卷 595，第 12 页。
② 《清实录·德宗实录》卷 596，第 10 页。
③ 达赖于光绪三十四年八月，从青海动身赴京朝觐，于九月抵京，十月陛见，被恢复封号，“仍著回西藏”。

宣统元年十月川军到达察木多后，受到藏军阻挡。清廷命赵尔丰率边军护送川军入藏。于是赵尔丰进驻察木多。派边军由恩达沿硕般多、洛隆宗、边坝川藏大道前进，一路势如破竹，越丹达山，直抵工布江达。工布江达距拉萨仅六日程，赵尔丰本想乘机率军直入拉萨。但联豫闻知后，生怕危及自己驻藏大臣之位，赶紧发电要求边军停止前进，同时向清廷奏请将边军撤回丹达山以东。赵只得退驻察木多，招抚类乌齐、波密等各部。

在护送川军入藏时，因藏军在江卡一带调兵拦阻，赵尔丰派顾复庆营进兵江卡、贡觉，派程凤翔营进兵桑昂曲宗。程营于宣统二年正月进驻桑昂，二月进驻杂瑜，于压必曲龚河岸插清政府之青龙旗，以示国界，使正欲侵入该地的英国侵略者却步。赵尔丰奏请将察木多改设昌都府，乍丫改设察雅县，恩达改设恩达县，贡觉改设贡县，江卡改设宁静县，桑昂曲宗改设科麦县，杂瑜改设察隅县，均隶属于昌都府，并派员招抚察隅西南各部落。

宣统二年四月，甘孜孔萨土妇央机携其二子带印潜逃。其子俄珠宜美多吉承袭孔萨土司职，并兼袭麻书土司之职。赵尔丰闻讯派兵追捕，收缴土司印信号纸。六月赵尔丰由察木多至乍丫巡查，接到民众控告三岩[①]惯常抢劫邻接地区，派员招抚未果。遂于十月派兵攻克三岩。设三岩委员，管理地方事务。

宣统三年（1910）二月，赵尔丰派统领凤山率军攻克得荣浪藏寺，设得荣委员。招冷卡石归顺，划归三坝委员管理。三月，清廷调赵尔丰为四川总督，赵以川边未改流土司尚多，收瞻问题尚未解决，奏请以傅嵩炑代理川滇边务大臣，王人文护理四川总督。赵暂留边会同傅嵩炑继续办理改土归流。四月，赵、傅自巴塘经白玉、绒坝岔至甘孜，以孔萨、麻书土司

① 三岩是藏语“萨埃”的译音，意为“恶地”。因其地部落“不服王化”，惯出抢劫之故。其境跨金沙江，分属今西藏贡觉县和四川白玉县。历史上西藏地方政府曾多次派兵征讨，均未能入境。建省后设武成县。

地设甘孜委员，缴灵葱、白利、倬倭（朱窝）、东科、单东革什扎、鱼科、明正等土司印改流。同时，俄洛（果洛）各部土官、色达三部头人亦具禀表示归顺。

此时全边大多改流，瞻对犹如孤岛。赵乘机檄饬瞻对藏官："速将瞻对户口、粮册交与专差携回，限五日内，该番官即便将所带藏兵带领回藏。倘该番官仍前违抗，本大臣必派兵前往瞻对，将该番官拿案治罪。"藏官巴登郎加不敢抗拒，只得离瞻回藏。为安抚西藏，赵仍按同治年间藏军所求军费的补偿，给予银 16 万两结案。久悬未决的瞻对问题于是得以解决。赵将瞻对改设瞻化县，甘孜改设甘孜县，炉霍屯改设炉霍县。

波密为川藏间一大部落，明末清初原受西藏地方政府统治，后其头人自立为王，不服西藏地方政府管辖。赵尔丰在察木多时，因"留此瓯脱，易启外人觊觎"①，曾派员前往招抚。土王畏赵之威，表示愿归顺川边。宣统三年（1911）春，驻藏大臣联豫因波密土王白马策翁不肯归藏，派钟颖率军往征，中伏大败。联豫无奈，只好电请边军增援。赵派统领凤山为波密督办，率边军 4 营与驻藏大臣左参赞罗长椅所部军分路会攻，白马翁青逃往白马岗（墨脱），为该处头人所杀。波密全境平定后，由驻藏大臣分设理事官管理地方事务。边军撤回。

六月，赵尔丰在入川赴任途中，乘势缴鱼通、绰斯甲、崇喜、毛丫、曲登和咱里、冷边、沈边等土司印信，予以改流。

各土司知赵将赴川，纷纷暗中勾结，企图复辟。明正土司甲宜斋与鱼科土千户勾结，阴谋叛乱。桑披岭寺喇嘛曲批从中策划，道孚渣巴土百户暗助鱼科，并联络甘孜孔萨土妇央机，以及乡城、木里、九龙、巴底、巴旺各土司，同时响应。事为孔萨土妇央机告密。赵尔丰急命凤山率兵赴乡、稻，调川军中路统领刘亥年率兵一营赴打箭炉以扼，傅嵩炑率兵攻鱼科，

① 吴丰培辑：《联豫驻藏奏稿》，第 182 页。

土司降登宜错逃往上罗科被杀，曲批、甲宜斋等被捕获。于是，赵尔丰奏请改流明正土司，以泸定桥巡检辖区设泸定县，九龙改设九龙县，道坞改设道孚县，巴底、巴旺改设丹巴县，统辖于康定府。闰六月，傅嵩炑复出关收回泰宁寺差民70余户，改流其地。檄缴察木多、乍丫呼图克图印信[①]，设乍丫理事官，并将察木多粮员改为理事官，管理地方行政事务。

至此，川边各地均已改流，代理边务大臣傅嵩炑于是奏请建设西康省。拟设2道5府21县。清廷已核准，但因辛亥革命爆发而搁置。

（二）赵尔丰在康区的改革与建设

赵尔丰经边的目的不单是在政治上废除土司制度，实现改土归流，更是按其“平康三策”的设想，“改造康地”，“建立行省”。因而其经边活动涉及从上层建筑到经济基础的广泛改革，影响到川边地区社会生活的各个方面。

改革包括以下几方面：

废除土司制度和土司、头人、寺庙的政治经济特权：在每一个改流地区都制定和颁布了《改革章程》，宣布“永远废除土司之职”，“土司从前所设马本、协廒、更占、百色、古噪等名目，一概裁撤不用”。原土司地方改设流官，“管辖地方汉蛮百姓及钱粮词讼一切事件”；废除“娃子”，“凡有小娃子者，与雇工同”；废除无偿劳役，“百姓纳粮税之外，一切银差、马差、牛差、步差、酥油、牛、羊肉，以及柴草等项，概予裁免”；将无偿支派乌拉，改为价雇，“无论官兵人等，因事支用乌拉，一概照章按站发给脚价”，“喇嘛、头人如有应用骑驮乌拉，亦必按每站给银一咀，不准令百姓支差”[②]。禁寺庙、头人强迫向百姓放高利贷，“此后民间不借，喇嘛、头人

① 收到印后，见系宗教印章，又予发还。
② 《清末赵尔丰边务档案资料》第2册《巴塘改革章程》。

不准强放青稞。如愿借者，放青稞一石，每年只准收利二斗，如半年，只准收利一斗”[①]。

限制喇嘛人数，实行政教分离：规定“此次定章之后，其已出家者，固不必强其还俗，惟已逾额者，不得再行添招。必俟不足三百喇嘛之后，方准招收徒弟”。“凡寺中地土、牛厂及喇嘛名额造具清册，请地方官立案，照章上粮纳税。其喇嘛有愿还俗者，听其自便，不准强迫阻拦”[②]。还规定，藏民田产不准施送喇嘛，不许喇嘛寺受理词讼和干预地方事务。察木多、乍丫两呼图克图只管教务，裁撤所设管理地方钱粮词讼事务的仓储巴，该地一切行政事务，统由地方官办理。

改革风俗习惯：规定“凡有男女婚姻，必须凭媒作合”。并须请领填写藏汉文合式婚书，盖用官防，登记册簿；禁止一妻多夫，规定“以后蛮民须各娶一妇”[③]；废除长子继承制。“凡有财产，须弟兄均分”，禁止“以女婿承受家产”。禁止天葬、水葬、火葬，改用土葬[④]。规定“以后人人皆须剃发梳辫”[⑤]。还煞费苦心地拟定汉字百字，作为姓氏。规定“各将现在所知之宗族人等共认一字为姓，以便世世遵守”。“于该蛮名等原名之上，各冠姓氏。”

章程还要求“人人必须梳头洗脸”，“牛马骨殖，猪羊粪草尤须焚化收捡，用以肥田”。“责成汉、蛮保正，随时督率街坊百姓扫除街道，免致秽气中入，染生疾病”。“以后各家皆立中厕，分别男女，如有不在中厕大小便者，从重责罚”[⑥]。

在进行改革的同时，赵尔丰按照“经边六事”的任务，大力对改流地区进行政治、经济、文化等方面建设。

---

① 《清末赵尔丰边务档案资料》第 2 册《察木多改革章程》。
② 《清末赵尔丰边务档案资料》第 2 册《示谕甘孜各寺照章纳粮税喇嘛还俗不准阻拦》。
③ 《清末赵尔丰边务档案资料》第 2 册《乡城改革章程》。
④ 《清末赵尔丰边务档案资料》第 2 册《乡城改革章程》。
⑤ 《清末赵尔丰边务档案资料》第 2 册《乡城改革章程》。
⑥ 《清末赵尔丰边务档案资料》第 2 册《乡城改革章程》。

设官建制方面：按“地足以养民，民足以养官”[①] 的设想，划县设治。每县设委员 1 人，管理全县事务。县分为东、南、西、北、中 5 路，每路设保正 1 人（汉人较多的地区，增设汉保正 1 人），常驻委员衙署，协助委员办理粮税、诉讼事务。路下为村，以 100 户为一大村，设村长 1 人，不足百户者，则合数村或十数村为一大村。在居住分散区则以数家或数十家为一小村，设小村长 1 人。村长专管百姓上粮、催备乌拉及递送诉讼传票等，小村长协助村长办事。保正、村长由百姓公举，三年一任，可连选连任。如办事不公，可随时另选更换。过去的大、小头人，也可当选。保正和村长由公家给予口食，小村长不给口食。

垦务方面：将解决粮食问题作为首务，大力开垦荒地，改良农作。分官垦与民垦。官垦主要从内地招募农民，分送巴塘、盐井、定乡、稻城、河口、打箭炉、三坝（义敦）、道孚、炉霍等县开垦荒地。由公家发给路费、修建房屋、制备农具。种子、耕牛则由公家垫支，分年偿还。三年内免纳粮，“垦田作为官佃，准其世世耕种。若犯不法等事，官即立即夺佃驱逐”[②]。民垦是各由各村自己招民开垦荒地。须先申报，指定地段，具结存案，限两年内垦毕。三年后勘丈发给地契，按亩计科。办垦各县均设立监垦所，由监工委员主持其事，管理垦民开垦事务。

为扩大垦地，提高粮食产量，进行了土地和水源调查，兴修了一些小型水利，引进和推广良种，改良耕种技术。如在康定修治了永济渠，巴塘制造适于吸水灌溉高岸山地的筒车，察隅推广水碓加工粮食；在稻城设立农牧研究会，巴塘设立农民试验场，登科（邓科）设立农事试验场和农事改良所，并在所辖五路设分所，从内地购置农具，引进水稻、玉米、乔子、小麦、洋芋、高粱等以及各种豆类和菜蔬品种试种，所产良种向农民推广，

① 《清末赵尔丰边务档案资料》第 2 册《军机处为川边设治致赵尔巽函》。
② 《清末赵尔丰边务档案资料》第 2 册《乡城改革章程》。

并教农民仿制内地农具。

文卫方面：首先设立关外学务局，聘请川省著名学者吴嘉谟主持，拨银 3 万两作为开办经费。为打破语言文字的障碍，仿国子监藏文学堂例，在打箭炉设立藏文专修学堂，培养师资。学生分招、调两种，招生以通藏语而识汉文者为合格，调生则调成都藏文学堂毕业生学习。三个月为一期，期满派充教习。并组织专人编写汉藏文识字课本。

为提高人口素质，在打箭炉设立师范传习所，培养师资。在各县在人口较为稠密的地方设立官话学堂，学生的书籍、纸、笔、衣服等由公家发给。对家境贫困的，并补助口食。由各县委员兼任该县学务总理，并设调查委员调查学龄人数和劝学。除官话学堂外，巴塘、里塘等处设有初等小学堂，打箭炉还设有高等小学堂。据统计，从光绪三十三年至宣统三年（1907—1911）五月，“关外东南两路已逾一百五十所。加以西北两路及打箭炉各属计算，实二百所有余”[①]。为印刷学校课本及公私文牍表册，设立刷印官局，拨款万余两在上海购置印刷机、铅字，设局印刷。

为筹备“立宪”，实行“新政”，还在巴塘设立巡警学堂，选送官话学堂毕业的藏族学生入学，三年毕业后，分派川边各府厅州县充当教习或巡长，作为开办巡警的预备。

卫生建设上，先后在巴塘、里塘、盐井、定乡、稻城、德格、河口、登科等县设立官药局，从内地延请医生，由公家给予薪资，免费诊病。并从内地采购中药材，开设药铺。各局设内科医生 1 人、医工 2 人，并设有牛痘医生，随时况下乡为小儿点放牛痘。诊病人数及种痘人数均按月报地方委员转报边务大臣，作医生考核依据。

工商方面：针对康区皮张丰富的情况，拨银 24000 两建立巴塘制革厂，从日本购买制革机器，选送藏族青年 30 名到成都学习制革技术，并由成都

① 《清末赵尔丰边务档案资料》第 2 册《关外学务局请设师范传习所详》。

选派工匠到厂传授技术。产品于宣统二年送南洋劝业会陈列，各种皮革得了超等奖，所制军用靴鞋得银牌一面。

针对雅砻江两岸野桑甚多的情况，设立了蚕桑局和蚕桑学堂，发展养蚕缫丝，号召百姓参观，“始皆欣羡，喜动颜色，多有请发蚕种自行试办者”①。又利用稻城、鸡贡产竹和构树，开办纸厂；桑昂、察隅一带多野生漆树，派驻军割取，收入作为边务经费。

为推广制陶业，利用巴塘出产釉料，于宣统元年聘请硕般多藏族陶工泽日大吉到巴塘，招收附近官话学堂家境贫寒的学生，用半工半读形式学习制陶技术。以六个月为一期，并实习两个月，口食由公家垫发，俟学成制陶出售时，分期归还，作为续招学徒口食之用。办满三期结束，以后则自行收徒传习，以之分布各区，发展西康陶器生产。

为了抵制印茶入藏，组织成立了边茶公司，由产茶各县茶商集资50万两，对边茶的产运销统一经营管理，以增强竞争能力。

开矿方面：因川边盛产沙金，聘美国工程师刘轼轮勘查矿苗。在各地招商兴办金厂，制定金厂章程，每年征收课金黄金百余两，作为边务经费。为增加民众收入，宣统元年派军丁在德格扩络垛（柯鹿洞）开办金厂，招收附近藏民到厂学习挖淘沙金技术，由公家按月供给口食。学得技术后，即自备口食在厂开采，得金由本厂委员照市价收买。

此外，在同普（江达）设立官办铜厂，采矿炼铜。在察隅派兵士用土法开采冶炼银矿，每百斤矿石得纯银四两三钱六分。

交通方面：光绪三十四年，赵尔丰会同川督赵尔巽奏请修筑川藏大车路，由川、边、藏分段负责修筑。成都至打箭炉段，由四川拨款修筑；打箭炉至察木多段，由边务大臣拨款修筑；察木多至拉萨段，由驻藏大臣拨款修筑。并在雅州设立车务处，制造大车。后因工程浩大，财力、技术不

---

① 《清末赵尔丰边务档案资料》第2册《河口委员乔联沅请奖教习周裕文详》。

足，仅对一些地段进行了修扩建，未能全线竣工通车。但在河口的雅砻江上修建的钢索吊桥，系由上海比商华法公司承包，比利时工程师设计建造的现代桥梁，为川藏交通带来了很大便利①。

邮电方面：川藏相距数千里，文报向由台站传递，信息不畅。巴塘事变后，赵尔丰首先安设了打箭炉至巴塘的电线，随后又接续至察木多，并派黄德润等勘测了由察木多经拉萨至亚东的线路（因所需经费问题而未通）。邮递方面，宣统三年开辟打箭炉至拉萨邮路，与内地邮路衔接。仍援照塘站传递，每站增添兵、马各一，边、藏得以通邮。

铸造钱币：英国对西藏的侵略，使印度货币卢比大量流入西藏，并在川边流通，其币价值甚高，政府和藏民都蒙受损失。为了抵制印币，赵于宣统元年以银 20 万两，仿照卢比大小，在成都铸造重 3 钱 2 分的藏元在川边行使。随后，又铸造了当十铜圆 1000 万元作为辅币，并规定以铜圆 44 元合藏元 1 元的比价流通使用。

统一度量衡：藏区度量衡颇不统一，收纳税粮，易于弊混。因此改革度量衡制，实行与内地统一的度、量、衡。即度制以营造尺为准，量制以合、升、斗、石为准，并规定每斗重库平三十斤，衡制则以库平斤（十六两）、两、钱、分、厘为准，并购制库平秤，官斗分发各县仿制使用。

四、川军入藏

宣统元年（1909），清廷由四川抽调了一支近 2000 人的军队入藏驻防。以达赖为首的西藏地方政府公然具禀反对，并调兵拒阻，清廷命赵尔丰率边军护送川军入藏，并将昌都一带划归边务大臣管理。川军到拉萨后，十

① 过去，在河口一直靠船渡，此桥建成后，大大改善了川藏官道的交通。可惜民国三年（1914）边军陈步三叛乱，放火焚毁了此桥。

三世达赖外逃印度，赵尔丰拟直入拉萨整顿藏政，清廷虑藏局动荡引外人干预，命边军撤至工布江达以东。辛亥革命以后，川军哗变，藏局动荡不安，以致发生流血冲突。川军入藏后，直接导致了十三世达赖外逃印度。

（一）川军入藏原因

清朝自乾隆以后，“官吏贪污成风，财政支绌，军备废弛，国势显著下降”①。鸦片战争后，更沦为半封建半殖民地的境地。清政府在帝国主义的利枪快炮面前屈膝投降，使它在一些少数民族下层人物中的威望大为下降。19世纪中叶，英、俄两大帝国为夺取中亚、南亚地区，争相侵入西藏。1886—1888年，英帝国主义向西藏发动了第一次侵略战争，腐朽的清政府不仅千方百计地阻止西藏人民英勇的抗英斗争，甚至将支持西藏人民抗英的驻藏大臣文硕撤职，极大地挫伤了藏族人民的民族自尊心，使西藏地方政府对清廷更加失望。加之藏中吏治腐败，“向来驻藏大臣不皆洁清自守，往往横征暴敛”。在政治上除个别外，多为庸碌之辈，三年任期，不过“应付现状，维持局面”，以待升迁，故难有建树②。进藏官吏，“率皆被议降革之员。钻营开复，幸得差委，身名既不足惜，益肆无忌惮，鱼肉藏民，侵蚀库款”，公开卖官鬻爵，“为藏众看轻”③，致使西藏地方政府与清廷驻藏官员之间的矛盾日益加剧。

1904年，英国乘沙俄正忙于对日作战之机，再次大举侵入西藏，血洗江孜，进逼拉萨。西藏人民在十三世达赖的领导下，进行了极其艰苦的英勇反击。当战事紧急时，达赖多次上奏清廷，“请大皇帝谕调汉兵，资助军饷。”清廷不仅不发一兵一弹支援，身为清政府驻藏代表的驻藏大臣有泰，

① 翦伯赞等：《中国史纲要》第4册。
② 牙含章《达赖喇嘛传》。
③ 《张荫棠奏牍》，《清季筹藏奏牍》二辑。

却还要对西藏的抗英斗争搞“釜底抽薪”之计，“冀幸英军进拉萨，压服藏众”[①]。英军得以长驱直入，攻进拉萨，胁迫西藏地方政府订立城下之盟——《拉萨条约》。达赖在英军入城前，仓促逃出拉萨，前往库伦（乌兰巴托），希望求得沙俄“助其返回西藏”。但愿望落了空。英国又坚决“反对其返回拉萨”[②]，认为他回藏后会“执行或倡议一种反对英国利益的政策”[③]。1907 年，英俄达成了西藏协定，承认英国在西藏的“特别利益”。俄国则要求保持在西藏的“精神利益”。为了这种利益，俄国表示愿同“无论哪一个当权的达赖喇嘛保持往来”，“无意坚持同这个或那个达赖喇嘛维持关系”[④]。大有抛弃十三世达赖之意。

达赖在进退维谷、无所依凭的情况下，只有再转回头来寄希望于清政府。1908 年 9 月，达赖到北京觐见光绪帝和慈禧太后，这是自 1652 年五世达赖朝拜顺治帝以来，时隔 200 多年后，又一次达赖来朝，故清政府十分重视这次觐见，除恢复了达赖原先名号外，还特予加封了“诚顺赞化”四字，给予了丰厚的赏赐。达赖乘机向清廷请求贯彻“历代大皇帝奉行不移之政策”，“保护黄教和西藏众生安全”[⑤]，扶助西藏抵抗侵略。清帝亲口向他保证“保持他在西藏的权力和地位，并保证西藏人民绝不会受到任何损害”[⑥]。

十三世达赖亲政以来，与清政府的矛盾，日趋尖锐。特别是他与驻藏大臣的争权斗争十分激烈，搞得关系非常紧张。毋庸讳言，十三世达赖是西藏历史上一位颇有影响的政治家，又是一个政治权欲极强的宗教领袖。如果说他过去与清政府的矛盾主要表现在抗英态度上的分歧的话，那么，当他进京觐见时，这种分歧就已主要转移到对待“新政”的方面。所谓在藏实行新政，就是在西藏推行练兵、开矿、修路、兴学、经商等事业。其

---

① 《张荫棠奏牍》，《清季筹藏奏牍》二辑。
② 《关于大战起源的英国外交文件》（载《近代史资料》1982 年第 2 期）。
③ 同上。
④ 同上。
⑤ 牙含章：《达赖喇嘛传》。
⑥ 《英国蓝皮书》帙 5240“印督致印度事务大臣电”。

目的是要挽回清朝在藏的主权，开发西藏，使帝国主义难以染指。这一主张的最先提出者是1906年查办藏事的张荫棠，虽然这不过是资产阶级改良主义的一套，其中也有些不合西藏实际，但总的说仍是积极的、进步的措施。张荫棠去后，驻藏大臣联豫继承了这一“新政”的蓝图，趁达赖不在西藏之机，开始了小规模试行。新政对于以达赖为首的西藏上层农奴主统治集团的利益当然有所侵害，加以联豫志大才疏，刚愎自用，与达赖统治集团素不睦，因而受到噶厦的阻扰和反对。联豫深感达赖虽不在藏，而遥控藏事，“藏官事事听命于达赖”，自己处于“操纵两难”的地位[①]。故请求清廷“简派经济夙优，声名素著之知兵大员前往经营”。清廷认为赵尔丰“熟谙边情，奋发任事”，便任命他为驻藏大臣兼边务大臣，调其兄赵尔巽为四川总督，作为后援。拨给巨款，命其在西藏“收回政权，及时规划”。

赵尔丰是清末一个干员，他在康区推行改土归流和积极进行开发建设，具有积极意义。但他使用的是以武力压服和“用夏变夷”的手段，特别是打击喇嘛教。这就挫伤了藏族人民的民族感情，引起了极强烈的反感。而作为封建农奴主的僧俗上层，更把赵尔丰作为洪水猛兽看待。因此赵尔丰被任命为驻藏大臣后，引起西藏上层的极大恐慌。噶厦和三大寺公然调兵至江卡（芒康）一带阻拒赵尔丰进藏，同时三番五次具“阖藏僧俗公禀”，请求撤换赵的驻藏职务，西藏地方政府的武装亦和赵尔丰的“边军”经常发生摩擦。在此情况下，清政府为避免操切肇乱，“致失藏人之心”，只得命赵尔丰在康“择地暂住，以待后命”[②]。同时。利用达赖来京之机，结以恩信，厚加抚绥，消除隔阂，改善关系。因此，达赖此时所请求的“保护黄教”，主要是针对康区“改流”和西藏的“新政”而言。而清帝的保证，也是针对达赖集团的担心而发。

① 吴丰培辑：《联豫奏稿》。
② 《清实录·德宗实录》。

清廷的保证无疑对安抚达赖起了一定作用，但双方的隔阂并未消除。达赖要求今后奏事不再经过驻藏大臣转奏，希望摆脱驻藏大臣，直接与清廷打交道。但被清廷拒绝了。清廷要求达赖约束西藏地方政府，停止对康区的骚扰，达赖亦“答词闪烁，意涉支吾”①。因此，清政府认为达赖“桀骜难驯”，达赖也对清政府的态度“意存观望”。

清朝经营西藏200多年来，从来没有发生过钦命的驻藏大臣因被藏人拒阻而不能入藏履职之事。这无疑表明清政府的这一措置确有失当之处。但是，奉行大民族主义的清王朝，并未从中吸取教训，采取缓和的态度，从消除误解入手来改善关系，求得妥善解决，而是企图以军事力量来“慑服藏众”，采纳了联豫派兵入藏“镇慑”的主张。联豫认为，“西藏之事，不用压力，则一事均不能办”。“惟兵力足以制之。”“若不及时以兵力慑服，则将来更无从措手②。”宣统元年（1909年）正月二十三日，联豫奏请“速派知兵大员入藏，既问罪，即以收瞻，且以整顿藏事”③。川督赵尔巽亦向清廷报告说“联豫兵单，不足以制之”④，建议派兵入藏。正在此时，清廷又接英、德等国公使照会，称达赖派密使德尔智在俄国活动，有购买枪支和聘请俄人教习之事。清廷感觉事态严重，遂在催促达赖回藏的同时，做出了派遣川军入藏的决定。

（二）川军入藏经过

宣统元年正月二十六日，清廷向川督和驻藏大臣复电称“藏番狂悖，自系有恃无恐”，“今日藏地情形，介在强邻之间，意存首鼠观望，必须设法经营，以保边圉。……但无兵不能弹压，多兵亦不相宜。拟先设兵一千

① 《清实录·德宗实录》。
② 吴丰培辑：《联豫奏稿》。
③ 吴丰培辑：《联豫奏稿》。
④ 《近代康藏重大事件史料选编》第一编《赵尔巽致枢垣电》。

名作驻藏大臣本标之兵。其余士兵二千，由联豫大臣就近招募”[①]。并征询进兵路线、时间，兵力、后援等意见。是年闰二月十四日，川督与驻藏大臣会衔奏复，建议以钟颖为统领，“于五月青草发生后进兵，进兵路线以大路为宜”。“枪械以川中最好者配给，并配给过山炮数尊，以壮军声”。在饷需方面，他们认为“此举关系西陲大局，断难惜费”[②]，将官弁和兵士的军饷都大大增加。为了支援川军入藏，建议由赵尔丰率军进驻巴塘，将察木多划归他管辖。清廷在得复后，于次日下达了谕旨，正式批准了这个进军计划，从而开始了川军入藏的准备工作。

一方面，清廷批准了赵尔丰在康区“改土归流”的计划，命他继续将川边地区各土司地方改流设治，“藉为藏援”。赵率大军至德格，击败受到西藏支持的正与其兄争袭德格土司之位的昂翁降白仁青，使康北最大的德格土司“自愿”申请缴印改流。又用“步步进逼之法”，孤立西藏地方政府设在康区的据点——瞻对，使金沙江以东的藏族地区，脱离西藏的影响。接着，赵尔丰又以察木多（昌都）已划归边务大臣管辖为由，请求将察木多以内的乍丫（察雅）、江卡（芒康）等地划入川边，并借口追剿“残匪”，派兵进占左贡、贡觉一带，为进藏川军扫清道路。又赶修打箭炉、巴塘至察木多之电报线路，在巴塘和德格囤积大量军粮，“购置无面皮裘三千件”[③]，以供入藏之需。

另一方面，钟颖统率的进藏川军，也积极组建。钟颖出身于满洲贵族，其父晋昌是咸丰帝的妹夫，官至盛京副都统。义和团运动时获罪被“遣戍军台”。因买通省督，实际上留成都养老。钟颖托庇父荫，22岁就当上川军协统[④]。但纨绔习气很深，“不学无术”，“浮躁跋扈。因亏空公款，大受舆

---

① 《近代康藏重大事件史料选编》第一编《军机处致川督、驻藏大臣电》。
② 《近代康藏重大事件史料选编》第一编《川督、驻藏大臣会奏电》。
③ 刘赞廷：《赵尔丰奏议公牍》卷8。
④ 任乃强：《芃野尘梦注》。

论之攻击。不得已而率军入藏”①。其军以他在凤凰山所练的部分新军及新募的市井无赖、破产农民等组成，官弁除少数陆军学堂毕业生外，率皆亲信官佐。故这支部队“纪律废弛”，“毫无营规”，“放荡无羁”。

但是，在装备上，这支部队却堪称当时第一流的。该军编为步兵三营，骑兵一营，工程兵、炮兵、军乐队各一队，配有法国造管退大炮 16 门，机关枪 24 挺，并有长途电话、渡江铁驳等先进装备。全军 1700 人，号为一协，实为一标②。因辎重庞大，征用了大量的民夫。

宣统元年六月二十一日，这支经过半年筹备的军队，从成都出发了。但“一经开拔，障碍横生，尤以夫役逃亡一事，最为骚扰。军行所至，四出拉夫，人民逃避一空”。致使“行李沿途遗弃，虽出重资，不能雇得一夫”③。故而军行迟缓，七月底始抵打箭炉，九月至德格，十月初至察木多，因为藏军在恩达聚阻，不敢贸然前进，于是留察木多等待支援。

噶厦政府得知川军进藏消息后，曾具阖藏公禀给清廷，表示反对。请求撤退川军，撤掉联豫、赵尔丰等人之职。并声言如果不允所请，“则藏众必将反叛”，“无论是何汉兵，终将拒阻”④。同时，派“代本改桑坚参、硕第巴鲁朱、堪布降巴曲桑三人，潜运军械，在距察木多二站之恩达勒，调洛隆宗、硕般多、边坝各路之兵，屯聚数千人”⑤，企图阻挡川军前进。清廷得讯后，认为“不能不示以国威”了，命令钟颖“相机驱剿”。但从未经过战阵的钟颖，在藏兵大集的情势下，被吓破了胆，根本不敢前行一步，赵尔丰建议川督改派，但一时又找不到合适人选。清廷只好仍由钟颖继续统领，而命赵尔丰率边军 3 营，进驻察木多，以“督催川军前进”⑥。

十月下旬，赵尔丰率军昼夜兼程，自德格冒雪驰赴察木多，先以偷袭

① 尚秉和：《辛壬春秋・西藏篇》。
② 刘赞廷：《赵尔丰奏议公牍》卷 6 注。
③ 陈渠珍：《艽野尘梦》。
④ 《近代康藏重大事件史料选编》第一编《西藏公会致外务部电》。
⑤ 吴丰培辑：《联豫奏稿》。
⑥ 刘赞廷：《赵尔丰奏议公牍》卷 8。

之法，活捉了恩达藏兵的带兵官邓珠（降巴曲桑），使恩达藏兵溃退。邓珠告诉赵，“边坝尚调有援兵未服，赵优慰释之”①。随命边军沿硕般多、洛隆宗、边坝之大道前进，“以为疑兵”，而令钟颖率川军经类伍齐，由三十九族小道前进。由于赵尔丰事前已招抚了三十九族总百户丹珍汪都，命他准备柴草迎接，联豫也派有专人在三十九族调土兵配合，故川军一路颇顺利，直抵拉里。

为什么近万人的藏兵，一夜之间就溃散几尽呢？究其原因，主要是因为西藏和祖国大家庭千百年来形成的不可分裂的亲密关系，在广大西藏人民中深深植根。虽然由于清末中央政府对藏政策的一再失误，造成了一些隔阂，但这毕竟是有限的。故这些被征调来的藏军并不敢，也不愿拿起刀枪公然反对中央政府。他们之所以武装聚阻川军入藏，除了迫于专制压力之外，还由于认为这是联豫、赵尔丰等人“背着大皇帝”干的，只要清朝皇帝明白了，就会将川军撤回的。故聚兵恩达之初，邓珠曾邀请钟颖“单骑往见”，拟向钟说明苦衷②。后来川军管带陈渠珍前往侦察被俘，邓珠以礼相待，再三请他向赵尔丰转达他“不得已统兵出藏”之情，并写信请“允以三日为期，撤退藏兵”。正因为如此，赵尔丰之偷袭才得成功。据当时目击者述，当边军冲入恩达时，见藏军“帐幕林立，号火满山，正在酣睡”，毫无战斗准备之态。很明显，这是邓珠确知川军是奉旨而来后，已准备撤兵的缘故。

但是，对于长期在藏独断专行的十三世达赖及其代理人边觉夺吉等来说，此时已势成骑虎。于是，又孤注一掷，抽调工布藏兵在江达一带阻挡川军。十二月中，藏兵焚毁了江达的军粮和一些房屋，杀死了3个汉兵，因这里拒拉萨较近，联豫唯恐遭到藏兵的袭击，十分恐慌，急电令钟颖率部加速前进。但钟颖此时兵分六队，逶迤前进，只有前锋方到拉萨。于是，联豫又电请边军支援，赵尔丰急调正在硕、洛、边的三个营，“迅速开拔前

① 刘赞廷：《赵尔丰奏议公牍》卷6注。
② 陈渠珍：《艽野尘梦》。

进。复饬川督派来之中路第一军统领张继良，分督各营自察木多填扎至边坝一带”。时值隆冬，大雪封山，边军兼程前进，“乌拉倒毙甚多，军士冻坏手脚及感风寒疾者数十人”，“及抵江达，乌拉存者不及一半”①。

在川、边两军的夹击下，江达藏军大败，奔逃山中。川军不及搜索，继续前进，又在堆达及乌斯江两处与藏兵小有接触，彼此伤亡不大。清廷在接到江达一役“追杀三十余里。阵毙百余名，生擒二十余人”的报告后，立即命令“传谕各将领，相机因应，剿抚兼施，勿得过事诛戮”②。其实，当时除工布地区尚有部分藏兵据守外，川军一路并无阻挡之人了。

宣统二年（1910）正月初三日，川军前锋40余骑，在管带张鸿升率领下进入拉萨，随后第一营陈庆，第二营张葆初亦率队于初五、初六相继到达。钟颖自率后队于初八日入拉萨。至此，川军经过近半年的行军，全部抵达拉萨，成为驻藏大臣本标的守军。在川军抵拉萨的同时，赵尔丰原拟乘势以追剿残敌为名率军直入拉萨，行使其驻藏大臣之权，但兵方至墨竹工卡，就闻达赖外逃之讯。清廷令联豫总管藏政，联豫唯恐赵尔丰入藏夺权，急奏请撤退边军。赵尔丰只得怏怏督军而返，退至工布江达一带，绥抚昌都地区各部继续完成他在康区的改流、建省工作。

第四节　四川藏区各族反压迫反侵略斗争

一、反封建、反压迫斗争

近代伴随着统治阶级的压迫加重，各种苛捐杂税和徭役十分沉重，四川藏区的各种差民采取各种方式进行反抗，各种“抗粮”“抗差役”的斗争

① 刘赞廷：《赵尔丰奏议公牍》卷8。
② 《清实录·德宗实录》。

十分激烈，在四川藏区发生了几次较大规模反封建、反压迫的斗争。清政府为了维护农奴制度和封建统治，对农奴和群众起义，进行了残酷的镇压。其中，较大的几次斗争有：

（一）松潘“庚申事变”

鸦片战争以后，我国逐步走上了半殖民地半封建社会的道路，屈服于外国侵略者的清政府，加紧了对四川藏区藏族人民的统治和剥削。清咸丰年间，国内太平天国起义，川境李永和、蓝朝鼎起义，松潘地区各部落税收负担增重，阶级矛盾日益激化，发生了“庚申事变”。

这次事变的起因是“尖斗之争”。咸丰六年（1856），松潘镇中营所辖招右阿革寨、热务寨、牟尼包子寺寨、峨眉喜寨、七布绦之河寨、毛革阿按寨和左营所辖阿恩峒大寨、三舍羊峒和药寨、下尼巴寨等部落按年例照户口春季预收公粮。驻扎于松潘中营与左营所管各砦收粮之时，用“尖斗”收粮，各部落百姓不堪其苦，于咸丰七年、八年先后恳请免除尖斗粮未允。

咸丰九年（1859），内地发生变乱，松潘守军奉命内调，守备空虚。松潘各部族提出豁免“尖斗”的要求不允时，松潘各地藏族人民抗粮不纳，遍传木刻，松潘南北率众响应，准备起义反抗。数日之间，起义军席卷松潘南北各地，攻陷关隘。咸丰十年，起义军包围松潘城。松潘厅同知张中寅召绅商，令城内居民各户组成乡勇，加强城防。起义军乘“各喇嘛搬运犒赏茶包之隙”由东北两门破城而入，张中寅“众寡不敌”，松潘城被攻破。城陷之日，变民于“四门纵火三昼夜，房屋无一存者，官绅兵民男女死者无数，暴骨原野，江中积尸累累，水为不流，其逃往东龙安一带沿途病死者又千百余人”[①]。破城后，随即攻克漳腊、南坪、小河、平番、叠溪5

① 顾祖成、王观容等：《西藏研究丛刊之九·清实录藏族史料》第9集，西藏人民出版社1982年版，第4288页。

个营城及百余所屯堡。清吏所撰《归案·书庚申番变事》载“所过扰害损失不可胜计”，“受祸之惨，死亡之多，较内地寇贼加甚焉”。

松潘镇总兵联昌于同治元年（1862）逃至龙安营，集旧部暂设行署。四川总督骆秉章命联昌等率重兵由文县、平武、茂州三路进攻起义军，次年五月攻入松潘城，进行了血腥屠杀。收复松潘以后，在松潘实行改土归流，废除松潘镇左、中、南坪三营所属之土千户和土百户，改设屯兵制。[①]

（二）丹巴邛山农奴武装暴动

清光绪十二年（1886），甘孜丹巴地区农奴群众举行武装暴动，反对巴底土司的统治。参加暴动的主要以邛山村32户农奴为核心，在土司的娃子德呷木卡布绒的领导下，联合了附近地区1000多户农奴，掀起暴动。

邛山属丹巴县巴底土司管辖之村寨，该处连年遭自然灾害，藏民生活艰难，但巴底女土司白利娜姆和其兄益色拉买却低价强行向当地藏民收买粮食，无偿征调差役，藏民被迫用房屋等作抵押向土司交换火枪、火药打猎充食，土司又强令藏民缴纳兽皮、兽肉，进行无止境剥削，激起民众愤恨。以土司官寨中之娃子德呷木卡布绒为首，秘密联络各村寨抗拒土司，筹备武器。事件泄漏后，德呷木卡布绒被捕，在狱中继续拟定暴动计划，由其子分送巴底土司属下十六村寨。清光绪十二年（1886）八月的一个晚上，农奴们高举火把冲进官寨，活捉了土妇白利娜姆，杀死其兄益色拉买，释放了监牢里被关押的农奴，明确提出：推翻土司政权，不纳粮，不交租，废除乌拉差役，土地归农奴等响亮的革命口号。他们打开了土司的粮仓、箱柜，把粮食、衣物、金银财宝等全部分给穷人，多者分得粮食上千斤，少者也有几百斤。广大农奴从获得的胜利果实中得到了鼓舞，斗志更加昂

① 四川省阿坝藏族羌族自治州松潘县志编纂委员会编：《松潘县志》，民族出版社1999年版，第15页。

扬。他们把土司派粮、派款、派差的账簿全部付之一炬，砸碎了土司的官印和各种刑具[①]。

正当起义农奴沉浸在胜利中的时候，土妇和她的两个儿子逃跑至康定寻求清朝官吏帮助。清朝统治者随即派大军前往镇压，农奴起义失败。

（三）瞻对撒拉雍珠反对藏官起义

同治四年（1865），清廷将瞻对（新龙）赏给西藏管理后，驻瞻对的藏官，欺压人民，强派赋税，勒索乌拉。瞻对人民为摆脱藏官的压迫，曾进行前仆后继的斗争。

光绪十五年（1889），瞻对人民“不堪藏官之苛虐”[②]，爆发了以撒拉雍珠和巴宗喇嘛为首的起义。三瞻的农奴同时攻打西藏官兵所驻守的各个官寨。驻瞻的西藏官兵惊慌失措，或死或逃，藏兵驻守各地的营寨迅速土崩瓦解。驻瞻藏官青绕策批被逐，官寨被焚。撒拉雍珠所率起义军在推翻驻瞻藏官的统治，取得全面胜利以后，派员封存各处官寨的府库，报请清政府派员接收。并严守各路隘口，防止敌人袭击。

腐朽的清政府不仅不表彰撒拉雍珠的义举，反而认为他煽动农奴造反，大逆不道，于光绪十六年（1890），派阜和协副将徐联魁率兵将撒拉雍珠等起义首领斩首，残酷地镇压了这次起义，仍将瞻对责成西藏“妥为管理”。

（四）反对土司统治的斗争

光绪二年（1876），索磨土司驻黑水芦花大头人苍旺郎季，因残酷奴役和榨取所属的藏、羌各族群众，被愤怒的“百姓”杀死。土司公然出面庇护头人，威逼群众交出所谓肇事凶手，群众不服，烧毁了土司官寨。后经

---

① 《清时巴底邛山的一次农奴暴动》，载《甘孜藏族自治州丹巴文史资料选辑》第1辑，第7—10页。

② 《清季筹藏奏牍·骆秉璋奏牍》。

成都派兵镇压，地方豪绅和藏区寺院出面“调停”，才将这次群众的反抗斗争平息下去[①]。

光绪二十四年（1898），茂州岳希土司坤世素、坤东山统治下的黑虎地区的170余户羌民，不堪其奴役，奋起反抗。他们通过法庭以官司的形式展开斗争长达4年之久。到光绪二十七年（1901），清朝统治者慑于群众的威力，为了缓和矛盾，平息民愤，同时也企图借机削弱残余土司势力终于将坤氏土司“摘去顶戴，由州察看”，废除了这一残存的土司。

（五）“打盐店”事件

清光绪三十一年（1905），清政府为“偿付”帝国主义赔款和满足朝廷的奢侈生活，在国内增加各种派款，在今阿坝藏族羌族自治州羌族地区增设各种税卡，大肆勒索，尤以盐税为重，规定灌县运来的盐不准到茂州来卖。光绪三十一年（1905），清地方政府在茂州（茂县）城内建立官盐店，对食盐实行专卖，且所卖之盐价高税重，引起黑水藏族人民的民愤和反抗。黑水的藏、羌人民揭竿而起，并传木刻到茂州、赤不苏、沙坝一带，集结了藏、羌人民三四百人。他们手执刀枪、棍棒、锄头，浩浩荡荡向茂州县城进发，沿途陆续参加的群众约1000人。团首、甲长不敢阻拦，清地方政府闻风丧胆。在群众的威力面前，官府大为惊骇。盐商陈铁斋在官府庇护下逃走。城内豪绅惧怕群众入城财物不保，与官府勾结，出面调停，在群众斗争压力下，官府怕事态扩大，只得暂时答应群众要求，以群众队伍撤散为目的，答应取消盐行专卖权，将盐行收归官方掌握，设立公秤，开放盐市，减轻盐厘金。这次涉及今汶、理、茂、黑几县地的民众反抗官府“打盐店”事件，在群众的威力面前，清地方政府不得不宣布撤销对食盐的

---

① 冉光荣、李绍明、周锡银：《羌族史》，四川民族出版社1984年版，第286页。

专卖，关闭“官盐店”[①]。

另外，在清末宣统年间（1909—1911），茂州地方官开办了所谓的“官膏店”，垄断鸦片购销，贱买贵卖。宣统三年（1911）3月，茂州西路沙坎、黑虎和北路的水沟子一带的羌民数百人，一举捣毁了茂州城内的“官膏店”。

二、反侵略、反洋教斗争

四川藏区人民有着热爱祖国，反帝、反分裂的优秀传统，由于嘉绒地区民风彪悍、战士作战英勇，清政府在嘉绒地区设立了五个军屯，军屯中设立军户，由朝廷给予官职和粮饷，逐渐建立起了一支土兵队伍。这支土兵队伍受朝廷调遣，和清政府的常备军队一同四处征战，参加过朝廷的许多重大军事行动，在保卫国家、反击外国侵略中做出了贡献，为维护祖国统一做出过重要贡献。

（一）参加抗击廓尔喀之役

清乾隆年间，廓尔喀（今属尼泊尔）人两次侵略西藏。乾隆五十六年（1791）廓尔喀入侵西藏，攻陷日喀则，将扎什伦布寺的大量金银财物包括清朝的御赐物品被洗劫一空。10月，清廷命福康安为大将军、超勇公海兰察为参赞大臣、侍卫巴图鲁等率兵6000余名由青海入藏；同时又令四川总督鄂辉、将军成德率绿营兵及杂谷脑屯土守备阿拉、九子寨屯土守备阿忠、甘堡寨屯土守备四大保等五屯土兵，共计1万余人，由川进藏前往征讨[②]，其中有嘉绒藏兵2000人。乾隆五十七年（1792）正月，成德率部抵达扎什伦布，川军在战场上英勇作战，不怕牺牲，所向披靡，六战六捷，一直打

① 阿坝藏族羌族自治州地方志编纂委员会：《阿坝州志》（上），民族出版社1994年版，第72—73页。
② 安山著：《四川土司史话》，巴蜀书社2010年版，第110—111页。

到靠近其首都加德满都的地方，迫使廓尔喀人乞降求和。

这次藏羌屯兵参加的反击廓尔喀侵藏的战争，为捍卫祖国西南边疆，抗击外国侵略者立下了不朽功勋。被调参战的藏羌屯兵不少人壮烈牺牲，其中有绥靖营游击张占魁、甘堡屯守备色丹巴、九子寨屯千总尔格偷、甘堡屯把总阿什舟等多人[①]。大军凯旋后，乾隆皇帝在京城召见袁国瑛等土守备，钦赐花翎、黄马褂和“坚勇巴图鲁”名号，与平定廓尔喀其他清军功臣一起绘像于紫光阁，永为后世敬仰。杂谷脑屯土守备阿拉被赐花翎，被授予“罗丹巴图鲁”名号，九子寨屯土守备阿忠被赐二品花翎。

（二）浴血鸦片战争的藏族远征军

清道光二十年（1840）之后，中国逐步变为半殖民地半封建国家，和全国其他民族一样，四川藏区各民族也面临着帝国主义的侵略和封建统治阶级的剥削和压迫。他们同汉族人民一道，曾经向帝国主义、反动官府和封建统治阶级进行过英勇不屈的斗争，为中华民族的独立和解放做出了不可小觑的贡献。

清道光二十年（1840）6月，英国发动侵略清朝的第一次鸦片战争。清道光二十一年（1841）8月，侵略军在攻陷厦门后又进攻定海、镇海、宁波三城。清政府为夺回被英国侵略军占领的领土，组织大军进击时，令四川总督宝兴“于建昌、松潘两镇属内，挑选精兵，其该省屯兵可调用者，亦着一体挑选共足两千之数，委派曾经出师之镇将官带，前赴浙江军营听候调遣”[②]。瓦寺土司索衍传派其弟土舍索文茂和三江土守备哈克里与大金川土千总阿木穰一起率土兵2000人，驰赴浙江前线，被清军编为前锋。在冒雨进攻宁波城时，索文茂与哈克里率兵随陕甘总兵朱贵自慈溪大宝山进取

① 四川省《理县志》编纂委员会编：《理县志》，四川民族出版社1997年版，第44—45页。
② 《清实录·宣宗实录》卷357。

镇海，哈克里率兵500进攻镇海招宝山上的威远城英军，凭借瓦寺土兵“矫若猿猱”登山的本领，抢攻至威远城边。英军不敌，正拟散逃时，甬江中的英国军舰从背后向攻山士兵开炮。哈克里部腹背受敌，遭受重大伤亡，退守大宝山，继续抗击英军。终因弹尽粮绝，哈克里与部下数百人壮烈殉国。阿木穰在总兵段永福指挥下率土兵越城抢先攻入宁波城内，中敌埋伏，200余人全部牺牲。进攻宁镇失败后，瓦寺土舍索文茂率领土兵，在朱贵的指挥下防守大宝山，利用地形，以杠炮猛烈轰击敌人，打退敌人数次进攻。其间索文茂曾将英军引入湖沼之地，使其火炮失效，斩获英军百余人。但因指挥此役的奕经、文蔚昏庸，致使大宝山守军孤立无援，朱贵、索文茂等数百名官兵最后全部壮烈牺牲。大宝山之战，使英军遭到前所未有的重创，英军曾感叹：“自入中国以来，此创最深。”① 清廷也追封追赏索文茂等。对这两支藏兵的英雄业绩，后人建“高节祠”以祭奠。兵将们将作战英勇牺牲的屯兵辫子剪下来带回家乡建“辫子坟”埋葬，至今人们每年仍要祭拜。

清道光二十一年（1841），为策应英军在我国东南沿海的攻势，为英人所役属的拉达克人分三路入侵西藏阿里地区。他们沿途烧杀抢劫，无恶不作，占领日土、托丁等地，一直推进到玛旁雍湖旁边，并扬言要进攻卫藏区。此时清政府正在应付东南沿海战事，无暇西顾，在驻藏大臣孟保和海朴的督促下，由西藏地方政府组成一支有康巴人参加的3000多人的藏军驰援阿里。藏族军民奋勇抗战，经过三天激战，击毙敌军主将倭色尔，俘获敌军官兵800余人，大获全胜，收复了全部失地②。

① 《鸦片战争资料》第4册，第428页。
② （清）孟保著：《西藏奏疏》。

（三）主要“打洋教”事件和教案

鸦片战争失败后，清朝政府在各国列强的压力下，签订了一系列不平等条约，英、法等国利用这些不平等条约，派出所谓“探险队”“游历家”和“传教士”纷纷潜入四川民族地区进行间谍活动。道光二十六年（1846），梵蒂冈以拉萨为中心成立教区，其范围即包括打箭炉（康定）区。道光二十八年（1848），法国天主教传教士在取道四川入藏行至昌都受阻的情况下，退回四川清溪（汉源）大林坪，成立了教会对藏区进行侵略的第一个据点。咸丰七年（1857），法国传教士古尔德，扮成商人进入打箭炉，在打箭炉建筑医院、学校、教堂，并将主教府由大林坪迁至康定。同治二年（1863）十月，法国传教士罗勒拿、肖法日等人经打箭炉进入康区，先后在康定、理塘、巴塘等地购置田地、霸占民房，雇用长工，企图发展天主教势力，引起了当地僧俗人民的不满。法国人进入四川藏区后，英国人也向清政府提出进入康区“传教”“游历”“通商”的要求。光绪二年（1876），由于英国翻译官马嘉理在云南边境被杀，英国迫使清廷签订《中英烟台条约》，条约中除扩大英在中国内地的侵略权利和侵吞范围外，还“专条”规定英国可以派员由中国内地经藏区到印度，或由印度进入西藏“探路”的权利。此条约签订后，英国开始不断派员从内地经四川藏区前往其他各藏区。同时，清廷不但允许洋人入藏，而且还命令藏区僧俗大众不能阻拦和抵抗，且要负责保护洋人的安全。自此，西方帝国主义取得了进入四川藏区及其他藏区进行公开“传教”“游历”的合法权利。光绪十四至十五年（1888—1889），英国基督教“圣公会”和法国、罗马天主教会分别派出传教士由成都到达羌族聚居的茂县，在羌族聚居区设立教堂、学校和医院 10 余所，后又逐渐扩展至小金、金川等藏族聚居区。宣统二年（1910），在天主教在西藏扎根困难的情况下，教皇决定取消西藏传教区称号，改名为“打箭炉教区”，其管辖范围包括四川藏区的康定、泸定、道孚、炉霍、巴塘、丹巴、懋功、靖化等地。

这些国家的传教士，常常假扮商人，或用传教名义，在当地购买、霸占土地，建立医院、学校和教堂，网罗一部分地痞流氓当教民，肆意欺压当地群众，甚至利用特权，包揽词讼，挑拨民族关系。传教士们的不法行为，激起了四川藏区各族同胞的普遍反对。在四川甘孜的巴塘、康定，阿坝的懋功、茂县、理县等地，广大藏民、羌族起来驱逐天主教教民，焚毁教堂，杀死传教士的事件连续发生。

在今甘孜藏区，以巴塘的“打教”最为激烈。同治四年（1865），法籍司铎丁某骑马涉水溺死，法人硬诬为丁林寺喇嘛杀害，巴塘人民怒不可遏，驱逐法国传教士，焚毁教堂，收回被占产业，拉开了四川藏区反帝斗争的序幕。同时，伴随着天主教势力在甘孜藏区的不断扩张，传教士与当地人民的矛盾与日俱增。同治十二年（1873），由于传教士行凶扰民，巴塘群众驱逐了传教士，并烧毁巴塘及盐井、莽里二处教堂[①]。光绪五年（1879），奥斯曼帝国伯爵奥斯图凯、莱赖等，要求经巴塘入藏，遭到西藏、甘孜僧众的强烈反对，巴塘教堂被迫于1880年迁至盐井。光绪七年（1881），驻巴塘的法国司铎梅玉林携带物品潜往盐井，行抵核桃坪时，被三岩藏民杀死。光绪十三年（1887），巴塘僧众围攻巴塘教堂4日，将教堂烧毁，抢走教堂财物，传教士无处栖身，狼狈逃回打箭炉。光绪二十年（1902），泸定青年80余人，竖起“顺清灭洋”的大旗，冲进冷碛、磨西、沙坝天主教堂，驱走传教士，打开仓库，把粮食和财物分散给穷苦农民。他们直趋打箭炉，准备一举捣毁天主教堂，途中遭打箭炉军粮府派兵镇压。光绪三十一年（1905），巴塘群众杀死法国传教士牧守仁和苏列，烧毁三座教堂，杀死及打伤教民多人。在英法公使的逼迫下，清政府派提督马维骐、永宁道赵尔

---

① 阳昌伯：《近代帝国主义侵略川边的历史》，载中国人民政治协商会议甘孜藏族自治州委员会编：《甘孜藏族自治州文史集萃》第2辑上，第85—88页。

丰“进剿”，镇压了巴塘的反教会斗争。

辛亥革命爆发后，四川各少数民族更是掀起了轰轰烈烈的反洋教活动。道孚民众数千人焚毁法国教堂，杀死法国传教士熊德龙，活捉法国传教士谭司铎。

第五章

民国时期四川藏区治理

第一节　民国时期四川藏区设置

一、民国时期四川藏区设置

民国时期，于阿坝地区置松理懋茂汶屯殖督办公署，后改为四川省第十六行政督察区，辖松潘等 6 县及草地 65 部、20 个土司、11 个屯守备；甘孜地区为川边特别行政区，辖 32 县。先后设置川边镇抚使、川边镇守使、西康屯垦使及西康边防指挥部、西康政务委员会。1939 年成立西康省，省会康定，甘孜地区为西康省“康属”地区。

1. 阿坝地区

清末，四川掀起的“保路运动”，促使辛亥革命在全国范围内爆发，统治中国 2000 多年的君主专制体制，至此结束。1912 年，孙中山就任临时大总统，宣告中华民国成立，标志着我国历史进入了一个新的阶段。1912 年 3 月，袁世凯就任临时大总统，北洋军阀掌握了军政大权。为了削弱地方割据势力，北洋军阀政府裁废道制，以府、州、厅直隶省。

1913 年，袁世凯为了进一步恢复帝制，又“废省改道”，以道统县，将四川划为 7 道。其中今阿坝州属川西道，辖茂县（1913 年改茂州为县）、汶川县（治地在今汶川绵虒乡）、懋功县（1914年改懋功厅为县，治地今小金县美兴镇）、理番县（1914年改理番厅为县，治地今理县薛城乡）、松潘县（1914年改松潘厅为县，治地今松潘县进安镇）。

民国初立后，四川全境处于军阀混战中，四川省政实际为防区制所分割，大小军阀在其所辖的防区中，总揽大权，在防区内大肆征兵、征粮、征税，扩张武力。1917年，今阿坝州为四川暂编陆军第四师卫戍区的防区。1919年，被划为四川靖国军卫戍第九区，为西路汉军的防区。1927年，在今茂县设置松理懋茂汶屯殖督办公署，为国民革命军第二十八军屯殖区。将松潘、理番、懋功、茂县、汶川5县和抚边、绥靖、崇化3屯划为屯殖区域，归二十八军治理。

1935年，四川军阀配合国民党中央军堵截中国工农红军北上抗日，国民党中央军势力由此入川。此后，四川军阀混战中形成的防区制暂告结束，转入国民党中央直接统治四川省政的时期，把四川划分为18个行政督察区和西康行政督察区，每区设专员公署，作为省政府派出机构。其中，在今阿坝地区设置“四川省第十六行政督察区专员公署”，专员公署和保安司令部都设在茂县，并派保安队五个分驻各县。划松潘、茂县、汶川、理番（今理县）、懋功（今小金县）及绥靖、抚边、崇化为四川省第十六行政督察区。在所辖区域内，不适用国民党通行法规，而以行营暂行法令为准则。为了加强对该区域的控制和管理，还在金川实行了第一次县政改革，企图通过改革，集中县一级的地方权力，实行“文武合一”，以军事手段处理相关事务，防止“赤化”[①]。不过因改置行政督察区时，原屯区内除汶川县板桥沟以南的岷江东部及松潘县镇江关以北地区外，其他区域大多为中国工农红军第一、四方面军控制的川西北苏区地域，原设的屯署机构不得不迁往汶川县龙溪，因而可行使的职权，徒具虚名。直到1936年1月，国民政

---

① 李鸣：《羌族法制的历程》，中国政法大学出版社2008年版，第114—115页。

府军事委员会委员长行营任命谢培筠为督察区专员兼保安司令，专员公署才正式意义上成立，开始办理公务。第十六行政督察区下设专员公署及保安司令部，保安司令部为督察区内最高军事指挥机构，设司令、副司令。同年，四川省政府报请南京国民政府批准将绥靖屯和崇化屯合置靖化县并兼管绰斯甲土司地。至此，十六区辖县为：松潘县、茂县、汶川县、理番县、懋功县、靖化县。1942 年，第十六行政督察区保安司令部与专员公署合并，称第十六行政督察区保安司令兼专员公署。

2. 甘孜地区

1912 年，尹昌衡西征期间，设边东（甘孜州大部）、边西（德格以西）两道，置理化府，撤道坞设治局立道坞县。1913 年，将康定府、理化府、巴安府、登科府、德化州、白玉州均改为县，道坞县更名道孚县，冷卡石县更名义教县，设甘孜县、炉霍县、得荣县、丹巴县。1914 年，撤边西、边东二道，划康定县以西为川边特别区域，设置镇守使，总持军民两政。下辖康定县、九龙设治局、泸定县、雅江县、稻城县、贡噶县、理化县、巴安县、定乡县、义敦县、邓柯县、石渠县、德格县、白玉县、甘孜县、道孚县、炉霍县、瞻化县、得荣县。1918 年，今甘孜地区被划为四川暂编陆军第十一防区，包括康定、泸定、河口、理化、巴安、稻城、乡城、贡噶、丹巴、道孚、怀柔、德化、炉霍、甘孜及今昌都地区的察木多、江卡、盐井等共 18 个县，为边军及陈遐龄护军使所部防守。

1925 年 2 月，改川边特别行政区为“西康特别行政区”，刘成勋任西康屯垦使。1927 年，刘成勋屯垦使下野，由四川省主席刘文辉兼任川康边防总指挥。1928 年春，置西康政务委员会于康定。1935 年，设立西康行政督察区，包括金沙江以西西藏自治区的昌都、同普等 13 县和现今四川甘孜藏族自治州的康定、泸定等 18 县，共 31 县。

1939 年 1 月，西康省正式成立。将西康督察区和四川的十七、十八督察区合并成立西康省，将今属四川省甘孜藏族自治州除尚未建置的乾宁、色达 2

县以外的19县，以及在金沙江以西今属西藏自治区的原昌都、同普、盐井、恩达、宁静、察雅、武成、贡县、硕督、嘉黎、太昭、科麦、察隅等13县，划归西康省管辖，实行川康分治。推行行政督察区制度，将全省除藏军占据的13县外，共划分为五个行政督察区，其中川边甘孜地区为第一、第二、第四、第五行政督察区。其中，第一行政督察区，领康定、九龙、雅江、道孚、丹巴5县及金汤设治局和泰宁实验区；第二行政督察区领雅属的6县及泸定县；第四行政督察区，领甘孜、德格、邓柯、石渠、白玉、瞻化、炉霍7县；第五行政督察区，领理化、巴安、得荣、定乡、稻城、义敦6县。在督察区内，也开始推行新县制，在各县改保为乡，成立乡公所。

二、民国时期四川藏区的治理格局

辛亥革命爆发、清王朝被推翻之后，四川藏区被废除的土司纷纷复辟。民国时期的北京政府与国民政府，一方面对土司势力在形式上予以取缔，但同时又委土司以团练、团总、保甲长之类的流官官职，承认其某些封建特权，一方面在一些地区仍然保留土司治理当地的权力，形成土司与流官双轨并行的统治格局。

（一）县、区、乡保甲制

辛亥革命以后，阿坝地区的大部分地方为地方封建军阀所统治。1920年以后，四川军阀的防区制逐渐形成。四川省第十六行政督察区专员公署成立后，四川省政府饬第十六行政督察区及所辖各县，遵照国民政府军事委员会委员长行营训令，废除清末民国初沿袭下来的里甲制和团甲制，改为分区设置，编查户口，推行县、区、乡（镇）保甲制。甲设甲长兼壮丁队班长，保设保长兼壮丁队保队长，若干保设联保主任兼壮丁队联队长，并推行“联保连坐法”，一户违法，追究十家。1936年，在茂县8390户的

35757 人，被编为 828 甲、83 保、14 联保，分属土门、文镇、大定堡三个区署①。汶川 4700 余户的 24500 人被编为 920 甲、42 保、7 个联保，分属绵虒、龙溪、三江口三个区属。当时实行这种行政管理仅限于岷江上游的今汶川、茂县以及理县、小金、金川县的部分地区，主要在汉藏、汉羌杂居地及交通大道沿线地带，其余大部地区都是通过土司、土官、头人、守备进行管理。1938 年，除松潘黄胜关内外 72 部落和懋靖地区外，全部推行保甲制度。1940 年，国民党颁布第二次县政改革方案，开始推行“新县制”，改组县政府，改联保为乡镇，由县长集权，加强和充实县、乡（镇）、保等机构，实行“管教养卫”合一，区、镇长除兼壮丁队长外，还兼任当地的小学校长。1946 年，国民党还在阿坝管辖区域设立县参议会、镇民代表会、保民会等“民意机构”②，粉饰“民主”。

在甘孜地区，1913 年，泸定县首次编保甲，10 户为牌，设牌手；10 牌为团，设团手、乡约；县以下、乡约之上设保证。1935 年，国民党军十六军李抱冰宣布实行保甲制，县以下设联保，保下设甲，全县被分为 12 联保。1940 年，推行新县制以后，各县改联保为乡镇，设乡公所和正副乡长，下仍设甲。但是甘孜地区长期实行土司制度，加之民国期间战乱频仍，政局混乱，完全按保甲设置的仅有康定、泸定、丹巴等折多山以东各县，折多山以西仍由土司、头人管理地方。

（二）土司制

明清以来，随着改土归流在四川藏区的推行，土司制度在大部分地区名义上被废除了，土司制度日渐衰微。民国成立以后，因为政局动荡，政令鞭长莫及，在四川藏区的部分地区地方土司势力依然存在，有些土司名

① 《川康边政资料辑要·茂县概况》，载马大正主编《民国边政史料汇编》第 29 册，国家图书馆出版社 2009 年版，第 26—31 页。
② 《阿坝藏族自治州概况》编写组：《阿坝藏族自治州概况》，四川民族出版社 1985 年版，第 59—60 页。

义上归于各县，但内部仍然实行土司制。土司承袭，政府仍然给以正式的任命。有的土司被纳入地方保甲团防，土司头人改任土兵队长，军事势力仍存。有的无实权，土司仅存名义而已，但在民众中仍颇有威信。有的土司则不缴粮、不纳税，各自为政，仍然拥有较大的实权。以致“在松理茂草地以外者，省政府对之几无统治之可言；西康在法律上虽无土司，事实上仍属土司统治地”[①]。

在四川省第十六行政督察区各县辖区内，土司仍留土职，仍保有以前旧的称谓，其辖区内所管理人民编户入县，但名义上仍属于土司，由土司上纳粮差，据1935年谢培筠《川西边事辑览》记载，当时在茂县仍有静州长官司董承思、岳希长官司坤寿昌、陇木长官司何九皋、长宁安抚司土妇苏余氏、水草坪巡检土司苏朝选、竹木坎巡检土司孙有权、牟托巡检土司土妇温李氏、实大关副长官司官正歧、松坪土百户等土司和百户[②]。在懋功靖化地区，仍有沃日安抚司、绰斯甲布宣抚司[③]。另外，还有瓦寺、卓克基、梭磨、松岗、党坝、绰斯甲等土司，分属汶川、松潘县、理县、靖化县等县。其中如瓦寺土司，所原领28寨地方，被分别设置绵虒、三江、卧龙、耿达、草坡5乡，行政隶于汶川县政府，土司仅存名义而已。虽无权力，但在民众中仍颇有威信。1936年，瓦寺土司索代庚亡后未准承袭，土职无形撤废。其土妇索赵士雅，被遴选为国民政府的“立法委员”。

在甘孜藏区，辛亥革命后，甘孜藏区一时失去控制，土司头人纷纷复辟。西康省政府一方面委任一些土司、头人和上层喇嘛担任民团指挥、保安司令、区长等职，操纵地方实权，与流官形成双轨统治；另一方面对于他们又不完全信任，同时又另派许多官员到各地建立专员公署、县政府和警察局等机构，统治藏族地区。在1918年康藏第一次纠纷中，德格沦陷，

① 佘贻泽：《中国土司制度》，正中书局1944年版，第156页。
② 谢培筠编：《川西边事辑览》，重庆新民印书馆1935年版，第24页。
③ 《川康边政资料辑要·懋靖概况》，载马大正主编《民国边政史料汇编》第29册，国家图书馆出版社2009年版，第184—186页。

藏军进驻，清末赵尔丰时期已经改土归流的德格土司泽旺登登乘机而起，恢复旧有势力，成为民国时期康区最大的土司，有尼麦泽汪邓登、乌金尼麦呷翁德钦夺吉（第二十二代德格土司，因年幼，由母亲降央伯姆掌权）两任德格土司。因而，在西康建省前夕，西康仍是“司法、经济、文化、保安诸要政，悉操诸喇嘛及土司之手，宗教势力之大，精神上、物质上皆……为民众之主宰”①。直到新中国成立后，实行民主改革，土司的实权才被彻底根除。

（三）土屯制

在乾隆年间，清政府平定杂谷土司苍旺的反抗后，对川西北藏族的杂谷土司和大小金川土司实行改土归流，设置和汉族地区相同的地方行政机构——直隶厅，并在直隶厅之下的乡级基层政权设立土屯制度，实行“改土为屯”和“汉番分治”制度。

乾隆十七年（1752），清政府用兵废除杂谷土司之后，设杂谷厅，置杂谷、乾堡（甘堡）、上孟、下孟、九子等5屯（又称5寨）。乾隆二十六年（1760），升为杂谷直隶厅。嘉庆八年（1803）改为理番直隶厅。废除杂谷土司后，仿效清朝绿营兵制度，从归顺、有功的头人中委以守备、千总、把总、外委等职官代替土司，统治地方，承垦地亩，按地纳粮，并从屯民中挑补屯练，组成土屯武装。每屯设守备1—2员，千总2员，把总4员，外委8员。所管屯民3000户，按每户额设屯练1名，共3000名。其中1500名每年食6两月饷，为正额屯兵；另一半每年食3两月饷，为余丁。5屯武装属杂谷厅、维州协管辖。实行有事为兵，无事归农。若遇征调，每名屯兵至奉调之日起自带3日口粮，之后由守备按名发给。1929年四川省屯殖督办署在该地设屯务办事处，由乾堡屯守备兼屯务办事处守备。1936年，该地区划归四川省第十六行政督察区管辖，杂谷等5屯分设区署。

---

① 贺觉非：《西康建省之前夕》，《东方杂志》1939年第36卷第40号。

另外，乾隆四十一年（1776），清政府平定大小金川土司反抗后，废除大小金川土司，在大金川地设置阿尔古直隶厅，小金川地设置美诺直隶厅。在大小金川之地设置懋功、章谷、崇化、靖化、抚边等5个汉屯，选募兵丁及内地人民前往赴屯开垦，分户承垦。设立五屯守备及屯千总、把总等官进行管理，给地承垦。在别思满、宅垄、八角碉、汗牛、河东、河西等设6个土屯统治当地藏族人民。乾隆四十八年，改懋功营为懋功协，统辖抚边、崇化、绥靖、庆宁等营，并辖大金之河东、河西，小金之别思满、八角碉、汗牛、宅垄等6土屯。清政府在两金川实行“军屯”之外，还实行“民屯”，招募内地移民到两金川屯田①。6土屯各设一屯守备、一千总、二把总、三外委及屯兵七十二名，管理居民四百余户。屯区男人皆兵，有事自带枪支、口粮服役。无事则垦殖。民国以后，军阀混战，屯兵制度逐渐废除，1930年，汗牛屯废守备制度，屯兵编入团甲②。其余5屯直至中华人民共和国成立前仍保留残缺的屯制。

另外，在广大的牧区，仍是实行部落土官、头人制。

第二节　民国时期对川西北藏羌地区的治理

民国时期川西北的藏族、羌族聚居区，因离西藏地方较远，且一直归属四川省管辖，受外国侵略势力及西藏分裂势力的侵扰较小。民国初年，四川军阀势力开始进入川西北四川藏区、羌区，他们在川西北的各种欺诈勒索和强取豪夺，激化了与当地人民的矛盾，因而民国时期在川西北藏羌地区仍然发生了很多影响当地的重大事件。1935年红军长征离开阿坝以后，国民党势力逐步统治整个川西北地区。

---

① 李家瑞：《清代川西北藏族地区的土屯制与屯田制》，载《西南民族学院学报》1984年第4期。
② 《川西边事辑览》，第21页。

一、“八角事件”

1917 年，在今四川藏区的懋功、抚边、绥靖、崇化、丹巴、宝兴 6 县屯境内，发生了民国初年川西藏区最大的一次战乱①。该事件中，动用兵力五六千人，死亡藏汉民 3000 多人。

事件肇始于懋功县八角屯（今八角乡）太阳沟内的索郎森格扎西曲伦喇嘛寺，该寺是懋功最大的喇嘛寺庙，有喇嘛 500 余人。每逢宗教庆典和年头岁尾，各地信教民众纷纷前往喇嘛寺进行宗教活动。寺庙中的查都·若巴是贫苦农民出身的藏族僧人，因有武功，可以用刀戳自身而无损伤，还可将铁器扭曲，若巴在降神时常作表演，观者叹服。当时，在八角喇嘛寺做工的外地汉族木匠傅南山和泥水匠冯子卿，他们和若巴关系密切，常聚会密议暴动。傅、冯二人利用当地藏民缺乏科学常识的弱点，夜晚用手电筒在若巴头上放光，声称若巴“头放毫光，是天上紫微星下凡，有真龙天子之命”作为舆论准备，随即利用藏民虔诚的宗教心理，预先埋藏“夹坝刀”和“大清通治”的“印玺”于地下，再当众挖出以取信人们听“天命”，拥戴若巴为“皇帝”。1917 年农历正月，若巴与傅南山、冯子卿在八角守备衙署所在地“降神”作法。若巴念动咒语，将 7 粒青稞用红布条包裹，分发围观众人，称其可以避邪且刀枪不入。若巴与傅、冯等人密谋，定于三月初八若巴“登基”。三月初，抚边屯知事张晓东游春至八角喇嘛寺，见寺庙金顶歇息一锦鸡，即用枪击，误中金顶，引起僧众和藏民的强烈愤慨。张晓东见众愤难平匆忙逃跑。傅、冯见时机成熟，即叫若巴起事。

若巴带领僧人、民众攻打抚边屯署。攻占抚边屯署后，又攻占懋功县

① 关于此事，1952 年西南民族学院调查组称这一事件为“人民起义”，也有许多书刊文章称为“农民起义暴动”或是“反帝反封建的最大起义运动”，也有学者称其是“一场复辟帝制的闹剧”。

城。若巴自称“通治”皇帝，封傅南山为丞相、冯子卿为元帅，并封授各路大帅。暴动者将营盘街的清乾隆“御制平定金川勒铭美诺之碑”碑座砸烂，将文字敲碎，并说“就是它压得我们不得翻身……”，宅垄守备雍天顺投降。若巴、傅南山、冯子卿等将队伍分为三路，一路直下丹巴，一路进攻宝兴，一路进攻绥靖。不到两月，除绥靖屯署所在地外，5县屯都被其攻占。

沃日土司、别思满屯守备等逃到成都，向四川省政府请兵镇压。汉军三营、十一营，川军张尊（达三）团，打箭炉驻军华丰戈团以及邻县民团、警备队从几面夹击。历时3月余，八角暴动失败。冯子卿下落不明，若巴、傅南山被押解成都。1917年11月3日，查都·若巴、傅南山在成都莲花池被处死，二人首级运回懋功县城后，悬于城门洞示众。12月15日，葬首级于县城粮台湾路，碑文“逆酋若巴、傅南山首级埋藏处”。民间亦称八角暴动为“闹假皇帝”。

二、藏羌人民武装抗捐与屯汉冲突

辛亥革命后，清留守松潘制军（巡防军）两个营响应起义，川督尹昌衡改编为汉军。松潘旧制汉军两营的武力为该军直属，茂、汶、理3县警备队由当地管辖①。1923年，四川军阀各占防地。理番县及汶、茂、松4县为刘存厚第八旅的地盘，由旅长郑幕周安排管理行政和经济等诸事，如委派4县知事，设卡收税，派军费和征粮，改编地方武装等。为了征收捐税，汉军规定凡按期不能缴足者，硬行关起来“押缴”，并把甘堡屯、上孟屯、下孟屯、九子屯守备硬行拘押在薛城武庙内（即汉军连部）。拘押的消息传出后，杂谷脑屯守备高益斋迅速组织五屯屯兵，分兵三路进攻，攻下县署，

① 雷伯和：《高益斋传略》，载：中国人民政治协商会议理县委员会文史资料委员会编《理县文史资料选辑》第1辑，1997年7月，第19页。

并将汉军赶回茂县。

1925年，邓锡侯[①]势力扩展至岷江上游松潘、茂县、汶川一带，委任松潘县汉族人李阳三为“汉军统领”，助以武器装备。李阳三势力雄厚，在当地颇有号召力，松潘附近村寨藏族土官大都受其指挥。李阳三沿岷江而下，在汶川一带驻军一连，同时向理县强派捐款[②]。

李阳三的南下扩张，再次激怒了杂谷屯守备高益斋。1925年2月，高集结屯兵千余，从杂谷脑河而下直抵威州桑坪，以“抗捐”之名，掀起冲突。高益斋一方面联络瓦寺土司索季高，派屯兵与其会合，隔岸与汉军对峙。屯军沿岷江西岸而下，进攻威州，也是隔岸与威州驻军相持。汶川县城桥断路隔，百物昂贵，民不聊生。另一方面积极寻求军界的武力支援，派人前往灌县，联络江防军，当时正值川军二十八军垂涎川西北地区，邓国璋司令部为了扩大地盘，派出赵云林团乘机出兵。同时委高益斋为“汶理茂守备司令”。屯军得到江防军支持后，猛攻威州汉军，并于7月21日拂晓攻占威州，汉军败退，商店、住户被乱军抢劫一空。江防军也乘势攻占威州、茂县一带，次年春，追击汉军统领邓显廷。5月，瓦寺土司索季高率部由茂汶返汶，战事方告结束。声势浩大的抗捐斗争，以被二十八军渔翁得利，扩展了防区统治而告终，除松潘县外，川西北地区均由江防军接管。

三、江防军进驻松潘与四川松理懋茂汶屯殖督办署的统治

1925年秋，邓锡侯任二十八军军长，他利用地方哥老会势力，组成“江防军第六混成旅”，开始驻防灌、郫等县，并逐步向阿坝地区发展。

1926年3月，邓国璋部进驻茂县，挤走原驻军阀，撤汉军副统领邓显

---

① 邓锡侯（1889—1964），字晋康，四川营山人。早年肄业于四川陆军小学，毕业后入陆军第四中学，辛亥革命后返川，任职川军刘存厚部。

② 何首义：《“屯汉冲突”在汶川》，载政协汶川委员会主编《汶川县文史资料选辑》第8辑，第193页。

廷，委汉军营长任光远、李阳三为汉军正副统领。江防军与汉军达成协议：汉军年交黄金300两给江防军，以充军饷；江防军不进松潘，汉军编制不变、驻地不变，归江防军指挥。5月初，邓国璋不守协议，偷袭驻小关子汉军，汉军撤至平夷堡，任光远逃往漳腊。李阳三调集小黑水土官、慈坝土官两部落土兵，开赴平夷堡，抗击江防军。8月下旬，汉军撤返松潘①。到1926年末，邓军已全部控管了松、茂、汶、理4县，各县的政治、军事和经济均由邓军支配，使其成为二十八军的"防区"。

1927年，四川省政府和二十八军地方军阀为加强对川西北羌、藏、汉各族人民的统治，于茂县设置四川松理懋茂汶屯殖督办署，辖松潘、理番、懋功、茂县、汶川5县及抚边、绥靖、崇化3屯，统管这一地区的政治、军事、财政，企图"用阳刚的手腕，图温和的成绩；举国家的财力、实力，强制其同化与统一"②。为了加强对屯殖地区的统治，首先屯殖督办署一方面加派重兵"分区扼险控勒，镇摄番夷，俾沐汉化"，"以汉军统领所部戍松潘、登溪、南坪，而威关外部落；以警卫团所部戍茂理，而慑黑水、扣苏"；一方面又任用当地土司或地方实力派安抚当地，"任汶川属瓦寺土司索代庚、绥靖屯团绅杜铁樵……等为屯殖及特遣队队长（或屯殖军营长），用安反侧"③。邓国璋接防松潘后，还着手整顿松潘军务，他将外籍士兵全部遣返，招募松潘籍步骑士兵充实部队的战斗力。

其次，加紧对四川藏区进行经济掠夺和剥削。他们设置茂县、汶川等垦务局，挤占人民土地，"奖公司会社以领荒，移驻军平民以耕食"，妄图通过此摆脱"金融日枯，粮食缺乏"之困境。他们还设立禁烟督察处，借以大肆搜刮"禁烟罚金"。仅此一项，屯殖督办署年收入即达3万余元。督办署还公开设立烟栈，对鸦片实行垄断专卖，获取暴利，如有违反专卖规

① 安本钦、汪承先：《江防军进驻松潘的前后》，载中国人民政治协商会议松潘县委员会文史资料委员会编《松潘县文史资料选辑》第1辑，1997年10月，第44—49页。
② 邓锡侯：《四川松理懋茂汶屯区屯政纪要》之《屯政纪要序》，民国二十五年二月（内部资料）。
③ 邓锡侯：《四川松理懋茂汶屯区屯政纪要》之《屯政纪要序》，民国二十五年二月（内部资料）。

定者，要处以五倍以上、一百倍以下之罚金；又在交通要道遍设税卡，强征各种物品的“进出口税”。据报载，二十八军自屯殖以来，“对于生产大批运输出口之药材山货，征税极为繁苛，……税率亦昂。”[①] 他们还竞相设立银行、字号，大肆搜刮。1927年春，邓国璋派龚渭清部换防松潘，设立天府银行，垄断松潘皮革、羊毛、金矿、税收。

再次，四川松理懋茂汶屯殖督办署建立了松理懋茂汶拓殖研究会，“仿英之东方印度公司，日之南满铁道会社，官商合组草地贸易公司，藉为各项开发事业之先锋”[②]，以官办或官商合办、官督商办等多种形式办起了垦荒、牧畜、伐木、开矿、制药等企业，以掠夺和榨取川西北地区丰富的自然资源。

另外，他们还对屯殖地区进行所谓宣化。他们派出军政要员和所谓“边民宣慰委员”分赴羌、藏民族地区进行宣导，设立正俗总社及其分社，加紧推行其“以彻底汉化，泯灭汉夷界限，化一风同之目的”[③]。这些举措进一步加深了民族隔阂，激化了民族之间的矛盾。

1932年，因为江防军在陇南战败，率残部回灌县整训，结束江防军割据松潘8年的局面。

四、邓锡侯三次进攻黑水

1931年，在黑水地区形成基郎和噶尔邦头人对立的两大集团。为了争夺权利，扩展自己的势力，两大头人间互相残杀，连年械斗。噶尔邦头人卓斯基投靠邓锡侯，以许诺让邓在黑水开采金矿、森林为交换条件，请邓锡侯帮助消灭基郎头人。川军二十八军长邓锡侯早就垂涎黑水地区，因此

① 《四川月报》第5卷第2期。
② 邓锡侯：《四川松理懋茂汶屯区屯政纪要》之《屯政纪要序》，民国二十五年二月（内部资料）。
③ 邓锡侯：《四川松理懋茂汶屯区屯政纪要》之《屯政纪要序》，民国二十五年二月（内部资料）。

也想乘此机会再次征服黑水。

1931 年 2 月，邓锡侯派遣二十八军的 500 名士兵，开始第一次进攻黑水。川军达到芦花，与噶尔邦头人的手下组成汉藏混军，一同攻打基郎头人的队伍。由于地形不熟，败退下来。第一次进攻黑水失败后，6 月，邓锡侯又增加了一个团的兵力，分两路进攻黑水。经过一天的激烈战斗，邓锡侯的军队又被击败，经小黑水的两个土官调解后，返回茂汶。另一路则得知惨遭失败后，迅速退回。第二次进攻也宣告失败。

前两次失败后，1931 年秋，川军由龚渭清旅和刘耀奎团第三次攻打黑水，并令调理番县屯兵千余名，由甘堡屯守备桑福田带队取道上孟直达银铃寺进行夹击。黑水龙坝头人苏永清、二水头人苏永和、木苏头人仁真南木尔甲、沙板沟小头人夺尔古联合抵抗。川军攻入后，各头人武装利用崇山峻岭四处隐避。入冬，忽发动进攻，并断绝川军退路，而桑福田因与任真南木尔甲暗地取得联系，敷衍作战，致使川军战败，旅长龚渭清身负重伤，官兵伤亡惨重。

川军自度难以武力取胜，屯殖督办署请松朋活佛居中调处，由苏永清和管家努尔吉为代表于 1931 年 12 月到成都向四川省主席邓锡侯献礼赔罪，平息事态，邓锡侯接受。双方达成谅解，战争中的损失也互不赔偿，而二十八军在黑水被缴械的武器也一律不再退还，并保证以后不再进攻黑水。邓锡侯三次进攻黑水以彻底失败而告终①。

① 麦麦：《邓锡侯三次进攻黑水惨遭失败》，载政协四川省阿坝藏族自治州委员会文史资料委员会编《阿坝藏族自治州文史资料选辑》第 4 辑，1986 年，第 133—137 页。

第三节　民国时期对西康藏区的治理

一、尹昌衡西征

辛亥革命爆发后，西藏地方政府在英帝国主义的挑唆下企图“独立”，川边土司亦纷纷复辟，四川都督尹昌衡、江西都督李烈钧及云南都督蔡锷均多次电告袁世凯政府，请求西征。云南都督蔡锷于1912年5月6日通电致袁世凯和黎元洪称：藏卫西藩关系大局，一有破裂，则川滇有覆亡之虞。并要求迅为筹处，以挽危机[①]。1912年6月14日，袁世凯政府电令尹昌衡率川军以及原边军入藏平乱，并令云南派兵协助。

尹昌衡西征军在短短几个月时间内，平定了打箭炉、理塘、巴塘、昌都等地，稳定了川边局势，逼近拉萨。尹昌衡率军西征，收复了失地，有力地遏止了藏军东侵，暂时稳定了川边局势，打击了英帝国主义及达赖集团企图成立“大西藏”的决心，在维护国家统一、促进康藏民族关系上做出了一定贡献。但是，新兴的袁世凯政府由于急需得到他国承认及贷款，迫于英帝国的干涉，下令尹昌衡停止西征，西征遂半途而废。

（一）藏军东侵与土司复辟

由于清末治藏政策的失误，加之英帝国主义作祟，十三世达赖喇嘛于1910年10月第二次离藏出走，清政府随即宣布革去十三世达赖喇嘛的名号[②]，西藏的政局呈现出错综复杂的局面。内地发生辛亥革命的消息传到西藏以后，各派政治力量对内地政局的突变都做出了相应的反应。

---

① 《蔡锷通电请拨兵救藏》（五月六日），载《民元藏事电稿藏乱始末见闻记四种》，第43—44页。
② 详见牙含章《达赖喇嘛传》，人民出版社1984年版，第227—230页。

1911年11月，驻防拉萨的川军内部发生哄乱，江孜、亚东、日喀则等地驻军也先后起兵，并驱兵进攻色拉寺。而此时，远在印度的十三世达赖喇嘛一面遥控指挥藏军，通告全藏之营官喇嘛攻击各地汉军①，拉萨不断发生暴动；一面行文传知边藏喇嘛，煽动其起事驱逐汉官，以牵制边军。1912年5月，十三世达赖喇嘛乘乱返回西藏春丕，宣布驱逐在藏汉人，声言打箭炉以西，皆为藏地，汉藏关系陷入僵局。

在川边，辛亥革命爆发后，局势大乱。一方面原边务大臣委任之道、府、州、县官吏失去合法地位，且无薪俸可领，纷纷离去。原驻守川边的戍军也因赵尔丰告急，在傅嵩炑的率领下大部队回川救赵，傅嵩炑命顾占文为川边总代表，负责边务；因同志军抵达泸定，炉城危急，傅嵩炑又调瞻对、道坞防营两哨驻炉，仅留彭日升、顾占文、刘赞廷驻守昌都、康南、康北等地，边防空虚。一方面，原赵尔丰改土归流时被废之土司、头人乘机起事，与藏方遥相呼应，企图恢复其统治；川边的一些喇嘛在达赖喇嘛的鼓动下也纷纷起兵，攻击当地防军。川边告急警报频频。

在炉城，1911年底，已废之明正土司甲宜斋，联合孔萨、麻书、鱼科等地千余人起兵攻城。失败后，又聚众于河口（今雅江），劫掠河口，因河口委员无兵无械，河口告急②。

在道坞，道坞灵雀寺喇嘛借口反对清查粮税户口，乘虚煽乱，聚兵四五百人，围困街市③，并拘辱设治委员。因驻扎道坞之戍军已被调往炉城，道坞告急。

在丹巴，丹东、巴底、巴旺三土司率武装进驻县城，驱逐汉官出丹巴。

在定乡（今乡城），1912年3月，定乡僧俗在头人罗松登贞的率领下聚众抗粮，焚毁粮署，攻击防军和来往商人，驻守定乡的三营被困，最后因

---

① 《达赖喇嘛传》，第240页。

② 周炳炎：《详报川边总代表顾占文明正叛匪劫掠河口情形》，载四川省民族研究所、《清末川滇边务档案史料》编辑组编《清末川滇边务档案史料》，中华书局出版社1989年版，第1129页。

③ 杨宗汉：《致电傅嵩炑道坞喇嘛反对清查粮税户口》，载《清末川滇边务档案史料》，第1103页。

寡不敌众退守巴塘[①]。4 月，定乡被攻陷，川军统领丁帮带战败逃走，陈粮员被杀。

定乡失守，牵动周边各地。随后盐井闹厘，道路被困；理塘僧众抗粮，稻城、贡嘎岭被攻，贡嘎岭戍兵 140 人，被杀过半，各地纷纷告急。6 月，理塘、贡觉、江卡、乍丫等均报被围攻[②]。江卡防兵 4 棚均阵亡，委员段鹏瑞逃入滇界阿墩。而南墩僧人也乘乱相继叛乱，攻陷稻城、三坝、南墩等处，并拘道坞首领。而此时驻扎在打箭炉的军队，已难自保，无法援救。7 月，理塘、河口、盐井均被攻陷。巴塘、昌都也被重围，情况危急[③]。巴塘哨长刘锡章、盐井委员张世杰均逃至阿墩。川边总代表顾占文驻守巴塘，一面率军抵御，一面请求救援。告急文电不断送往四川军政府。

（二）西征过程

1912 年 6 月 14 日，袁世凯命尹昌衡率军西征。7 月，尹昌衡率师 5000 人西征。赴康之前，尹昌衡先派李六九前去督康，首先捕杀了明正土司之弟，平定了康定。

8 月，尹昌衡设西征军总司令部于康定，并亲自坐镇康定指挥。西征军司令部，设参谋、秘书、军务、政务四处。以史悠彦为秘书处处长，张宣为参谋处处长，李方九为军务处处长，骆成骧为政务处总参赞。尹昌衡另命第三镇总镇孙兆鸾为西征军兵部总监，设粮站于成都、雅州、康定。以稽廉为兵站副监，驻雅州，以傅文为留守副监，驻守炉城[④]。

尹昌衡派出两路兵出征，一路以刘瑞麟督北路援昌都、巴塘，一路以

① 《电政府藏事危迫请派川滇边务将领专任办理》（五月十六日），载《民元藏事电稿藏乱始末见闻记四种》，西藏人民出版社 1983 年版，第 9 页。
② 《丽江占文电政府请饬军出关以解倒悬并速与西藏交涉》（九月十二日），载《民元藏事电稿藏乱始末见闻记四种》，第 43—44 页。
③ 尚秉和：《西藏篇》，载《民元藏事电稿藏乱始末见闻记四种》，第 139 页。
④ 陈启图：《二十年来康政得失概要》，《康导月刊》创刊号。收录在赵心愚、秦和平《清季民国康区藏族文献辑要》，四川民族出版社 2003 年版，第 202 页。

朱森林团及陈步三营赴南路河口、理塘。北路在刘瑞麟的统率下日趋百余里，并扬言都督亲征，率军10万将至。北路起事之土司、喇嘛闻之皆溃。解了被困道坞、瞻对的刘赞廷、顾复庆、时傅文、朱宪文、牛运隆、刘筱廷、杜培祺诸营之围。刘瑞麟命牛运隆驻守道坞、刘筱廷驻守瞻对，命杜培基、刘赞廷援巴塘，顾复庆、时傅文、朱宪文援昌都。刘赞廷连战皆捷，至巴塘时，驻守巴塘的顾占文已被围攻近3个月，“城中仅余数日粮，弹已尽”，且仅剩兵“四五百”。刘赞廷很快解巴塘之围，并“斩获数千”[①]。在巴塘解围的同时，刘瑞麟派兵至昌都，解救被藏军围困近8个月的彭日升部，驻守昌都的藏军万余惊恐逃窜，彭日升趁势追击，缴获藏军大量辎重。南路在朱森林之统率下先破麻盖宗、剪子湾、西俄洛，连战连捷，理塘西北端之崇喜、毛丫、曲登三处土司，相继投诚，后攻克理塘。雅江残敌被邹衍贵营肃清[②]。

南北两路军出关不过3个月，平定了打箭炉、理塘、巴塘、昌都诸地。尹昌衡命令顾占文守巴安，刘瑞麟守昌都，分援江卡、乍丫、盐井；令营长邹衍贵清除河口余寇；令朱森林扫清余匪，攻取稻坝、乡城；令团长向荣树合陈步三取道巴塘，收复乍丫、江卡；令驻巴塘统领顾占文调拨两营，往攻盐井[③]。未几，江卡、乍丫、南墩等地皆被平定，仅余乡城久攻未下。

10月，尹昌衡遂调整作战部署，将边军集中于昌都，以黄煦昌为司令，统昌都军事，以便西进；派张茂林进据江达，以待后令。张茂林率军会同刘瑞麟部大败藏军于俄洛桥，并进攻硕般多、嘉黎，抵达江达，逼近拉萨[④]。

---

① 尚秉和：《西藏篇》，载《民元藏事电稿藏乱始末见闻记四种》，第140页。

② 高秉鑫：《西康历程》，载中国人民政治协商会议甘孜藏族自治州委员会编《甘孜文史资料》第21辑，2004年，第14页。

③ 《尹昌衡电政府饬滇军保守滇境俾川军一意进行》（九月十三日），载《民元藏事电稿藏乱始末见闻记四种》，第48页。

④ 《胡景伊电政府据尹昌衡电刘瑞麟自俄洛桥大捷进略硕，督嘉黎计程以及江达得名命即发》（九月二十八日），载《民元藏事电稿藏乱始末见闻记四种》，第78页。

在两路军捷报频传之时，尹昌衡一面致电北京，陈述西征战绩及入藏计划，并阐明了要达到之目的“虽不能尽锄其根，必且挫其锐而裂其胆”、“虽不能即捣其穴，必且蓄吾势，以乘其隙”、“虽不能进侵其地，必且固吾圉而宁吾境”[①]；一面撤销西征军总司令部，改设边藏镇抚府，并兼代总长一职[②]。镇抚府归四川都督节制，裁撤兵站部，设采运局，负责供应全边军军械、军需，以李寿藩为采运局长。废参谋处，设立军务处，以李方九为军务处长，分管参谋、军械、军需、军法、总务5局，蓝用九为参谋局长，张干岚为军械局长兼军法局长，叶殿传为军需局长，许直夫为总务局长。另设政务处，以骆成骧为总参赞，下隶民政、财政、教育、实业4司，邵积成为民政司长，郭开文为财政司长，蒙裁成为教育司长，周卓为实业司长。外设边东、边西2道观察使，以颜镡为边东观察使，王鉴清为边西观察使兼办理西藏交涉副使，未正式组织成署[③]。对于先后投诚的德格、明正、丹东、巴旺、巴底、毛丫等土司，尹昌衡也呈请政府奖励，并给予勋章。改赵尔丰所设各设治局为府州县，任命巴安、泸定、雅江、道孚、理化、怀柔、盐井、昌都、察雅、邓柯、同普、义敦、甘孜、炉霍、白玉、丹巴等各县知事[④]，并改江达为太昭府、改拉里为嘉黎府、硕般多为硕督府[⑤]，派知事前往就职[⑥]。

因尹昌衡西征军及原边军驻守各地，兵力分散，藏军再次大举东侵，攻巴塘，驻巴塘之守军因粮绝几欲弃城而走，尹昌衡急令“越巴塘而东者斩，死守三日，我必至”[⑦]，遂亲自率军西征。至理塘，尹昌衡亲自入寺招

---

① 《尹昌衡致中央政府文电》，收入尹昌衡著《西征纪略》，1917年铅字排印本。
② 《尹昌衡电政府等收复巴里等地请助饷俾得深入》（九月十二日），载《民元藏事电稿藏乱始末见闻记四种》，第47页。
③ 陈启图：《二十年来康政得失概要》，《清季民国康区藏族文献辑要》，第203页。
④ 尚秉和：《西藏篇》，载《民元藏事电稿藏乱始末见闻记四种》，第142页。
⑤ 《胡景伊转尹昌衡电政府派张茂林进据江达以待后令》（九月十二日），载《民元藏事电稿藏乱始末见闻记四种》，第46页。
⑥ 但后来实际并未控制该地。
⑦ 尹昌衡：《止园自记》，载《近代康区档案资料选编》，第6页。

降众喇嘛，并命周尚赤率兵二营进攻乡城，攻城失败，营长陈桂亭奔巴塘。尹昌衡于是命驻守雅江之稽廉率部前往救援，并亲自带牛马百头赴巴塘飨军。而在昌都之黄煦昌也赶至乍丫与驻守巴塘之顾占文对藏军形成夹击之势，顾占文大败藏军，并斩首2000余级，乍丫、江卡、南墩复定。川边道路始通，商货踵至，巴塘人心略定①。

巴塘复定，尹昌衡命刘瑞麟驻昌都，西遏藏兵，南控江卡；顾占文驻巴安，南防盐井，东控乡、稻；朱森林驻理塘，西援顾军，南防稻坝；刘筱廷驻甘孜，镇北路，有事互为救援，无事监守不动②。一切安排妥当后，尹昌衡命稽廉为征乡总指挥，令其再次攻打乡城，但久攻不下。川督胡景伊遂又调川军前来助剿。

1913年3月，尹昌衡以孙绍骞代稽廉为征乡总指挥，与新到川军刘成勋部，分道攻乡。尹命刘成勋率兵由理塘经稻城向乡城进攻；命孙绍骞率步兵一营和朱森林、周尚赤的两个步兵营等由喇嘛垭经火珠乡向乡城进攻。苦战3个月，攻破乡城，全边初定。

1913年6月，袁世凯政府将川边与热河、绥远、察哈尔同时划为“特别区域”，以尹昌衡为经略使，直接由中央节制。改军政两处为厅，军务厅统军务、军械、军需、军法四科，政务厅统内务、财政、教育、实业四科。废府、厅、州，一律改为县，辖巴安、盐井、义敦、理化、定乡、稻城、雅江、康定、邓柯、德格、石渠、同普、白玉、察雅、昌都、宁静、贡县、得荣、武成、甘孜、炉霍、道孚、瞻化、泸定、丹巴、安良、恩达、柯麦、察隅、硕督、嘉黎、太昭③等32县。

1913年7月15日，尹昌衡通电就任川边经略使④。7月12日，江西都督李烈钧宣布江西独立，并发表电告讨袁。黄兴亦于南京组织讨袁，江苏、

① 尚秉和：《西藏篇》，载《民元藏事电稿藏乱始末见闻记四种》，第141页。
② 同上，第142页。
③ 其中安良县，并未设立；察隅、硕督、嘉黎、太昭4县，实为藏军所占，并未收回。
④ 《尹昌衡通电就任川边经略使》，载《近代康藏档案资料选编》，第3—4页。

安徽、广东、福建、湖南、上海、四川亦宣布独立，反对袁世凯政府的“二次革命”爆发。1913年9月，尹昌衡警卫队团长张煦“假昌衡名义，号召军队”[①] 发起讨袁行动，虽经尹昌衡平定，但是却引起了袁世凯的顾虑。1913年10月28日、10月30日，尹昌衡两次电请黎元洪副总统要求请病假3个月，并推荐颜镡护理经略使[②]。1913年11月8日，尹昌衡被准假3个月，并被要求赴京治病。1914年，尹昌衡遭陷害入狱。

（三）西藏地方政府之反应以及英帝干涉西征

当尹昌衡率军一路进剿、所向披靡、收复川边失地、进逼拉萨之时，刚回西藏不久的十三世达赖喇嘛曾一度提议讲和，但是在英帝国主义的挑唆和支持下、在《俄蒙协约》签署的鼓励下，原本处于矛盾、动摇状态的达赖一面继续驱逐前清驻藏之川军以及其他汉人，一面静观袁世凯政府与俄交涉的结果，并积极与外蒙达成协议，企图与其形成联盟，互相支持。

1912年10月，达赖通过新疆都督袁大化向中央政府提出修复西藏地方与中央政府的要求五条：1. 西藏保有与华人同一之权利；2. 中央政府每年补助西藏500万元；3. 西藏有权许可他国之民采掘矿山，但西藏与英国所订条约，当遵守之；4. 西藏有自由训练军队之权，中央政府驻藏军队，其数不得超过1500名以上；5. 西藏官职，由中央政府制定之，但西藏地方政府之官吏，应以西藏人任之[③]。对于达赖所提之条件，在10月22日的大总统会议和国务会议上予以了讨论，讨论结果认为第一条和国家的临时约法及政府的规定没有抵触，第五条也无问题。但第二条、第四条须说明理由，第三条以矿山自由为外债之担保为侵害领土主权之行为，决不能承认[④]。

① 《尹昌衡致袁世凯呈报张旭叛乱文》（1913年9月），载杨光辉编《民初政争与二次革命》，上海人民出版社1983年版，第796页。
② 《尹昌衡通电就任川边经略使》，载《近代康藏档案资料选编》，第3—4页。
③ 朱绣编著、吴均校注：《西藏六十年大事记》，青海人民出版社1996年版，第34页。
④ 《英藏交涉始末记》，《东方杂志》第9卷第10号。

正当民国政府与西藏地方政府商议谈和条件之时，《俄蒙协约》签署，俄国承认蒙古独立的消息传出，全国的注意力转向了北边，达赖也改变策略，静观袁世凯政府与俄交涉的结果。同时，在英国的支持下，达赖一面令藏军围攻昌都及东面之川军，并将打箭炉至河口之电线切断①；一面积极与外蒙达成协议，企图与其形成联盟，互相支持。1913 年 1 月，达赖派员至库伦，在英国和俄国的支持下，蒙藏秘密签订《蒙藏协约》，互相承认“独立”。

自袁世凯命尹昌衡率军西征之日起，英国政府便开始了干涉中国内政、阻止尹昌衡西征的活动。表现为两方面：一方面利用民国政府新成立，袁世凯在政治上急需得到他国承认，在经济上急需得到各国贷款维持运转的心理，不断给袁世凯政府施压，诱惑袁世凯政府放弃在藏之权，迫使袁世凯政府下令停止西征；一方面利用达赖喇嘛与前清政府之矛盾，挑唆达赖乘乱“独立”，并提供武装支持。

1912 年 6 月 14 日，袁世凯命尹昌衡率军西征。6 月 16 日，英驻华公使朱尔典就尹昌衡西征之事无理提出质询，询问袁世凯政府不照会英国而出兵之理由。6 月 23 日，朱尔典进谒袁世凯，称“西藏问题总以日后协商为归结，若以武力从事，或于中英两国友睦之办法必有巨碍”，袁世凯答复“民国政府因西藏骚乱而出兵征讨，属当然权限内，断非他国所可容喙”，但是袁世凯也表现出了对英之妥协，声称：“民国亦无改西藏为行省之意，中英所订约章也必遵守”②。8 月 17 日，朱尔典公然向中国外交部提出干涉中国内政的五项条件：“（1）英政府不允许中国干涉西藏内政；（2）反对华官在藏擅夺行政权，并不承认中国视西藏与内地各省平等；（3）英国不欲允准在西藏境内存留无限华兵；（4）以上各节先行立约，英方将承认之益

① 《西藏六十年大事记》，第 34 页。
② 《藏案—中英交涉来往文件》，转引自冯明珠《近代中英西藏交涉与川藏边情》，第 288 页。

施之于民国；（5）暂时中藏经过印度之交通应视为断绝。”9月7日，英使朱尔典对川滇兵均入藏事再次提出干涉，更直接威胁说：“如果民国政府定欲征藏，继续派西征军前进，则英国政府微将对于中华民国不予承认，且当以实力帮助西藏独立。①”

袁世凯政府屈于英国压力，多次致电尹昌衡，命令停止西进。8月30日，国务院致电尹昌衡，令其“切不可冒昧轻进，致酿交涉，摇动大局”，原因是“虑英人派兵，届时与战，则全国摇动”，并认为“若我不派兵，则英人尚无可借口，否则英兵一入占据，即无办法，不如留作后图”，并反复嘱咐尹昌衡“切不可冒昧轻进，致酿交涉，动摇大局”②。9月10日，国务院电令蔡锷规复盐井后即可驻师，并命其“毋庸再进”③。9月12日，国务院再次致电尹昌衡，令其已到察木多之队伍，“切勿过该处辖境，致酿外衅，牵动大局。”④ 9月24日，国务院令尹昌衡“先行肃清川边”，再次命令其“万勿越境深入，致启外衅”⑤。同时，国务院再次令其“万不容轻开外衅，应仍恪遵迭次电令，暂勿深入”⑥。为了不开罪英国，袁世凯政府令尹昌衡改边藏镇抚府之名为川边镇抚使，并将“筹边处西征军及新旧各机关取消”⑦。10月1日，国务院先后致电尹昌衡及四川总督胡景伊，令“勿得轻入藏境，致滋渔利”，并且说明了为什么多次致电下令停止西征的理由，即“现在时局孔棘，财政困难，正如病夫，元气已伤，百孔千疮，尚须调

---

① 《西藏六十年大事记》，第34页。

② 《国务院电尹昌衡办理藏事不可冒昧轻进致酿交涉》（八月三十日），《民元藏事电稿·藏乱始末见闻记四种》，第31页。

③ 《国务院电蔡锷盐井规复后即可驻师毋庸再进》（九月十日），《民元藏事电稿·藏乱始末见闻记四种》，第40页。

④ 《国务院电尹昌衡藏事迭与英使商阻进兵已到察木多之队饬勿过该处辖境》（九月十二日），《民元藏事电稿·藏乱始末见闻记四种》，第45页。

⑤ 《国务院电尹昌衡将士奋勇传令嘉奖肃清川边万勿越境深入》（九月二十四日），《民元藏事电稿·藏乱始末见闻记四种》，第70—71页。

⑥ 《国务院电尹昌衡应遵迭次电令勿深入并定名为川边镇抚使》（九月二十六日），《民元藏事电稿·藏乱始末见闻记四种》，第75页。

⑦ 《国务院电尹昌衡任命兼川边使所有善后事宜务遵节次电令筹划》（九月二十八日），《民元藏事电稿·藏乱始末见闻记四种》，第79页。

摄，岂可竟忘远虑，轻启衅端”[①]。

对于袁世凯政府下令尹昌衡停止西征，当时时论分析有四点原因，比较中肯：一是民国初立财政极为困难，英、美、法、德、俄、日六国银行团借款条件苛刻，民国政府不得已拒绝。但借款成败，关系民国的存亡，英国政府以承认民国，愿意借款1000万英磅交换条件，力逼袁世凯停止西征，袁世凯为获得借款，不得不暂将藏事维持，以讨好英国。8月13日，借款合同签署，同日国务院电令尹昌衡停止西进。二是英国朝野认为，征西军入藏，必与1910年川军进驻拉萨相同，对于藏人必有所侵扰，以至破坏西藏之秩序与印度境域之和平。因此无论在政治上、外交上，以至人道上，英国绝不容西征军入藏，这种建议盛行英国，若民国政府不理会，断然征藏，则必启中英战端。三是达赖喇嘛致函国务院蒙藏事务局，愿意与民国政府媾和。西藏自1911年秋与驻藏陆军冲突以来，迄未休止，造成产业、贸易大受挫折，食粮、财政也极支绌，加以巴塘、理塘为西征军收复，达赖气馁，私函求和。四是民国草创，正力谋设立正式政府之准备，且财政困难，外蒙危机日极，终不能注全力于西藏问题[②]。

尹昌衡西征军在短短3个月时间内，便稳定了川边局势，打击了分裂势力的嚣张气焰，可谓功劳不小。袁世凯政府的妥协退让，无疑是尹昌衡最终没有完成西征的原因，但是正如有人评论的“战胜川军者，非藏兵也，乃英使朱尔典”[③]。英国的蛮横干涉才是根本原因。西征最终在英帝国主义的蛮横干涉以及袁世凯政府妥协、退让的情况下停止了。

---

① 《国务院电胡景伊仍遵迭次电令勿得入藏轻启衅端》（九月二十八日），《民元藏事电稿·藏乱始末见闻记四种》，第84页。

② 《英藏交涉始末记》，申报。

③ 陆兴祺：《西藏交涉纪要》下篇，第4—5页。

二、西姆拉会议中有关康藏界务的交涉

英国政府在中国辛亥革命时期，趁着中国西藏及其他藏区政治局势混乱、中央无暇西顾的状况下，制定并推行一条分裂中国西藏与四省藏区的方针政策。英国政府利用“外交承认中华民国政府”为筹码，压迫中国政府召开的所谓“中英藏三方会议”，阴谋策划将西藏地方从中国分割出去。

在会议前3个多月，英国就已经派柏尔前往江孜，与噶厦政府首席噶伦伦青夏扎见面，授意怎样与北京政府代表纠缠。并强调“所谓西藏，包括瞻对、德格、巴塘、理塘至于打箭炉一带的地方”①。并在会议开始前，提出了条约草案。其中，关于中藏边界问题，夏扎提出：“在东南地方为俄洛、霍尔科、尼牙绒、金川十八土司、贾拉（明正土司），包括打箭炉（康定）在内；从那里往南自四川、云南边界迄于西藏边界线、西达日玛尔为止。总之，即原为西藏的地方，经汉方逐步侵吞去后，现今新立名为西康的那块地方。该区居民皆系藏人，今后应归西藏政府。”②

会议于10月13日在西姆拉开始，英方代表是英印政府外交大臣麦克马洪（A. H. McMahon），另以原英驻华使馆官员罗斯为中国事务顾问，英驻锡金委员柏尔为西藏事务顾问；西藏代表为亲英头目、首席噶伦伦青夏扎（Shatra）。藏方代表首先提出了按英人旨意精心炮制的六项要求，即除了要求独立、赔款、废除1906年中英协定的权利、修正1893年及1908年的贸易条例以外，坚持“归还”西藏所有的土地，即远至打箭炉和包括青海在内的“西藏领土”③。麦克马洪发号施令，他首先定了会议讨论的主要问题，说中藏双方所谈内容差距太大，从其性质来说，是难以就其全部问题提出

---

① ［英］柏尔（C. Bell）：《西藏史》，宫廷璋译，商务印书馆1934年版，第137—139页。
② 西藏外事处：厦扎司伦、赤门噶伦编纂：《1914年西姆拉会议及情况汇编》。
③ 张云侠编、王辅仁校注：《康藏大事纪年》，重庆出版社1986年版，第371页。

一个总的解决办法的，应暂先就中藏疆界问题及西藏方面所提关于中国军队破坏及借用之财物的偿还问题进行解决。并强调说这次会议非解决“疆界”问题不可，如果万一不能解决，英方“将不得不径与西藏方面磋商”。紧接着夏扎就提出将今四川甘孜藏区巴塘、里塘、德格、霍尔色各部、贾拉（明正土司辖地）、打箭炉、金川、阿敦子、中甸、木里、霍尔可（指道孚等地）等地均属藏地的意见书。同时英、藏双方还由贝尔、罗斯等人组成会商中藏边界问题小组，进行所谓研究，后因中方坚持原草案，各执一词，进行激烈的争辩。因为双方意见悬殊，所以双方请求举行非正式会议，谈判此事。

延至12月18日，谈判仍无任何结果。直到次年1月，中央、西藏才各自提出了正式意见书，内容大略同前所提出的一样，让英方审查。其中，有关疆域问题，中央、西藏代表提出了各自指正文件意见书，其中关于四川藏区的地方，中国政府的意见书明确指出：

“德格在察木多之东北，设有土司治理，该土司驻更庆，现此地已经改土归流，名为德化州。”

“巴塘、里塘、瞻对，以上各地均在宁静山之东，自雍正初年即归中国治理。距巴塘西约百英里之处，设有界碑，刊明山东为华、山西属藏，然此仅为当时的川、藏界域。自雍正皇帝升遐后，嗣皇帝乾隆在1737年又将西藏正式归入中国版图，此后西藏即在中国统治权之下，全藏已可视为中国之土地，不得以异样看待。今将民国参议院决议之四川第八选举区表附于后，以证明中国业已切实经营各该地。”

“四川第八选举区，于民国元年经参议院决议后，于同年八月十三日由临时大总统公布，其区域包括如左：

”康定府（打箭炉）、泸定县（泸定桥）、理化府（里塘）、雅江县、安良厅（安良坝）、道孚县（道坞）、怀柔县（瞻对）、化林县（化林坪）、得荣县、武城县、盐井县（盐井）、昌都县（察木多）、察雅县（乍丫）、贡县

（贡觉）、科麦县（桑昂）、甘孜州（甘孜）、太宁分县（泰宁）、定乡县（乡城）、稻城县（稻坝村）、贡岭分县（贡嘎岭）、巴安县（巴塘）、义敦县、宁静县（江卡）、察隅县（杂俞）、恩达厅、邓科府（登科）、炉霍县（章谷）、石渠县（色许）、德化州（德格）、白玉县、同普县（江卡）。”①

西藏地方政府提出的意见书基本还是原来提交草约的意见。

1914 年 3 月 11 日，麦克马洪正式交出了英方调停约稿十一条，核心内容是援用俄国分蒙古为内外之例而把西藏分为“内藏”和“外藏”。当时袁世凯政府不敢认真与英国争执，准备承认英方的“折中”方案，承认划分为内藏和外藏，所争的只是内藏、外藏的疆界问题。以后陈贻范与英藏双方多次进行交涉，并于 3 月 18 日、3 月 28 日、4 月 3 日、4 月 20 日四次作出让步，英国于 4 月 17 日、4 月 27 日两次让步。

到 1914 年 4 月 27 日，是麦克马洪定的草签的最后期限。会上陈贻范按北京政府指示，提出必须以怒江为界等一系列主张，否则决不听从。麦克马洪见陈贻范还是坚持原来的立场，就用强硬的语调告诉大家“必须在今天做出肯定答复，立时解决”②。实际上是逼着陈贻范草签。陈贻范仍然拒绝，并告诉麦克马洪：“在此间就草案签字后，正约尚须送交政府盖印，因而除按北京电示办理外，本人不能做主签字。”③ 麦克马洪见施压无效，又威胁说，如果中国不签字，会议只能破裂，英国将与西藏单方签约，草约所规定中国政府应该享有的权利将不能够享受了。麦克马洪还对陈贻范说：“还希权衡利害，以免坠悔，请切实考虑后通过罗斯答复。”④ 陈贻范及其随行人员遂离会议室。麦克马洪见陈贻范态度坚决，感到如果不作一定让步，恐陈贻范不签字，于是做夏扎的工作，要他同意将澜沧江下游作为汉藏之

---

① 转引自吕秋文：《中英西藏交涉始末》。

② 夏扎司伦、赤门噶伦编：《1914 年西姆拉会议情况及材料汇编》，第 64 页，转引自《英国俄国与中国西藏》第 390 页。

③ 同上。

④ 夏扎司伦、赤门噶伦编：《1914 年西姆拉会议情况及材料汇编》，第 64 页，转引自《英国俄国与中国西藏》第 390 页。

界，在青海方面，再将三黑帐部落区至玛尔绷钦日上之间一些地方给予内藏，并允许内藏代表参加北京议会[①]。夏扎同意后，麦克马洪和夏扎在没有陈贻范在场的情况下作了草签。后陈贻范重新回到会议，听到麦克马洪说英藏方面代表已在稍作让步修改过的草案上签了字，以为“彼甚坚决，因从权画行，免致破裂”[②]，于是违背北京政府的指示，当即擅自在草案上进行了草签。草签之前陈贻范当众申明：“事之情形，既系如此，本专员亦可画行。惟详切声明，画行与签押，当截然分为两事。签押一层，必须奉有训令而后可。一面当将本日会议情形，即行电京，接有复电，立即转达。”[③]草签之后，陈贻范“面带怒色立即离去”[④]。草约主要内容包括：西藏全境分为“外藏”和“内藏”两部；承认中国在西藏全境之宗主权，但中国方面约定不将西藏地方改为行省；英国决不合并西藏任何地方；承认“外藏”之自治；“内藏”则拉萨之西藏中央政府仍保留其已有之权；中国仍派大臣驻拉萨，护卫军队限300人；英国驻藏诸商务委员之护卫，不得超过拉萨中国护卫人数四分之三；许江孜之英国委员来拉萨解决在江孜不能解决之事[⑤]。

签字以后，陈贻范电报北京政府草签过程：“英代表告以所拟约稿，业与藏员画行，如贵代表不于今日画行，则约稿中之第二第四两款，全行删去，即与西藏订约，不再与贵代表商议云云，目睹情形，彼甚坚决，因从权画行，免致决裂。”[⑥] 28日，陆兴祺两次致电北洋政府，认为此约“关系重大”，要北京政府“筹议挽救之法”，并且认为事关领土主权的大事，陈

① 夏扎司伦、赤门噶伦编：《1914年西姆拉会议情况及材料汇编》，第64页，转引自《英国俄国与中国西藏》第390页。
② 《西藏地方历史资料选辑》，第295页。
③ 《陈贻范西姆拉会议记录》，引自《西藏地方历史资料选辑》，第299页。
④ 祝启源、喜饶尼玛：《中华民国时期中央政府与西藏地方的关系》，中国藏学出版社1991年版，第48页。
⑤ 王光祈译：《西藏外交文件》，上海中华书局1930年版，第137—138页。
⑥ 牙含章：《达赖喇嘛传》，人民出版社1984年版，第255页。

贻范不应该“受人所逼而拱手退让”[①]。

同时，西姆拉草约的内容和中国代表签字的消息在国内报纸上披露后，引起了全国舆论的反对，痛骂陈贻范为“庸臣误国，良可痛心”，“其鲁莽灭裂如此，直谓之断送西藏可也”，“贻范之罪，实不容诛”[②]。国人群起反对，以新疆、四川、青海、云南等省人民团体反对最为激烈。袁世凯在全国人民的压力下，也不敢批准该项条约，一面电告陈贻范“执事画行，政府不能承认，应即声明取消。如英专员愿和平续商，仍应接议，中国固不愿遂行停议也”[③]。29日，陈贻范到德里的印度政府外交部，向麦克马洪严正声明：“中国政府推翻草签约稿的行动和拒不承认条约。”且进一步表明中国政府“不担心谈判破裂，但将很愿意继续友好地谈判”[④]。同日，北京政府照会英驻北京公使，声明界务一端，不能承认，其余大致同意。声明中国政府愿意今后继续与英国政府在友好情况下进行谈判。同时北京政府电告中国驻伦敦公使刘玉麟，要他到英国外交部声明中国谈判代表陈贻范是在无中国政府指示和被迫的情况下草签了条约草案，中国政府不能承认。北京政府的措施，从法律上否定了陈贻范草签的有效性。同时表明北京政府愿意继续谈判下去，卸掉了英国将谈判破裂的责任加在中国头上的可能。

英国根本就不把软弱无能的袁世凯政府放在眼里。当5月1日北京政府外交部参事顾维钧会见朱尔典时，表明了北京政府的态度，朱尔典蛮横地认为会议已经结束，不能再谈判，并要中国承认草约。6月6日，朱尔典复外交部一道照会称：“本年四月二十七日中英藏三方委员，在西姆拉签订的藏约草案，实为解决西藏问题之唯一法案，中国政府既已拒绝正式签字，

① 中华民国史事纪要编辑委员会、中华民国史料研究中心：《中华民国史事纪要》（初稿），正中书局1982年版，第301页。

② 牙含章：《达赖喇嘛传》，人民出版社1984年版，第256页。

③ 《北洋政府外交部致陈贻范电》（一九一四年四月二十八日），引自《西藏地方历史资料选辑》，第301页。

④ 麦克马洪（A. H. Mcmahon）：《1913年12月25日至1914年4月30日谈判进程备忘录》（1914年8月25日），引自《英国俄国与中国西藏》第393页。

不欲解决藏案，则该草约所定之利益，中国不能享受。”[①] 6 月 25 日，英国公使电告中国政府：“倘中国政府不将约稿于本月底以前签押，本政府只得单独订约。如此则三方面所订约稿，内载中国应得特权与利益自然全行失却。且本政府拟极力助藏以御中国侵伐。”[②] 7 月 2 日，英国专员照会陈贻范定于 7 月 3 日召开最后一次会议，陈贻范表明不能签押。7 月 3 日，英国与西藏两方代表在该条约正文上签字。与此同时，他们还搞了一条附约，谓“只要中国拒绝在上述条约签字，中国将被排除享受由于该条约所生的一切权利”。[③] 陈贻范正式向英国提出严正抗议：“凡英国和西藏本日或他日所签订的条约或类似的文件，中国政府一概不能承认。”[④] 7 月 6 日，北京政府指示驻英公使照会英国政府：“中国政府不能擅让领土，致不能同意签押，并不能承认中国未经承诺之英、藏所签之约或类似文牍。”[⑤] 这样，未经中国签字的所谓“西姆拉条约”自然没有任何效力，只是帝国主义侵华记录的一张废纸。西姆拉会议后不久爆发了第一次世界大战，英国无力东顾，但又不愿停止侵略，形成了无定期的休会状态。

三、川边镇守使与西康屯垦使对川边地区的治理

（一）川边镇守使治理下的川边地区

1914 年元月，袁世凯将尹昌衡调离川边，北京政府下令设立川边特别行政区，裁撤川边经略使，另设川边镇守使对川边地区进行管辖。镇守使是北洋军阀统治时期的一种临时性军事制度，由当地的军事长官担任，负责镇守地方，同时兼管民政，是一种军政合一的地方制度。川边镇守使制

---

① 牙含章：《达赖喇嘛传》，人民出版社 1984 年版，第 256 页。
② 《西藏地方历史资料选辑》，第 299 页。
③ 《未经中国签字的所谓“西姆拉条约”》，引自《西藏地方历史资料选辑》第 306 页。
④ 《陈贻范七月四日上外交部电》，引自《西藏地方历史资料选辑》第 300 页。
⑤ 《北洋政府外交部致驻英公使电》（一九一四年七月六日），引自《西藏地方历史资料选辑》第 302 页。

度在川边实行了10多年，共经历了四任镇守使，其中前三任镇守使每年一换，“或昏庸贪愚（如张毅、刘锐恒），或另有怀抱（如殷承瓛）”①，并无多大建树，但康藏关系相对稳定。在最后一任川边镇守使统治时期，康藏关系发生了重大变化，西藏地方政府在英国的支持下，大举内犯，而镇守使陈遐龄在藏军东侵的情况下，以边兵卷入四川内战，致使丢失川边10多个县，改变了尹昌衡西征后形成的相对稳定的格局。

1. 张毅统治时期

1914年，川边都督尹昌衡应召进京被囚禁，川边都督职于1月13日被裁撤。同日，袁世凯发布命令：“川边经略使兼都督应即裁撤，尹昌衡著留京另候任用，又张毅为川边镇守使，归四川都督节制。”② 将川边经略使降为川边镇守使，张毅为首任。1月20日，张毅就任川边镇守使，成立镇守使署。川边镇守使为川边特别区行政公署长官，总揽辖区军事民政，归四川都督节制，下设军政厅、处5部门。军政厅设厅长1人，兼任参谋长，配参谋4人，书记官4人，下辖军务、军需、军法、军医4科。

张毅（1876—?），亦名义新，字蓬山，湖北安陆人，出生于成都。1901年1月，留学日本，入陆军士官学校学习。1903年，锡良出任四川总督时，应邀出任四川陆军武备学堂监学，后又出任陆军第十七镇管带。1907年4月，锡良调任云贵总督时，随之前往云南。1912年，袁世凯掌权后，张投奔昔日陆军士官学校同期的同学四川都督胡景伊，经胡保荐为四川都督府总参议，继任川边镇守使③。

张毅到职后，军事方面，分旧边军为三部。命刘瑞麟为全军统领驻巴安，刘赞廷为分统驻江卡，彭日升为标统驻昌都，分段设防。并率各路大

① 陈显良、吴祖沅：《川边四镇守使》，载四川省省志编辑委员会编《四川文史资料选辑》第11辑，第125页。
② 《四川政报》1914年1月30日，第35页。
③ 刘厚中：《张毅》，载湖北省地方志编纂委员会编《湖北省志人物志稿》第1—4卷，光明日报出版社1989年版，第1277—1278页。

军先后收复定乡、烟袋塘、上乡城、贡嘎岭，肃清了澜沧江以东各地。其时，边军与藏军相持于怒江、澜沧江两河谷间。但藏军一直没有放弃东犯的念头。1914 年 9 月，达赖委派噶伦喇嘛为多麦基巧（西康总管），派遣崔科娃为代本，随同噶伦喇嘛前往太昭，具体布置藏军向康区进攻。随后又调后藏江孜、日喀则、定日的民兵，派往太昭方面增援。10 月，又派穹然木为代本，带了藏军 300 人前往三十九族地区布防，并积极准备内犯。当时因彭日升带了三个营驻防昌都、类乌齐和三十九族一带，武器比较精锐，因此川藏两军在类乌齐附近对峙，藏军不敢遽行进攻[①]。1915 年，达赖喇嘛派遣噶伦喇嘛强巴丹达驻扎洛隆宗，分兵袭取三十九族。督战官刘瑞麟与宣抚使王鉴清派严得霖营长前赴三十九族地区，但转战数月，不获胜利。于是加派彭日升率军进援类乌齐，彭日升大败藏军于葱坡埂，收三十九族地，并派遣设治委员，驻三十九族丁青地方，组织政务，拟设九集县。彭日升也因此役获授五等陆军少将军衔、三等嘉禾文虎勋章，并递升至边军全军正统、四川第十二区卫戍司令各要职。同年夏，藏军重整旗鼓，展开反攻，分兵三路进袭丁青。彭日升败退，退回驻类乌齐，三十九族得而复失[②]。自是边军和藏军以瓦合山脉为分界线，不复相犯，持续近 3 年时间[③]。

吏治方面，张毅到任后，针对川边地方“知事多出营官录事，及私人差役繁重派及女子，驻兵则日诈金钱夜事奸淫激成乡城之乱，知事则好赌成习威逼边民”，以及官吏苛刑滥罚、敲诈商民等情况，民国政府严令张毅整顿纪律，肃清吏治，要求他“慎选知事，严约军队，其有贪酷营私、敲诈商民、贻害地方者，应即行严行参办，万勿稍有瞻徇，致误边局”。1915 年 1 月，张毅向中央政府报告“抚绥夷汉整饬边治办理情形”，称在就任镇守使之前就听说“边民久罹困苦，军队窳败，政治不良”，而川边“逼近

① 牙含章编著：《达赖喇嘛传》，人民出版社 1984 年版，第 262 页。
② 王廷选：《昌都历史述》，载赵心愚、秦和平、王川编《康区藏族社会珍稀资料辑要》（上），巴蜀书社 2006 年版，第 444 页。
③ 任乃强著：《康藏史地大纲》，西藏古籍出版社 2000 年版，第 128 页。

英、藏，危机四伏，国防所在，深用隐忧”，表示接到命令后即“饬营、县加意抚绥汉夷，体恤民艰，力除苛扰”[①]。但因其在职时间短，并未取得实效。

经济方面，“张毅长于理财”，他呈准北京政府，设立川边财政分厅，在川边推行契税、验契、印花、屠宰、烟酒等税，同时派员清查户口、粮税、金矿、官产。同时，裁减机关，编制全边岁出岁入预算。开源节流，力求政费自给[②]。张毅还编制各项调查表40余种，派员分赴各地，实行调查，并改定乌拉支应章程，征收支拨粮税章程。又拟定垦务扩充计划，岁支3万余元，所有招垦夫、置农具、给耕牛种子各费，皆有详细算计。对于桥梁、道路、军事邮递等都有所整修。并准备成立川边官银行，以调剂金融[③]。

行政区划方面，针对川边“东西相距三千余里，南北相距四千余里，幅员辽阔，等于内地一省”的现状，在藏人“乘隙侵夺，迄今失地犹未全行收复”的情况下，张毅上呈北京政府，请求将川边改为特别行政区。同时，张毅认为康定“偏处一隅”，“呼应仍属不灵”，请求将巴安设为治所[④]。经北京政府批准，划川边特别区域，设川边特别区行政公署，治所仍设在康定。川边特别区域辖境包括原边东、边西两道区域，原设的两道尹裁撤。

同时，北洋政府明令川滇两省及西宁办事长官会同川边镇守使，按照川边现行区域，将“界址划清，以正疆界，而免纠纷”[⑤]。张毅接到命令后，派出勘界委员赴各地勘界，特别是玉树地区的从属问题，因这次勘界得到明确解决。玉树地区土千户拉色在前清原属西宁办事大臣管辖，被封为

---

① 《川边镇守使张毅缕陈抚绥夷汉整饬边治办理情形请训示文并批令》，《政府公报》第978号（民国四年一月二十八日）呈。
② 《康藏史地大纲》，第128页。
③ 辛宇玲：《西康建省与康人“省籍意识”的出现》，载陈理、彭武麟、白拉都格其主编《中国近代边疆民族问题研究》，中央民族大学出版社2008年版，第352页。
④ 《川边镇守使呈》，载四川省档案馆编《近代康区档案资料选编》，四川大学出版社1990年版，第16—17页。
⑤ 《国务院、内务部呈》，载《近代康区档案资料选编》，第19页。

“隆庆二十五族王子”，在尹昌衡西征过程中，“隆庆二十五族王子”接受招抚，报效军费40000多藏洋和48石多青稞，表示愿“永远隶属川边”[①]，民国政府当时同意让川边先行颁发本质关防，以后再换，由此引起了川边和甘肃的“玉树之争”。为此，甘肃巡按使张广建呈报中央政府，称“玉树等土百户以归川边为苦，归西宁为便”，认为“碍难划分”。4月，北京政府发布命令，称玉树等番族“仍归甘肃西宁管辖”，“川边不得再行干涉”[②]。5月29日，张毅所派勘界委员返回，30日川边防军撤离结古镇[③]。为此，玉树争端得到妥善解决。

康藏界务方面，因张毅就任川边镇守使之时，正值西姆拉会议召开，外交部深感“界务棘手，非有确证，难资争辩”，因此命张毅将前川滇边务大臣赵尔丰改土归流的全案卷宗，各土司投诚的原结等拍照送外交部。并命查清在西姆拉会议前“兵力范围所及，极西抵于何处，驻兵地点有几，又察木多等处有无教堂”[④] 等，以此作为划分界务之根据。张毅接到命令后，将巴塘等处改流收服各证，抄卷拍照送外交部。同时，对于边藏关系，张毅也向外交部表明了观点，认为“武装乃足以济和平，二者诚难偏废”，恳请外交部“饬陈使查照前案，严重交涉，用杜觊觎之萌”，另一方面，恳请“内地筹济大宗饷械，迅增劲旅，以资策应，而固边陲”。而他则遵照命令“严饬各军慎重防守，毋图进取”[⑤]。

1914年9月，驻扎乡城的边军营长陈步三发动叛乱，杀死旅长等官兵19人，康南各县川军焚毁寺院、掠夺民财，一片混乱，进一步激化了藏汉民族矛盾，也为后来藏军东侵以口实和可乘之机。1915年4月30日，张毅

① 《川边经略使尹昌衡呈大总统暨致国务院电》、《国务院致川边尹经略使电》，《政府公报》第524号（民国二年十月十九日）“公电”。
② 《大总统申令》，《政府公报》第1064号命令。
③ 《蒙藏院呈玉树等土司互争管辖一案川边现已遵令撤兵据咨转呈请鉴文并批令》，《政府公报》第1156号（民国四年七月二十七日）呈。
④ 《外交部电》，载《近代康区档案资料选编》，第14页。
⑤ 《川边镇守使电》，载《近代康区档案资料选编》，第15页。

因陈步三叛乱，被撤去镇守使职务。北京政府将张毅调任为川边财政分厅厅长，另任命刘锐恒为川边镇守使。

2. 刘锐恒统治时期

刘锐恒，字春霆，生卒年不详，涪州人。清末曾任云南提督，原任建昌前五营统领。因拥戴袁世凯称帝，为袁所器重。1915 年 6 月，刘锐恒接任川边镇守使。刘行伍出身，人称“刘马棒”，任职仅 1 年多，在边几无建树。

刘上任后，驻军方面，命陈遐龄为川边陆军第一旅旅长，驻雅安，以一兵团驻防理化、定乡、稻城；命彭日升为边军统领，驻昌都；命杜培祺为帮统，驻炉城；刘赞廷为分统，驻巴安①。

1916 年 1 月，袁世凯在地方推行所谓“军民分治”，决定在川边另设川边道尹一职，任命李实楚为道尹。军事由川边镇守使负责，民政由川边道分管。但川边道隶属四川巡抚使，并不受镇守使节制。因此，道尹一职，遭到了时任川边镇守使的刘锐恒的反对，多次电请北京政府在川边执行《都统府官制》。袁世凯不得不下令川边道尹隶属川边镇守使，在镇守使指挥下，负责民政事项。镇守使的职权，准予按照《都统府官制》的规定实行。

因刘锐恒是袁世凯复辟帝制的拥戴者，袁世凯垮台后，罗佩金任川督，请撤刘锐恒镇守使职位。1916 年 6 月，刘锐恒带印赴川请饷，遂留成都。1916 年 8 月 13 日，北京政府免去刘锐恒的职务，任命护国军总司令部参谋长殷承瓛为川边镇守使②。

3. 殷承瓛统治时期

殷承瓛（1877—1946），字叔桓，云南陆良人。前清秀才，1903 年被清政府选送到日本振武学校留学。1906 年升入日本陆军士官学校深造，在日

① 《康藏史地大纲》，第 130 页。
② 《东方杂志》第 13 卷第 5 号。

本参加了孙中山创办的同盟会云南支部，1907 年学成回国。任云南第十九镇参谋官兼云南督办处总办，后又提升为参谋处总办[①]。与蔡锷、唐继尧、陈遐龄等有交谊[②]。1911 年辛亥革命时，任都督府参谋总长。尹昌衡西征时，殷任滇军西征司令官，出征西藏。后入北京总统府，任顾问官。袁世凯实行帝制时，随蔡锷逃出北京，潜回云南，于 12 月 25 日，参加云南护国军起义，任护国军总参谋长兼蔡锷护国第一军参议，出兵四川泸州。1916 年 1 月，滇军进入四川，与盘踞在四川的北洋军阀势力作战，殷承瓛率领滇军进入打箭炉，并担任川边镇守使[③]。

殷承瓛为人刚正不阿，"负才气敢作敢为"[④]，任镇守使期间，"勤咨博访，锐意图治"，在经济、宗教、教育等方面针对川边的实际情况，施行了一些促进川边发展的措施，"凡所设施，多洽舆情"。但因其在职时间较短，"有志未竟"[⑤]，很多措施并没有很好实施。

军事方面，1916 年 8 月，边军营长傅青云以索饷哗变，大肆劫掠康定城，帮统杜培祺不能制。殷率滇军华封歌团到任，即将傅青云枪毙，"陆边两军闻之，咸为震撼。"同时撤杜培祺职，以聂德明代为帮统，进驻昌都；陈遐龄、彭日升、刘赞廷职位不变[⑥]。随即殷承瓛拟"清查边军欠饷，整刷军容，裁汰老弱，切实训练"[⑦]，遭到彭日升等边军将领的怨恨。1917 年，蔡锷病逝于日本，留在四川的滇军遭川军驱逐。在川边，川军将领联合刘成勋、陈遐龄、彭日升等驱逐殷承瓛，彭日升命其营长彭斗胜率军攻打康定，刘成勋也从雅安方向逼近，但殷承瓛拒不应战。在滇黔军相继被驱逐出川的情况下，殷深知在川不能久留，向北京政府提出了率滇军撤离川边

---

① 《护国上将——殷承瓛》，载曲靖市政协文史资料委员会编《曲靖文史资料》第 1 辑"历史专辑"，2001 年，第 245—246 页。
② 《川边四镇守使》，第 132 页。
③ 王俯民编著：《民国军人志》，中国广播电视出版社 1992 年版，第 482 页。
④ 邓之城：《护国军纪实》，载云南文史资料委员会编《云南文史资料选辑》第 16 辑，第 37 页。
⑤ 《康藏史地大纲》，第 131 页。
⑥ 《川边四镇守使》，第 132 页。
⑦ 《康藏史地大纲》，第 130 页。

的请求，并向北京政府保委陈遐龄护理川边镇守使。1917 年 9 月 30 日，北京政府免除殷承瓛职务，调任川军第五师师长熊克武为川边镇守使，但由于熊不愿赴任[①]，10 月 16 日，北京政府另任命陈遐龄为护理川边镇守使，是为第四任镇守使[②]。1918 年 2 月 2 日，正式任命陈遐龄为川边镇守使。

宗教方面，殷在川边期间，成立了“边藏佛教总会”[③]。成立之日，殷承瓛发表讲话，郑重承诺“愿与诸君发大誓愿”，通过“将川边人民负担减轻，如少支乌拉等使得休养生息”，同时“将被蹂躏之僧俗招回，务使安居乐业”[④] 两方法，将佛教总会的一切事务期于办好。

经济方面，“边藏佛教总会”的正会长东宝请求殷承瓛按照前清赵尔丰任川滇边务大臣时制定的边地粮税征收章程实行，以减轻边地百姓差徭。殷承瓛立即下令川边财政分厅长“拟订手续，重新调查，认真清理，以杜浮收，而恤民隐”[⑤]。

教育方面，在殷承瓛任川边镇守使时，为在川边兴学，在康定开办了“川边师范传习所”培养师资，虽仅有二十来个学生入所肄业，但部分学生学成后被派赴各县办学。如学生杨章荣（后改名杨仲华）赴甘孜办学，何寿昌（后改名何伯康）去道孚办学，彭焕文（后改名彭有章）去雅江办学[⑥]。

随着进入四川的滇军在军事上的失利，在打箭炉失去后盾的殷承瓛很快陷入川军的包围中，不得不撤出打箭炉，北洋政府派驻守雅安的陆军混

---

① 《东方杂志》第 14 卷第 11 号，第 209 页。

② 《东方杂志》第 14 卷第 11 号，第 215 页。

③ 据《康定县文史资料》中《关于“边藏佛教总会”的史料》一文编者推断，“边藏佛教总会”系在陈遐龄任镇守使时期成立，有误。根据《近代康区档案资料选编》收录的《一九一七年三月十七日川边镇守使殷承瓛训令》，后附《边藏佛教总会正会长东宝意见书》中有“辛亥反正后，一坏于尹都督，再坏于张镇使，而边事不堪问矣”以及在边藏佛教总会成立大会上镇守使的发言词中有“以民国二年西征与西藏喇嘛人民接洽者，多喜其性质诚朴”等语可推断边藏佛教总会不是在张毅任镇守使期间成立，应是在殷任镇守使时成立。

④ 《镇守使在边藏佛教总会开会演说词》，载《康定县文史资料》第 3 辑，1989 年，第 106 页。

⑤ 《一九一七年三月十七日川边镇守使殷承瓛训令》，载《近代康区档案资料选编》，第 88 页。

⑥ 冯有志编：《西康史拾遗（未定稿）》（上卷），中国人民政治协商会议甘孜藏族自治州委员会文史办编印，第 68 页。

成旅陈遐龄为护理川边镇守使。

4. 陈遐龄统治时期

陈遐龄（1873—1950），字云皋，湖南辰州溆浦人。出身前清武举，力能独扛抬枪。曾入日本成城学校，日本教官闻其名，与之角力，陈初时逊谢，因日本教官轻视华人，故意以言语刺激，陈怒，于比武时用腿弹教官倒地死去，因此被斥退出学校。尹昌衡西征时，陈遐龄为营长，隶属川军第三师师长孙兆鸾，不久升任团长；刘锐恒任镇守使时，陈任旅长。护国运动时，陈乘势扩充，占雅安六属，任川边镇守使后，又将宁远七属并入防区，因此野心渐炽，妄欲染指四川[①]。其在川边期间，将其主要兵力投入四川内战，对于边事，守边8年，"于边政无一可纪之绩"[②]。相反，在其统治期间，"将重兵离边，呼救不加声援，致坐失康地十一县。"[③]

军政方面，陈遐龄刚任川边镇守使之时，正值驻类乌齐西岸的藏军越界割草与边军发生冲突，后藏军大举内犯，大肆举兵东进。当时，藏军得到英方援助的枪支和子弹，兼以四川方面煽动之下，康东、康北纷纷响应，而陈遐龄当时却将兵力投入四川内战，仅以少量兵力声援，饷械匮乏，兵力单薄，因而藏军先后攻陷恩达、昌都、察雅、宁静、贡觉、武成、同普、德格、白玉、邓柯、石渠等11县。陈遐龄所统边军分统刘赞廷与藏军私自签订《汉藏停战条约》十三条，规定"巴安、盐井、义敦、得荣、理化、甘孜、瞻化、炉霍、道孚、雅江、康定、丹巴、泸定、九龙、定乡、稻城等十六县与该处迤东之地方，归汉官管辖，藏军文武（官员）不得驻扎该处之境内。类乌齐、恩达、昌都、察雅、江卡（宁静）、贡觉、武城、同普、邓柯、石渠、德格、白玉等县与该处迤西地方归藏官管辖，汉军文武

① 《川边四镇守使》，第133—134页。
② 秦和平、赵心愚：《清季民国康区藏族文献辑要》（上），四川民族出版社2003年版，第216页。
③ 《川边四镇守使》，第138页。

官员不得驻扎该处境内”[①]，双方撤兵。该条约签订后，陈遐龄以刘赞廷个人私订条约，有失威权，宣布无效。1918 年 10 月，经英领事台克满出面“调停”，川边代表韩光钧、甲宜斋与西藏噶伦派出的代表康曲洛桑邓竹，后藏代表（本）却让贞冬在甘孜绒坝岔签订了《藏汉停战退兵条件》四条。自绒坝岔以南，汉军退甘孜，藏军退德格所管之辖境，经瞻化、巴安、得荣、盐井为汉军防线，其西为藏军防线。川边镇守使管辖的范围逐渐缩小，只剩康定附近以及康南一带。同时在康南地区“义敦以粮赋无收入，并入巴里管辖”[②]。但是，条约的签订并未真正遏制藏军东侵的势头。1919 年 8 月，藏方在甘孜、德格一带又起兵端，大有内进之势。1920 年 3 月，藏军又分路进攻理塘、雅江、稻城，复加兵白利、邓柯各要隘，进窥甘孜、炉霍；12 月，藏军再次东进，相继进扰德格、巴安、里塘等地。1922 年秋，藏方出兵道孚、甘孜、邓柯诸县，里塘之属西俄洛，巴安之属牛舌渡、得荣之属莽里、扎塘，均遭藏军行掠，在定乡，戕害驻防边军，焚毁行政官署。川边镇守使实际控制区域，仅为打箭炉以东地区[③]。

吏治方面，陈遐龄护理川边镇守使后，宁、雅各七属防地，各县知事均由陈推荐委任；在川边，陈则直接委任。但因当时川边之恩达、昌都、察雅、宁静、武成、贡觉、同普、白玉、德格、邓柯、石渠等县均属彭日升驻防，彭日升已委任各营营长兼任各县县长，以致川边镇守使陈遐龄委任的县长不能接篆，因此彭陈之间相互猜忌[④]。部分仍维持殷承瓛时官职，如道尹康明良，财政分厅厅长陈启图等皆是殷所保荐。但总体而言，“因川局甚为紊乱，各驻军惟以剥削民财，扩张军备为急务，毫未讲求吏治，从事地方建设，陈使于宁雅虽未横征暴敛，而所保委各县知事，殊少干练吏

---

① 北京政府外交部政务司编：《藏案纪略》，民国八年印行，第 27 页。
② 《清季民国康区藏族文献辑要》（上），第 216 页。
③ 格桑泽仁：《康藏概况报告》，民国二十一年十二月印行，第 95 页。
④ 《昌都历史述》，第 445 页。

才，备位而已”[①]。因而，他选拔熟悉藏区事务、在当地有话语权的一些人担任官员，如他任命同藏族各界人士、百姓有密切交往且熟悉藏情的茶叶大商号姜公兴茶店老板姜郁文为甘孜县知事，兼交涉坐办。升任康定县知事韩光钧为川边道道尹，委任明正土司甲宜斋为康定县总保。

经济方面，“边地因边饷无着，地粮皆拨充军食，所有各县经费，仅能坐支四成，一切政治设施，悉皆停顿。”[②] 1920 年陈遐龄开始在康区发行纸币，共计发行藏洋 30 万元，合大洋 12 万元。但因民间怨声满境，最后只得收回[③]。为了安定边地民心，他还同对峙的藏军及地方首领商议，双方须各设坐办一员，藏方驻德格，川边方驻甘孜，临时会商处理军人、百姓、商旅、香客、宗教信徒在往来、互市过程中发生的小纠纷，以免酿成大难。

（二）西康屯垦使控制下的川边地区

陈遐龄在川战中，屡战屡败，四川第三军长刘成勋逐渐控制川边地区。1923 年 5 月，川边镇守使陈遐龄率川边军队参加四川军阀混战，惨遭失败；同年底，不甘失败的陈遐龄将镇守使职务交给旅长孙涵代理，亲自赴洛阳向吴佩孚求援。1924 年 3 月，四川第三军刘成勋乘川边军队新败之际，向川边发动战争，占据了川边大部分地方。同年，12 月 24 日，新成立的北京段祺瑞政府任命刘成勋为川边督办，对其占据川边以正式承认。1925 年，段祺瑞发布命令：“四川川边道所属地方，着暂行改为西康特别行政区域。”[④] 并任命刘成勋为西康屯垦使兼管民政事宜，作为西康的最高行政长官。从此，川边改称西康。西康屯垦使刘成勋驻雅安，另在康定设屯垦使行署。下设民政、总务两处和川边道尹，分管民政。不久废除川边道，设

① 《清季民国康区藏族文献辑要》（上），第 216 页。
② 《清季民国康区藏族文献辑要》（上），第 216 页。
③ 冯明心：《康藏货币流通史》，载肖怀远编著《西藏地方货币史》，北京民族出版社 1987 年版，第 108 页。
④ 《东方杂志》第 22 卷第 5 号，第 140 页。

康东、康北两道，以康北道驻甘孜，以康东道驻理化[①]。西康屯垦使时期，西康特别行政区的九龙、丹巴两设治局改为县，所辖行政区仍保持着川边镇守使陈遐龄时期的状况，辖区仅剩康定附近及康南一带共11个县。

四、刘文辉主持康政与西康建省

（一）刘文辉主持康政（1927—1949）

1. 刘文辉主持康政与西康建省

刘文辉（1895—1976），字自乾，又字病虞，四川省成都市大邑县安仁镇人。1927年6月时任国民革命军第二十四军军长的刘文辉突然袭击刘成勋防地，不到10天就攻占了川南防地双流、温江、崇庆、邛崃、新津、名山、丹棱、蒲江等县，接管了西康地区。冬季，刘文辉在成都设立“川康边防总指挥部”，任总指挥。总理川边事务。在总部设边务处，任命胡子昂为处长。此后刘文辉长期统治西康及川西北各地。

1928年3月，刘文辉又于康定设“西康特区政务委员会”，处理西康日常事务。刘文辉任命龙守贤、韩沛、吴择三、陈启图、胡人纲为委员会政务委员，指派龙守贤为主任委员。西康特区政务委员会下设内务、司法、财政、外交、教育、实业、交通、屯垦等科室，分别掌管相关事务。西康特区政务委员会同时在康定设立西康财务统筹处，负责西康藏区15个县的财务行政事宜，并先后创办了西康师范讲习所、西康团务学校、西康图书馆、康藏通讯社和农事试验场，为西康省的建立培养相关人才。

1928年8月17日，经内政部提议，南京国民政府行政院发布命令：“统一告成，训政开始，边远地方行政区域，亦应分别厘定，肇启建设宏规。所有热河、察哈尔、绥远、青海、西康各区，均改为省，依照法令组

---

① 李亦人：《西康综览》，正中书局1941年版，第69页。

织省政府。所有热河、青海、西康三省区域，均仍其旧。”① 10月，刘文辉就任四川省政府主席，兼任数个军政要职，拥兵10余万，占地70余县，加之当时康藏界务纠纷不断，战祸连连，刘文辉对西康建省一事并不重视，只在其二十四军军部边务处之下设西康政务委员会，敷衍其事。

1932年8月，刘文辉与刘湘爆发了“二刘之战”。1933年秋，在军阀混战中，刘湘、邓锡侯、田颂尧等军，联合击败刘文辉部后，刘文辉兵败，退居雅安一隅，西康成为其后方依托，刘文辉别无出路，决意全力经营西康、筹备西康建省。此时的西康，金沙江以西10余县在康藏界务争夺中，已有10余县为藏军所据，仅有15个县，人口不过30万人，缺乏建省的必要条件。刘文辉一方面派陈启图为西康行政督察专员，驻守康定，监督康南、康北各县政务，西康建省的筹备便提上了日程；一方面派他的驻京办事处主任冷融，积极四处活动，推动西康建省工作。蒋介石国民政府为了牵制刘湘势力，1934年12月，国民政府任命刘湘为四川省主席的同时，下令组建“西康建省委员会”，任命刘文辉为委员长，并颁发了《西康建省委员会组织条例》。

1935年7月22日，西康建省委员会在雅安正式成立，刘文辉为委员长，诺那活佛、向传义、刘家驹、张铮、冷融、段班级为委员。根据行政院颁布的组织条例，设秘书处及民政、财政、教育、建设等科。9月7日，国民政府又任命任乃强为西康建省委员会委员。委员会下设秘书处及民政、财政、教育、建设、保安等科。1936年9月15日，西康建省委员会从雅安移往康定，并在康定成立西康行政督察专员公署，任命陈启图任专员，负责监督康南、康北各县政务。11月，刘文辉抵达康定，一心筹划西康建省相关事宜。

1939年1月1日，西康省政府于康定正式成立，这是民国时期中央加

---

① 《近代康区档案资料选编》，第50页。

强治理康区，巩固西南边疆与西南国防的重大举措。刘文辉担任西康省政府主席，同时任命段班级、李万华、韩孟钧、叶秀峰等组成西康省政府委员会，委员会下设秘书处、民政厅、财政厅、教育厅、建设厅、交通局、粮政局、会计处、统计处、卫生处、社会处、合作事业管理处、警保处、保安司令部等机构。西康省辖33个县和3个设治局，包括宁属的西昌、会理、盐源、盐边、宁南、昭觉、冕宁、越西8个县和宁东设治局，康属的康定、泸定、丹巴、九龙、雅江、理化、稻城、定乡、得荣、巴安、义敦、白玉、石渠、邓柯、德格、甘孜、炉霍、瞻化、道孚19个县和雅属的雅安、荥经、汉源、芦山、宝兴6个县和金汤设治局。全省面积351521平方公里，人口150万人，省会康定。

（二）刘文辉治康方针及施政措施

西康省新建时处境艰难，主政西康的刘文辉在西有藏军压境，东有军阀派争的情况下，充分吸取了赵尔丰经边的历史教训，尊重藏传佛教，团结宗教上层，尊重人民信仰习惯，轻徭薄赋，振兴实业，提出了“化边地为腹地”“以政翼教，以教辅政”“德化、进化及同化”等治理西康的一系列方针政策，保持了西康地区的基本稳定，并使区内各族人民颇为归服，经济有所发展。

1940年8月26日，西康省第一届临时参议会第一次大会在康定举行。8月27日，省政府主席刘文辉在报告中详述了西康正式建省的经过、治康方针和施政纲要。治康方针是：“化边地为腹地”。并正视康、宁、雅三区在地理、历史、民族、语言等方面的差异，分别采取不同的措施。其中，针对藏族聚居的康属区域，“采取稳健政策，注意安定，以谋陲国防之巩固”①。同时，刘文辉还向全省各族民众郑重宣布了包括厉行经济建设、加

① 四川省地方志编纂委员会编：《四川省志·政务志中》，方志出版社2000年版，第869页。

强民族团结、发展边疆教育、加强组训民众、改善人民生活、彻底澄清吏治的六条施政纲领。

其治理措施主要有：

1. 发展康区各项事业，“化边地为腹地”

经济建设方面，刘文辉担任川康边防总指挥后，即开始积极经营川边地区，在泸定、丹巴、九龙、道孚、炉霍、甘孜、石渠、白玉、瞻化、巴安等县成立农事试验场，开始引进蔬菜品种，改进本地蔬菜种植技术，提高常见农作物的产量。西康省成立后，又成立西康省农业改进所，统筹全省农林畜牧工作，通过推广良种和改进农业生产技术，促进当地的农业进步。另外，在建省过程中，刘文辉还积极兴办实业，振兴康区经济，筹办了众多工矿企业，先后在今甘孜藏区兴办了巴塘制革厂，康定美明电灯公司，裕边实业公司，康定水电厂，康定洗毛厂，在理化、雅江、康定、巴安等地开办了金银铜矿挖掘点。

交通建设方面，1938 年，西康省主席刘文辉筹建西康牧运公司，试办北线康定至甘孜运输业务，以此减轻民间乌拉负担，并打算取得成效后推广至南路巴塘，但经营半年后就停办。西康省政府成立时，正值抗日战争的艰苦阶段，为加强后方建设，国民政府决定大规模兴建西康省各公路，拨款先修了自雅安至康定，全长 218.5 公里的川康公路，1942 年 2 月正式通车。同时，国民政府决定在原有的西康入藏“北路”基础上，修建了全长 720 公里康定至青海省歇武寺公路，对于加强川康青之间的联系发挥了积极作用，改善了康区的交通状况，同时也为战时物资和军队的调动创造了良好的条件。国民政府交通部制定的自 1935 年起 5 年内在全康实施县县通邮、通电报的《康藏邮务计划》施行，1936 年，康定、雅安已通电话，甘孜、瞻队、理化等县实现了直接通邮。

教育方面，刘文辉非常重视教育，西康省政府成立时，他将“发展边疆教育”作为其第三条纲领。西康省政府成立后，相继兴建国立、省立和县立小学。国立小学是由民国政府教育部直接在边疆民族地区设立，有国立康定师范附属小学、国立巴安师范附属小学、德格小学、木里小学等。西康省立小学在20世纪30年代后期开始建立，到40年代初，建立了道孚、甘孜、九龙、瞻化、雅江等省立小学，并且都有一定规模。在炉霍、石渠、邓柯、白玉、得荣、乾宁、稻城等也相继建立了县立小学。中等教育方面，西康省政府成立后，1939年4月建立省立康定中学。师范教育迅速地发展起来，在康区成立国立康定师范学校和国立巴安师范学校。职业教育方面，先后兴建了西康省立康定农业职业学校、西康省立康定商业职业学校、西康省立康定医事职业学校、西康省立甘孜实用职业学校。这些政策和措施的实行，促进了西康民族教育的发展，特别是小学教育有了较快的发展，小学校和小学生的数量都有了较大的增长。这些学校的建立，为西康社会经济的发展培养了人才，同时为共和国建立后民族教育的进一步发展打下了一定的基础。

刘文辉还积极支持兴办报刊和刊印图书，报道西康的政治、经济、历史、地理、宗教文化、民情风俗、艺术，发挥报刊在治理西康中的作用，以此“启迪边民，发扬文治”①。1929年，刘文辉支持创办《边政》月刊，主要刊登军政要闻和西康文献资料，将其作为西康政府机关的重要宣传工具。1929年底，刘文辉又不顾财政困难，批准创办《西康公报》杂志，发挥其“报告工作、宣达边情、灌输文化、集中言论”② 的作用，随后他又先后支持创办《戍声周报》（1936年10月创办）、《康导月刊》（1938年9月创办），西康党政及各级部门、研究机构相继创办了《西康经济季刊》《新西康》《康藏研究》《边政导报》。据统计，20世纪30、40年代的康区，仅省会康定就办有各种报刊37种。另外，刘文辉还积极开设图书馆、民众教育

① 《本报的责任》，载《西康公报》1929年第1期封面。
② 《指令西康政务会呈转西康公报社成立出版日期赞行状》，载《边政》1931年第3卷第5期。

馆、书店，普及文化。

2. 尊重藏族宗教信仰，维护民族团结

针对康区藏族民众普遍虔诚信仰藏传佛教的实际情况，为了加强对藏区的治理，刘文辉积极利用喇嘛教，实现了对康区的有效控制。

一方面，主政西康的刘文辉专门组织了任乃强、刘衡如等一批学者、专家组成智囊团，深入康藏地区研究康藏历史、宗教、文化，提出政策，使决策向科学化发展。其中一个主要决策即从文化沟通入手治康，着力消除文化障碍，赢得人心。

另一方面，刘文辉也积极拉拢、利用宗教上层来对康区进行统治，为了团结藏区的高僧大德，刘文辉提出了“以教辅政，以政翼教”的治藏策略，委任了一批高僧活佛担任宗教领袖。刘文辉在康定设立五明佛学院，并把康属划分为四个佛教宣化区，任命理塘二世火竹香根活佛阿旺洛绒丹增嘉措为理塘、巴塘、义敦、乡城、稻城、得荣、白玉、新龙、雅江等康南“九县佛教宣化师”以及南路区的主任，任命炉霍格聪活佛担任西康省政府委员和北路区的主任，另外还有八邦寺的十一世司徒白马翁须司徒被委为“西康省佛教宣德师”，颁给印章和委任状，优礼有加，十分敬奉。1938 年，刘文辉还在康定开办西康保安行政讲习会，从政治上训练土司头人和活佛、堪布，加封官爵，积极吸收他们参加国民党，加以笼络。道孚县的大喇嘛麻倾翁、日库寺的活佛觉麦秋吉俄日、惠远寺的堪布格桑多吉、南无寺格西甲绒等被选为省政府临时参议会会员①。刘文辉还通过对寺庙的慷慨布施来拉拢与宗教上层势力的关系，刘文辉每次从雅安到康定，都会带足布施到各大寺庙巡游安抚，并会受到喇嘛和头人的热烈欢迎。

另外，为了化解各教派和寺院之间的纷争，刘文辉还成立西康省佛教整理委员会，亲自兼主任委员，二世火竹香根佛为副主任委员，还有日库

① 王川：《刘文辉与西康地区藏传佛教界关系述论》，载《中国藏学》2006 年第 3 期。

寺活佛觉麦秋吉俄日、寿灵寺的四世格聪呼图克图格勒朗加等成员，专门调解各教派间、寺庙间、僧俗间的纠纷。

同时，刘文辉还积极鼓励支持康区高僧到西康以外地区的佛学交流。一方面，他积极与西藏地方的政教上层人物建立广泛联系，几次派人到拉萨三大寺布施，并派遣从事藏传佛教的僧人前往拉萨学习[①]。另一方面，刘文辉主政西康地区时，还大力支持西康高僧前往内地弘扬佛法，噶举派兼承宁玛派的贡噶呼图克图于 1935 年、1945 年两次到内地成都、重庆、杭州、上海等地弘法，德格县噶举派大寺庙八邦寺的上师督噶、圣露，萨迦派根桑泽程上师 1936 年、1941 年两次前往内地传法时，都得到了刘文辉的大力帮助。

3. 积极拉拢土司头人，加强地方统治

四川藏区的土司、头人、上层喇嘛一直是维护当地统治的重要力量。刘文辉在西康一方面依靠自己的军事势力加强对地方的统治，他在康南、康北派驻了二十四军的三个团和保安队，维持地方秩序。另一方面，在县级及以下的区、乡、村、保等行政单位，为了维持对当地的统治，刘文辉"拉拢一切有影响有实力的地方上层人物"，给土司头人委以新的官职，对他们的特权继续以另外一种方式予以默认，由他们负责主持，共同统治康区。刘文辉委任了定乡的正斗曲渣、稻城的札西尼马、义敦的邦达多吉、巴安的次郎鲁噶、炉霍的仑登贵、瞻化的巴登多吉和汪青、杜呷，鱼通的甲仁安等为"康族特种保安大队长"，巴安的噶格曲批，瞻化的阿登莱乃、充燃灯、尼马等，被委为"康族特种保安中队长"[②]，给予这些土司头人权力和武装，以巩固对当地的统治。

---

① 张永春：《忆刘文辉治康片段》，中国人民政治协商会议甘孜藏族自治州委员会编：《甘孜州文史资料集萃》第 2 辑（上），第 115—116 页。

② 张为炯：《西康建省及刘文辉的统治》，中国人民政治协商会议四川省委员会、四川省省志编辑委员会编：《四川文史资料选辑》第 16 辑，四川省新华书店，1965 年 5 月，第 40 页。

4. 积极整顿边政，实行以军扶政

刘文辉认为，西康社会进步迟缓的原因在于“军政合一，俨如独立王国；二是政教不分，宛如一潭死水”。为此，他设立西康特区政务委员会，专管行政，同时整顿边军，严禁军人干政，使军政分离，各有专责。1939年西康省政府成立，设立西康省保安司令部，下设区保安司令部。

另外，刘文辉还创设军校、图书馆和训练班，培养干部和专门人才。从1936年开始，西康地区各县分为一等县、二等县，并设立康北和康南两专署[①]。与此同时，国民党组织也加紧了对西康的全面进入和控制。

5. 大量培训干部，治理边地

刘文辉认为“求才异省，不但数量有限，不足分配，且如沙里淘金，苟非独具慧眼，必难识别真才。不如自己设班培训，不仅可以按照自己的意志，塑造干部，且彼此建立了师生情谊，感情相通，休戚相共。使用起来，既能得心应手，且亦不怀二心”。为此，1928年刘文辉在成都开办了边政人员训练所，刘文辉自兼所长，招收大专院校学生100名，入所学习半年后以“建设筹备员”的名义派往边远各县，佐理县政，后大部分都成为西康省府的骨干。同时还在成都开办专门的财政学校，培养专门人员管理西康财政。还在成都举办了县政讲习班，学制半年，调集部分现任县长前来培训，学员毕业后去康区当县长。1936年在康定举办保甲训练班一次，学员60余名，毕业后分组编查康定、泸定、丹巴、九龙4县保甲户口。1937年，刘文辉还在康定举办县政人员训练班，到重庆等地招收学员80名，学习半年后分配到各县政府担任科长秘书，个别的还担任了县长。还开办了财政人员训练班、合作人员训练班、统计人员培训班、义务教育师资训练班等，培养各级人才[②]。1938年3月，在康定建立西康省党部筹备委员会，

---

① 冯有志：《西康史拾遗》上册，第177—179页。
② 冯有志编著：《〈西康史拾遗〉文史资料》，1987年10月，第72—73页。

并开办西康省党务人员训练班，为建省做好了人才准备工作。

西康建省后，1941 年 6 月刘文辉又在雅安成立“西康省地方干部训练团”，分为民政、教育、财政、建设、兵役、党训等训练班组，调集西康省内各级行政官吏，轮流入团受训，共举办了 11 期，每期 2 个月。

西康建省是民国时期中央政府加强康藏关系、巩固西南边疆、加强抗战大后方建设的一项重要举措，更是反对西藏独立的重要战略部署。西康省先后实施的一系列有利于加强内地与康藏地区、汉族与少数民族联系的政策，收到了捍卫国家统一和领土完整、开发康区经济、发展近代教育文化、加强各民族团结、推动康藏地区社会发展的效果，并对西藏和其他藏区的稳定与发展产生了深远的影响。

五、民国时期康藏重大事件

1930 年，西康甘孜县境内又发生了大金寺与白利土司之间的土地差民争端，西藏地方政府又利用“大白事件”，进一步将甘孜、瞻对两县及炉霍、理塘的一部分攻占，进一步引发大规模的边界争端，史称“大白事件”。同时，西康军政当局及当时在内地活动的九世班禅势力等各方力量介入其中，“大白事件”成为左右康藏关系的重大事件。同时，康区内部因地方势力与刘文辉的矛盾和国民党中央与刘文辉的矛盾而发生“格桑泽仁事件”、“诺那事件”、“班禅行辕事件”等。在刘文辉逐渐执掌西康大权，蒋介石无余力干涉的情况下，蒋介石插手西康事务的途径大多是经过康藏的上层人士来实行，企图以此来钳制刘文辉。这三次事件都是康藏的上层人士在中央政府的暗地支持下，打着“康人治康”的旗号，反对刘文辉统治的活动。

（一）“大白事件”

“大白事件”发端于一件很小的事情。1927年，甘孜白利土司去世，其女袭任。袭任的白利女土司与雅让寺二世智古活佛不和，而雅让寺二世智古活佛与大金寺关系密切，智古活佛遂于1930年初迁往大金寺，并将此前白利土司拨给服役的15户差民转赠给了大金寺，引起白利女土司和民众的反对。为争夺15户差民，白利女土司逐渐与大金寺发生纠纷。大金寺派代表请甘孜县知事韩又琦秉公断处，但韩又琦却因案情复杂不愿受理此案。大金寺的好战派喇嘛于1930年5月21日，大肆焚掠了白利村，焚烧亚拉寺及民房数家。1930年6月18日又进攻白利寺，白利寺财产被抢劫一空，人员死伤甚多。大金寺的主和派喇嘛见事态扩大，畏惧官府镇压，开始请求多方调解。当时川康边防总指挥刘文辉属下的川康边防军不欲事态扩大，希望息事宁人。驻康定之川康二十四军边防军第一师旅长马骕遣人调解，大金寺僧人开枪击毙该旅一排长，引发双方军事冲突。

8月31日至9月2日，川康军与大金寺的武装力量正式开战，马成龙率领川康军与寺僧激战两月，攻克白利，兵围大金寺，寺僧遂向西藏地方政府求援。此时，驻守昌都等地的藏军，已奉噶厦之命，全面投入战备状态。于是，达赖一面给大金拨借英式步枪500支，武装3个炮队，调派詹东等两个代本率藏军千人，潜伏绒坝岔一带助战；一面于10月13日致电蒙藏委员会，要求双方停战。1931年1月9日夜，大金僧人联合藏军4000余人乘川康军过年，防务空虚之际，突然发起袭击，川康军仓促应战，节节败退。藏军很快攻占了甘孜和瞻化，川康军退守炉霍，两军在炉霍朱倭、瞻化一线形成军事对峙的局面。

由于双方当时势均力敌，在僵持不下的情况下，川康军派出当地坐办大茶商姜郁文，前往大金寺交涉和谈事宜；大金寺派出哈德活佛前往甘孜联系有关事宜。另外，白利与大金寺纠纷发生后，白利村寺僧和百姓接连向国民政府蒙藏委员会呈报，请求中央出面解决纠纷。鉴于“康藏两军均各调集部队准备接战，情势异常紧张”的局势，蒙藏委员会一面电令双方停战，一面派蒙藏委员会委员唐柯三前往调解。国民政府蒙藏委员会一再致电西藏噶厦及达赖喇嘛，希其下令藏军停止进攻并撤回原驻地防区，并告之由川康边防总指挥刘文辉设法调解。10 月 23 日，藏军与川康军接触，康军收复白利原防各地，声称听候调解。双方多次谈判，仍无实质性结果。

后因“九一八”事变，国民党中央无暇西顾，命唐柯三速将此案了结。11 月 6 日，唐柯三派刘赞廷与琼让拟定暂时停战条约八条：（1）甘瞻暂由藏军驻守，俟将来另案办理。（2）大白事件，由琼让秉公办理。（3）道、炉、甘等处，双方各驻军 200 名。其余撤退。（4）穹、霞二坝仍归理化，朱倭退还炉霍。（5）大金寺所欠炉霍商款，由琼让饬令该寺迅速归还。（6）被掠川军一概放回。所受藏方优待费，由川政府拨藏洋 2 万元归还。（7）马旅长与琼让，互派委员前往致谢。（8）恢复交通，双方互相保护商业。[①] 但是停战协议却遭到了白利土司和白利村村民的强烈反对，刘文辉坚决反对。同时康人旅京人士“反对尤烈”，蒙藏委员会也不得不多次致电唐柯三，令其“暂勿签字”。

1932 年 1 月，藏军以青海玉树噶丹寺和得塞召寺之间的土地纠纷为借口，向玉树等地驻军发起攻击，占领大、小苏尔莽和囊谦，包围玉树。唐柯三调解失败。1932 年春，蒙藏委员会令特派员唐柯三将康案交由刘文辉处理，并令刘文辉“酌派队伍前往西康，维持现状”[②]。恰好 1932 年 2 月，驻康定的川军因旅长马骕扣发军饷哗变，旅长马骕被戕，刘文辉调遣余松琳旅入康平息，驻康的川军实力得以增强，刘文辉进一步掌握了在康区的主动权。

---

① 任乃强：《康藏史地大纲》，第 146 页。
② 中国第二历史档案馆、中国藏学研究中心：《康藏纠纷档案选编》，中国藏学出版社 2000 年版，第 199 页。

自刘文辉获得处置康藏纠纷处置权后，增派兵力，联合青海马步芳军向藏军发起反击，以团长邓骧为前敌指挥，先后收复从“民七事件”以来被藏军占领的德格、白玉、邓柯、石渠等县。藏军败退金沙江西，川康、藏两军以金沙江为界隔江对峙。大金寺僧焚寺随藏军西逃。7 月，青海马步芳部收复玉树失地。与此同时，十三世达赖命令昌都总管派代本琼让前来与川康军议和。

8 月，英国政府向中央政府外交部发出照会，要求康藏双方停战，并提出了一个决议。9 月 18 日，蒋介石召集川、滇、青、陕、甘五省及蒙藏委员会、外交部、军政部代表，在南京举行“西防会议”，决定康藏停战。1932 年 10 月，刘文辉派交涉专员邓骧、委员姜郁文与西藏地方政府所派交涉专员琼让、委员吉卜进行谈判，签订《岗拖停战协定》，协议主要有：（1）康藏双方接受议和协定，弃嫌修好，所有汉藏悬案听候中央及达赖解决。（2）康军以金沙江上下流东岸为最前防线，藏军以金沙江上下流西岸为最前防线，双方军队，不得再逾前方一步。（3）自中历二十一年十月八日起至十月二十八日（藏历八月初九至八月二十九日），各将先头撤退。汉军退俄洛、德格、白玉以东，藏军退葛登、同普、武城以西。其最前线，汉军如邓柯、德格、白玉，藏军如仁达、同普、武城各境内，双方每处驻兵不得超过二百名，并各派员互相监督撤兵。（4）自停战撤兵日起，双方交通恢复原状，商民往来无阻，唯须双方官厅发给执照为凭。康藏双方大规模的军事冲突告一段落。历时两年多的“大白事件”初步结束。此后，双方又多次发生小摩擦。1938 年，康藏双方再次谈判，在德格签订了安置大金寺僧众和重建大金寺的协议，“大白事件”才完全结束。

（二）“格桑泽仁事件”

在康北战乱的同时，格桑泽仁在康南的巴安发动事情，使西康政局更加复杂。格桑泽仁提出的“康人治康”“地方自治”等口号，对康区产生了一定的影响，康区随即发生的“诺那事件”和“班禅行辕事件”，当事者均提出了“康人治康”的口号。

格桑泽仁，藏族，汉名王天化，1905 年出生于巴安（今四川巴塘县）。1926 年，格桑泽仁进入西康屯垦使刘成勋所办陆军士官学校步兵科学习。1927 年，格桑泽仁加入国民党，成为藏族的第一个国民党党员。随后，格桑泽仁因受到考试院院长戴传贤的赏识，在戴传贤等人的推荐下，格桑泽仁平步青云，身兼数职，担任蒙藏委员会委员兼藏事处处长以及蒙藏周报社副社长。1931 年，格桑泽仁组织了“西康青年励志社”，积极鼓励其乡人至南京学习。随即，他又在戴传贤等人的支持下，在中央政治学校内增设了西康班，培训在内地的西康籍青年学生，并担任该班班主任。格桑泽仁在南京的举动引起了刘文辉的担忧，刘文辉以格桑泽仁冒任“康藏全权代表”为由，在康组织了“反对格桑泽仁冒任康藏全权代表大同盟”，以该组织名义派代表赴京告状，刘、格矛盾进一步激化。

1931 年底，为了加强对西康地区的控制，蒋介石任命格桑泽仁为西康党务特派员，命其率中央政治学校西康班毕业学生回康办理党务。1932 年初，格桑泽仁率毕业生 30 余人分两路回西康，一路从南京经云南去巴安，一路经四川去康定，筹办西康党务特派员驻康办事处事宜。格桑泽仁一行途经云南时，受到云南省主席龙云的热情款待。龙云任命格桑泽仁为“滇康宣慰使”，并赠送格桑泽仁步枪 100 支、长波电台 1 部。当格桑泽仁一行达到盐井县时，盐井权势较大的贡噶喇嘛和巴安东南区六玉十五村的总保茨郎罗绒等，纷纷组织僧俗群众盛情接待，并派人马沿途护送格桑泽仁至巴安。巴安的地方父老，也因本籍青年荣归还乡，举行了盛大的欢迎仪式对之表示热烈欢迎。格桑泽仁的举动，受到二十四军驻巴安军政官员的不满和猜忌，并大肆进行诽谤。此时正值驻防巴安的马成龙四十团的大部队陷在炉霍前线，仅留两个连驻守巴安。于是格桑泽仁乘机提出“康人治康”“地方自治”主张，号召巴安僧俗各界反对刘文辉。

2 月 26 日，格桑泽仁组织兵力提缴了驻军马成龙四十团两个连的枪械，组织西康建省委员会和西康省防军司令部，自任司令，下设一个群众武装司令部，由其姐夫吉村群批任总指挥，联络领县及四乡土头武装；另建一武装团，以巴塘人杨朝宗为团长，赵跃中为团参谋，曾伯麟为团副，任命他的私人秘书黄子冀为巴安县长。并宣布五条政纲：实行地方自治；力图民族平等；废除乌拉制度；改进耕牧技术；发展文教事业[①]。

事件发生后，格桑泽仁于 3 月 1 日致电南京中央执行委员会、国民政府、蒙藏委员会陈述事件经过。格桑泽仁的行为并没有得到南京方面的支持。相反，鉴于康区复杂的形势以及事件可能导致的直接与刘文辉的冲突，国民政府采取了息事宁人的态度，命令格桑泽仁回京待命。蒙藏委员会于 3 月 28 日复电令格桑泽仁“取消委员长，司令名义，回京报告”，并且令其“遵照中央命令，静候公平解决，勿使事情扩大，贻误边防”[②]。5 月 13 日，中央执行委员会也致电格桑泽仁，命其将西康省防军司令以及西康省建省委员长的称号“速即取消，速日回京报告”[③]。很明显，南京国民政府虽有通过格桑泽仁钳制刘文辉的势力之意，但在康区的统治大权仍掌握在刘文辉手里的情况下格桑泽仁贸然夺权的行为显然得不到支持。在格桑泽仁与刘文辉的矛盾没有进一步恶化，并且携手抗击藏军取得初步胜利之后，国民政府对格桑泽仁予以了肯定，并积极将格桑泽仁纳入刘文辉的统治之下，以图康区的局势有根本性的好转。7 月 11 日，攻打巴安的藏军撤回原防，据江而守。7 月 18 日，国民政府军事委员会委员长兼参谋长蒋介石致电格桑泽仁，令军事政治“商承刘总指挥办理，以一事权”[④]。随即国民政府参谋部致电格桑泽仁，对其抗击藏军的行动进行了表扬，同时令格桑泽仁

---

① 冯有志：《〈西康史拾遗〉文史资料》（未定稿上卷），中国人民政治协商会议甘孜藏族自治州委员会文史办编印，1987 年，第 87 页。

② 《三月二十八日蒙藏委员会电》，四川省档案馆、四川民族研究所编《近代康区档案资料选编》，四川大学出版社 1990 年版，第 456 页。

③ 《五月十三日中央执委会电》，《近代康区档案资料选编》，第 457 页。

④ 《七月十八日蒋介石电》，《近代康区档案资料选编》，第 459 页。

“以本党立场国家观念，在刘总指挥指导之下努力奋斗，为西康改革之先驱”[①]。

刘文辉方面，重新执掌康区主动权的刘文辉对于格桑泽仁提缴其部武器、组织省防军等事，虽然非常不满，但是仍把重心放在抗击藏军方面，仅在康定组织了游行表示抗议，并派人到南京上告格桑泽仁“在康区造反，破坏治安”[②]，寻求南京国民政府支持。4月，川康军收复甘孜。5月，川康军收复瞻化。藏军败退，康藏战事局势稍微好转。

西藏地方政府方面，“格桑泽仁事件”发生时，正值第三次康藏纠纷期间，藏军与川康军冲突不断，事件发生后，康藏关系进一步复杂化。格桑泽仁与川军的冲突无疑给正在康区与刘文辉军作战的藏军提供了一个极佳的机会。如果能够联合格桑泽仁反抗川军，局势将对藏军非常有利。于是，十三世达赖喇嘛先后派代表军官葛松得青、喇嘛普博等去巴安游说格桑泽仁，称格桑泽仁之举，“藏中自达赖以下，甚为欣慰”，并劝格桑泽仁“服从达赖，会兵进攻”[③]。遭到格桑泽仁拒绝。之后，藏军又提出借道出兵，同样也遭到了拒绝。而此时因为盐井的贡噶喇嘛不肯缴纳其所提缴的二十四军驻盐井两个连的武器给格桑泽仁，格桑泽仁正式出兵攻打贡噶喇嘛。贡噶喇嘛深知自己势力不足，遂向西藏驻军代本西哇冷巴求救，藏军于是乘机率军大举进攻巴安。

对于中央命其回京待命的命令，格桑泽仁一面以人民“严辞峻责，痛哭疏解，不允卸肩”[④]，僧民“强留维持”，“必俟中央派员到康接替，始许启程”的托词加以搪塞，并称“康、藏两军，已经交战，泽仁以国防、乡土关系，惟有与各民军存亡相共，与藏周旋”[⑤]，并派党部书记黄子冀、干

① 《七月十九日国民政府参谋部电》，《近代康区档案资料选编》，第458页。
② 喜绕尼玛：《格桑泽仁其人其事》，《近代藏事研究》，第364页。
③ 格桑泽仁：《康藏概况报告》，1932年12月，第29页。
④ 《五月三日格桑泽仁电》，《近代康区档案资料选编》，第457页。
⑤ 《康藏概况报告》，1932年12月，第23页。

事杨润滋先行回京报告。一面积极组织兵力，抗击藏军。

4 月 14 日，藏军先头部队到达离巴安县城 30 余华里之茶树山，攻下了能控制巴安全城的制高点虎头山。格桑泽仁组织兵力积极反攻。双方战事激烈，互有伤亡。4 月 15 日，格桑泽仁组织得力青年百余人，配合前沿部队，冲锋陷阵，击败藏军。藏军退到金沙江西岸，请求西藏地方政府派兵援助，准备再攻巴安。第一次进攻巴安失败后，藏军从盐井、宁静两县调来民众武装千余人，并加强了火力，随带一门英造大炮及多挺机枪，重渡金沙江，再度占领茶树山，妄图攻下巴安城①。5 月 16 日，西藏驻军代本西哇冷巴率藏军 4000 余人猛袭巴安。藏军乘势推进，占据南郊多幢楼房（离巴安仅隔小巴河），同时盐井民兵占据了巴曲河西岸村庄。格桑泽仁组织多次反击，但未能奏效。双方形成了对峙局面。此时，巴安南北两路交通，早已被藏军截断。格桑泽仁独守空城，兵疲弹缺。无奈之下，格桑泽仁只能派员赴康定，向国民党二十四军军长刘文辉求救。此时，二十四军正在甘白前线，无力顾巴，仅拨给七九步枪弹 4 箱、手榴弹 2 箱。

6 月，侵犯康北之藏军，败退金沙江以西据守，刘文辉以藏军侵占巴安为由，令马成龙率军援巴，随后又命傅德铨营赴巴安②。藏军企图在援兵未到之前攻破巴安县城，对巴安发起了最后的猛攻。在大兵压境的情况下，格桑泽仁“潜离巴塘，指挥在下游之茨郎洛松、格桑月喜第四、五两指挥民军，向江卡方面再度进攻”③。藏军得知在康北的部队失败，加上巴安久攻不下，又闻四方援兵陆续前来，怕腹背受敌，于是伙同盐井民兵全部撤回原防，据江而守，格藏之战停息。

潜离巴塘的格桑泽仁虽取得胜利，但马成龙团大军即将到达巴安，格桑泽仁只得经云南返回南京。马成龙团重新控制巴安以后，即对格派进行

---

① 详细情况见：四川省巴塘县志编纂委员会编：《巴塘县志》，四川民族出版社 1993 年版，第 345—348 页。
② 《康藏概况报告》，第 23 页。
③ 《康藏概况报告》，第 31—32 页。

屠杀、镇压，将杨朝宗、吉村曲批、赵跃中、曾伯麟 4 人杀害。后经巴塘地方乡绅以及康宁寺堪布、活佛出面调解，制止了马团的镇压，结束了“格桑泽仁事件”。

（三）“诺那事件”

诺那活佛原名格热·索朗列旦（1864—1936），出生于昌都地区类乌齐县龙桑地方有名望的嘎然家，7 岁时被认定为活佛，拜类乌齐地方荣共寺的吉仲活佛为师，成年后，为类乌齐荣共寺的管家喇嘛。清朝末年，赵尔丰护送川军至昌都时，及彭日升部驻扎昌都地区时，诺那代表荣共寺、吉仲活佛代表夏仲寺曾先后立誓，两大拉章要站在中央政府的立场。1918 年 4 月，彭日升被东犯藏军围困于昌都，久待援军不至，而向藏军缴械投降，诺那亦被藏军俘获，被押解到拉萨，受到了严刑拷打。1924 年，诺那逃出西藏，进入内地，曾至北京、重庆等地，并且受到了段祺瑞、戴传贤、刘湘等要人的接见。1928 年，南京国民政府成立后，刘湘将诺那送往南京，受到了国民政府和蒋介石的欢迎。

1929 年 2 月，蒙藏委员会成立，诺那在该机关成立之初就被任命为委员，后又兼任立法委员，被赐封“呼图克图”称号，批准设立诺那呼图克图驻京办事处。1931 年“九一八事变”后，诺那还与十三世达赖喇嘛和九世班禅驻京代表等发起成立了“康藏旅京同乡抗日救国会”。1935 年 7 月 22 日，西康建省委员会成立时，刘文辉为委员长，诺那活佛与向传义、刘家驹等人为委员。

红军长征进入西康地区后，为了消灭中国共产党和红军，蒋介石飞至成都部署各方力量。1935 年 6 月 22 日，蒋介石任命诺那为“西康宣慰使”，令其率部返回康区，组织武装防堵长征中的红军。

诺那的宣慰使署在成都成立后，一面扩大武装，准备防堵红军；一面企图削弱刘文辉的在康力量，争取康区藏民。8 月初，诺那率文武随员从成都出发赴康区，进行所谓“宣慰”活动。当月诺那在康定召开剿匪军民慰劳大会，力作“康人治康”宣传。由于诺那曾在南京国民政府统治区弘法多年，受国民党反动派负面宣传的影响较深，对红军甚有误解，因此，在大会上，诺那向土司、头人、喇嘛、官绅、民众“代表”等，宣扬国民党的所谓“戡乱剿共德政”和“三民主义功效”，攻击、诬蔑中国共产党和中国工农红军。9月初，诺那率领武装部队在康北各县进行“剿匪”（即攻击工农红军）活动，下旬诺那等到了道孚。

南下的红四方面军实施《绥（靖）崇（化）丹（巴）懋（功）战役计划》（10月8日—22日）取得胜利，红军占领了丹巴、懋功两县城及绥靖屯、崇化屯、抚边、达维等地，创造进军天全、芦山、名山等地的有利形势。驻丹巴等地的刘文辉部第二旅刘元琮和程璧光、陈辉先、欧显廷三个营，败逃到道孚城和道孚的噶卡。

1935年10月，诺那乘红军击败刘文辉的时机，命令宣慰使署武装和道孚地方武装，将刘部三营全部缴械。同时，诺那以宣慰使名义撤换了道孚、炉霍、甘孜三县县长；指使上瞻对头人和德格土司将瞻化县长郭润、德格县长陈容光、邓柯县长张之愚杀害，另行委派县长。此后，诺那在康北各县积极组织和扩大喇嘛和土司头人的武装，建筑碉堡，并派几百名道孚藏民骑兵进驻泰宁，阻挡占领丹巴的红军西进。12月底，诺那在炉霍寿灵寺的一次法会上，煽动喇嘛与民众反对红军，会后与该寺住持格聪活佛共同策划防堵红军，并送给该寺100支步枪、近万发子弹。

诺那在康北排挤刘文辉部得手之时，又企图驱赶刘部在康南驻军。巴安（巴塘）驻有刘文辉二十四军的傅德铨团（其中一个营驻白玉）。诺那派其武装组长邦达多吉前去解决。邦达多吉原是藏军驻昌都地区的一名军官，在巴安拥有私人武装。10月下旬，邦达多吉以突然手段拘捕了傅德铨及其家属，强令守城傅部缴械。傅德铨密令驻白玉一营回援巴安，击败了邦达多吉，重新控制巴安。

“诺那事件”爆发后，诺那还在康北炉霍一带策划布防堵截红军，策动道孚、炉霍、甘孜、瞻化（新龙）等县寺庙及土司武装抗拒红军。

1936年2月下旬，红四方面军开始实施《康（定）道（孚）炉（霍）战役计划》，撤离天全、芦山、宝兴，进取康北。月底，红三十军进占道孚城，进入灵雀寺。诺那策动寿灵寺等武装顽固阻击红军。3月初，红军调整战役计划，佯攻康定而向甘孜、瞻化进军。5日，攻占泰宁。7日，红军八十八师击溃于炉霍城东进行阻击的寿灵寺喇嘛武装，进攻县城。诺那抢先率随员逃往甘孜。由于寿灵寺拒不接受红军的和平谈判意见，且联合土司头人地方武装袭击红军部队，红三十军于25日夜袭夺了寿灵寺。28日，红三十军进逼甘孜，在罗锅梁子击溃了诺那派遣所属别动大队和地方武装的防堵，于30日进占甘孜。诺那率随员100余人逃向瞻化，拟再逃往巴安。

别动大队长秦仲文率部逃往绒巴岔，遭到红二六五团的追击，大部被歼。秦仲文率少数随从逃往巴安。当诺那等人进入瞻化龙拉西一带，遭到了河西头人、下瞻对土司巴登多吉的武装包围，诺那见无法突围，乃全部缴械投降。

4月4日，红军占领瞻化。巴登多吉不愿与红军为敌，6日将诺那等人及无线电台一部交驻瞻化红四军。红四军将诺那等转送至驻甘孜红四方面军总部。

红军总司令朱德在听取关于诺那情况的汇报后，考虑到诺那在康区的重大影响，团结争取这样的上层宗教界人士，在政教合一的藏区，将会产生不可估量的影响，于是做出如下指示：诺那抗英，我们抗日，同属爱国行动，要宽善对待，团结教育，予以优待。红军遵照党的统战政策，尊重其信仰，并让其弟子陪伴护理，总司令部第五局待诺那为上宾，为他安置官寨。局长王维舟夫妇热情周到，专门派人照料诺那饮食起居，特供鲜奶和米粥，并耐心向诺那宣传红军北上抗日的道理，揭穿国民党反动派的造谣污蔑。尤其是红四方面军总政委陈昌浩亲自前去诺那住地，宣传和解释红军和中国共产党的民族政策、宗教政策及实行情况，以及转达了朱总司令的指示后，诺那终于被感动，逐步消除疑虑，改变了仇视红军的态度，思想发生了很大变化。诺那开始帮助红军战士教习藏文、藏歌，讲述康藏历史故事；进而与红军推心置腹讨论北上应避开藏区险隘的路线，直至向红军提出借兵，收复丹达山以东被达赖所占失地。

由于地处高寒兼之长期奔波，诺那于 1936 年 5 月 6 日染上伤寒病，而且不断加重。总司令部闻讯派来最好的医生，在医药极端困难的情况下，红军医务人员进行了百般抢救，但诺那拒绝用药，说道："我为将死之人，用此西药殊为可惜。留着红军将士用吧。" 5 月 12 日，因年迈、重病医治无效，诺那圆寂于甘孜，享年 73 岁，留下遗嘱三条：一停尸三日不动，二火化，三遗骨送庐山安葬。红军一一照准，王维舟负责丧事，按宗教仪式请来折格等寺的 8 位活佛、大喇嘛诵经，红军鼓乐队为前导，派代表送上花圈。整个仪式格外庄重，许多藏民耳闻目睹，无不为红军至诚之心所感动。火葬后，红军根据诺那遗言，由诺那弟子韩大载将骨灰送至江西庐山安葬。红军在继续北上途中，路过藏胞居住地时，受到广大藏胞热情欢迎，倾尽所有，支援红军。

（四）"班禅行辕事件"

"班辕事件"，又称"甘孜事件"，指 1939 年班禅行辕联合当地土司与刘文辉部发生的武装冲突。1937 年 12 月 1 日，九世班禅在青海圆寂，因抗日战争爆发，国民政府无力西顾，国民政府电令班禅佛灵柩暂缓回藏。1938 年 1 月 5 日，班禅行辕奉中央之命，经石渠入康，1 月 18 日，班禅灵柩移驻甘孜，就班禅灵柩驻于何地，班禅行辕与刘文辉各执己见，发生矛盾。

刘文辉占领西康后，为巩固统治，1937 年，刘文辉将实力雄厚的甘孜孔萨女土司德钦汪姆收为义女。1938 年 8 月，国民政府派考试院院长戴传贤至甘孜致祭班禅，乘机拉拢德钦汪姆与班禅行辕，也认德钦汪姆为义女，并施惠于玉隆头人夏克刀登、瞻化土司曲麦志玛、甘孜寺仲萨活佛等，意欲牵制刘文辉。其时，德钦汪姆尚未婚配，班禅行辕与刘之驻防部队均想利用与土司联姻的机会，控制甘孜地区。德钦汪姆在与班禅行辕官员的接触中，认识了卫队分队长益西多吉，双方相爱并准备结婚。刘文辉接驻军团长章镇中报告，决定予以干涉。

1938 年秋，在德钦汪姆准备举行婚礼前夕，刘文辉下令甘孜驻军八一五团团长章镇中派兵包围孔萨官寨，软禁女土司。土司家多方奔走求情，均未奏效。扣押 1 年多后，孔萨家和班禅行辕决定组织武装营救。甘孜刘文辉驻军得知消息也加紧备战。1939 年 12 月，行辕武装借一妇女被误毙之事，联合土司兵力，向驻军发起突然袭击。守军寡不敌众，被迫投降，团长服毒自尽，县长弃城而逃。行辕武装并向炉霍、道孚、瞻化、德格等县进攻，还宣布罢免康北各县县长、委派行辕 20 人接替县长，宣布“康人治康”。国民政府派西昌行辕主任张笃伦前往调解。刘文辉利用停火之机，调集兵力，于 1940 年初向甘孜发起猛攻。班禅行辕虽组织了 3000 余人的武装力量，但因缺乏训练，难敌正规军，德钦汪姆等随班禅行辕撤至青海玉树。历时两个多月的“甘孜事件”到此结束，班禅灵柩亦同时运走。

第四节　红军长征在四川藏区

一、红军在四川藏区

1934 年 10 月，中央红军从中央苏区出发，开始了历时两年行程二万五千里的长征。1935 年 4 月至 1936 年 9 月，红一、二、四方面军先后进入今甘孜藏族自治州泸定、丹巴、道孚、炉霍、甘孜、康定、雅江、得荣、巴塘、白玉、稻城、乡城、理塘、新龙、色达 15 个县及今阿坝藏族羌族自治州汶川、茂县、理县、小金、金川、马尔康、黑水、松潘、红原、若尔盖、壤塘、阿坝等12个县，在四川藏区活动时间长达18个月。四川藏区是红军长征途经地域最广、聚集人数最多、停留时间最长、所处环境最艰险、最早建立少数民族革命政权的地区，在整个红军长征史上实属罕见。红军在四川藏区期间，红军积极、妥善处理与藏区广大群众、上层人士的关系，帮助藏区群众建立自己的革命武装、民族自治政权，四川藏区各族人民用牦牛、青稞倾力支援红军，不少有志青年还跟着红军北上投身革命洪流，抛头颅、洒热血，为中国的革命和建设事业做出了巨大贡献。

（一）红军长征经过四川藏区

1. 中央红军

1934年10月，在以王明为首的“左”倾冒险主义的错误领导下，第五次反“围剿”失败，中央红军不得不退出中央革命根据地，实行大规模的战略转移，开始了长征。1935年1月，中央红军攻下遵义。1月15日至17日，在遵义召开了政治局扩大会议。会议成立了由毛泽东、周恩来、王稼祥组成的三人军事领导小组，结束了王明“左”倾冒险主义在中共中央的统治，确定了以毛泽东为代表的新的中央的正确领导。随后，红军四渡赤水，进入云南东北地区。1935年5月，中央红军渡过金沙江。5月25日，中央红军先遣队第一团一营二连17勇士强渡大渡河。5月29日，红军飞夺泸定桥。5月30日，占领了泸定，红军首次达到甘孜藏区。当日，召开了泸定桥会议，决定红军向北走雪山草地一线①。6月1日，中央红军攻占化林坪。6月2日至8日，中央红军从泸定化林坪出发，陆续进入荥经县境。6月12日，中央红军先头部队红二师四团越过大雪山夹金山，与红四方面军二十五师七十四团在靠懋功（今阿坝小金县）达维一侧的木沟磨盘石意外会师。

① 《陈云同志谈泸定桥会议》，收入中共党史资料委员会编《中共党史资料》第16辑，中共党史资料出版社1985年版，第11页。

6月26日，中共中央政治局在两河口召开会议。6月28日，会议讨论通过了《关于红一、四方面军会合后战略方针的决定》，决定“集中兵力向北攻进”，“首先取得甘肃南部以创造川陕革命根据地，使中国苏维埃运动放在更巩固、更广大的基础上，以争取中国西北各省以致全中国的胜利”①。8月5日，中央政治局会议讨论通过了《关于红一、四方面军会合后政治形势与任务的决议》，再次强调“红军基本的严重的责任，就是在川陕甘及广大西北地区”② 创建革命根据地。中央红军经八角、两河口，翻越梦笔山，从卓克基到毛尔盖，接着跋涉沼泽草地，突破了天险腊子口，于1935年10月到达吴起镇，与陕北红军胜利会师。

2. 红四方面军

在中央红军开始长征，转战云贵之间，1935年3月，张国焘带领红四方面军从川陕革命根据地出发，开始长征。1935年5月，红四方面军从北川、平武、绵竹一带分别进入茂县和松潘县境内。1935年6月，中央红军和红四方面军胜利会师。8月上旬，中央决定红一、四方面军混合编队，组成左、右路军经草地北上。8月下旬，右路军跨过草地，先后抵达阿坝和巴西地区。9月，在中央的一再催促下，张国焘才率领左路军抵达阿坝地区。随后，张国焘拒绝执行中共中央关于北上的战略方针，率左路军南下，于同年10月另立“中央”。红四方面军相继攻下宝兴、大川场和天全后，在名山县的百丈关与国民党军队发生恶战，双方伤亡惨重。在国内形势发生大的变化后，根据瓦窑堡会议的精神，红四方面军改变战略部署，准备西进康北。

1935年10月，红四方面军建立了以绥靖为中心的金川革命根据地，丹巴是金川根据地的一部分。在红军和中共金川省委派出的干部帮助下，丹

① 《关于红一、四方面军会合后战略方针的决定》（1935年6月28日），郝成铭、朱永光主编：《中国工农红军西路军（文献卷）》下册，甘肃人民出版社2004年版，第1页。
② 《关于红一、四方面军会合后的政治形势与任务的决议》（1936年8月5日），《中国工农红军西路军（文献卷）》下册，第4页。

巴境内县、区、乡、村各级苏维埃政府相继成立①。11 月 18 日，丹巴县派出代表参加了在绥靖召开的金川地区番民代表大会②，大会宣告格勒得沙③革命党政府成立。丹巴格勒得沙革命政府 5 名正副主席中藏族占 3 名。1936 年 1 月 1 日发布了《格勒得沙革命党政纲》，明确规定：打倒强占格勒的康藏的英国及一切帝国主义；废土司，为百姓取消等级制度，不交土司的租，不还土司的债，不当娃子，不当差；把土司和土司管家的土地财产没收，分给格勒得沙；没收汉官、军阀、地主阶级的土地财产，分给格勒得沙。1936 年 2 月，巴底土司王寿昌纠集土司武装近 1000 人，包围了驻巴底的红军，除 16 名红军冲出重围外，其余红军全部壮烈牺牲。同月，在国民党西康宣慰使诺那的策动下，丹东土司纠集反动武装在丹巴通往道孚的要道上扎营，企图阻止红军通往道孚。经过红军和地方武装的军事打击，打通了党岭雪山至道孚的通道。1936 年 3 月，红四方面军主力西进康北，金川根据地逐步缩小。

在金川革命根据地建立的同时，1935 年 10 月下旬，红四方面军第四军和第二十二军南下，进入金汤、鱼通、孔玉和泸定岚安地区，两军各留下一个团的兵力开展地方工作，保卫后方安全。11 月上旬，金汤县苏维埃政府成立，辖区包括金汤、鱼通、孔玉等地。县苏维埃政府下辖各区、乡苏维埃政府④。

红四方面军西进康北时，国民党中央军李抱冰部和刘文辉二十四军主力部署于康定、瓦斯沟、泸定、冷碛一线，以确保康定和雅安之间的交通及后情补给线。1935 年 9 月下旬，国民党西康宣慰使诺那在康定召开有康

---

① 中共甘孜州委党史研究室编：《红军长征在甘孜藏区》，科技大学出版社 1993 年版，第 147 页。

② 这次代表大会的代表，来自丹巴崇化、绥靖、绰斯甲、党坝、松岗、卓克基、梭磨、四大坝、懋功、抚边等地。当时革命政府的辖区包括大小金川十八土司区域，北至阿坝，东接松潘、茂县（今茂汶羌族自治县）、理番（今理县），西至大渡河，南至木坪，其中有部分地区原属川边康区。

③ 格勒得沙：“格勒”为讲嘉绒语的藏族自称；“得沙”，译成汉语为“人民”。“格勒得沙”意为“嘉绒藏族人民”。

④ 《红军长征在甘孜藏区》，第 151 页。

区各土司、寺庙活佛参加的宣慰大会，煽动喇嘛寺僧兵和土司武装阻击红军。随后，在康北发生了反对刘文辉统治的“诺那事件”。诺那将其宣慰公署移驻道孚，收编了在丹巴被南下红军击溃而逃往道孚的二十四军余松林旅的陈辉先、程璧光、欧显廷3个营，并将收缴之武器分发给道孚灵雀寺和炉霍寿灵寺，武装僧人，企图阻止红军西进康北。同时，诺那以宣慰使名义撤换了道孚、炉霍、甘孜三县县长，指使上瞻对总保夺吉郎加攻回瞻化，杀代县长郭润，指使德格土司将德格县长陈容光、邓柯县长张子愚杀害。石渠、白玉两县县长逃走，康北处于无政府状态。

1936年2月下旬，红四方面军先头三十军由丹巴向道孚进军，隆冬季节翻越了长征中最高、海拔达5800米的党岭大雪山。2月28日，三十军进抵道孚。道孚灵雀寺的喇嘛全部退入城北寺庙内及后山的碉堡，凭借高墙深院与红军对峙。3月1日，红军占领灵雀寺，控制了整个道孚城。

由于薛岳部6个师集结天全、芦山、雅安待命，既可能北调甘南，又可能增援康定，还可能调川南堵截红二、六军团与红四方面军会合，刘文辉4个团也集中在康定附近，红四方面军根据情势发布《康（定）、道（孚）、炉（霍）战役补充计划》，决定将红四方面军主力进驻道孚、炉霍、甘孜一带，相机取康定①，改变了过去强攻康定的策略。3月5日，红三十军派所部二六九团从道孚南下，直取泰宁。同日，红三十军八十八师在刘伯承、程世才率领下，从道孚出发向炉霍挺进。7日，击溃寿灵寺派驻炉霍的武装。3月15日，红四方面军总部机关抵道孚。17日，不愿与红军和解的寿灵寺喇嘛，联络炉霍之朱倭，甘孜的东谷、白利、阿都等土司头人武装，对包围寿灵寺的红八十八师发起进攻，红军部分人牺牲。25日，红三十军八十八师和八十九师攻下寿灵寺。

---

① 《康道炉战役补充计划》（1936年3月），收入中国人民解放军历史资料丛书编审委员会编《红军长征·文献》，第831页。

3 月 28 日，红三十军离开炉霍向甘孜进发。此时，诺那已派出别动大队和部分甘孜地方武装，欲联合炉霍朱倭觉日喇嘛寺的武装于两县交界处凭险阻击红军。29 日，红三十军八十八师抵达炉霍朱倭界的觉日寺，觉日寺活佛率众喇嘛大开寺门迎接红军。诺那所派在此阻击红军的别动队见势逃走。30 日，红三十军八十八师翻越罗锅娘子山与甘孜喇嘛寺和平谈判成功后，不费一枪一弹进据甘孜①。

4 月 6 日，红四军三十师顺利进占瞻化。瞻化头人巴登多吉将逃亡瞻化的诺那等人及电台交红四军，表示不与红军为敌。为了迎接红二、六军团北上，4 月 29 日，红四方面军派三十二军由雅江向理化进发，当日击溃阻击红军的国民党政府雅江四区区长崇西土司的武装。

至此，红四方面军控制了东起丹巴，西至甘孜，南达瞻化、泰宁，北连草地的大片地区。

3. 红二、六军团

1935 年 11 月 19 日，红二、六军团离开湘鄂川黔根据地，开始长征。1936 年 2 月，红二、六军团占领贵州盘县。随后，准备抢渡金沙江北上与红四方面军会合。

蒋介石重庆行营为防止红四方面军和红二、六军团合并，在康区以及周边地区进行了严密的部署：在川康，命唐式遵所部编足 20 团，首先巩固现有阵地，继即派一部，经懋功向丹巴开进；命邓锡侯所部派 10 个团，经达维先占抚边、两河口，再向崇化、绥靖推进，并控制大秋地为北进之地；令刘文辉部派 4 个团进驻金汤；命李韫珩派两个团进驻雅江，防止红四方面军南下，并阻隔红二、六军团与之会合，在泸定瓦斯沟一带布防。在川西，命刘湘派 10 个团经荥经开赴汉源、大树堡、安顺场、松林口一带布防。在

① 吴启权：《长征在川大事纪要（1935 年 1 月－1936 年 8 月）》，四川人民出版社 1995 年版，第 171－179 页。

滇康地区，命“追剿军”孙震等压迫红军于金沙江右岸，如果红军渡过金沙江，则仍渡江“追剿”[①]。

1936年4月28日，红二、六军团从云南石鼓地区胜利渡过金沙江[②]，29日翻越玉龙大雪山于30日进入中甸。1936年5月5日，红二、六军团决定分左、右两路纵队北进。六军团为右纵队，计划经定乡、稻城、理化、瞻化向甘孜前进。二军团为左纵队，计划经得荣、巴安、白玉向甘孜前进。

红二军团于5月6日离开中甸向得荣进发[③]。1936年5月7日，红二军团先头部队红四师越过岗顶河，进入得荣境内的扎拉亚卡山，遭到得荣阿村头人组织的100多名藏族武装的突然袭击，红四师参谋长汤福林等人牺牲。红四师迅速组织反击，击败敌人，打开了进军得荣的门户。10日，红二军团占领得荣县城。该县龙绒寺喇嘛郑重召开“堪布会议”决定支援红军，赠送红军青稞15000斤，并协助红军在藏民中购买了大批牛羊肉与酥油[④]。14日，红二军团向巴安进发。6月6日，红二军团先头部队四师和五师抵达巴安县附近。14日，红二军团从巴安县党村出发，向白玉县开进。17日，到达白玉县盖玉、康翁寺一带。18日，红二军团抵达白玉县城。由于白玉属与红四方面军签订了《互不侵犯协定》的德格土司的管辖范围，红二军团进城顺利并受到当地喇嘛寺的欢迎。25日，红二军团到达白玉县最大的嘎拖寺，受到喇嘛和藏民的欢迎和帮助。30日，红二军团与红四方面军三十军八十八师在甘孜西面绒坝岔会师。

红六军团于5月9日从中甸出发，向定乡、稻城挺进。14日，红六军团抵达康南重镇定乡县城。由于康北红军事先对康南各寺庙和头人进行了

---

① 《重庆行营追堵红军长征报告书》，收入四川省档案馆编《国民党军追堵红军长征档案史料选编（四川部分）》，北京档案出版社1986年版，第355页。

② 《贺龙、任弼时、关向应关于红二、六军团已安全渡江继向中甸进致朱德、张国焘电（1936年4月28日）》，收入中央档案馆编《红军长征档案史料选编》，北京学习出版社1996年版，第491页。

③ 《长征在川大事纪要（1935年1月—1936年8月）》，第171—179页。

④ 《长征在川大事纪要（1935年1月—1936年8月）》，第190页。

宣传，因此红六军团通过康南时几乎没有遇到寺庙和土司武装的阻击。到达定乡时，桑披寺的喇嘛积极号召上山群众回家，动员附近村寨的群众卖粮给红军。20 日，红六军团离开定乡，向稻城前进。22 日，红六军团主力经桑霍村进入稻城。30 日，红六军团离开稻城，向理化进发。6 月 3 日，红六军团先头部队十六师进至理化甲洼村，受到早已等候在此的红四方面军三十二军的欢迎。随后，举行了有两军领导人参加的中共西康南路工作会议。9 日，红三十二军陪同六军团进入理化县城。22 日，红六军团达到甘孜县附近的普玉隆村，与专程赶来的红四方面军、藏民独立师和驻普玉隆的红三十军八十八师会合。

7 月 2 日，贺龙、任弼时、关向应等率红二军团到达甘孜。7 月 5 日，红二、六军团奉中革委电令，正式组成中国工农红军第二方面军。贺龙任总指挥，任弼时任政治委员。所属第二、六军团的番号改为二、六军，另将红三十二军编入二方面军建制。随即，红二、四方面军响应中央号召，离开康区，北出陕甘与红一方面军会合。

（二）建立波巴自治政权和苏维埃政权

红军长征经过四川民族地区时期，藏族、羌族等在民族压迫和阶级压迫的双重残酷压迫剥削下，受尽了深重苦难。为了更好地发动广大群众进行反帝反封建斗争，红军积极帮助民族地区人民建立自己的民族自治革命政府，反对民族之间的歧视和压迫。

1935 年 6 月，中共中央在发布《告康藏西番民众书》中明确提出“康藏民族自决建立人民革命政府”，要求革命政府建立在“彻底地反帝国主义国民党军阀的纲领上”，政权“必须宣布革命的政纲和改善群众生活的办法”，同时这种政权是“以广大的劳动群众为基础，但是不拒绝一切真正反对帝国主义国民党军阀的份子参加”①。

红四方面军早在1935年5月西北联邦政府成立的时候，就宣布“实行民族自决”，“回番蒙藏苗夷各民族得组织自己苏维埃或人民革命政权”②。1936年2月，红四方面军西进康北后，即着手帮助康北人民组建各级波巴政府。1936年4月15日，道孚县波巴政府第一次代表大会召开，宣布道孚县波巴政府成立。觉洛（藏族）任主席，张德喜、荣中（藏族）任副主席。大会通过了《宣言》及《土地暂行条例》《关于喇嘛和喇嘛寺条例》《波巴依得瓦独立军暂行条例》《关于粮食问题的决定》等。接着，泰宁、炉霍、甘孜、雅江、瞻化等地的波巴政府也相继成立。18日，波巴政府公布《党纲》。康北的波巴革命党、波巴自卫军、波巴青年团也相继建立。

与此同时，以孔萨土司德钦汪姆③为委员长，白利土司贡布泽登为副委员长，甘孜寺香根活佛为秘书长，“波巴人民临时中央政府”也成立，并发布告示、传单，派人四处宣传，积极筹建“中央波巴政府”④。

1936年5月1日，“波巴全国第一次代表大会”在甘孜举行。德格、甘孜、炉霍、道孚、泰宁、瞻化、白玉、邓柯、石渠、同普等12个县的700余人出席会议。5日，选举产生了“波巴人民共和国中央政府”，德格县的多德为主席，甘孜县的达结、孔萨为副主席。“波巴人民共和国中央政府”成立后宣布加入“中华苏维埃共和国西北联邦政府”。

大会宣读了《波巴第一次全国人民代表大会宣言》，宣告“波巴人民共和国”成立。大会通过《波巴人民共和国国家政治检查处暂行条例（草案）》《波巴自卫军暂行条例（草案）》《土地暂行条例（草案）》《关于发展

① 《告康藏西番民众书——进行西藏民族革命运动的斗争纲领》（1935年6月），《民族问题文献汇编（1921.7—1949.9）》，第286页。

② 《中华苏维埃共和国西北联邦临时政府布告（第一号）》（1935年5月），《民族问题文献汇编（1921.7—1949.9）》，第275页。

③ 实际并未到职，德钦汪姆在红军进驻甘孜时随甘孜县长马成龙前往青海，红军北上以后才返回甘孜。

④ 《红军长征在甘孜藏区》，第164页。

农业的暂行条例（草案）》《关于发展牲畜暂行条例（草案）》《关于发展商业暂行条例（草案）》《发展交通暂行条例（草案）》《关于借贷和投资暂行条例（草案）》《关于保护工匠、娃子暂行条例（草案）》《关于喇嘛和喇嘛寺暂行条例（草案）》《税收暂行条例》。

波巴中央政府驻甘孜县城孔萨土司官寨，内设民政部、农业部、牧畜部、军事部、外交部、司法部、民族部、财政部、宗教部、国家政治检查处、总务厅。中央政府成立后，正式组建了中央波巴自卫军，统辖各县武装。中央波巴自卫军直属一个骑兵大队300余人马。司令是诺那的副官海正涛，队长扎西旺徐。

波巴政府建立后，大批红军干部被派到农牧区、集镇、部落宣传党的政治主张，组织“百姓联合会”“青年队”“姊妹团”等群众组织开展工作①。波巴政府为红军筹备粮草物资，抢救、掩护、转移红军伤病员；成立自卫队帮助红军保卫根据地；举办各种培训班，大力培养藏族干部；动员群众参加红军，给红军当通事（翻译）、给红军带路等，为红四方面军在藏区的休整，红二、六军团与红四方面军在甘孜会师，以及红二、四方面军北上的物资粮草做出了巨大贡献。1936年7月，红二、四方面军北上后，波巴政府也随即被颠覆。

（三）四川藏区各族人民对红军长征的支持

红军通过四川藏区时，积极主动以与藏区土司、头人、宗教界人士建立友好关系、达成协议、结成联盟等方式，积极争取、努力团结藏区上层人士，获得他们的支持，为红军在四川藏区的休整、北上抗日创造了有利条件。

---

① 刘瑞龙：《难忘的征程》，《艰苦的历程：中国工农红军第四方面军革命回忆录选辑》下册，人民出版社1984年版，第15页。

红军进驻四川藏区后，严格执行党的宗教信仰自由政策，积极团结藏区宗教界爱国人士。为切实保护喇嘛和喇嘛寺，红军及各级波巴政府颁布了许多保护寺庙和喇嘛的告示，还专门颁布《关于喇嘛和喇嘛寺暂行条例》，规定“信教自由”“喇嘛寺土地不没收，可以出租”“保护喇嘛和喇嘛寺以及经书佛像”①。红军的政策，逐渐得到了爱国宗教人士的理解、支持，他们积极、主动地愿意帮助红军。1936 年 3 月下旬，红军总指挥部、总政治部进驻炉霍时，康北地区影响力最大的寺院寿灵寺总管家相子·益西多吉被红军尊重宗教的行为所感动，主动与红军合作，协助宣传红军政策、动员逃离人员回来。3 月 29 日，红军进驻炉霍朱倭时，觉日寺的扎日活佛亲自骑马到朱倭迎接。在相子·益西多吉和扎日活佛的影响下，炉霍的泽仁贡布、曲吾太、罗绒多吉、罗绒泽翁、洛泽仁等宗教界上层人士也与红军真诚合作②。1936 年 4 月 12 日，红军总政治部主任陈昌浩与甘孜寺仲萨活佛、白利寺格达活佛签订了《中国工农红军总政治部、甘孜喇嘛寺、白利喇嘛寺互助条约》（简称《互助条约》），明确了要在甘孜建立波巴人民共和国、召开康藏番民代表大会、保护喇嘛寺、喇嘛寺负责供给红军粮食和一部分物质资材、号召未回来的人民回来安居乐业等事宜③。1936 年 5 月，红二军团经过巴塘时，对于阻击过红军前进的兵巴寺、仁波寺，红军晓明大义，不咎既往，宽大为怀，积极与仁波寺的阿帮活佛交朋友，解除其顾虑，协助红军通过巴塘县境④。

红军在四川民族地区要维持庞大的队伍生存，主要依赖各级革命政权和人民群众的支援和帮助。广大少数民族同胞在自身缺衣少食的情况下仍然竭尽所能地支援红军，他们节衣缩食、忍饥受寒，“节省一粒粮食一寸

---

① 《关于喇嘛和喇嘛寺暂行条例》，载《道孚文史资料选辑》第 2 辑，第 15 页。
② 炉霍县党史办征集：《红军进驻炉霍概况》（内部资料）。
③ 《格达活佛成了红军的挚友》，周锡银编著：《为西藏和平解放而献身的格达活佛》，民族出版社 2013 年版，第 62 页。
④ 巴塘县党史办征集：《红军长征过巴塘的相关材料》（内部资料），1986 年。

布，来帮助红军，鼓舞红军”，与红军同甘苦、共患难，为红军保存主力、支援红军北上抗日做出了巨大贡献。

在今阿坝藏族羌族自治州，红军在阿坝黑水瓦钵梁子、汶川县的宝子基和涂禹山等地设立收储粮食点，各地苏维埃组织广泛发动群众借粮、售粮、献粮支援红军，并组织人力、牲畜和运粮队将粮食运给供应区。在阿坝茂县，每天有上千人从北川、土门为红军背、驮粮食；在汶川、茂县两县3个多月期间，征集粮食400多万斤；在黑水瓦钵梁子组织了300余人的红军运粮队，为红军运粮食。据初步统计，红军在今阿坝州筹粮1000万斤以上。

在今甘孜藏族自治州，除了老百姓积极支援红军外，一些土司头人和喇嘛寺也支援红军大批粮食，如甘孜孔萨土司德钦汪姆家将家里9万公斤粮食全部支援了红军。据现存于四川省博物馆内的甘孜寺支援红军粮食登记簿记载，甘孜寺及其下属的七座寺庙共交给红军经理部青稞7746斗、豌豆5305斗，共计10万公斤。甘孜白利寺支援红军青稞3万多斤，豌豆4000多斤。据不完全统计，甘孜白利寺、甘孜寺，巴塘亚日贡寺、仁波寺、竹瓦寺，白玉呷拖寺，新龙益西寺、俄日寺等，共捐送红军粮食达14.8万公斤粮食。红二军团经过甘孜得荣时，龙绒寺堪布支援红军7.5万公斤粮食，并派喇嘛在群众中购粮2.3万公斤。

同时，四川藏区人民群众还积极承担了为红军当通司、向导，修路、架溜索、索桥，抬运、护理伤病员，熬制土盐等工作，确保红军在藏区的生活及顺利进军。为了帮助红军战胜困难，各革命政权发动群众为红军缝衣服、做袜套、打草鞋、缝子弹带、捻毛线、织毛袜、做皮衣、熬茶膏、磨糌粑，开展各种拥军活动。金川和康北藏族妇女曾开展迎亲人活动，教红军指战员们捻毛线、织毛衣、做皮衣、熬茶膏、做肉干等，以解决衣着食用等问题①。

（四）红军长征对四川藏区产生的影响

1. 红军在四川藏区制定和发布了一系列重要的民族政策，中国共产党民族政策的理论与实践在四川藏区具备了雏形，为中华人民共和国成立后在藏区推行民族区域自治打下重要基础。

中共中央和红军政治领导机关在四川藏区制定和发布了包括民族解放运动、民族自决，建立少数民族人民革命政府，建立人民革命党、番人革命党，培养少数民族干部，加强民族团结，尊重宗教信仰自由、发展民族经济、文化等一系列重要的民族政策，中国共产党民族政策的理论在四川藏区具备了雏形。1936 年 5 月 1 日，红军在甘孜县成立了我国藏区第一个地区级少数民族苏维埃政权——“中华苏维埃波巴政府”，这是中国共产党在少数民族地区实行民族区域自治的早期实践，为新中国成立后在少数民族地区实行民族区域自治提供了经验和借鉴。邓小平同志在中华人民共和国成立后主持西南局工作时对在西南实行民族自治提出指示，他指出应该首先在康东开展民族区域自治，因为在康东藏族同胞集中、历史上有工作基础②。正是有了红军长征时期在四川藏区的工作基础，同时遵循邓小平同志的指示，1950 年 11 月 24 日，全国第一个地区级的民族区域自治政府——西康省藏族自治区人民政府在康定正式成立，隶属于西康省人民政府。

2. 红军长征中带动了一批藏族青年走上革命道路，他们后来成长为党的第一批少数民族干部，为藏族地区的革命和建设事业做出了巨大贡献。

红军长征经过四川藏区时，积极吸收和培养藏族青年加入红军，一大

① 中共四川省委党史工作委员会编：《红军长征在四川》，四川省社会科学院 1986 年版，第 443 页。
② 邓小平著：《邓小平文选》，人民出版社 1989 年版，第 166 页。

批藏族青年积极踊跃参加红军，协同红军作战。据天宝同志回忆，仅甘孜藏族自治州丹巴县巴底乡参加红军的就有 270 人，他的家乡阿坝州马尔康县党坝乡参加红军的少先队员就有 72 人，红军在四川藏区有了第一批藏族战士①。1936 年 1 月中旬，红军在丹巴县还组建红军藏民独立师，马骏（藏族）任师长，全师三个团，兵员最多时达 2000 余人，这是红军建立的中国共产党领导下的第一支藏族人民自己的革命军队。据不完全统计，1935 年 5 月至 1936 年 8 月，在今阿坝州境内参加红军的人数达 5000 人以上，其中金川县有 2000 余人、茂县近 1000 人、理县 380 人、汶川县 135 人、小金县 300 人、马尔康 100 余人、松潘县近 100 人、黑水县 50 人参加了红军②。红军还在甘孜、炉霍、金川等地举办藏族干部学校培养翻译、宣传、后勤和群众工作方面的少数民族干部，学员毕业后积极参加筹办给养、组织骑兵等工作。后来，参加红军的一些藏族青年跟随红军北上，经历了抗日战争、解放战争血与火的洗礼，逐步成长为党和国家优秀的民族干部。据初步统计，在红军长征经过四川藏区途中参加工农红军，后来锻炼成长为领导干部的就有天宝、杨东生、扎喜旺徐、净多·孟特尔、沙纳、王寿才、胡宗林、索南等人。其中，天宝同志曾被美国作家埃德加·斯诺赞誉为“藏族革命的先驱者”。这些在长征中成长起来的藏族干部为后来西藏及其他藏区的解放事业做出了卓越贡献，中华人民共和国成立后他们或担任国家管理民族地区部门的领导职务，或直接在藏族地区担负着重要的领导工作，为藏族地区社会经济的发展贡献了毕生的精力。

---

① 天宝：《红军长征过藏区》，载王长龙主编：《红军全记录：长征人话长征》第 8 册，河北少年儿童出版社 2001 年版，第 134 页。

② 《阿坝州志之红军长征在阿坝》，第 113 页。

参加红军的部分藏族干部简况①

姓名	籍贯	长征期间任职	中华人民共和国成立后任职
天宝	阿坝州马尔康党坝乡	格勒得沙革命党中央党部青年部长、格勒得沙革命青年团中央团部部长	曾任中顾委委员、西藏自治区党委书记，四川省委书记等职
杨东生	阿坝州金川县	格勒得沙革命党周山区委书记，波巴革命政府巡视员	曾任中共西藏自治区党委书记、中华人民共和国民族事务委员会副主任、党组副书记等职
扎喜旺徐	甘孜州新龙县	第四方面军甘孜骑兵连连长	曾任国务院民族事务委员会政法司司长、中共青海省委书记、青海省人民政府副省长等职
净多·孟特尔	阿坝州马尔康县阿底村	藏民游击大队队长、格勒得沙革命党中央党部部长等	曾任中央民族事务委员会藏事组组长
沙纳	阿坝州马尔康县党坝乡尕兰村	党坝格勒得沙革命政府委员、党坝二乡苏维埃搜索队长	曾任西康省民族事务委员会副主任，甘孜藏族自治州州长、州委书记，藏民一团团长
仁钦多吉（王寿才）	甘孜州康定县	道孚县扎坝莫洛宗寨波巴政府主席	曾任甘孜藏族自治州副州长、中共四川省委监察委员会委员等职
胡宗林	理县薛城乡甲米寨	红三十三军政治部新兵大队传令兵	曾任西藏自治区民政厅厅长、区人大常委会副主任、政协副主席等职

3. 红军长征在四川藏区播下了革命的火种，各级革命政府工作人员、幸存的留散红军为四川藏区的解放、建政做出了重要贡献。

红军北上后，虽然在四川藏区建立的各级人民革命政权遭到国民党、土司头人的无情扼杀，但是红军播下的革命火种，却深深埋入了藏区人民心中。1949 年，中华人民共和国成立的消息传到四川藏区后，许多当年留散在四川藏区各地的红军、各级革命政府工作人员立即予以响应。1949 年

① 根据蓝宇翔、周锡音主编《四川少数民族红军传》（四川人民出版社 1996 年版）和其他一些资料整理。

12月，长征时期给予红军巨大帮助的藏族爱国人士格达活佛、夏克刀登、邦达多吉派出柏志、汪甲、泽朗三位代表，从西康玉隆出发，经甘肃、陕西、河南等地辗转前往北京向毛泽东、朱德献旗致敬，并盼从速解放康、藏地区①。中国人民解放军进军四川藏区后，他们积极协助解放军宣讲中共政策，主动做藏族上层人士的动员及群众的宣传、发动工作，以极高的革命热忱重新投入到四川藏区的解放和革命事业中来。1950年西康解放后，格达活佛、夏克刀登等人又在西康省藏族自治区委员会担任领导职务，为全力维护康区稳定、支援十八军进藏解放西藏发挥了积极作用②。在今阿坝州，许多留散在各地的红军在阿坝州的解放中也发挥了重要作用，如1952年，中国人民解放军进抵黑水芦花界拉寨时，留散红军吴双九（藏名格新日基）与部队取得联系积极配合黑水的解放工作，留散红军陈康林除了自己为解放军当通司、向导，宣传群众外，还动员能说3种藏族方言的女儿为部队工作③。

4. 红军长征促进了汉藏民族间人口、血缘的进一步交融，对今天四川藏区和谐民族关系的形成、发展，产生了积极影响。

在红军长期驻扎、休整的炉霍、金川等地区，红军提倡汉藏通婚，红军各级领导干部纷纷带头与当地群众进行通婚，汉藏民族间人口、血缘的融合进一步加强。如中共大金省委书记邵式平带头与当时担任翻译的藏族姑娘杨秀英结婚④。中共大金省省委宣传部部长、独立二师政委李中权与当地姑娘三郎切木初结了婚。红军给三郎切木初和其他4位藏族姑娘举行了集

① 柏志：《代表格达活佛上北京》，中国人民政治协商会议甘孜藏族自治州委员会编《甘孜州文史资料》第12辑，1993年，第59页。
② 《夏克刀登》，中国人民政治协商会议甘孜藏族自治州委员会编《甘孜州文史资料》第15辑，1997年，第133页。
③ 中共阿坝州委党史研究室、阿坝州地方志办公室编：《阿坝州志之红军长征在阿坝》，四川大学出版社，第125页。
④ 王乾联、牟清：《女红军战士杨秀英的自述》，中国人民政治协商会议四川省委员会文史资料和学习委员会编《四川文史资料选辑》第48辑《红军长征在四川》。

体婚礼[①]。格勒得沙中央政府藏族主席克基，与红军妇女独立团的汉族姑娘唐连长（潼南人）相互爱慕，结为夫妻[②]。中华人民共和国成立后担任甘孜州委书记的沙纳同志，也与红军女战士张子清结为连理[③]。

红军离开四川藏区北上时，留下众多伤病红军，其中除一部分被波巴政府转送内地外，其余红军大多选择留在了四川藏区，被当地群众领养或由村集中供养。伴随着红军与群众感情的增进，红军与当地群众之间通婚也成为普遍情况，汉藏民族间人口与血缘的交融也进一步加强。红军与藏族亲人在恶劣的环境中，在广大群众掩护下、困苦地求生存[④]，他们同甘共苦、养儿育女，不仅磨炼了自己的革命意志，保持和发扬了红军艰苦奋斗的光荣传统，同时通过汉藏结合、血脉传承以及几代人持续的努力，孕育了一批至今还活跃在藏区各界的“团结族”。以甘孜州炉霍县为例，红军北上时，留炉红军达 1100 人，其中除一部分红军被转送内地、一部分被迫害致死外，300 余名红军与藏民结婚成家。据调查，到 1951 年时，留炉霍红军幸存者尚有 123 人[⑤]。这些留在藏区的红军及其后代为今天四川藏区民族平等、民族团结、民族互助和谐民族关系的形成、发展，产生了积极影响。

二、四川藏区各族人民对抗日战争的支援

抗日战争期间，四川藏区虽远离前线，但藏、羌等各族同胞仍以多种方式积极投入到抗日的洪流中，以巨大的人力物力支援抗战，为抗日战争做出了自己的贡献。

---

① 《三郎切木初——藏族姑娘从军记》，四川省阿坝藏族羌族自治州妇女联合会编《女红军在雪山草地》，四川民族出版社 1990 年版，第 136 页。

② 《克基》，金川县地方志编纂委员会编《金川县志》，民族出版社 1994 年版，第 968 页。

③ 《李富德——金川省委少共妇女部长》，《女红军在雪山草地》，第 66 页。

④ 据新龙县档案局藏民国二十六年五月三十日档案记载：红军“离康时流落道炉瞻等县男女‘匪’共千余”，“皆散居乡间为康民雇用，因其能刻苦耐劳，康民多不肯报，故未查获”。见《军事委员会委员长行营主任顾根未位党代渝电开》，《红军在新龙》，1986 年，内部资料。

⑤ 炉霍县志编纂委员会编纂：《炉霍县志》，四川人民出版社 1991 年版，第 334 页。

抗日战争爆发以后，四川藏区各族人民积极加入到宣传抗日的队伍中来，号召全国各民族一起来反抗日本帝国主义的侵略。1931 年“九一八”事变后，在南京的藏族同胞立即成立“康藏旅京同乡抗日救国会”，投入到抗日的宣传活动中去。抗日战争全面爆发后，藏族同胞的抗日热情更加高涨，1938 年武汉会战期间，松潘关外的 24 部落 30 万藏族同胞特别组成一支请缨杀敌代表团，向全国各族人民发出了宣言，号召全国各族同胞一起起来反抗日本帝国主义的侵略，表达了藏族民众与全国各民族一道同仇敌忾的决心和意志。

四川各族民众很多青年还直接投身到抗战第一线，用自己的鲜血和生命捍卫了中华民族的尊严。“七七”事变爆发后，四川藏区的藏、羌等少数民族红军战士分别编入八路军主力部队，开赴山西前线抗日。羌族青年苏新、文光华，藏族青年天宝、杨东生、沙纳、黄德章、胡忠林、袁孝刚、江平（女）等有的留在延安，保卫党中央、保卫革命根据地，有的随部队开赴抗日前线对日作战。出川抗战的少数民族同胞中，还有藏族空军飞行员。1938 年初，日机侵犯南宁上空。国民党空军四大队四中队中尉飞行员扎西（巴塘藏族）等驾机九架升空迎敌，将入侵的十余架敌机逐出了南宁上空。1943 年羌族青年周登富、郭得高等 89 人，转赴了入缅对日作战的行列。在祖国的抗日第一线上，留下了四川藏族、羌族战士的足迹。

作为抗日正面战场的后方基地，四川藏区各族同胞为建设后方基地，付出了艰辛的劳动。国民政府在修建新（津）康（定）、康（定）玉（树）公路以及甘孜康定营官寨、理塘、阿坝漳腊机场时，广大藏族、羌族等少数民族同胞不计报酬，积极投入到抗战的交通建设中，在劳动工具极端简陋的情况下，以血肉之躯，以生命和鲜血为代价，完成了施工任务。

“七七”事变后，日本对抗战后方实行战略封锁，切断海路运输线，致使大西南抗日后方商品、物资匮乏。四川各族同胞节衣缩食，将毛皮、各类土产积极捐献给前线战士，帮助前线战士抵御寒冬。1942 年，在日本侵略者控制我国海、陆、空交通大动脉及交通枢纽的情况下，川康藏族爱国人士邦达多吉家族开辟了由印度经西藏直通川滇的国际交通运输线，这条运输线以骡马为运载工具，道路崎岖坎坷，从印度接运货物到拉萨，再以拉萨为中转站，在昌都、玉树、甘孜、康定、雅安、成都、昆明、丽江等地设分转站，把抗战急需的战略物资源源不断地送到大后方，从事运输的藏民付出了巨大的努力和牺牲。

三、中共地下党在四川藏区的工作

1942年，受共产主义思想影响的藏族进步青年平措旺杰、刀登、曾曲扎等在巴塘成立了藏族进步青年组织“星火社”，在巴塘、德格及德钦等藏区宣传进步思想。1943年，“星火社”更名为“高原共产主义小组”，成为全国藏区最早的共产党组织。1949年8月，平措旺杰根据中共云南省滇西北地委的指示秘密回到巴塘，将“高原共产主义小组”改建为“中国共产党康藏边区地方工作委员会”（即巴塘地下党），随即建立了巴塘地下党领导下的进步青年组织“东藏民主青年同盟”（简称“东藏民青”）。巴塘地下党和东藏民青成立后，积极同帝国主义、国民党反动派和地方黑恶势力作斗争，向广大群众宣传党的思想主张，在民族宗教上层开展统战工作，积极做好迎接解放的工作。

西康和平解放后，平措旺杰根据朱德总司令的指示，赶赴重庆西南局汇报工作，领受任务。西南局决定将中共康藏边区地方工作委员会改名为中共巴塘县工委，任命平措旺杰为县工委书记。不久，平措旺杰被任命为西南军政委员会委员和西南民族事务委员会委员，并调任十八军民运部部长，随军进藏。5月，平措旺杰离开重庆到新津十八军军部报到。军部派敌工部部长陈竟波与平措旺杰赴巴塘开展工作。

根据军党委指示，巴塘先遣支队成立了由苗丕一为书记，陈竟波、平措旺杰为副书记，刀登、曾曲扎等人为委员的巴塘先遣支队党委，全面领导渡江前的采购、造船、粮草供应、运输、向导、翻译等工作。巴塘地下党除了积极做好支援解放军进藏工作，还从送到康定学习的 56 名地下党员和东藏民青盟员中，选送了 40 余人到十八军工作。其中大部分随十八军五十二师一五四团、一五五团、一五六团进藏。许多人后来成长为各级领导干部。西康省藏族自治区政府抽调了数百名精通藏汉两种语言文字的青年组成“第十八军民族工作团”，随军进藏担任翻译及处理民族、宗教事务等工作。

第六章

中华人民共和国成立初期的四川藏区治理

第一节　四川藏区的解放

一、四川藏区的解放

1949年12月9日，西康省主席、二十四军军长刘文辉，西南长官公署副长官邓锡侯、潘文华在彭县通电起义，宣布西康省和平解放。与此同时，一部分国民党残余武装，窜入西康的藏族地区，企团长期盘踞，负隅顽抗。1950年，以格达活佛为首的西康藏族爱国人士，联名致电中央，并派代表到北京向毛主席和朱总司令致敬，要求歼灭国民党在西康的残余势力，解放西康。

在藏族人民的大力协助和支援下，1950年3月24日，解放军开进康定城，随即解放了整个西康。3月27日，奉上级指示，成立了康定军事管制委员会，除接管民国西康省旧政权，“统一管理政治、经济、文化等事宜”外，并开始着手进行区内各县的解放和接管工作。从4月至10月，先后解放了丹巴、九龙、雅江、理塘、义敦、巴塘、乡城、稻城、得荣、道孚、乾宁、炉霍、甘孜、新龙、白玉、邓柯、德格、石渠18个县。1952年8月16日，被称为“化外之域”的色达解放。加上最初解放的泸定、康定两县，共21个县。

在阿坝地区，1950 年 1 月，人民解放军挺进汶川、茂县、理县、松潘等地，在羌、藏等各族人民的热烈支援下，歼灭了盘踞在岷江上游地区的国民党匪军，各地相继解放。1950 年 4 月，国民党七十二军副军长傅秉勋、特务周迅予、原十六区专员何本书等国民党残匪与当地匪首、恶霸勾结煽动少数民族上层人士在阿坝州的靖化、懋功一带，成立“川康甘青边区人民反共突击军”，企图以靖懋两县为反对革命根据地，策动暴乱。1950 年 9 月，解放军从懋功进军靖化，10 月 3 日，靖化县解放。同时，平息了反动分子煽起的靖懋武装叛乱。至此，人民解放军全部解放了原十六专区所属的 6 座县城，设茂县专区，辖茂县、汶川、理县、懋功、靖化、松潘等 6 县，属川西行署区。绰斯甲、梭磨、卓克基、松岗、党坝等地也相继解放。

1951 年 8 月，傅秉勋等人又潜入黑水作乱，在台湾蒋介石的支持下，傅收罗残兵败将 500 余人，成立了“川康甘青反共突击军二四九路军”，自任总司令，下设 15 个纵队、4 个独立支队、若干大队。1952 年 6 月，台湾还两次派飞机为他们空投特务、电台和枪支，疯狂向解放军进行反扑。为了尽快解决这一隐患，解放黑水地区，1952 年 7 月 24 日，中国人民解放军胜利地进行了著名的黑水剿匪战役，肃清了盘踞在黑水县境内的国民党残匪，黑水解放。

人民解放军进入四川藏区时，继承和发扬了当年红军的光荣传统，进入藏区后，严格执行“三大纪律，八项注意”，尊重藏族群众的宗教信仰和风俗习惯，受到藏族劳动人民和上层人士的热烈欢迎和爱戴。

二、积极支援解放西藏

1949 年 10 月 1 日，中华人民共和国宣告成立。随着新中国的诞生，完成国家领土和主权的统一，已成为大势所趋。1950 年夏天，解放战争进入尾声，中国大陆仅剩下西藏还没有解放。为了维护祖国领土的完整，驱逐西藏的帝国主义侵略势力，为和平解放西藏创造条件，1950 年 1 月 2 日，毛泽东主席亲自起草中共中央西南局和西北局关于向西藏进军的指示，并对进军西藏的时间、军力配备、藏族干部训练等问题，做出了具体安排。

1950 年 7 月 10 日，西康省人民政府副主席格达活佛，得知西藏噶厦政府置中央和平解放西藏的呼吁于不顾，毅然要求前往西藏进行规劝，以促使谈判早日举行。格达活佛带领几个随从以及弟子自西康甘孜县白利寺出发赴西藏。一路上，格达活佛不厌其烦地向藏族僧俗群众宣传中央人民政府政策，并列举所见所闻的事实，证明人民政府和人民解放军尊重宗教自由，保护喇嘛寺庙，尊重少数民族风俗习惯，帮助人民改善生活等；同时宣传中央人民政府维持西藏现行各种政治制度，与一切改革事宜由西藏人民及领导人协商解决的决策；并劝说喇嘛寺及头人、民兵不要与人民解放军为敌，汉藏民族必须紧密团结。格达活佛在昌都的宣传深得广大藏民及喇嘛寺的拥护，但却遭到了英美帝国主义间谍福特（公开身份是英国“驻昌都电台”台长）的百般阻挠和昌都总管拉鲁·次旺多吉的迫害。最后，格达活佛遭到毒害，不幸遇难，为西藏的和平解放献出了自己的生命。反动分子制造的这一起野蛮行为，激起了广大藏族人民和全国人民的无比愤怒，藏族人民纷纷表示要向杀害格达活佛的反动分子讨还血债，决心用实际行功支援人民解放军进军西藏。

在大量争取工作未能奏效，西藏噶厦政府拒绝谈判，甚至派兵阻拦人民解放军和平进藏的情况下，西南军政委员会主席刘伯承发布了进军西藏的命令，命令中国人民解放军第十八军进军西藏。十八军立即组织两支部队分别挺进康北和康南。五十二师师长吴忠亲率一五四团组成北路先遣支队于 4 月 28 日抵达甘孜。五十三师副政委苗丕一亲率一五七团组成南路先遣支队于 8 月 2 日到达巴塘。1950 年 8 月 23 日，毛泽东主席决定“以战促和”，批复了西南局的昌都战役计划。

人民解放军进入西康地区之后，很快赢得了广大藏族同胞的拥护，藏胞强烈要求解放军解放西藏，并以实际行动积极支援解放昌都。康定地委和军管会在康定成立了“康定各族各界支援委员会”，负责动员和组织全区人民支援十八军进军西藏。雅江、理塘、巴塘、乾宁、道孚、炉霍、甘孜、德格、邓柯等进军沿途各县，也成立了支援委员会，由当地有名望的上层人士担任主任、副主任，十八军则派出军代表与之合作共同领导组织支援工作。

康北地区的邓柯、石渠、德格、白玉、甘孜等地藏族群众踊跃投入支前工作。甘孜邓柯的一个粮草供应站在 20 天中就供应部队 25.5 万公斤柴草和马料；石渠的藏族同胞很快集中了运粮的皮口袋 2500 条；德格竹庆地区 20 天内集中马草 3.5 万公斤、干柴 5 万公斤，保证了过往部队需要。为确保渡过金沙江后的物资运输，在战役发起的前夕，张国华等亲赴玉隆，再次会见夏克刀登、降央伯姆。昌都战役开始后，夏克刀登、降央伯姆在所管辖地区分别从甘孜至邓柯、甘孜至德格的运输线上，先后出动了 10 万头牦牛运输支持前方。石渠县副县长罗布顿珠用自己的 40 头牦牛参加运输，还把劳务所得的一部分作为支援费用。德格县藏族妇女曲美巴珍用自己的两头牦牛、一匹马，一直往返驮运物资；与男子一起参加担架队，赶夜路抬运解放军伤员，被西康省人民政府授予“支前模范，藏族之光”的锦旗。康南理塘、巴塘一线的藏族群众也大力支援运输，保证了南线部队的供应。

同时，为了解决进藏部队的物资供应问题，毛主席又提出“一面进军，一面筑路”“生产与筑路并重”等决策，指示部队所需粮草弹药及衣、食、住、行所需物资绝大部分从内地运来，在当地只作少量采购。部队进军的同时，应担负修路、生产的任务。1950 年 4 月，进军西藏的十八军，根据毛主席“一面进军，一面筑路”的指示，在甘孜成立后方司令部，一方面积极筹备粮草支援前方，另一方面组织 11 万军民抢修康藏公路。当公路修通到昌都后，毛主席给筑路部队赠送亲笔题词的锦旗——“为了帮助各兄弟民族，不怕困难，努力筑路”。经过近 5 年的艰苦修建，1954 年 12 月建成雪域高原上的第一条公路。这条被藏族人民称为通往幸福的“金桥”，全长2412公里，其工程的巨大和艰险，在世界公路修筑史上是前所未有的，由于高寒缺氧，气候恶劣，筑路工程极端困难，先后有3000多名干部战士倒在了川藏公路上。

为解决十八军前方将士的给养问题，中央军委决定于1951年3月修建甘孜机场。3万余军民历时8个月，在雪域高原建成了历史上第一座机场。机场跑道长320米，宽120米。11月20日，十八军后方司令部在甘孜机场举行了“庆祝机场落成暨通航典礼”大会。

四川藏区藏族人民的支援，是昌都战役胜利的重要保证。昌都战役是解放中国大陆的最后一役，为西藏和平解放奠定了基础。

第二节 新中国成立后对四川藏区的治理

一、民族区域自治制度的实施

民族区域自治是中国共产党解决我国民族问题的基本政策，是国家的一项重要政治制度。四川一直非常重视贯彻执行党的各项民族政策，四川藏区解放后，中国共产党和人民政府立刻建立领导机构，贯彻民族政策，指挥开展工作，为实施民族区域自治作准备。新中国成立后不久，1950年7月，就在四川剑阁专区（治今广元市）所辖的平武县，建立藏族自治委员会，所属黄羊、白熊、虎牙3个大部落，在原土司世袭领地内恢复番官、头人制度；藏族自治委员会辖区以外，分设5个区、19个乡。1951年9月，改平武藏族自治委员会为藏族自治区。这是四川藏族聚居区内的第一个民族自治地方。

为推行民族区域自治州，中共中央西南局决定，把西康省藏族地区作为在西南地区实施民族区域自治的试点。西康解放后，西康区委负责人积极广泛联系西康各界人士，征求实行民族区域自治的意见，并在康区广泛宣传民族政策，组成藏族协商筹备委员会，就建立民族区域自治政权的地位、名称、区划、人选、位置等，同各界人士进行了广泛磋商。经过充分准备，1950 年 11 月在康定召开了全区首届各族人民代表会议，宣告西康省藏族自治区成立，选举产生了自治区人民政府。这是中华人民共和国成立后，全国最先建立的州一级民族区域自治政府，对其他少数民族地区产生了重大影响。1952 年 12 月，原西康省西昌专区西部的藏族聚居区建立了县一级的木里藏族自治区。

在阿坝地区，1950 年建立茂县专区，辖 13 个县。1952 年 12 月 21 日，茂县专区各民族劳动人民的代表和各地有代表性的土司、头人、土官、活佛、喇嘛、堪布，齐集茂县凤仪镇，召开了四川省藏族自治区第一届各族各界人民代表会议，选举产生了以桑吉悦希（天宝，藏族）为主席、张承武（汉族）、索观瀛，（藏族）、华尔功成烈（藏族）、苏新（羌族）为副主席的四川省藏族自治区人民政府。1953 年 1 月 1 日撤销茂县专区，正式建立四川省藏族自治区。中央及省有关政府部门派代表前来祝贺。

1954 年，根据宪法规定，专区级的自治区一律更改为自治州，县级的改为自治县。1955 年，西康省合并于四川省，两省所辖的两个藏族自治州分别改成为甘孜藏族自治州和阿坝藏族自治州。民族区域自治政权的建立，保障了藏族人民的民族平等权利，增强了藏族和国内其他民族间以及藏族内部的团结，促进了四川藏区政治、经济、文化的发展。

为了更好地实行民族区域政策，在四川藏区民族区域自治机关内，主要的领导职务由实行区域自治的主体民族和其他少数民族干部担任，其中自治地方的州长、州人大主任和县长、县人大主任，都由主体民族干部担任。以甘孜藏族自治州为例，甘孜藏族自治州第一届人民代表大会选出的自治州委员会州长、副州长、委员共 27 人，其中藏族占了 21 人，各县人民委员会正副县长中，藏族占比达 95%以上，区乡领导干部基本上是少数民族。1955 年 12 月，四川省阿坝藏族自治州第一次人民代表会议在刷经寺召开，会议选出了桑吉悦希（藏族）为四川省阿坝藏族自治州州长，郜志远（汉族）、索观瀛（藏族）、华尔功臣烈（藏族）、苏新（羌族）、王春清（土家族）为副州长。25 名政府委员会委员中，藏族占了一半以上。同时，甘孜、阿坝各自治州人民法院院长、副院长，人民检察院检察长、副检察长也多由藏族干部担任。藏族人民代表中有一部分还当选为全国和省的人民代表大会代表、副省长、省人民委员会委员等，直接参与了国家事务的管理。

二、设置名称与区划的变更

四川省藏族自治区（地级），治所初在今茂县凤仪镇，除直辖松、茂、理、汶、靖、懋 6 县外，在今阿坝县境设四川省藏族自治区人民政府办事处（县级），治地今阿坝县城处；以马尔康、绰斯甲部分地区设四川省藏族自治区马尔康办事处（县级），治地今马尔康镇。1954 年 3 月，自治区首府由凤仪镇迁至刷经寺。1955 年 11 月 9 日，国务院批准将四川省藏族自治区更名为四川省阿坝藏族自治州，州府驻理县刷经寺（今为红原县刷经寺镇）。1956 年 4 月，国务院批准撤销原阿坝、马尔康两个藏族自治区办事处（因已置马尔康、阿坝两县）。1958 年 4 月 1 日，经国务院批准撤销茂县、汶川两县，合并设立茂汶羌族自治县，除辖原茂、汶两县地域外，划入理县部分行政区域为其行政区域，治地在今汶川县威州镇。1958 年 5 月，阿坝藏族自治州政府驻地由刷经寺迁至马尔康镇，随之州内先后建壤塘、红原、若尔盖等县。1963 年 6 月，经国务院批准恢复汶川县，以原并入茂汶羌族自治县的行政区域为汶川县行政区域，治地威州镇，恢复理县原行政区域，治地杂谷脑镇；原茂县辖区继为茂汶羌族自治县建置的行政区域，治地由威州迁回茂县凤仪镇至今。1987 年 7 月，经国务院批准，四川省阿坝藏族自治州更名为四川省阿坝藏族羌族自治州，茂汶羌族自治县更名为茂县。

2015年马尔康改县为市（县级）

1950年4月26日成立西康省人民政府，省府驻康定。全省分设康定、雅安、西昌等3个专区。1950年11月24日，康定专区改为西康省藏族自治区。辖康定、泸定、丹巴、九龙、雅江、乾宁、理塘、义敦、巴塘、乡城、稻城、得荣、道孚、炉霍、甘孜、新龙、邓柯、德格、白玉、石渠20县，1954年色达建县，全区共21县，首府设在康定。1955年改名为四川省甘孜藏族自治州。1978年7月，撤销乾宁县（其地分划入道孚、雅江），邓柯县（其地分划入德格、石渠），义敦县（其地分划入理塘、巴塘）。全州辖18县。2015年，康定县改为康定市（县级市）

三、实行民族平等团结政策

新中国成立初期，四川藏族地区情况非常复杂，历史上遗留下来的民族之间隔阂较深，民族内部冤家械斗不息，加之残余匪特造谣骚扰，社会秩序不稳定。国民党政府留下的是一个烂摊子，经济萧条，生产停滞，百废待兴，各项工作任务繁重，地方干部特别是少数民族干部极少。面对这些问题，各级地方政府坚决执行党的民族政策和宗教信仰自由政策，坚持谨慎稳进和团结上层为主的方针，以主要精力做民族团结工作，争取了大批民族、宗教界上层人士与人民政府合作共事。

1950年9月，中央人民政府派出“西南少数民族访问团”到四川藏区访问。在刘格平团长和康定军管会主任苗逢澎率领下，一分团一行40余人于10月7日访问西康北部的道孚、炉霍、甘孜和德格县的玉隆，受到康北藏族人民的热烈欢迎。西南军政委员会、川西行署、川北行署，也纷纷派出民族访问团、慰问团、工作团深入到四川藏区工作，向藏族同胞宣传党的民族平等政策，消除历史上遗留下来的民族隔阂。工作团每到一处，都受到了藏族人民的热烈欢迎，藏族人民载歌载舞、结队迎接，纷纷给他们献上洁白的哈达，表达敬意。访问团、慰问团到达藏区后，在各阶层群众中召开各种宣传会，宣传党的民族平等、民族团结政策，对藏族人民长期以来受到的民族压迫表示慰问，发放了大批慰问物资，切实解决藏区群众生产生活中遇到的困难。

为了使藏族同胞更好地了解新中国，各级政府组织了大批少数民族上层人士、宗教界人士到内地参观访问，分别受到了毛泽东、刘少奇、周恩来等党和国家领导人的亲切接见和各地人民的热烈欢迎。他们在祖国各地看到了国家建设事业的蓬勃发展，各族人民的团结一心，树立了建设祖国和发展藏区政治、经济、文化的信心。

同时，为了更好做好西南地区少数民族工作，国家专门在四川成立了管理民族工作的机构。1950 年 8 月初，西南军政委员会民族事务委员会成立，由西南军政委员会副主席王维舟兼任主任。同时，为了宣传党的民族政策，培养少数民族基层政权骨干，开展对民族、宗教界上层人士的统战工作，在四川、西康两省民族地区，开始建立专职的民族工作机构。经过努力，藏、羌族爱国上层人士夏克刀登、华尔功成烈、索观瀛、苏永和、降央伯姆、所仁克尊、王泰昌等积极主动与各级政府合作。

同时，为了将历史上遗留下来的具有歧视和侮辱藏族同胞，影响民族团结的各种称谓取消，遵照原政务院的指示，将阿坝懋功改为小金县，靖化改为大金县，理化改为理塘，巴安改为巴塘，定乡改为乡城，同类性质的碑碣、匾联也加以封存或销毁。

四、大力培养民族人才

为了大量培养和任用少数民族干部，还创立了各级各类民族干部学校，吸收少数民族优秀青年进行培训。从 1951 年开始，在成都成立了西南民族学院，在茂县、康定创建了民干校和党校，选送少数民族中的优秀青年，常年不断地培养和提高一批又一批民族干部的文化和理论知识，其中还将部分青年选送到中央民族学院和西南民族学院进行深造。各级政府和工作团还从实践中选拔一批优秀青年直接参加工作，在党的领导和老干部的耐心帮助下，使他们在革命实践中增长才干。

新中国成立后，根据宪法规定，在国家统一的军事制度下，甘孜、阿坝两自治州先后分别组建了“藏民团”，广大藏族同胞怀着对祖国的爱国热情，自觉自愿地积极参加属于自己的部队。担任藏民团领导的都是参加红军北上抗日的少数民族干部，如藏民团团长是沙纳（藏族，任甘孜藏族自治州州长）、藏民团二团团长是苏克（羌族，阿坝藏族自治州副州长）。藏民团继承了人民解放军的优良传统，不仅是一支战斗力强的队伍，在维护地方社会治安、打击各种破坏活动，起到了极大的作用。藏民团还是一个培养民族干部的学校，通过专业复原，为地方输送了大批劳动人民出身的民族干部。同时，藏民团还是一支劳动生产大军，他们在练兵之余，在道孚开出荒地1000多亩，并试种了多种蔬菜、豆类，并将开出的300多亩熟地分给了当地无地或少地的农民①。

第三节　民主改革

中华人民共和国成立后，经过5年的初步工作，满目疮痍的四川藏区，社会经济虽有明显的恢复与好转，但限于当时四川藏区社会发展状况，对于藏区固有的封建农奴制，暂时仍予保留。随着社会主义建设的发展和广大藏族同胞思想觉悟的提高，对藏区进行民主改革的需求日益凸显。在广大奴隶、劳动人民的强烈要求和全力参加下，1955年在党和政府的领导下，开始在四川藏区推行民主改革运动，至1959年基本完成。

① 《四川日报》1957年8月1日。

一、民主改革前四川藏区的社会政治制度

民主改革前，四川藏族地区大部分地区基本上是封建农奴制社会。大约10世纪至13世纪，我国整个藏族社会开始逐步封建化，较早地进入封建农奴制社会。13世纪以后，历经元、明、清三代，四川藏区受中央王朝分封的土司统治，进一步加速了这些地区的封建化进程。清末，实行“改土归流”，废除土司制度，实行流官管理。民国时期，虽然大多数地区在清代和民国时期已经建立了县级政权，但同时又保留着农村牧区土司、头人和上层喇嘛对广大农奴的联合专政，一直延续到民主改革以前。甘孜、阿坝地区世俗的和宗教的封建统治机构虽各自分立，但又紧密联系，形成了一套特色鲜明的统治体制。

在土司统治之下，占总人口约5%的土司、头人和多数上层为代表的封建农奴主阶级，世代占有着辖区内全部土地和大部分牲畜。土司把辖区的土地分为三种：一是土司领地，一部分是土司的自营地，把大部分领地作为份地分给农奴耕种，利用农奴（科巴、差巴）无偿劳役耕种，并派托本（监工）管理，没有迁徙的自由。二是头人土地，土司把部分土地以及依附于土地的农奴分封给头人。三是寺庙封地，土司把部分土地以及依附于土地的农奴分封给寺庙，寺庙以地租、高利贷、商业和布施等形式残酷地剥削着农奴。农奴对宗教的负担一般占其全年收入的1/4，甚至1/3。土司、头人、寺庙主要以无偿劳役、贡赋、地租、雇工、高利贷等方式对差巴、科巴进行剥削。土司与土司之间无统属关系，直接受封建王朝及委派官吏管束。土司是辖区内的最高统治者，为世袭农奴主，对辖区内的农奴有生杀予夺之权。在农区，土司之下设头人会议，遇有重大事情，由头人会议决策，报土司批准执行。牧区的政权机构，与农区基本相同，土司衙门设于大帐篷内，各地头人轮流到帐篷值班，处理内外重大事务。衙门之下，

按部落（或称大村）委派头人统治，世袭其职。

另外94％左右的农奴被束缚在所耕种的土地上，为农奴主服无偿劳役，没有人身自由。他们既是封建主的臣民，又是他们的农奴。农奴必须世代为土司、头人、喇嘛寺庙种地、当差、纳税、出征。力役地租或赋役制、实物地租或年贡制，同时并存。农奴每年缴纳各种租税和出各种负担，他们领种农奴主的“份地”，不能自由迁徙，世世代代被束缚在“份地”上。他们除了供赋，还要接受多种形式的剥削。包括无偿劳役，每季都要自带耕畜、农具、种子给土司头人无偿服役；还有为土司头人当差；遇到战争发生，还必须服兵役。此外，农奴主还占有少数家奴，主要从事家务劳动，也进行一些生产劳动。

而在甘孜藏区色达、石渠及阿坝的牧区中，由于封建关系的发展和部落形式的长期保留，所有制关系比较复杂。大部分地区仍保留着部落公有制，草地供部落成员共同使用，但草地实际仍为封建头人、牧主所支配，牧民只有在承认对牧主、头人承担劳役和摊派的条件下，才被允许使用草场。牧民必须按照占有牲畜的数量，向土司提供无偿劳役，缴纳实物贡赋和牲畜税。土司有权分配各牧场部落，有权决定牧场的搬迁。阿坝若尔盖等牧区各部落牧民如不离开本部落，土官一般不能随意收回牧民的草场；而甘孜地区土司统治的各牧区，封建主则可任意霸占牧民的草场。贫苦牧民，除了担负封建主的差役贡赋外，还不同程度地受到富裕牧户的剥削。牧区的主要生产资料牲畜，也主要为头人、牧主所占有。出租牲畜和雇工是封建头人和牧主的主要剥削方式。承租的牧民只能得到牛毛和加工牛奶的副产品奶渣等。

四川藏区封建农奴制的一个最大特点，就是土司、头人和宗教上层集团政教联合的统治。为了统治和压迫广大农奴，土司、头人和寺庙互相利用、互为补充，形成了政教结合的封建农奴制统治。政教联合统治除了僧俗领主遇事相互支持和配合外，还有两种联合组合形式。一种是农奴主贵族兄弟，一人承袭土司职，掌握世俗统治权；一人出家为喇嘛、活佛，掌握宗教统治权。一种是上层僧侣参加土司举行的固定会议，参与重大问题的决定。而在阿坝草地藏族，则是宗教与土官制度相结合的政教合一形式。在草地，土官是部落的最高首领，每个部落都有至少一座从属于土官的寺庙，而寺庙的活佛多系部落土官的亲属。为了维持政教联合的封建农奴制社会，还制定了一套政教结合的法律。

另外，在阿坝的汶川、茂县、小金、金川等地，在乾隆至道光年间，推行"改土归流"时，废除世袭的土司制度，设立封建王朝的州县流官进行管辖，社会经济体制也逐渐发生了变化，基本已进入封建地主制社会。在金川等屯守备统治地区，已形成了以屯守备为首的地主统治集团，守备成了全屯最高统治者，总揽当地政治、经济、军事大权，设有守备衙门及各种杂职官员，管理内外事务，村寨仍设寨首管理。另一种是国民党政府势力管辖地区，普遍推行保甲制度，在县以下设乡、保、甲，由当地藏、羌头人担任乡长、保长、甲长，实行统治。另外，在四川藏区的羌族聚居区还残存着部分土司、头人制度，如在汶川县江口一带的瓦寺宣慰司，茂县的长宁安抚司，岳希、陇木、静州长官司等，这些区域的土司、头人仍是最高统治者，继续保持着原有的一套统治机构，保留了封建领主制的剥削形式。

在封建主和国民党政府残酷的剥削下，四川藏区农奴生存困难，时常会相率逃亡异地。封建主以各种严刑对待被捉回来的逃亡农奴，但仍不能阻遏农奴大批的逃亡。为了补充或保持足够的劳动力和兵源，各封建农奴主之间常常会相互"挖墙脚"，即互相勾引农奴跑过来或以武装抢农奴过来，乃至互相侵占土地。各土司、头人之间为了争夺农奴就不断地发生大规模的摩擦和纠纷。

二、四川藏区的民主改革

早在 1954 年 7 月，在四川省藏族自治区（阿坝藏族自治州）第二届各族各界人士代表会议上，汶川、茂县及理县的民族代表提出了要求民主改革的提案。为了更好地推进四川藏区的民主改革工作，四川省委决定率先在阿坝的汶川、茂县、松潘等汉羌回杂居地区开展民主改革的试点工作。在 1954 年 10 月 4 日，四川省委批复了《关于四川省藏族自治区岷江以东部分汉区及汉羌杂居地区进行土地改革方案（草案）》，决定 1954 年冬至 1955 年春对汶川、茂县、松潘、南坪等县部分汉区及汉、羌、回杂居地区共 22 个乡，包括 6 万余名汉、羌、回族实行土地改革[①]。10 月 10 日，在汶川威州、雁门两乡开始进行土地改革试点工作。土改过程是首先自上而下进行充分协商，然后再没收地主阶级的土地、森林、矿山、水渠及多余的耕牛、家具，废除地主与农民的债务关系，废除封建土地所有制；在照顾原耕地基础上，给无地少地的农民分配土地。在整个过程中，始终采用温和的形式和背靠背的方法，不面对面地斗争，不交底财、不算旧账。12 月 10 日，试点工作结束。1955 年，在茂县、松潘等县开展第一期土地改革。在甘孜藏区，1954 年 11 月 7 日，中共康定地委发出了《关于藏区改革问题的通知》，要求各县工委认真讨论并提出修改意见。11 月 20 日，康定地委正式向西康省委呈报了《关于藏族自治区民主改革的初步意见》，开始进行民主改革的前期各项准备工作。

伴随着周围汉族地区、羌族地区土地改革和“一化三改造”胜利的影响，四川藏区广大农牧民觉醒了，他们以各种方式，响亮地提出了抗租、

① 四川藏区民主改革相关材料来自秦和平、冉琳闻主编：《四川民族地区民主改革大事记》，民族出版社 2007 年版；秦和平编：《四川民族地区民主改革资料集》，民族出版社 2008 年版。

抗差、抗债，要求奴隶人身解放等口号，迫切要求废除剥削制度，进行民主改革。在甘孜州，康定、丹巴、雅江、新龙、巴塘、丹巴、德格、白玉、乡城、稻城、九龙等地相继出现了成百起抗粮、抗差、抗租的斗争，他们纷纷前往各级政府，控告土司、头人，诉说对旧制度的不满，请求改革。丹巴县群众40多人集体签名，写信给人民政府要求实行民主改革。德格县农民在县人民代表会议上要求“把剥削制度和科巴制度全部废除”。白玉县20余户农民向头人提出减少地租的要求。新龙县有150户农民提出废除“乌拉”差役制度，并且有70余人到政府控告，要求下令废除封建剥削制度。稻城县140余人集体抗债，个别债主鸣枪镇压，群众也举枪示威，逼着债主接受减轻债务的条件。巴塘县仅3个区就有1200多户人起来抗租抗债。

因为四川藏区的阶级关系和民族关系较为复杂，喇嘛教在社会有着广泛而深入的影响，为了更好地推行民主改革，从四川藏区的实际情况出发，中央和省委明确表示，这场改革要在坚持党的民族政策基础上，坚持“慎重稳进”，以和缓的方式进行，在充分发动人民群众的基础上，通过自上而下和与上层人士协商的办法，有步骤、有区别地彻底消灭封建制度。在与藏族上层人士进行了一系列协商的基础上，四川藏区的民主改革得到了一部分开明人士的支持。如1955年2月，丹巴县王寿昌、王尚文、雍载阳、杨正英、杨绍宇等一批民族上层人士向丹巴县人民政府呈交书面报告，申请民主改革，废除封建剥削制度，要求将土地、牲畜、枪支弹药等呈交人民政府处理。

1955年9月22日，四川省委和西康省委联合制定《关于四川省藏族农业地区实行民主改革的初步方案》，拟从1955年冬起，按照协商、和缓的方针，通过民主改革试点，在藏族地区逐步地、和平地消灭农奴制，废除土司制度，发展农业生产。改革的主要内容为：废除封建土地占有制和一切封建政治经济特权；废除高利贷；解放和安置奴隶；收缴农奴主、地主的枪支；征收富农出租、派“乌拉”和使用奴隶耕种的土地，清理其债务。

12 月，四川省委决定在阿坝藏族自治州岷江以西、甘孜藏族自治州在丹巴和康定两县的农业区进行土改试点，开展废除封建特权和差役、调整债务、解放娃子等三项工作。1955 年冬至 1956 年春又在汶川、茂县岷江以西地区和大金、小金、松潘、马尔康、黑水、绰斯甲等 10 县进行了土地改革。

在甘孜州折多山以西道孚、炉霍、甘孜、邓柯以南，阿坝州岷江以西，木里藏族聚居的农业地区，封建农奴制度比较完整，改革内容规定为废除封建土地所有制，废除高利贷，剥夺土司、地主、头人和宗教上层对政治、经济、文化的封建特权，广大农奴分得了土地财产，获得了人身自由和根本解放。针对四川藏区的特殊情况，对封建农奴主、地主、富农加以区别对待。对封建农奴主，没收全部土地、森林和荒山荒地，废除一切封建特权，对其多余的耕畜、农具、房屋和粮食，国家按市场价格收购后分发给农民，其他财产一律不动。对富农则只征收出租土地的多余部分。对封建农奴主、富农都不算老账、不挖底财，对其经营的畜牧业、园林等一律加以保护。所有农奴主都和农民一样分得一份土地。对于爱国的少数民族上层人士和其他守法的地主，均不开展面对面的斗争，实行保护过关。

在广大的牧区，考虑到地广人稀、社会情况复杂、畜牧业生产的特殊情况，省委采取稳定的工作方针，实行“不斗、不分、不划阶级”和“牧工牧主两利”的政策，但要废除封建的草原草山占有制，实行国家所有，交牧民集体经营管理使用。对守法的封建主、牧主，均不进行面对面的斗争，其牧畜和其他财产受到保护。

但是，因为四川藏区的民主改革不可避免地会触动贵族上层的利益，一部分贵族上层不愿退出历史的舞台，在民主改革之前，即开始策划和煽动叛乱。1955 年夏季，达赖喇嘛的副经师赤江等返藏经过理塘喇嘛寺时，煽动和策划叛乱。于是，理塘寺便成为了叛乱的窝点。1956 年初，在四川藏区一些地方相继发生了反对民主改革的武装叛乱。1956 年 2 月，甘孜色达、理塘发生叛乱，继而乡城、稻城、白玉、巴塘等地也相继发生武装叛乱。1956年3月，阿坝绰斯甲、四土、黑水、若尔盖及松潘部分地方发生武装叛乱，叛乱分子残杀解放军、干部、工作人员、积极分子及群众，抢掠财物，焚烧房屋，破坏教堂，反对民主改革。特别是还没有开展民主改革的牧区和寺庙，更是成了叛乱匪徒藏身之地。

人民解放军和各族群众一边平叛，一边改革，在牧区开始了民主改革：废除土司、头人及其他牧主的差役、赋税、纳贡、拘押、刑法、高利贷及霸占和拥有的牧场、草山，对参加叛乱的封建农奴主、地主和没有参加叛乱的封建农奴主、地主严加区别，对没有参加叛乱的农奴主、牧主阶级，仍采取赎买政策。针对寺院，开展了以废除喇嘛寺庙封建压迫、剥削制度为中心的民主改革。1957年8月，阿坝州在农牧区寺庙中广泛开展爱国守法教育运动，号召一切爱国、爱人民、拥护社会主义的人士团结起来，开展反对利用宗教进行各种破坏活动的“反叛乱、反倒算、反抢劫破坏”活动。1958年7月，甘孜州也针对寺庙的反叛行为，在农区寺庙中开展群众性的反叛乱、反违法运动，废除封建特权和压迫剥削制度。

经过激烈的斗争，边平叛、边改革，历时两年，至1959年初，分期分批地完成了民主改革任务，使四川藏区的社会形态、生产关系、民族关系、社会面貌发生了深刻的变化，各族人民走上了社会主义的繁荣道路。

民主改革的推行，变更了以前不合理的生产资料的所有制形式，广大农牧民从封建主那里分得了土地，以及大型农具、牲畜和粮食，有了属于自己的生产资料，真正实现了耕者有其田，组建了家庭，改善了生活，迸发了积极性，极大地解放了生产力，社会经济得到了迅速发展。在民主改革胜利的基础上，紧接着进行社会主义改造，实现了农牧业合作化，劳动人民生产热情空前高涨，民族地区的经济文化建设得到了前所未有的发展。

民主改革的伟大胜利，彻底摧毁了土司、屯守备、寺庙和头人的封建政治制度，使四川藏区社会形态发生了根本性的变化，跨越了历史的发展阶段而进入社会主义社会。农奴砸碎了被迫套在身上的枷锁，获得了解放，翻身做主，享受人权；民主改革建立和巩固了四川藏区农牧地区的基层政权组织，建立和健全了县、区、乡人民委员会；废除了封建农奴主、牧主拥有的封建武装，建立和发展了人民武装自卫队；在民主改革过程中，党和团的基层组织，普遍建立起来。

经过民主改革，废除了宗教中存在的封建特权，各寺庙普遍建立寺庙民主管理委员会，委员会成员一般由三分之二的贫苦喇嘛和三分之一的爱国守法的宗教界中、上层人士组成。人民群众的宗教信仰自由、正常的宗教活动得到了政府的保护。

在民主改革过程中，涌现出了众多的积极分子，培养、锻炼和壮大了农牧区的依靠力量，建立了基层党团支部，地方政权得到更替或健全，选拔、培养了众多地、县、区级民族干部。少数民族翻身做主，实践了民族区域自治制度，实现了政治整合，完成了社会主义制度的统一。

附　录

一、四川藏区大事记

唐代以前

周赧王三十年（秦昭襄王二十二年，前285），秦置湔氐道隶属蜀郡。湔氐道疆界北到松潘，西到大渡河上游。

元鼎六年（前111），汉开西南夷，设沈黎郡，今甘孜州泸定县境为其属地；设汶山郡，辖绵虒县、湔氐道、汶江县、广柔县、蚕陵县。另置甸氐道（今九寨沟附近），属武都郡。

天汉四年（前97），牦牛夷叛，罢沈黎，置两部都尉："一治牦牛主外羌，一治青衣主汉民。""外羌"，《后汉书》作"徼外夷"，指"牦牛徼外"的诸羌部落，包括鲜水河流域和雅江上游一带地方。

汉地节三年（前67），汶山郡民因赋重，请罢郡县，并汶山郡于蜀郡，立北部冉駹都尉。

东汉建武十九年（43），以沈黎故地置汉嘉郡。

明帝永平十四年（71），牦牛徼外的"白狼槃木唐菆等百余国，户百三十余万，口六百万以上，举种奉贡，称为臣仆"，白狼王作《白狼歌》三章，表示"慕义向化"。

和帝永元十二年（100），“白狼楼薄蛮夷王唐莸等率种人十七万口，归义内附。”

汉永初元年（107），蜀郡边夷攻蚕陵。延熹二年（159），再寇蚕陵，杀长吏。

汉熹平五年（176）四月，分蜀郡北部都尉再立汶山郡。

蜀汉章武年间（221—222）废汶山郡，置文山、冉駹、平康、白马、匡用五围（边防据点）。

蜀汉建兴三年（225），蜀汉复置汶山郡，领绵虒、汶江、湔氐、蚕陵、广柔、都安、白马、平康8县。

晋泰始八年（272），汶山新乐白马夷侵掠升迁、平康、广阳诸夷羌种，益州刺史皇甫晖领兵来平。皇甫牙门将张弘战中杀晖，纵兵抄掠白马民。广汉太守王浚率将士平叛斩张弘，叛平，王领益州刺史。升迁设龙涸防。

晋元康六年（296），徼外黄石、北地、卢水胡万人征广柔、平康、广阳。广阳、平康为黄、胡所破。

晋永康二年（301）三月，汶山郡诸羌起事，益州罗尚遣将来击官兵大败。八月，事平。

晋义熙十年（414），吐谷浑拓土至龙涸、平康。

成汉至西魏年间（304—557）成汉末至东晋，四川人口大流动，入湖广。州县空虚。刘宋时，汶山郡治都安（今都江堰市灌口镇），郡领两县，均在今州境外。原旧属诸县名存实无，人口稀少，田地荒芜。贵州僚人入蜀，延到岷江上游。南齐领蜀，曾设置甘松僚郡，治龙涸，领甘松、龙涸、蚕陵3县，郡境范围仅有叠溪、镇江、松潘一带。萧梁普通三年（522），于原汶山郡置绳州（一说先于汶川桃关置绳州，后改置凤仪为绳州）。领放山、汶川两县。至西魏，汶山郡仍治都安，岷江上游未入西魏版图。

北周武成元年（559），吐谷浑扰周边，宇文毓逐吐谷浑至扶州灭邓至，拓境至龙涸。

北周天和元年（566）五月，扶州、龙涸吐谷浑附周，以其地置扶州总管府，治龙涸。

北周天和二年（567），周雁门郡公奉讨浑胡，于其地置覃州，以覃水羌为名，治通轨。旋，覃州置四郡属之。覃州郡，属县通轨；荣乡郡，属县平康；广年郡，属县广年；左封郡，属县左封。

北周天和六年（571），周改郡领州县。同昌郡领扶州，扶州领同昌、尚安、嘉诚3县（龙涸改嘉诚）。汉山郡领会州、翼州、覃州。会州领汶山、汶水、北川、通化4县；翼州领左封、平康、交州、翼水、翼针、汇源6县；覃州领通轨县。

隋开皇三年（583），隋罢郡为州，扶州、会州领14县，汶水改名为汝川。隋朝，金川上游之陌昌，称东女各部落、嘉良、附国等；岷江流域称西山诸羌等；白水上游为邓至、吐谷浑；龙涸以西为党项、春桑、迷桑、大小左封等。部落各有种姓。

隋大业三年（607），改州县两级制为郡县两级制。同昌、汶山两郡领14县。今若尔盖称党项，属西夏版图，今阿坝、红原为迷桑，自立为部。今金川、马尔康为嘉良。

大业四年（608），附国（今道孚、炉霍、甘孜、德格、康定等县）遣使入朝。

大业五年（609），白狼、附国并嘉良夷又遣使入朝。

唐 代

庚武德元年（618），李渊定唐，置扶州、会州、松州、翼州。

贞观二年（628），以迷桑细封（麦昆）置轨州。

贞观十二年（638），吐蕃松赞干布求婚于唐，受拒。八月，松赞干布围松州，与唐大战于松州（在今红原），唐军大败。九月，吐蕃丧太子，罢兵休战，撤归罗些（拉萨）城。贞观时期，茂州（贞观八年会州改名）督羁縻州37；松州督羁縻州104。维、当、悉、恭、柘、静等州，因唐蕃争战，形成军事要塞之地，由羁縻州升行州或正州。

仪凤二年（677）八月，益州长使李孝逸，在茂州募兵筑安戎城。继后，安戎、维州两城为唐、蕃争夺焦点。

于大渡河东岸置大渡县（治今泸定县兴隆乡沈村），隶雅州。

仪凤二年（678，藏历虎年），吐蕃的赞普王和大臣每隆冬于邓（治今德格县俄支乡）集会议盟。

开耀二年（682，藏历马年），冬，“芒辗细赞与芒相达乍布二人于道孚城保集会议盟”（治今甘孜州道孚县）。

武后长安二年（702），省大渡县入飞越县，并于开元三年（715）改隶黎州。

天宝元年（742），剑南团练使章仇兼琼统兵3万，西抗吐蕃，南抚“蛮僚”，领松、冀、当、悉、恭、柘、维、静等13州境，杂谷脑（蓬婆水）、岷江等要塞，置天宝军、通化军、威戎军、松当军、平戎军等，领兵设防镇守。

天宝五年（746），剑南节度使郭虚己支度西山，兵力推进到索磨川（梭磨河），置保宁都护府，以东女王为长史。

宝应二年（763）十二月，吐蕃大战西山，兵分三路，攻松、维、保三州。维州有开元时吐蕃著谍女下嫁门卒，生二男，大为内应，开城门，吐蕃夺维州改名“无忧城”。

大历三年（768），当、悉、柘、静、恭五州城，徙州治于山险要地。今米亚罗、赤不苏、黑水、沙坝等地区为吐蕃所据。

唐贞元八年（792），西川节度使韦皋奉命征西山，克诸州。东女之哥邻（嘉良）、白苟、南水、弱水、咄霸、悉、董、捕租八部落归附韦皋，被安置于维、保、柘、乾、霸州境，韦皋给以耕牛、粮种、教习耕种、安抚居业。

唐德宗贞元九年（793），韦皋“遣军出西山，破吐蕃峨和城、定廉城、通鹤军，凡平堡五十余所”。

元和二年（807），宰相李吉甫撰《元和国计簿》，西山诸州皆入簿，记载籍户口、方物。

长庆元年（821），唐、蕃长庆会盟。茂、维以西诸州，皆入吐蕃版图。

大和五年（831），长庆盟定，维州归唐。此间吐蕃守将悉怛谋率部献城归唐，西川节度使李德裕安置部众，奏予朝廷，请封悉怛谋。为唐皇和宰相牛僧孺所拒。李德裕无奈，遣悉怛谋还吐蕃，吐蕃戕杀悉怛谋300余众于桃关。李德裕于维州修筑筹边楼，策划抗击吐蕃。

会昌三年（843），唐追赠悉怛谋“右卫将军”称号，为其昭雪沉冤，追奖忠魂。部众各有褒赠。

懿宗咸通十年（869），在今甘孜、德格、昌都一带爆发被称为“邦金洛”的奴隶起义。起义领袖韦·阔协列登（手工匠人）。

前蜀永平二年（912），王建初领西川，周边不定。四月，维州羌首胡董琢起事，旋败。前蜀王建和后蜀孟知祥王朝，战事少，社会安定，维、茂农业发展，村落闾巷，贸易毕集。茂州有户1155，汉户326。

宋　代

北宋淳化五年（994），宋兵拔成都，连下维、茂州城。宋据蜀川州城戍卒乱。改维州为威州。

北宋景德天年（1004），蚕陵地震。

北宋庆历四年（1044），七月，威、茂西部吐蕃扰汶川三江寨。

北宋嘉祐二年（1057），威州保、霸地震。

北宋熙宁六年（1073），设茂州：县2，汶山、汶川；寨1，镇羌寨；关1，鸡宗关；羁縻州10；设威戎军驻守。威州：县2，保宁、通化；羁縻州2；通化军驻威州。国库拔银12100两、米面14700担、绢2850尺及绫棉、茶、盐等安抚羌民。今松潘、黑水、马尔康、阿坝、若尔盖、红原、壤塘皆属吐蕃，未入宋版图。

北宋熙宁八年（1075），茂州为边城军事、政治、经济中心。州知事范百常主持修城筑墙，初具城市规模。次年，城外静州番起事，攻城毁墙。旋平，静州附宋，城复。

北宋政和六年（1116），威、茂州边诸羌附宋，羁縻州增。

北宋宣和四年（1122），省通化军，威戎军降为寨。

南宋宝祐元年（1253），蒙古军分三道入蜀攻云南，威、茂为避蒙骑，入九顶山寨堡中。至宝祐六年，威、茂州县皆降。

元 代

至元八年（1271），蒙古征服吐蕃，宣政院直接管理藏区事务。置松潘、岩、叠、威、茂等处军民安抚司，长官正三品，治所松潘，流官并用。

至元九年（1272），改李唐城为李唐州。

至元十四年（1277），置鱼通路万户府、鱼通军民安抚司、长河西里管军镇万户府、长河西里管军招讨司、长河西军民安抚司（大德二年即1298年改宣慰司）。

至元二十五年（1288），八思巴领宣政院事后，直接管理藏族地区军、政、民事务，设“吐蕃等路宣慰司都元帅府”、“吐蕃等处宣慰司都元帅府”和“纳里速古鲁孙等三处宣慰司都元帅府”分管安多、康和卫藏地方。于李唐城设钱粮总管府。

明 代

洪武二年（1369），明太祖遣陕西行省员外郎许允德招谕朵甘、乌思藏。在李唐设扎兀东思麻千户所。

洪武四年（1371），置朵甘卫都指挥使司。

洪武七年（1374），升朵甘卫为行都指挥使司。

四月，茂州知州土酋杨者七与龙木头、静州、岳希蓬、汶山县、汶川县、寒水巡检司、威州保宁县等土官入朝。五月，招置汶山、汶川、龙木头、静州、岳希蓬长官司。

洪武十年（1377），威茂等处土酋董贴里起事，命御史大夫丁玉为平羌将军，率师讨之。十二月，丁玉兵至威州，董贴里来附，招置威州千户所。次年，丁玉兵进茂州，置茂州卫，留兵将三千守之，楚华为指挥，设指挥使司。丁玉师征松潘等处。

洪武十二年（1379）四月，置松州卫，高显为指挥，立卫军，设指挥使司，授印设官。六月，丁玉大军入松州万山之中，置播州卫。朝敕丁玉，松州山多田少，守无用之地，非良策，故置威州、茂州、松潘卫。丁玉还军四川。

洪武十四年（1381），置松、潘、龙等处安抚司，以龙州知州薛文胜为安抚使，秩从五品，其下置13长官司，秩正七品。

洪武十六年（1383），置长河西等处军民安抚使司，以原元朝右丞喇瓦蒙为安抚使。筑松州叠溪城垣。茶、布易马，送京师。

洪武二十一年（1388），于泸定岚安设茶马司，并置岩州卫，派军士戍守。

洪武三十年（1396），置长河西鱼通宁远宣慰司。

永乐四年（1406），封灵藏僧人著思巴儿监藏为灌顶国师，次年封赞善王，管辖德格、石渠及青海东南部。

永乐五年（1407），置杂谷寨安抚司，头目郎申为安抚使。领旧维州诸寨及金川演化禅师属地。

宣德二年（1427），置麻儿匝（毛儿盖）安抚司，喇嘛着巴让波为安抚使。朝廷发松潘卫官军征交趾，官军畏征。千户钱宏策谋诡言“番蛮”掳掠当剿捕，上闻必免交趾之征。钱宏与部属尚请，无端率兵围麦扎、阿用等簇，逼取牛马，抄掠财物。簇民愤怨，起事，夺取松、茂、威城池。朝廷与四川三司（布政、按察、都指挥）听信钱宏假言，征调川、陕、贵之兵数十万镇压，麦扎、阿用5万余人，与官军转战松、茂、威、龙安、绵竹等地，包围茂州城6个月之久。克绵竹城池。宣德三年二月，斩钱宏于松潘，枭首徇众。麦扎和附近寺庙高僧，赴麦扎、阿用簇调解招抚，九月招麦扎长官司勒挂赴京，赐钞、彩表里，袭衣靴，事息。

正统六年（1441），调西藏土著首领雍中罗洛思奉命平息茂、威事乱，有功。赐诏住涂禹山，诏封瓦寺宣慰司，封地7寨（万历十七年，平息草坡事乱，加封草坡11寨）。

成化十三年（1477），茂、松大道，关堡林立，边民不堪苦于盘剥，叠溪、白草坝、北定、新塘、杨柳、牛尾等52寨先后起事，战乱不断。四川巡抚张瓒遣孙嵩等部属，分龙安松潘、茂州叠溪两路神速进兵，平息战乱。次年六月，各寨平服。茂州至叠溪，令兵缮修栈道，复架桥梁，拓展茂州城地，增筑各站关堡屯兵。茂至松新增9处关堡。

正德十年（1515），鞑靼虏亦卜刺分部自洮、岷入松潘，久屯松潘城外扰掠。诸寨土酋入松城，求官治乱。四川巡抚马昊奉令饬整官军，防守要害。遣官员分赴诸寨抚慰。安置鞑靼，劝谕向化。敕陕西总制邓璋防鞑靼再犯洮、岷，危及松潘。松茂大路，北定堡至红岩关和三舍堡至风洞关，拓道修路，险处筑墙栅50余华里，疏通崎岖鸟道，以增松潘粮运。

嘉靖二十五年（1546），石泉白羊寨诸乡，号白草。三月，白草为乱，攻陷平番堡、新塘关，掳把总丘仁，杀百户耿觉，流劫龙谭堡各寨。事因四川副总兵高冈风和都御史王大用昏庸，惟务裁节，误撤边防，废乱边务典章。白草游击周庚对白草番作威妄杀，招怨启衅，导致亡命者诱众抢劫，势遂为乱，松茂关堡陷没，守将被掳，官道失险，乱民纵横出入，叠松骚动，震惊全川。次年三月，白草乱平，镇坪至片口，以威治民，逼从乱者纳银，资费筑关堡，立地方土军分地驻守，遣流官分处各寨宣抚向化。

嘉靖四十四年（1566），龙州土酋、宣抚使薛兆乾，又纠白草番众数千人，与官军争战，分据关隘，绝松潘饷银粮道，茂松沿途各寨居民被焚掠者无数。次年叛平，改龙州为龙安府，设流官治之。

万历年间（1573—1619），云南丽江木氏土司武力征服康南、木里，从丽江、鹤庆等地移入纳西族人民，在得荣、巴塘、乡城等地建立了许多纳西族聚居点。

万历三年（1575），住牧西海鞑靼宾兔蚕食关外诸番，役属作儿革（若尔盖）、班佑、包座，展传衅息。

万历四年（1576），茂州之静州岐山沟、鸡公寨、木如寨等首领，纠众编氓，逼交粮物方予安插。

万历六年（1578），宾兔率众抢掠占藏先结等簇牲畜及岷州军马，上洮州易市。

万历七年（1579），丢骨（丁谷）、人荒（云昌）、没舌（木石）连年掠边茶，松潘总兵杨一桂、刘显、吴子等屡剿各寨，逼群民纳款，深结仇怨。

万历十三年（1585），大小粟谷土酋攻关堡，戕职官，架七硝炮为乱。

天启七年（1627），熹宗接位后，松潘龙安6次大乱，小河番民拥众战官军，从黑谷山突击龙安路，官军已无招架之力。八月，派调云南、陕西、宁越，建昌官员充实松潘、茂州、叠溪、漳腊、小河。十二月，小河吃紧。

崇祯十一年（1638）三月，李自成义军罗汝才部入文县、南坪，明将孙传庭截剿走龙安。

崇祯十二年（1639），固始汗率兵侵入甘孜一带，灭白利土司东悦多吉，占领今德格、甘孜、邓柯、白玉、石渠等地，派部下统治其地，每年征收赋税。

崇祯十三年（1640），固始汗在今甘孜、炉霍、康定新都桥、理塘、巴塘等地设置“营官”，征收赋税，养其军队。

清 代

顺治九年（1652），设化林汛（康熙二年改汛为营，设守备）。长河西、鱼通、宁远及天全六番、董卜、沈村等土司“各缴前朝敕印以降”。

顺治十二年（1655），威州龙溪，蒲溪羌民和藏民举旗造反，遭明永历部将李国英、原松潘副总兵王道明、威茂监军程翔凤分兵镇压。明军六路出击，起义失败。

顺治十五年（1658），瓦寺土司十五世曲翊伸在清兵伐蜀之成都战役中，率部归附授封，得耿达、卧龙、三江之地，设草坡、耿达、卧龙、三江四山总管。其后，杂谷、金川、木坪、簇头、长宁安抚司，岳希蓬、静州长官司，水草坪、竹木坎二巡检司等先后附清，授封原职。

康熙五年（1666），明正宣慰司丹增扎克巴归诚，清授已归附的长河西、鱼通、宁远军民宣慰司以原职，并颁给宣慰司印信一颗、号纸一张，允其驻扎打箭炉。大金土司，又称促侵土司的后代嘉勒诸尔巴至京，朝廷封为演化禅师。

康熙三十九年（1700），革什扎、喇滚归诚，均授为安抚司。西藏驻打箭炉营官昌侧集烈杀明正土司奢拉扎巴。并占据大渡河以东乌泥、若泥、岚州、擦道等地。翌年，川督唐希顺领兵收复。

康熙四十年（1701），授咱里土千户职。四川巡抚能泰上奏康熙帝，提出修建泸定铁索桥的要求，清帝批准下令动工。

康熙四十一年（1702），敕封巴底安抚司，后于乾隆三十九年（1774）随征金川有功升为宣慰司。

康熙四十二年（1703），松潘热务、牟尼、峨弥、七布、下泥巴、祈命、羊峒、商巴、寒盼、上包座、下包座归附，分别授予土千户、土百户、土目、土舍等职务，赐冠带，颁号纸。

康熙四十三年（1704），改化林营为协设副将。

康熙四十五年（1706），泸定铁索桥建成。桥东有《御制泸定桥碑记》碑，桥西有康熙皇帝书“泸定桥”碑。

康熙四十七年（1708），七世达赖喇嘛罗卜藏噶尔桑嘉木错（格桑嘉错）在今理塘转世。

康熙五十八年（1719），准噶尔（今新疆境）蒙古汗王策妄阿拉希坦在沙俄势力支持下，举兵入攻西藏。清廷命定西将军噶尔弼率松潘、建昌等镇兵弁经察木多（今昌都）进藏赴援。清廷派定西将军噶尔弼进驻打箭炉，噶尔弼采纳松潘镇游击、永宁副将岳钟琪进言，副将岳钟琪进军西藏途中抵达巴塘。巴塘第巴陀翁布率众来归，并随军招抚乍丫、察木多、洛隆宗等地。岳钟琪上奏清廷留第巴陀翁布袭职，获“正土司”之称，扎西次仁获“副土司”之称，管辖巴塘、得荣、盐井、中甸、阿敦子等地。并在康定、理塘、巴塘等地设置台站，并在雅砻江上设渡口（称中渡，今雅江县城），招汉族水手 20 名。

康熙六十年（1721），授冷边长官司职。授上阿树银达寨、下阿树郎达寨、小阿树为土百户职，授中阿树宗个寨土千户职。清廷拓地至阿坝草原。

雍正初年（1723—1726）元年，授班佑，上中下三阿树为土千户；巴西、阿西、上下卓革、阿革、物藏、热当、磨下、甲洼、郎隋、铁布（七部落）等为土百户。二年，松潘黄胜关外 52 部落，先后归附授职，委南坪隆康、角黑浪（永丰）两地头人为寨首。四年，授毛革（毛儿盖）、麦扎为土千户。至此，今州境皆入清朝版图。土官统治地官衔纷繁错杂。

雍正五年（1727），勘定川藏滇边界，立界碑于宁静山顶，东属四川，西属西藏，中甸、维西、阿墩子划归云南。同年，清军西进，置角洛汛，设把总，汛兼台站，负责驰递军事文书。

雍正六年（1728），敕封德尔格武、霍尔朱窝、霍尔章谷、霍尔孔撒、霍尔麻书、霍尔咱、春科、林葱、上纳夺、瓦述鱼科、下瞻对等为安抚司；霍尔白利、霍尔东科、纳林冲、瓦述色他、瓦述更平、高日、蒙葛结等为长官司。同年，清军从青、康、滇三路入藏。清大臣周瑛率军经康北，招抚各部落。于打箭炉、理塘、巴塘置军粮府，派州、县流官任粮务，兼摄民政。设泸定桥巡检，管泸定桥和沈村、烹坝驿站，隶雅州府。

雍正七年（1729），设打箭炉厅，移雅州府同知驻此，隶雅州府。授理塘宣抚司（正、副两员）、巴塘宣抚司（正、副两员）；又授瓦述毛丫、瓦述崇喜、瓦述曲登为长官司，瓦述毛茂丫等为土百户。

承袭准噶尔蒙古汗王噶尔丹策凌又在沙俄势力扶植下，阴谋分裂，策动叛乱。岳钟琪以川陕总督衔督率时在青海的松潘等镇兵弁，西进新疆往征。至雍正九年，西征将士胜利进驻乌鲁木齐。

雍正八年（1730），设阜和营于打箭炉，迁化林协至噶达，更名泰宁协。

雍正十一年（1733），升德格安抚司为宣慰司。

雍正十二年（1734），雍正帝之弟果亲王赴惠远寺看望七世达赖格桑嘉措。

乾隆元年（1736），茂州曲谷、三龙32寨羌民，在麻黄寨王特召集下，指“白石”为盟，群起反抗瓦寺土司勒索和压榨，选派代表赴成都，向行省衙门告状。相持两年之久，迫于压力，曲谷和三龙改由茂州管辖。六月，命州、县和土司衙门不得将官员贴费和杂费摊派于民。

乾隆二年（1737），瓦寺土司授宣慰司职衔。复设铺司于各厅、州、县。康区打箭炉设递20个，打箭炉以西设塘汛21处。

乾隆九年（1744），下瞻对策冷工布之子班滚暗率众劫去从江卡（西藏芒康）撤回台站兵丁的行李财物。次年陕西总督庆复、提督李质粹发兵讨之，班滚逃匿。

乾隆十一年至十二年（1746—1747），大金川安抚司莎罗奔十一年夺小金川土司印信，占其地。十二年又侵革什扎和明正两土司属地，朝廷震动，命云贵总督张广泗进兵征讨，金川事件势态扩大。小金川土司泽旺逃往成都，列罪状告莎罗奔。

乾隆十三年（1748）四月，金川事件无大进展，大学士纳亲前往督军，起用岳钟琪参战。九月，大学士傅恒取代纳亲。十二月，傅恒杀小金川土合良尔吉和汉奸王秋。朝廷斩张广泗和纳亲。

乾隆十四年（1749），金川之役久战不捷，皇帝下令班师，适莎罗奔愿议和归降，允之，第一次金川之役结束。杂谷土司苍旺征金川有功，升为宣慰司。

乾隆十七年（1752），杂谷土司苍旺，劫掠梭磨和卓克基土司地，拒绝四川总督调解和裁决。四川总督策楞，提督岳钟琪，松潘总兵马良桂，奉命进剿，杀苍旺，废杂谷宣慰司，强行改土归流，置杂谷直隶厅，派流官治理。建杂谷脑、上孟、下孟、甘堡、九子五屯，委守备、千总、把总、外委等职官，择本地人和汉族官员充任。此后，汉族人口迁入，逐渐形成汉、藏、羌杂居地区，杂谷脑逐步成为商业集散地。

乾隆三十年至四十一年（1765－1776）。三十年，大金川土司攻扰党坝、松岗等处。三十一年，大金川土司郎卡与邻近各土司内讧，高宗责川督查办。总督阿尔泰优柔，贻误事端。三十五年，小金川与沃日（鄂克什）两土司又起争端。三十六年，清廷出兵干预，清兵死伤惨重。乾隆令第二次征剿金川。阿尔泰渎职，免职赐死。大学士温福经理金川军事，遣尚书桂林进剿，桂林师败免职。三十七年，命将军阿桂往代。十二月，克小金川美诺。小金川土司僧格桑遁入大金川，清兵移师攻大金川。三十八年，温福阵亡于木果木。阿桂为定西将军，代行温福之职，丰伸额、明亮为副将军，经理金川军务。三十九年，清军克勒乌围、噶尔崖要地。四十年，攻克大小两金川土司要地。四十一年二月，大金川土司索诺木率众出寨奉印信请降。第二次金川之役结束。两金川改土归流，大金川置阿尔古厅，小金川置美诺厅。

乾隆三十九年（1774），敕封巴旺宣慰司（巴旺土司从巴底分出）。

乾隆四十二年（1777），于巴塘设都司，其下仍设竹巴笼汛。

乾隆四十三年（1778），移泰宁协副将驻打箭炉，改设阜和协，会同打箭炉厅管理各地土司，泰宁留守备一员驻防，于雅江渡口设中渡汛。

乾隆四十四年（1779），裁阿尔古厅并入美诺厅，改美诺厅为懋功屯务厅。

乾隆四十九年（1784），设章谷屯（今丹巴县城），委派屯员，管理屯兵、屯民。

乾隆五十二年（1787），台湾林爽文、庄大田等起事，战乱发生。时任江南狼山镇总兵的袁国璜（保县人）奉命统带松潘镇维州协各土屯兵弁随陕甘总督福康安渡海往征，事息，班师故里。

乾隆五十六年（1791），廓尔喀（尼泊尔）屡犯后藏，攻日喀则，大掠扎什伦布。清廷调四川总督率军赴藏抗廓，征调瓦寺、金川、松岗等土兵，出师西藏。金川出兵2000余名，会同清军从青海直插后藏，由总督福康安统帅，“六战六捷，收复后藏”。战斗中，三江口出征士卒阵亡颇多。土兵参战踊跃，受到清廷嘉奖。

嘉庆元年（1796），白莲教活动于汶川、南坪毗连边界，势盛。三年（1799），汶川簇头寨羌民，群起焚烧高姓土司衙门，处死土司全家。

嘉庆八年（1803），护理春科安抚司并入春科安抚司。

嘉庆十二年（1807），霍尔章谷安抚司分置护理纳林冲女长官，后又并入霍尔朱倭安抚司。

嘉庆二十年（1815），中瞻对长官司罗布七力滋事，四川总督常明、提督多隆武、重庆镇总兵罗思举领兵讨之未克。

道光六年（1826），茂县大姓寨郁廷标，小姓寨郁成龙，大姓黑水寨郁玲，小姓黑水寨郁启，松坪寨韩朝升五土百户，求改土归流。均允所请，分别置亲民、安民、康民、齐民四里，土职仍留世袭。

道光二十一年（1841），瓦寺守备哈克里，大金川千总阿木穰奉命各领数百兵员，调浙江宁波抗击英国侵略军。历3个月，抵达宁波，受提督段永福指挥。大宝山之战，重创英军，哈克里捐躯；攻夺威远城，击溃英军；英国军舰自金鸡山蓦江至，用炮仰击，不支而退。退守中，藏军与英军肉搏激战，英军尸横旷野，藏军多殉难。英军伤亡惨重，慈谿县城得保免难；宁波抗英之战，阿木穰殉国，瓦寺、大金川阵亡兵员甚多。

道光二十八年（1848），罗布七力之子波日·工布郎吉兼并上、下瞻对，并进攻邻境。川督琦善率兵往讨未平。不数年，工布郎吉将霍尔5家、德格、西宁所属迭木齐25族全行占领。

法籍神甫杜某被派为拉萨教区主教，取道四川进藏，行至昌都被阻，后退到四川清溪（汉源）大林坪成立教府。这是外国殖民主义者利用教会对藏区进行侵略的第一个据点。

咸丰五年（1855），置瞻对安抚司。

咸丰七年（1857），法国传教士古尔德，扮成商人潜入康定，在康定购地置产，建筑教堂、医院、学校，将大林坪主教府迁至康定。

咸丰九年（1859），松潘藏羌民众无法忍受清政府的压迫和剥削，举旗“抗粮不纳”起事，数日内，义军攻占关隘，阻官道，断粮运。次年，包围松潘城。十一年七月七日，克松潘城，擒清军总兵联昌。

同治元年（1862）四月，四川南坪藏族起事反清，攻入甘肃文县野猪关。四川总督骆秉章命文县、平武、茂州三路进兵，围击松潘藏民义军。次年五月，松潘解围，联昌获释。废除松潘左、中、亩坪三营所属之土千户和土百户，改设屯兵制。

波日·贡布朗杰之子多登工布率兵围攻理塘明正土司官寨，阻塞川藏大道。

同治二年（1863），波日·工布朗吉占据乍丫、察木多一带，号称“瞻对八万”，东占明正土司地，西至昌都，北到青海之玉树、果洛等25族地区，南占理塘，横亘千里，威震康巴，成为19世纪中叶川康地区的一次大事件。3月，令驻藏大臣和川督调集各路兵马从东南、西北几个方向对波日·工布郎吉实行川藏会剿。

同治四年（1865），川藏会攻中瞻对。藏兵先据有其地，向川省索兵费银30万两。其时，川省饷项支绌，无以偿付，川督骆秉章乃奏请将瞻对赏给达赖喇嘛管理。清廷允之，长达47年。同年，天主教士苏罗被任为西藏教区主教，时值西藏驱逐传教士，不能入藏，遂留打箭炉。巴塘人民驱逐法国传教士，焚毁教堂。

同治十二年（1873）十月十日，巴塘人民将巴塘传教士尽打驱逐四散，将巴塘、盐井、莽里三处教堂先后拆毁焚烧。

光绪四年（1878），英国上尉及尔与军人麦士尼，由成都入茂州窥探，越过甘孜藏区经缅甸返英。

光绪五年（1879），英国人摄政义赴藏，行至巴塘，被西藏派兵阻挡，改道入滇。

光绪六年（1880），瞻对在藏官指使下，戕杀驻藏大臣信使，“围攻官寨台垣”。四川总督丁宝桢派兵进剿，“歼擒首逆，三寨一律荡平”。

光绪七年（1881），巴塘天主教堂法国司铎梅玉林，携带物品13驮赴盐井，途中被杀，随从6人亦殒命。

光绪十二年（1886），丹巴邛山农奴暴动。1000多农奴在瓦萨西、德嘎姆卡布绒的领导下攻进巴底宣慰司的官寨，活捉女土司，杀死其兄。起义被打箭炉同知镇压。

光绪十五年（1889），中瞻对铁匠桑郎雍珠领导农奴，驱逐藏官，杀其随从，求归内附。清军镇压了这次斗争。

光绪二十二年（1896），川督鹿传霖派提督周万顺攻克瞻对，逐走藏官，拟将瞻对改土归流未准。

光绪二十三年（1897），成都将军恭寿奏请将瞻对仍交达赖喇嘛，奉旨允准。为平息霍尔章谷和霍尔朱倭两土司之争，仿丹巴设置，置炉霍屯（炉霍之名始于此），隶打箭炉厅；次年又复土司制。

光绪二十四年（1898），茂州岳希蓬土司坤世索和坤东山所属黑虎乡，有霭紫关，耕读百吉，小河坝170余户羌民，群起反抗坤氏奴役，斗争越3年，茂州府“摘去坤氏土司顶戴，留州察看”，平息起事。

光绪二十五年（1899），霍尔甘孜麻书土司被杀。三十年（1904），霍尔孔萨土司兼领麻书土司。

光绪三十年（1904），十一月，驻藏帮办大臣凤全行抵巴塘，闻英兵尚未退藏，怯之不前，遂留巴塘，筹划收瞻，兴办屯垦。由粮务吴锡珍在巴塘试办垦务。复置炉霍屯。是年，川督锡良奏升打箭炉厅为直隶厅，隶建昌道，与雅州划疆分治。奏制纯银藏元。

光绪三十一年（1905），三月初一（4月5日），凤全在巴塘鹦哥嘴被杀。六月，马维骥、建昌道赵尔丰会讨巴塘，平之。是年，升打箭炉厅为直隶厅。

光绪三十二年（1906），七月，赵尔丰平定乡城。赵任川滇边务大臣，和川督锡良、滇督丁振铎议定边务大臣辖区：东起打箭炉，西至丹达山，南抵云南维西、中甸，北至青海玉树。并奏清廷经边费从重庆、江汉、又江海关拨100万两作边务开办费。每年经费由四川拨46万两。

光绪三十三年（1907），赵尔丰奉旨护理川督兼办边务。奏陈边务应兴学、通商、开矿、屯垦、练兵、设官六事。

光绪三十四年（1908），赵尔巽（赵尔丰之兄）任四川总督，赵尔丰卸护理川督任，由清廷“赏给尚书，为驻藏大臣兼边务大臣”。为了加强中央政府对边疆的统治，赵尔丰开始在康区强行改土归流。奏设康安道（道治巴塘），改打箭炉厅为康定府（康定之名始于此），置河口县（雅江）、顺化县（理塘）、稻成县（稻城）、定乡县（乡城）、贡嘎岭县（稻城贡岭区），改巴安县为府（巴塘），设三坝厅通判（原义敦）。

赵尔丰派兵德格，解决多吉僧格、降白仁青兄弟争袭土司位之事。

清廷令驻瞻对藏官返藏。

同盟会员彭家珍到汶川、茂县串联，传播民主革命思想，联络各族各界人士，组织反清活动，酝酿起义。

宣统元年（1909），清廷解除赵尔丰驻藏办事大臣职务，专任边务大臣。

宣统二年（1910），赵尔丰奏请将德格、春科、高日三土司之地设登科府，德化、白玉二州，石渠、同普二县，并置边北道统辖所设府、州、县。

宣统三年（1911），赵尔丰署理四川总督，代理边务大臣傅嵩炑奏设西康省（西康之名始于此）。

四川兴起保路同志会，谭必芝在泸定响应，傅嵩炑入川时在泸捕杀同志会首领10余人。

瞻对藏官巴登郎加回藏。

宣统三年（1912），三月，茂州府设立“官膏店”，垄断鸦片购销。黑虎、沙坝、水沟子羌民，不堪其盘剥，数千人入城，一举捣毁“官膏店”。同期，城内设“官盐店”，垄断食盐专卖，引起各族人民的反抗，发生“打盐店事件”。官府无奈，关闭了经营仅1月的“官盐店”。

七月，川督赵尔丰制造“成都血案”，四川保路同志军起义。漩口同盟会员姚宝珊率众在郫县新场参加同志军，任四路统领，九月围成都。

九月，映秀组成同志军，由董汉卿、汤辉武指挥。索桥寨、石鼓、文镇及草坡、三江一带羌、藏、汉族人民纷纷响应，瓦寺土司索季皋和袍哥大爷高用周也起而响应，同志军夜行百里，至汶川县城绵虒，捉知县，杀警官，推翻了清王朝的汶川政权。同志军占领灌县至茂县的大道关隘。

民 国

1912年，西藏上层中一小部分亲英分子在英帝国主义者的唆使下，武装内犯。四川都督尹昌衡奉命西征，收复部分失地。并设边东、边西两道，置理化府、道坞县、泸定县（冷边、咱里）、化林县（沈边、化林坪），析康定南部置九龙设治局。

茂州（今茂县）建立团练局。原巡防军改编为松茂陆军。金川袍哥协会西合公顺庆分社与丹屯西合公分社械斗。窦新廷组织2000余人成立三街十七西合公总码头，推举侯仲云为总代表，成立同志会，拥护民国。

1913年，将府、厅、州“全部废除、一律称县”。茂州改为茂县，松潘厅、理番厅、懋功厅仍沿旧制。民国政府改懋功厅、松潘厅、理番厅为县，设知事公署，隶四川省西川道。茂县黑虎三寨关民反抗岳希蓬土司，摆脱了土司统治。

1914年8月14日，蒙番宣慰使甘肃西宁总镇颁发嘉奖令，表彰新龙县嘎绒寺得尔旦弢加尔活佛前往西藏劝导达赖喇嘛诩赞共和，维护祖国统一的功绩。

设川边特别行政区，张毅任川边镇守使，归川督节制。

1915年，刘锐恒任川边镇守使。

8月，驻康定边军营长傅青云，以索饷不遂哗变，劫掠全城。

1916年，驻军在茂县、汶川、懋功借禁烟勒索百姓财物，激起民众反抗，引起械斗。

1917年，懋功县八角喇嘛寺僧侣查都·若巴联合汉族木匠傅南山等聚众暴动，“八角事件”爆发。

以洛绒丁贞为首的乡城数千人开展抗地粮斗争，缴了当地驻军的武器，并攻占乡城、稻城、义敦、理化等地。川边镇守使派边军分统刘赞廷与乡城喇嘛寺和武装暴动首领在理化的噶布可地方订立《噶布可条约》。

1918年，在英帝国主义者的唆使下，藏军东犯，川藏发生战争（称“类乌齐事件”或“民七事件”）。西藏地方政府占据属于川边的昌都地区，将这一地区改为朵麦地区，设“朵麦基巧”（昌都地区总管）。藏军并攻占康北的邓柯、德格、白玉、石渠4县。

四川军阀把汶川等地划入第九防区。

1919年，汶川等5县划为屯殖军驻区。瓦寺土司藏兵与屯殖军争战不息。懋功县知事公署改团制为“区”制。

1920 年夏，陈遐龄调驻防盐井的边军二营营长杨得锡率全营驻巴安，并代理团长职务。杨得锡和杨煜因忧虑“巴安团务局”为患（1919 年由杨煜分统兼县知事组建的地方武装），下令裁撤，缴回枪弹，并派兵捉拿团首，抢劫大户财物，激起团务局愤慨。团总向德铃、副团总阿错在鱼卡通召集各乡民兵七八百人，于 5 月 3 日晚分四路攻打杨团，毁清真寺及民房 70 余幢，俗称“民九李件”。团务局被打败，正副团总均遭枪杀。

1921 年，四川督军刘存厚同熊克武争战，刘败退南坪。

得荣县长被逐。以后多次发生驱逐和杀死县长的事情。

1924 年，川军邓锡侯进驻茂县。陆军第四区队长张炳增对懋、抚、绥、崇、丹加重捐税，引起民反，发生械斗，终将张驱逐。继而汶川、理县也反屯殖军苛征“特捐”，杂谷脑屯守备高益斋率领屯兵为主的联队，攻下威州，杀死团总赵升联等。相继松、茂等地上千民众举事攻打县衙，时延 3 年。

1925 年，春，江防军邓锡侯部在茂县用假银圆估买估卖，商民愤怒罢市。江防军偷袭小关子汉军驻地，挑起“江汉武装冲突”。

川边特别行政区改称西康特别行政区。刘成勋任西康屯垦使。

上海“五卅”惨案后，6 月 20 日，康定成立各界民众救国后援会，举行游行，并罢课罢市一天，这是康定最早的一次反帝运动。

1926 年，改九龙设治局为九龙县。

1927 年，国民革命军二十四军军长刘文辉接管西康特别行政区。同时在成都开办“边政训练所”“财政专门学校”等，部分毕业生分到康区各地任职。

驻松潘汉军侵扩汶、理、茂 3 县防区，瓦寺土司和杂谷守备屯兵奋力抵抗，攻占汶川县城，与汉军激战于岷江岸边，击溃下索桥、彻底关一带汉军。“四川省松理懋茂汶屯殖督办公署”建于茂县。

1928年，刘文辉任川康边防总指挥，设西康特区临时政务委员会于康定，以龙守贤为主席。

二十八军进驻汶川，设防区6。映秀地区重办红灯教，县府派民团剿灭，杀人甚众。清乡司令杜铁樵率部联合土屯兵围攻绥靖屯署。甘军王佑邦师与西北军冯玉祥部激战，全师溃逃南坪。

1929年，“懋功知事公署”改为懋功县政府，改称知事为县长，设公安、民政、财政、教育、建设5科。

1930年，6月18日，甘孜大金寺与白利土司因争夺差民发生纠纷，藏军借口再次武装内犯，俗称“大白事件”。

1931年，军阀吴佩孚兵败来川，途经汶、茂、松、南地区，取道甘肃文县去北京，二十八军三次出兵攻打黑水，失败。军阀混战，汶川开始预征田赋。

1932年2月，驻康定川康边防军二旅四十团旅长兼团长马骕扣发士兵春节津贴，激怒下级官兵被枪杀。哗变士兵沿街抢劫商号店铺，民众遭劫，损失严重。

国民党派格桑泽仁为党务特派员入康，提出“康人治康”，组织武装，提缴驻军武器，成立西康边防军司令部，后以失败告终。

6月，马步芳和刘文辉先后出兵击败藏军，收回民国七年（1918）被藏军占领的邓柯、德格、白玉、石渠4县。

10月8日，刘文辉和达赖各派代表在岗托谈判，签订《汉、藏暂订停战条约》（又称“岗托协定”）。

1934年，改防区制为西康行政督察区，于康定设督察专员公署，陈启图任专员。

国民政府决定西康建省，颁发《西康建省委员会组织条例》。

1935年，成立西康建省委员会，刘文辉任委员长，会址设雅安，次年迁康定。

5 月，中国工农红军第四方面军主力向松潘、理县、茂县、汶川等地推进，准备与北上的红一方面军会师。6 月 13 日，红一方面军翻越夹金山，与红四方面军胜利会师于懋功达维。

6 月，国民党中央军十六军军长李抱冰率五十三师尾追红军到康定，在康定南门修建飞机场。

红四方面军在丹巴建立县、区、乡苏维埃政府（格勒得沙政府）。右纵队（红三十二军、红四军）南下，途经康定孔玉、金汤、鱼通和泸定岚安等地，组织和发动群众，建立苏维埃政府。

1936 年，3 月，红四方面军在泰宁、道孚、炉霍、甘孜、瞻化等县建立波巴政府。

4 月，诺那阻击红军失败，为瞻化地方武装所俘，被解送红军处理。

5 月 1 日，在甘孜召开波巴第一次代表大会，于 5 月 5 日宣告波巴政府成立，下辖道孚、炉霍、甘孜、瞻化等县波巴政府和雅江县农民协会。

6 月底，红二、六军团到达甘孜，与红四方面军胜利会师。

8 月 7 日，红二方面军通过草地，到达包座地区。9 日，红二、四方面军实施《岷（州）洮（州）西（固）战役计划》，打开西北通道。

格勒得沙革命党中央党部成立，发布党章，并成立格勒得沙青年团。

1937 年，绥靖、崇化二屯合并，成立靖化县。

1938 年，国民政府令将绰斯甲土司辖区由四川省划归西康省。

3 月，国民党党员叶秀峰、周学昌、骆美轮来康区建立组织，发展党员，办西康省党务训练班。刘文辉等人任省党部筹备委员会委员，戚彬如为书记长。

12 月，班禅行辕及仪仗队护送九世班禅遗体由青海玉树移驻甘孜县。

1939 年，1 月 1 日，西康省政府正式成立，刘文辉任省主席，康定为省会。

是年，班禅行辕孔萨土司与二十四军在甘孜县发生武装冲突（俗称

“甘孜事件”），驻军失败，甘孜、炉霍、瞻化被占。绰斯甲土司纳坚赞拒绝将属地划归西康省，川康两省未能实施管辖权。

1940年，2月，因“甘孜事件”，刘文辉调集兵力攻克甘孜，班禅行辕与地方武装抵抗失败，退走青海。

推行新县制，县长集权，充实乡、镇、保政权机构，设立“民意机构”。

1942年，十六区专署派兵到茂县北部禁烟，作恶劫民，民反，千人围攻县城，国民政府出动飞机恫吓，更激民愤，打垮护城军。收买起事头目和上层人士，斗争失败，史称“茂北事件”。

1943年1月，西康省征调3000余名民工，在甘孜东南热水塘修筑飞机场多米，海拔3500米，未实行滚压，8月完工。

1945年，松潘漳腊飞机场125航空站收音室用高音喇叭于8月15日播放抗日战争胜利消息。

1948年，黑水头人为扩地盘卷入阿坝麦桑土官与齐哈玛部落纠纷，发兵进攻阿坝，双方械斗动用2万余人、1万余枪，伤亡200余人，史称“墨（麦）黑大战”。

中华人民共和国

1949年

1949年，阿坝麦桑土官华尔功成烈，派出总带兵官特尔多等10余人赴兰州，向彭德怀副总司令表示拥护解放，接受共产党领导。彭任命华尔功成烈为阿坝保安司令、特尔多为副司令。若尔盖卓藏寺活佛卓仓藏派代表前往甘肃岷县欢迎解放军，受到热情接待，卓仓藏被任命为卓藏地区保安司令。

12月9日，国民党西康省主席刘文辉于彭县（今彭州市）宣布起义。10日，代主席张为炯在康定召开党政军、省参议会高级官员及县长会议，表示拥护起义。13日省府沿街张贴布告，正式公布起义消息。

12 月 16 日，南坪和平解放。

12 月 29 日，汶川县和平解放。

1950 年

1 月 4 日，茂县成立和平解放委员会，宣布解放。

2 月 6 日，理县和平解放。

2 月 9 日，武装解放松潘。

2 月，建立茂县专区，隶属川西行署。专员公署（简称“专署”）驻茂县凤仪镇，辖 6 县。

2 月 26 日，格达活佛闻讯中华人民共和国成立，人民解放军正进军大西南，经与夏克刀登、邦达多吉商议决定：格达活佛和邦达多吉派柏志、夏克刀登派秘书汪甲带上翻译泽郎，前往北京。柏志等 3 人在北京受到朱德总司令的接见。

3 月 18 日，西康区党委报经西南局批准，中共康定地委在雅安成立。地委由苗逢澍、樊执中等人组成，苗逢澍任书记。与此同时，康定军分区也在雅安成立，樊执中任司令员，苗逢澍兼政委。

3 月 24 日，解放军五五六团一部进驻康定，受到康定各族人民的热烈欢迎。

4 月 20 日，中国人民解放军第十八军进藏前线指挥所由王其梅副政治委员和李觉参谋长率领到达康定。

4 月 28 日，第十八军进军西藏的北路先遣支队步兵一五四团，由第五十二师师长吴忠率领抵达甘孜。

5 月，康定军管会成立康区各族各界人民支援委员会，动员组织各族群众，投入支援进藏部队的工作。仅这一年为部队砍柴 1500 万斤，割马草 500 多万斤，购粮 200 万斤，代买牛马 2 万头，担负运输的牦牛 10 万余头。

6 月，西康区党委派西康省人民政府副主席白认到康定，向康定地委传达西南局和西康区党委关于率先在康定实现民族区域自治的指示精神，并指导和协助地委筹建区域自治工作。

7月12日，康定军事管制委员会召开有民族宗教上层人士参加的座谈会，协商实行民族区域自治问题，形成《关于西康省康区实行区域自治的初步意见》。根据《共同纲领》第六条规定，尽快实行民族区域自治，成立藏族自治区人民政府。

8月22日，西南军政委员会委员、西康省人民政府副主席、康定军管会委员格达活佛，在致力于西藏和平解放事业中，于昌都被分裂主义分子毒害。为悼念格达活佛，西南军政委员会在重庆召开了隆重的追悼大会。

8月，康定军管会派出阿旺嘉错、邦达多吉、所仁克尊等16人，参加西南少数民族国庆观礼团，赴北京参加国庆观礼。

9月5日，康定军分区五五八团抵丹巴，配合川西部队会剿丹巴、懋功一带国民党残匪。消灭敌一三四师师长李富熙及川、康、甘、青“反共救国军”三支队司令罗厚义等。

9月6日，西康区党委将《藏族区域自治方案》上报西南局。西南局于11日正式批准在康区实行民族区域自治。

9月19日，懋功和平解放。

10月3日，靖化和平解放。

11月17—24日，西康省藏族自治区第一届各族各界人民代表会议在康定召开。出席会议的代表273人，其中：藏族182人，彝族12人，回族5人，汉族74人。代表中，民族、宗教上层人士占51%，劳动群众和党政军代表占49%。会议讨论通过《西康省藏族自治区人民政府的工作任务》《西康省藏族自治区人民政府组织条例》《关于加强团结的决议》。桑吉悦希（天宝）当选为主席，夏克刀登、苗逢澍、阿旺嘉错、洛桑倾巴当选为副主席，阿旺嘉错当选为人民法院院长。西康省藏族自治区人民政府是中华人民共和国成立后成立的第一个地专级的民族区域自治政府。

1951 年

4 月，黑水头人苏永和派人到松岗迎接国民党七十二军军长傅秉勋。傅携电台窜入黑水与台湾联络后，加紧网罗反革命力量，欲将黑水建成“陆上台湾”，黑水形势趋于复杂化。

5 月，中共茂县地委（简称“茂县地委”）筹办干部训练班（后为州民族干部学校），培养少数民族地方干部，同时吸收部分藏、羌族上层人士参加工作。

6 月，匪特骨干陆续窜入黑水，煽动反共。茂县地委派代表戈一、桑梓侯等赴黑水，商洽川西访问团访黑事宜，得到苏永和赞同。

7 月，川西区党委统战部副部长任景龙为团长率访问团一行 30 余人从茂县出发进入黑水，对苏永和等头人做耐心细致的争取、团结工作，并商定专署派驻黑水工作组的具体事宜。

8 月，在茂县成立了沙坝羌族自治区人民政府。

9 月，国民党七十二军副军长傅秉勋、十六专区专员何本初策动苏永和叛乱。

10 月 12 日，西康省藏族自治区人民政府根据中央人民政府政务院《关于处理带有歧视或侮辱少数民族性质的称谓、地名、碑碣、匾额的指示》发出通告：将巴安县更名为巴塘县、瞻化县更名为新龙县、理化县更名为理塘县、定乡县更名为乡城县。

1952 年

3 月，天宝、张承武代表人民政府赴黑水，对苏永和做工作，但苏永和仍然参与了叛乱，给黑水的解放造成很大的阻力。

5 月，康定地委决定，并经西康区党委批准，成立北路、南路工委，作为地委的派出机构，具体指导北路和南路各县工作。同时经西康省人民政府批准，设立西康省藏族自治区人民政府南、北路办事处，作为藏族自治区人民政府的派出机构，在所辖范围内，承藏族自治区人民政府之命，监督、指导、协助所辖各县人民政府的各项工作。

7月20日，人民解放军在空军配合下，从东西两线向盘踞在黑水的匪徒发起总攻。

7月24日，黑水解放。

12月，召开四川省藏族65台区首届人民代表会议，选举自治区政府领导成员。首届自治区人代会上，363名代表选举出自治区主席天宝、副主席苏新、索观瀛、华尔功成烈和政府委员47人。通过《四川省藏族自治区人民政府的工作任务（草案）》等决议，选出各族各界人民代表会议协商委员会。

1953年

1月1日，四川省藏族自治区人民政府在茂县成立。

9月28日，阿坝地区藏族国庆观礼团赴京观礼，邓小平副总理设宴欢迎。

12月3日，政务院批准将原懋功县、靖化县更名为小金县和大金县。

12月6日，黑水县召开人民代表大会，成立芦花县人民政府。

1954年

6月29日，康定地委、康定军分区党委联合拟定藏民团培养干部的意见。要求藏民团在第一个五年计划时期，培养1000名具有共产主义思想觉悟的干部，以支持地方生产建设和将来的社会改革。

7月15日，中共四川省委批复同意茂县地委关于采取温和方式在岷江以东汉族地区进行土地改革的意见。

9月20日《中华人民共和国宪法》公布以后，各族人民强烈要求实行民主改革。与此同时，一些开明上层人士也主动申请要求民主改革。如丹巴县土司王寿昌、千总雍鹤龄等不但写了申请书，还主动减了地租和差役。康定县明正土司甲联升和8个寺庙上层喇嘛联名申请要求改革。

10月4日，中共四川省委批转同意省委民工委、茂县地委《关于四川省藏族自治区岷江以东部分汉区及汉羌杂居地区进行土地改革方案（草案）》。决定1954年冬至1955年春在汶川、茂县、松潘、南坪等县部分汉区及汉、羌杂居地区实行土地改革。

11月20日，康定地委发出《关于藏区改革问题的通知》，要求各地做好调查研究工作，为民主改革做好准备。

11月27日至12月2日，西康省藏族自治区首次各族各界青年代表大会在康定召开，参加会议代表154人。大会通过《西康省藏族自治区民主青年联合会章程（草案）》和申请加入西康省民主青年联合会为会员的决议；选举西康省藏族自治区民主青年联合会执行委员会委员55人。

1955年

9月23日，西康省委和四川省委在雅安召开民族地区州委书记会议，专门讨论藏族地区民主改革问题。联合拟定《关于四川省藏族农业区实行民主改革的初步方案》，中央批准了该方案。

10月1日西康省建制撤销后，“西康省藏族自治区人民委员会”改称“四川省甘孜藏族自治州人民委员会”。

11月9日，国务院批复四川省藏族自治区更名为四川省阿坝藏族自治州，定为1956年1月1日实施。

12月，在成都举行的四川省首届人大三次会议，根据甘孜州包括民族、宗教上层人士代表在内的全体代表提出的方案，经过充分协商讨论，通过在甘孜州实行民主改革的决议。接着四川省民委召开民族工作座谈会，邀请上层人士参加，对康定地委起草的《四川省甘孜藏族自治州农业地区民主改革实施办法（草案）》《四川省甘孜藏族自治州人民委员会关于废除高利贷、调整债务关系实施办法（草案）》《四川省甘孜藏族自治州关于组织清匪治安武装自卫队暂行办法（草案）》3个文件进行讨论协商，与会人员一致通过。

12月21日，康定地委决定在丹巴和康定县的鱼通、孔玉两个区，开始进行民主改革的试点。经过3个多月工作，于1956年3月25日完成试点任务。

12月28—31日，阿坝藏族自治州首届人大一次会议召开。会议通过《四川省阿坝藏族自治州农业地区实行民主改革的具体规定》。

1956年

1月11日，甘孜藏族自治州人民委员会扩大会议和州政协常委扩大会议在康定召开。会议传达学习上级关于在甘孜藏族自治州实行民主改革的有关指示、决议，协商讨论《甘孜藏族自治州农业地区民主改革实施办法（草案）》《四川省甘孜藏族自治州关于废除高利贷调整债务关系实施办法（草案）》《四川省甘孜藏族自治州关于组织清匪治安武装自卫队暂行办、法（草案）》等3个文件。各县相继成立民主改革委员会，负责指导和处理有关民主改革的各项事宜。

二、参考资料

（一）档案史料

1.《点校本二十四史》，中华书局2011年版。

2. 汤开建、刘建丽辑校：《宋代吐蕃史料集》（1），四川民族出版社1986年版。

3. 汤开建、刘建丽辑校：《宋代吐蕃史料集》（2），四川民族出版社1989年版。

4. 中国藏学研究中心、中国第一历史档案馆、中国第二历史档案馆、西藏自治区档案馆、四川省档案馆编：《元以来西藏地方与中央政府关系档案史料汇编》，中国藏学出版社1994年版。

5. 李国祥、杨昶主编：《明实录类纂·四川史料卷》，武汉出版社1993年版。

6. 西藏民族学院历史系：《清实录·藏族历史资料汇编》，西藏民族学院历史系，1981年。

7. 顾祖成、王观容、琼华等编：《清实录·藏族史料》，西藏人民出版社1982年版。

8.《藏案纪略》，北京政府外交部政务司编，民国八年印行。

9. 北京大学历史系等编著：《西藏地方历史资料选辑》，生活·读书·新知三联书店1963年版。

10. 四川省档案馆、四川民族研究所编：《近代康区档案资料选编》，四川大学出版社1990年版。

11. 任乃强、任新建：《近代康藏重大事件资料选编》第一编，西藏古籍出版社2001年版。

12. 任新建主编：《近代康藏重大事件资料选编》第二编，西藏古籍出版社2004年版。

13. 四川省民族研究所《清末川滇边务档案史料》编辑组编：《清末川滇边务档案史料》，中华书局1989年版。

14. 郭卿友编著：《民国藏事通鉴》，中国藏学出版社2008年版。

15. 何永斌著：《西川羌族特殊载体档案史料研究》，巴蜀书社2009年版。

16. 中国科学院民族研究所、四川少数民族社会历史调查组：《北洋军阀与国民党统治下的西康藏区档案资料》，1959年6月。

17.《民国时期西藏及藏区经济开发建设档案选编》，中国藏学出版社2005年版。

18. 赵心愚、秦和平：《清季民国康区藏族文献辑要》，四川民族出版社2003年版。

19. 赵心愚、秦和平、王川编：《康区藏族社会珍稀资料辑要》，巴蜀书社2006年版。

20. 马大正主编：《民国边政史料汇编》第26—30册，国家图书馆出版社2009年版。

21. （清）魏源撰：《圣武记》，世界书局1936年版。

22. 鹿传霖：《筹瞻疏稿》（影印本），文海出版社1968年版。

23. 吴丰培主编：《联豫驻藏奏稿》，西藏人民出版社1979年版。

24. 傅嵩炑著：《西康建省记》，中华印刷公司，1932年1月。

25. 查骞撰：《边藏风土记》，收入多杰才旦主编：《中国藏学史料丛刊》（第1辑），中国藏学出版社1991年版。

26. 陈渠珍著、任乃强校注：《艽野尘梦》，重庆出版社1982年版。

27. 《民元藏事电稿藏乱始末见闻记四种》，西藏人民出版社1983年版。

28. 尹昌衡著：《西征纪略》，1917年铅字排印本。

29. 格桑泽仁：《康藏概况报告》，民国二十一年十二月印行。

30. 邓锡侯：《四川松理懋茂汶屯区屯政纪要》之《屯政纪要序》，民国二十五年二月（内部资料）。

31. 中华民国史事纪要编辑委员会、中华民国史料研究中心：《中华民国史事纪要（初稿）》，正中书局。

32. 四川省档案馆编：《国民党军追堵红军长征档案史料选编（四川部分）》，北京档案出版社1986年版。

33. 中央档案馆编：《红军长征档案史料选编》，北京学习出版社1996年版。

34. 中共中央统战部编：《民族问题文献汇编（1921.7—1949.9）》，中共中央党校出版社1991年版。

（二）文史资料

1. 中国人民政治协商会议四川省委员会、四川省省志编辑委员会编：《四川文史资料选辑》。

2. 冯有志著：《西康史拾遗》，巴蜀书社 2013 年版。

3. 中国人民政治协商会议甘孜藏族自治州委员会编：《甘孜州文史资料》第 1—24 辑。

4. 中国人民政治协商会议四川省甘孜藏族自治州委员会编：《甘孜州文史资料集萃》第 1—2 辑。

5. 中国人民政治协商会议四川省甘孜藏族自治州康定县委员会编：《康定县文史资料选辑》第 1—8 辑。

6. 中国人民政治协商会议四川省泸定县委员会编：《泸定县文史资料选辑》第 1—4 辑。

7. 中国人民政治协商会议四川省道孚县委员会编：《道孚文史资料选辑》第 1—3 辑。

8. 中国人民政治协商会议四川省丹巴县委员会编：《甘孜藏族自治州丹巴文史资料选辑》第 1—2 辑。

9. 中国人民政治协商会议四川省九龙县委员会编：《九龙县文史资料选辑》第 1—2 辑。

10. 中国人民政治协商会议四川省炉霍县委员会编：《炉霍县文史资料选辑》第 1—2 辑。

11. 中国人民政治协商会议四川省巴塘县委员会编：《巴塘县文史资料选辑》第 1—3 辑。

12. 中国人民政治协商会议松潘县委员会文史资料委员会编：《松潘县文史资料选辑》第 1 辑。

13. 中国人民政治协商会议四川省马尔康县委员会文史资料委员会编：《马尔康文史资料选辑》第 1—2 辑。

14. 中共阿坝州委党史资料征集小组办公室：《阿坝州党史研究资料》第 9 期《红军长征过松潘》，1984 年 4 月。

15. 木里县政协文史资料委员会：《木里文史》第 11—20 辑。

16. 中国科学院民族研究所四川少数民族社会历史调查组编：《金川案》，中国科学院民族研究所四川少数民族社会历史调查组，1963 年 6 月。

（三）地方志书

1. （清）常明、杨芳灿等纂修：《四川通志》，扬州古籍书店 1986 年版。

2. （清）吴羹梅修、周祚峄纂：（同治）《直隶理番厅志·边防·土制》，同治七年刻本。

3. 中央民族学院图书馆编：《炉霍屯志略》，1979 年。

4. 四川省地方志工作办公室编：《西康通志稿》，方志出版社 2016 年版。

5. 张羽新主编：《中国西藏及甘青川滇藏区方志汇编》，学苑出版社 2003 年版。

6. 中央民族学院图书馆编：《打箭炉志略》，中央民族学院图书馆，1979 年。

7. 贺觉非著：《理化县志稿》，西康省政府，1945 年。

8. 四川省地方志编纂委员会：《四川省志》，四川人民出版社 2000 年版。

9. 甘孜州藏族自治州州志编纂委员会：《甘孜州志》，四川人民出版社 1997 年版。

10. 康定县地方志编纂委员会：《康定县志》，巴蜀书社 2000 年版。

11. 四川省甘孜藏族自治州雅江县志编纂委员会：《雅江县志》，巴蜀书社 2000 年版。

12. 四川省巴塘县地方志编纂委员会：《巴塘县志》，方志出版社 2001 年版。

13. 四川省理塘县志编纂委员会：《理塘县志》，四川人民出版社 1996 年版。

14. 炉霍县志编纂委员会：《炉霍县志》，四川人民出版社 2000 年版。

15. 四川省稻城县志编纂委员会：《稻城县志》，四川人民出版社 1997 年版。

16. 四川省甘孜藏族自治州新龙县志编纂委员会：《新龙县志》，四川人民出版社 1992 年版。

17. 四川省甘孜藏族自治州丹巴县志编纂委员会：《丹巴县志》，民族出版社 1996 年版。

18. 四川省色达县志编纂委员会：《色达县志》，四川人民出版社 1997 年版。

19. 甘孜县志编纂委员会：《甘孜县志》，四川科技出版社 1999 年版。

20. 四川省九龙县志编纂委员会：《九龙县志》，四川人民出版社 1997 年版。

21. 四川省道孚县志编纂委员会：《道孚县志》，四川人民出版社 1997 年版。

22. 四川省德格县志编纂委员会：《德格县志》，四川人民出版社 1995 年版。

23. 白玉县志编纂委员会：《白玉县志》，四川大学出版社 1996 年版。

24. 乡城县志编纂委员会：《乡城县志》，四川大学出版社 1997 年版。

25. 得荣县志编纂委员会：《得荣县志》，四川大学出版社 2000 年版。

26. 石渠县志编纂委员会：《石渠县志》，四川人民出版社 2000 年版。

27. 泸定县志编纂委员会：《泸定县志》，四川科技出版社 1999 年版。

28. 阿坝藏族羌族自治州地方志编纂委员会：《阿坝州志》，巴蜀书社 1987 年版。

29. 四川省阿坝藏族羌族自治州汶川县地方志编纂委员会：《汶川县志》，民族出版社 1992 年版。

30. 四川省马尔康县地方志编纂委员会：《马尔康县志》，四川人民出版社 1995 年版。

31. 四川省阿坝藏族羌族自治州茂汶羌族自治县地方志编纂委员会：《茂汶羌族自治县志》，四川辞书出版社 1997 年版。

32. 四川省阿坝藏族羌族自治州松潘县志编纂委员会：《松潘县志》，民族出版社 1999 年版。

33. 若尔盖县地方志编纂委员会：《若尔盖县志》，民族出版社 1996 年版。

34. 四川省阿坝藏族羌族自治州黑水县地方志编纂委员会：《黑水县志》，民族出版社 1993 年版。

35. 四川省阿坝藏族羌族自治州小金县地方志编纂委员会：《小金县志》，四川辞书出版社 1995 年版。

36. 金川县地方志编纂委员会：《金川县志》，民族出版社 1994 年版。

37. 理县志编纂委员会：《理县志》，四川民族出版社 1997 年版。

38. 阿坝县志编纂委员会：《阿坝县志》，民族出版社 1993 年版。

39. 壤塘县志编纂委员会：《壤塘县志》，民族出版社 1997 年版。

40. 南坪县志编纂委员会：《南坪县志》（《九寨沟县志》），民族出版社 1994 年版。

41. 红原县志编纂委员会：《红原县志》，四川人民出版社 1996 年版。

42. 木里藏族自治县志编纂委员会：《木里县志》，四川人民出版社 1995 年版。

43. 四川省编辑组：《四川省阿坝州藏族社会历史调查》，四川省社会科学院出版社 1985 年版。

44.《甘孜藏族自治州概况》编写组：《甘孜藏族自治州概况》，四川民族出版社 1986 年版。

45. 四川省甘孜军分区军事志编纂委员会编：《甘孜藏族自治州军事志》，1999 年 5 月。

46. 沙正华、段世治主编，中国人民解放军四川省凉山军分区军事志编纂委员会编纂：《凉山彝族自治州军事志》，四川人民出版社 2003 年版。

47. 康定民族师专编写组编纂：《甘孜藏族自治州民族志》，当代中国出版社 1994 年版。

（四）研究著作

1. [英] 柏尔（C. Bell）：《西藏史》，宫廷璋译，商务印书馆 1934 年版。

2. 牙含章：《达赖喇嘛传》，人民出版社 1984 年版。

3. 任乃强：《康藏史地大纲》，西藏古籍出版社 2000 年版。

4. 任乃强：《西康图经》，中国藏学出版社 2009 年版。

5. 藏族简史编写组编写：《藏族简史》，西藏人民出版社 1985 年版。

6. 苏发祥：《藏族历史》，巴蜀书社 2003 年版。

7. 周毓华、彭陟焱、王玉玲编著：《简明藏族史教程》，民族出版社 2005 年版。

8. 黄奋生编著：《藏族史略》，民族出版社 1989 年版。

9. 王辅仁、索文清编著：《藏族史要》，四川民族出版社 1981 年版。

10. 李绍明、童恩正主编：《六江流域民族综合科学考察报告之二：雅砻江上游考察报告》，中国西南民族研究学会，1985 年 7 月。

11. 祝启源、喜饶尼玛：《中华民国时期中央政府与西藏地方的关系》，中国藏学出版社 1991 年版。

12. 曾国庆、黄维忠编著：《清代藏族历史》，中国藏学出版社 2012 年版。

13.《西藏七百年》编委会编：《西藏七百年》，五洲传播出版社 2000 年版。

14. 姚兆麟：《西藏民族志》，中国藏学出版社 2006 年版。

15. 贾大泉、陈世松主编：《四川通史》，四川人民出版社 2010 年版。

16. 石硕编：《青藏高原的历史与文明》，中国藏学出版社 2007 年版。

17. 佘贻泽：《中国土司制度》，正中书局 1944 年版。

18. 贾霄锋著：《藏区土司制度研究》，青海人民出版社 2010 年版。

19. 安山：《四川土司史话》，巴蜀书社 2010 年版。

20. 李良品：《土司时期西南地区土兵制度与军事战争研究》，重庆出版社 2013 年版。

21. 噶玛降村编著：《藏族万年大事记》，民族出版社 2005 年版。

22. 谢铁群编著：《历代中央政府的治藏方略》，中国藏学出版社 2005 年版。

23. 索南坚赞著、刘立千译注：《西藏王统记：吐蕃王朝世系明鉴》，西藏人民出版社 1985 年版。

24. 周润年等编著：《贤者喜宴吐蕃史译注》，中央民族大学出版社 2010 年版。

25. 黄明信编著：《吐蕃佛教》，中国藏学出版社 2010 年版。

26. 端智嘉、陈庆英译：《吐蕃传》，青海民族出版社 1983 年版。

27. 石硕：《吐蕃政教关系史》，四川人民出版社 2000 年版。

28. 才让：《吐蕃史稿》，甘肃人民出版社 2007 年版。

29. 林冠群：《唐代吐蕃历史与文化论集》，中国藏学出版社 2007 年版。

30. 安应民：《吐蕃史》，青海人民出版社 1989 年版。

31. 冉光荣：《羌族史》，四川民族出版社 1985 年版。

32. 汤开建：《宋金时期安多吐蕃部落史研究》，上海古籍出版社 2007 年版。

33. 任新建：《康巴历史与文化》，巴蜀书社 2014 年版。

34. 赵心愚：《纳西族历史文化研究》，民族出版社 2008 年版。

35. 袁晓文主编：《藏彝走廊文化多样性、族际互动与发展》，民族出版社 2010 年版。

36. 张云：《西藏历代的边事边政与边吏》，社会科学文献出版社 2015 年版。

37. 彭陟焱：《乾隆朝大小金川之役研究》，民族出版社 2010 年版。

38. 冯明珠：《近代中英西藏交涉与川藏边情》，中国藏学出版社 2007 年版。

39. 四川省人口普查办公室编：《四川藏族人口》，中国统计出版社 1994 年版。

40. 吴启权：《长征在川大事纪要（1935 年 1 月—1936 年 8 月）》，四川人民出版社 1995 年版。

41. 中共甘孜州委党史研究室：《红军长征在甘孜藏区》，成都科技大学出版社 1993 年版。

42.《艰苦的历程：中国工农红军第四方面军革命回忆录选辑》，人民出版社 1984 年版。

43. 秦和平、冉琳闻编著：《四川民族地区民主改革大事记》，民族出版社 2007 年版。

44. 秦和平主编：《四川民族地区民主改革资料集》，民族出版社 2008 年版。

45. 秦和平：《四川民族地区民主改革研究：20 世纪 50 年代四川藏区彝区的社会变革》，中央民族大学出版社 2011 年版。

46. 西南民族大学西南民族研究院：《民主改革与四川民族地区研究丛书·川西北藏族羌族社会调查》，民族出版社 2010 年版。

47. 根旺主编：《民主改革与四川藏族地区社会文化变迁研究》，民族出版社 2008 年版。

48. 王亚光主编、中共甘孜州委党史研究室编：《甘孜藏族自治州民主改革史》，四川民族出版社 2000 年版。

49. 杨长虹编：《凤全家书笺证》，民族出版社 2012 年版。

50. 李鸣：《羌族法制的历程》，中国政法大学出版社 2008 年版。

51. 朱绣编著、吴均校注：《西藏六十年大事记》，青海人民出版社 1996 年版。

52. 张云侠编、王辅仁校注：《康藏大事纪年》，重庆出版社 1986 年版。

（五）研究论文

1. 宗冠福、黄学诗：《四川炉霍县虾拉沱晚更新世哺乳类化石》，载《古脊椎动物学报》1985 年第 4 期。

2. 叶茂林：《四川旧石器时代遗存浅论》，载四川大学考古专业编《四川大学考古专业创建三十五周年纪念文集》，四川大学出版社 1998 年。

3. 李淼、李海鹰：《炉霍的打制石器》，载《六江流域民族综合科学考察报告二：雅砻江上游考察报告》，中国西南民族研究学会、甘孜藏族自治州人民政府 1985 年编印本。

4. 叶长青：《西康的石器时代遗存》，载四川省文管会铅印本《四川石器时代译文资料》，1983 年。

5. 葛维汉：《华西协和大学古物博物馆的石器》，载四川省文管会铅印本《四川石器时代译文资料》，1983 年。

6. 李家瑞：《清代川西北藏族地区的土屯制与屯田制》，载《西南民族学院学报》1984 年第 4 期。

7. 陈剑、陈学志：《大渡河上游史前文化寻踪》，载《中华文化论坛》2006 年第 3 期。

8. 四川省文物考古研究所、甘孜藏族自治州文化局：《丹巴县中路乡罕额依遗址发掘简报》，载四川省文物考古研究所编《四川考古报告集》，文物出版社 1998 年版。

9. 陈剑等：《岷江上游新石器时代文化遗址调查及营盘山考古试掘综述》，载《阿坝师范高等专科学校学报》2004 年第 4 期。

10. 陈剑、陈学志、范永刚、蔡清：《营盘山遗址——藏彝走廊史前区域文化中心》，载《阿坝师范高等专科学校学报》2005 年第 1 期。

11. 徐学书：《岷江上游新石器时代文化的初步研究》，载《考古》

1995年第5期。

12. 辛中华：《岷江上游新石器时代遗存及相关问题探讨》，载《四川文物》2005年第1期。

13. 孙吉、邓文：《岷江上游新石器时代的文化景观与环境动因》，载《四川文物》2006年第5期。

14. 王川：《刘文辉与西康地区藏传佛教界关系述论》，载《中国藏学》2006年第3期。

15. 陈晨：《明代松潘卫研究》，2011年青海师范大学硕士学位论文。

16. 彭陟森：《试论明至清初中央王朝对嘉绒藏区的经营》，载《西藏研究》2004年第4期。

17. 贾霄锋、张科：《明王朝对藏区控制研究：以四川龙州土司集团为例》，载《青海社会科学》2012年第5期。

18. 冉光荣：《略述明王朝在松潘藏区的统治措施》，载中国历史博物馆馆刊编委会：《中国历史博物馆馆刊》（总第8期），文物出版社，1986年6月。

19. 贾霄锋、张艳丽：《冲击与回应：藏区土司和明中央政府的政治关系研究》，载《重庆工学院学报》，2009年12月。

20. 彭陟焱：《成都将军的设置及其在治理川西藏区中的作用》，载《西藏研究》2010年第1期。

21. 秦和平：《述论清代甘孜藏区的设治特点及演变状况》，载《西南民族大学学报》2017年第2期。

22. 裴儒弟：《民国时期川边镇守使的治边活动》，载《中国边疆史地研究》2017年第2期。